本书是江苏省社会科学基金基地项目"江苏制造业迈向中高端发展的对策研究"（18JD007）、"江苏区域经济发展研究基地"和"江苏产业集群研究基地"的研究成果，并受中央高校建设一流大学（学科）和特色发展引导专项资金的资助

新时期制造业迈向中高端发展
——机制、影响因素及对策研究

管驰明◎著

东南大学出版社
SOUTHEAST UNIVERSITY PRESS
·南京·

图书在版编目(CIP)数据

新时期制造业迈向中高端发展：机制、影响因素及对策研究 / 管驰明著. — 南京：东南大学出版社，2023.12
 ISBN 978-7-5766-0344-6

Ⅰ.①新… Ⅱ.①管… Ⅲ.①制造工业-工业发展-研究-中国 Ⅳ.①F426.4

中国版本图书馆CIP数据核字(2022)第218937号

责任编辑：陈 淑　　责任校对：子雪莲　　封面设计：顾晓阳　　责任印制：周荣虎

新时期制造业迈向中高端发展——机制、影响因素及对策研究
Xinshiqi Zhizaoye Maixiang Zhonggaoduan Fazhan——Jizhi、Yingxiang Yinsu Ji Duice Yanjiu

著　　者	管驰明
出版发行	东南大学出版社
出 版 人	白云飞
社　　址	南京四牌楼2号　邮编：210096
网　　址	http://www.seupress.com
经　　销	全国各地新华书店
印　　刷	广东虎彩云印刷有限公司
开　　本	787 mm×1 092 mm　1/16
印　　张	20
字　　数	435千字
版　　次	2023年12月第1版
印　　次	2023年12月第1次印刷
书　　号	ISBN 978-7-5766-0344-6
定　　价	89.00元

本社图书若有印装质量问题，请直接与营销部联系。电话(传真)：025-83791830

序　言

世界各国的发展经验及欧美等制造强国"重回制造业"的趋势表明，强大的制造业是国家经济发展和保障民生的重要基础。改革开放以来，中国充分利用劳动力成本低的优势，积极承接世界制造业转移，参与国际分工，逐步成长为"世界工厂"，在1998年首次摘掉了"低收入国家"的帽子，成为"中等收入国家"。进入21世纪，中国成为世界上工业体系最为健全的制造业大国，现有的500种主要工业品中，已经有超过40%的产品产量位居世界第一，尤其是从2010年到2022年，中国制造业增加值已连续13年保持全球第一。但与此同时，中国制造业大而不强的特征依然存在，中国制造业总体仍处在国际分工的中低端，且面临着低端有竞争、高端被封锁、生产成本不断上涨的严峻形势。在这样的背景下，如何构建自主可控的大且强的制造业体系成为中国实现新双循环格局的重要基石。为此，2015年国务院发布了实施中国制造强国战略第一个10年行动纲领——《中国制造2025》，明确指出要推动产业迈向中高端，实现制造强国的目标，随后，制造业迈向中高端成为政界和学术界高度关注的研究话题。但是，正如作者所言，目前学术界对制造业迈向中高端发展的概念和机制尚未取得一致的认识，不少文献认为"制造业迈向中高端"和"制造业转型升级""制造业结构优化"等概念类似。进入新时代，有必要厘清这些概念的区别与联系，并探究制造业迈向中高端的影响因素、机制，进而探究如何推进中国制造业从全球价值链中低端向中高端迈进，为经济高质量发展奠定坚实基础。因此，管驰明副教授新著的出版将进一步丰富制造业高质量发展的相关研究。

本书的上半部分在现有相关研究的基础上，界定制造业迈向中高端的概念，剖析制造业迈向中高端的影响因素和作用机制，进而采用经济学的规范研究方法，分别聚焦于检验"互联网+"、生产性服务贸易、OFDI等因素对制造业迈向中高端的影响机制；本专著的下半部分结合实地调研和统计分析，探究中国制造业迈向中高端的现状和典型地区制造业转型升级、迈向中高端的实践，最后提出当前中国制造业迈向中高端的对策建议。

本书的特色和创新主要表现在两个方面：第一，选题新颖。虽然早在2015年，"制造业迈向中高端"这一提法就已经被提及,并引发了政界和学术界的关注,但是以此命名的专著并不多见。"制造业迈向中高端"的概念尚无统一的界定,而且现有的有关制造业转型升级的文献更多的是单纯聚焦于全球价值链视角下制造业转型升级或者聚焦于本土制造业转型升级,本专著是较为专门且详细地对中国制造业迈向中高端进行探索的少数专著之一。第二,研究视角多样,内容丰富。在实践部分,作者从不同层面剖析制造业转型升级、迈向中高端的实践。本专著既有比较规范的属于经济学范畴的实证研究,比如分别在第3章、第4章和第5章采用经济学的研究方法实证检验了"互联网+"、生产性服务贸易、OFDI等因素对制造业迈向中高端的影响,又有借助规划学和管理学的方法进行的实践探索,如在专著的下半部分借助对典型省份、典型城市及典型企业的调研而获取第一手资料,分别从国家到典型省、城市、企业等不同尺度和层面进行实践案例研究,确保研究结论的可靠性。在对策研究部分,作者基于宏观、中观、微观三个视角,从政府和企业两个主体出发,以国家层面的产业政策统筹布局为基础,以省域层面的官产学研平台建设为发展契机,以城市优势产业集群培育为重要抓手,以企业技术创新为内核动力,探索全球价值链背景下中国制造业迈向中高端发展的攀升路径与对策。

总之,本专著是一部研究制造业迈向中高端的学术专著,是制造业高质量发展理论与实践的重要参考文献。本专著一方面对于新时代我国制造业高质量发展和制造业竞争力提升具有重要的现实意义,可以为政府与决策部门提供决策依据;另一方面,对于促进产业经济学的发展具有重要的理论价值,有助于加快我国制造业迈向中高端的理论建构。

南京理工大学二级教授、博导,
江苏产业集群研究基地负责人与首席专家

朱英明
二〇二三年六月

前　言

　　制造业既是一国经济发展和改善人民生活的基础,又是一国参与国际竞争和保障国家安全的重要基石。国内外的经验和教训表明,对绝大多数经济体而言,经济转型升级最终要靠做强制造业。改革开放以来,我国制造业的发展取得了显著的成绩,我国成为名副其实的制造业大国,但与制造业发达的国家相比,我国的制造业大而不强。当前世界经济持续低迷,全球市场萎缩,贸易保护主义上升,公共卫生危机不断,局部地区动荡不安。中国制造业面临前所未有的巨大挑战,一方面,中国劳动力成本上升、资源过度开发,导致中国制造业发展赖以生存的传统的低成本竞争优势正逐渐消失;另一方面,发达国家在中高端领域的激烈竞争甚至打压和诸多新兴发展中国家在低端领域的竞争优势对中国社会经济发展的双重挤压不断加强,发达国家纷纷开始制定新的制造业发展战略,抢占新一轮制高点,大国竞争日趋激烈。在国内外多重压力下,加快建立和完善自主可控的、具有国际竞争优势的制造业体系既是实现以国内大循环为主体、国内国际双循环相互促进的新发展格局的重要保证,又是增强经济抗风险能力、解决新时期人民日益增长的美好生活需要和不平衡不充分的发展之间矛盾的必然选择。因此,如何推动我国制造业提质增效,从全球价值链中低端迈向中高端是适应国内外环境变化、构建新发展格局、实现制造强国的重大方略。

　　在此背景下,本书在梳理和总结现有相关文献的基础上,界定了制造业迈向中高端的概念,梳理了制造业迈向中高端的测度方法,厘清了制造业迈向中高端发展的影响因素和影响机制。在此基础上,本书梳理了中国制造业的发展历史和现状,从不同视角剖析了中国制造业转型升级、迈向中高端的现状与问题,测度了中国制造业在全球价值链的参与度指数和地位指数,研判了中国制造业发展所面临的问题、挑战及未来发展方向。进一步,本书分别以不同尺度的典型地区和典型公司为例,从区域(江苏省)、城市(徐州市)、企业(L公司)等不同层面和视角分析制造业迈向中高端发展的实践。最后,本书重点从宏观、中观、微观三个视角,从政府和企业两个主体出发,以国内产业政策统筹布局为基础依托,以省域官、产、学、研平台建设为发展契机,以城市优势产业集群培育为重要抓手,以企业技术创新为内核动力,提出中国制造业迈向全球价值链中高端的八个方面的对策。

  需要说明的是,根据已有的文献,影响制造业转型升级、迈向中高端的因素和动力很多,包括创新、研发、科技、市场、教育、生产资源和人力资源的投入等内源动力和外资、国外产业转移、对外贸易水平、区域经济发展环境、基础设施等外源动力。现有研究已发现技术、劳动力、资本等要素资源投入是影响一个国家产业在全球价值链分工中地位的重要因素。尤其是技术、创新等因素已经得到较多学者的关注,比如洪银兴教授和郑江淮教授等学者(2020)的专著《创新驱动产业迈向全球价值链中高端》聚焦于科技创新、产业创新和商业模式创新对产业迈向全球价值链中高端的驱动作用。但是也有一些因素尚未取得一致的研究结论,基于此,本书在完成制造业迈向中高端的理论分析后,在实证研究部分,重点聚焦于前人较少关注或者尚未取得统一结论的"互联网十"、生产性服务贸易、OFDI等因素对制造业迈向中高端的主要影响和作用机制。

目 录

第1章 导 论 ········· 001
- 1.1 研究背景和意义 ········· 001
- 1.2 国内外相关研究综述 ········· 005
- 1.3 本书的研究目标、主要内容、特色和创新点 ········· 012

第2章 制造业迈向中高端的理论分析 ········· 015
- 2.1 制造业迈向中高端概念的界定 ········· 015
- 2.2 制造业迈向中高端的测度 ········· 021
- 2.3 制造业迈向中高端的影响因素和作用机制 ········· 024
- 2.4 本章小结 ········· 030

第3章 "互联网+"对制造业迈向全球价值链中高端的影响 ········· 031
- 3.1 "互联网+"对制造业升级的影响 ········· 031
- 3.2 "互联网+"对推动制造业迈向全球价值链中高端的影响机制 ········· 033
- 3.3 "互联网+"对制造业迈向全球价值链中高端影响的实证分析 ········· 037
- 3.4 机制检验 ········· 047
- 3.5 本章小结 ········· 050

第4章 生产性服务贸易对中国制造业迈向中高端的影响 ········· 052
- 4.1 生产性服务贸易影响制造业转型升级的机制分析 ········· 052
- 4.2 中国生产性服务贸易的发展现状 ········· 055
- 4.3 生产性服务贸易对中国制造业转型升级影响的实证分析 ········· 058
- 4.4 生产性服务贸易对不同要素密集度制造业转型升级影响的实证分析 ········· 062
- 4.5 生产性服务贸易对制造业转型升级影响的区域差异分析 ········· 070
- 4.6 本章小结 ········· 076

第5章 OFDI对中国制造业迈向中高端的影响 ········· 077
- 5.1 中国对外直接投资影响制造业迈向中高端的机制分析 ········· 077
- 5.2 基于不同动机的OFDI对中国制造业升级的影响机制分析 ········· 082
- 5.3 中国OFDI发展历史演变与现状特点 ········· 086
- 5.4 OFDI对制造业迈向中高端影响的实证分析 ········· 091
- 5.5 本章小结 ········· 106

第6章　中国制造业迈向中高端发展的现状与存在的问题 ········ 108
- 6.1　中国制造业发展演变的历史和现状 ········ 108
- 6.2　中国制造业转型升级的现状 ········ 118
- 6.3　中国制造业在全球价值链的地位演变 ········ 123
- 6.4　中国制造业迈向中高端存在的问题与面临的挑战 ········ 127
- 6.5　本章小结 ········ 135

第7章　区域层面典型案例：江苏省制造业迈向中高端分析 ········ 137
- 7.1　江苏省制造业发展的历史演变 ········ 137
- 7.2　江苏省制造业在全球价值链的地位分析 ········ 144
- 7.3　江苏省制造业迈向中高端的评价指标及评价结果分析 ········ 150
- 7.4　江苏省制造业迈向中高端面临的问题 ········ 161
- 7.5　江苏省制造业迈向中高端的影响因素分析 ········ 172
- 7.6　江苏省制造业迈向中高端的对策 ········ 180
- 7.7　本章小结 ········ 189

第8章　城市层面典型案例：徐州市制造业转型升级分析 ········ 190
- 8.1　徐州市制造业转型升级的历史与经验 ········ 191
- 8.2　徐州市制造业转型升级的环境分析 ········ 210
- 8.3　徐州市产业转型升级的目标定位和未来制造业体系的构建 ········ 224
- 8.4　徐州市制造业转型升级的对策 ········ 239
- 8.5　本章小结 ········ 243

第9章　企业层面典型案例：L公司转型升级迈向中高端分析 ········ 244
- 9.1　L公司发展现状 ········ 245
- 9.2　L公司转型升级的外部环境分析 ········ 247
- 9.3　L公司转型升级的内部环境分析 ········ 255
- 9.4　L公司企业转型升级的目标和路径 ········ 265
- 9.5　L公司转型升级的措施 ········ 267
- 9.6　本章小结 ········ 270

第10章　中国制造业迈向中高端的对策 ········ 272
- 10.1　政府推进中国制造业迈向中高端的对策 ········ 272
- 10.2　企业推进中国制造业迈向中高端的对策 ········ 280
- 10.3　本章小结 ········ 288

参考文献 ········ 290

后记与致谢 ········ 309

第 1 章
导 论

1.1 研究背景和意义

1.1.1 研究背景

1. 迈向中高端是全球制造业转型升级倒逼中国制造业顺应时势的外在要求

制造业是发展实体经济的核心,打造具有国际竞争优势的制造业是提升一个国家综合国力以及保障国家安全、建设世界强国的必由之路。21世纪以来,伴随着全球制造业发展方式的深刻变化,制造业由低端向中高端转型已经成为各国经济发展的共识,世界各国纷纷调整和制定制造业转型升级的规划。从2009年美国提出再工业化发展战略,到2013年德国提出工业4.0、法国提出新工业法国、英国提出英国工业2050战略,再到2015年日本提出日本制造业再兴战略,这些都表明在新一轮工业革命时代,世界制造强国普遍认识到制造业对于国民经济的重要性并将其作为国家重点发展的战略。

目前,处于制造业高端的美、日、德、英等发达国家拥有数字信息技术、3D打印、云计算等新技术优势,具备在制造业高端继续攀升的天然优势。中国制造业曾长期坚持"以市场换技术"的发展策略,在制造技术的发展上长期存在着"重引进、轻创新"的思想。研发科研经费投入严重不足,造成中国虽然是名副其实的制造业大国,但远非制造业强国,除了少数行业外,大多数工业制成品多为"技术含量低、附加值低、价格低"的"三低"产品,制造业技术水平远低于世界水平,整体素质和竞争力与发达国家更存在明显差距,处于制造业产业链的中低端。令人鼓舞的是,近年来我国制造业已开始朝着"创造""创新"的方向发展,若干行业已经在迈向全球价值链中高端中取得了不错的成绩,如光伏、新能源汽车、消费级无人机等产业已跻身世界前列,高铁、5G等也成为中国在世界亮眼的名片。但是,中国制造业尚缺乏足够多的具有强大世界影响力的高新技术企业。中国如何应对制造业所处困境,顺应时势,推动制造业迈向全球价值链中高端,是中国制造业顺应新一轮全球制造业转型升级的迫切要求。

2. 制造业迈向中高端是双循环新格局下打造自主可控产业链的迫切需要

改革开放以来,中国充分利用劳动力低成本优势,积极参与国际分工与国际经济大循环,形成市场和资源"两头在外、大进大出"的态势,逐步成长为"世界工厂"(王一鸣,2020)。随着国内外环境的深刻变化,中美经贸摩擦、新冠疫情等诸多不确定因素不断叠加,全球经济结构和产业链面临巨大冲击,过度依靠全球化或把重要的产业及其供应链集中在一个地方将带来巨大的隐患,全球产业发展出现内向化、区域化和多元化的重组趋势。作为维护全球化的重要力量,中国在恢复产业链并致力于形成以中国为主的全球价值链和国内价值链方面取得了实质性的进步,目前正在构建把出口导向型战略转型为基于国内庞大需求的经济全球化战略(刘志彪等,2020a)。2020年10月,中国共产党第十九届中央委员会第五次全体会议通过了《中共中央关于制定国民经济和社会发展第十四个五年规划和二〇三五年远景目标的建议》,正式明确了"加快构建以国内大循环为主体、国内国际双循环相互促进的新发展格局","双循环"概念逐渐进入公众视野。构建基于"双循环"的新发展格局是党中央在国内外环境发生显著变化的大背景下,推动我国开放型经济向更高层次发展的重大战略部署,这一部署昭示了中国从以往更多依赖改革开放、依赖国际大循环转向加快形成以国内大循环为主体、国内国际双循环相互促进的新发展格局。

在此背景下,构建自主可控的制造业体系成为实现新双循环格局的重要基石。杨蕙馨(2022)认为,制造业迈向全球价值链高端不仅是制造业高质量发展的必经环节,还是增强经济抗风险能力、提升经济韧性的必然选择,更是践行人类命运共同体、实现中华民族伟大复兴的经济基础。在此框架下,实现科技自立自强,通过产业不断升级提高其在全球价值链中的位置,建立中高端的、自主可控的制造业体系成为应对不确定性、提升综合国力的最重要方略。

3. 制造业迈向中高端是中国成功克服和跨越"中等收入陷阱"的内在需要

中等收入陷阱是指一个国家由于某种优势,如资源、劳动力等,达到了一定收入水准而停留在该经济水准的情况。根据最为广泛采用的世界银行的定义,这个水准是指按2011年购买力平价计算的人均国内生产总值(GDP),为10 000美元至12 000美元。从世界各国的发展实践来看,中等收入的国家很难成功地跃升为高收入国家,这些中等收入国家往往陷入了经济增长的停滞期,一方面无法在人力成本上与低收入国家竞争,另一方面也无法在高端技术研发上与富裕国家竞争(全毅等,2015)。"中等收入陷阱"发生的主要原因在于低端制造业转型失败。一般来说,低端制造业可以带来中等收入,但是往往伴随着高污染、高投入,经济发展极易陷入恶性循环。纵观世界成功的案例,就比较大规模的经济体而言,仅有日本和韩国成功跨越"中等收入陷阱",实现了由低收入国家向高收入国家的转换。但全球失败的例子更多,如拉美地区和东南亚一些国家深陷"中等收入陷阱"。能否在中等收入阶段通过技术创新等渠道,成功转换增长动力、调整发展结构,是一个国家或者地区能否跨越"中等收入陷阱"的关键。

改革开放以来,中国制造业迅速发展,成为国民经济增长的主要源泉,中国迅速跻身于制造业大国队伍。根据1998年世界银行发布的《世界发展报告》,中国首次摘掉了"低收入国家"的帽子,成为"中等收入国家"。进入21世纪,尤其是2010年到2021年,中国制造业增加值已连续12年保持全球第一,目前在全球占比达30%,而该指标直接体现一个国家的生产力水平。中国是世界上工业体系最为健全的国家,现有的500种主要工业品中,已经有超过40%的产品产量位居世界第一。2021年中国人均GDP 80 962元,按年汇率折算,突破了1.2万美元,超过全球平均水平,徘徊在"中等收入陷阱"的上限。在这一时期,随着经济的深入发展,中国制造业迎来更加复杂和严峻的形势,面临着高端被封锁、低端有竞争、生产成本不断上涨的三大困境。具体来看,首先,劳动力成本上升幅度增大,国际大宗商品价格降幅明显,交易税费、定价机制等导致中国制造业使用的能源和原材料价格明显高于主要制造业国家,并且传统制造业市场份额逐渐减少(纪峰,2017)。其次,柬埔寨、孟加拉国、印度尼西亚、印度等国家因具有更低的劳动力和土地成本而得到三星、富士康、优衣库等诸多世界知名企业的青睐,在全球价值链中,中国曾经占据优势的中低端传统制造业正面临这些国家的竞争威胁,中国曾经依靠人口红利而占据优势的劳动密集型制造业,其订单正在被印度、越南等国家取代,市场份额逐渐缩小。最后,虽然中国有一部分产业,如家电、路由器等行业领先世界,但深入调查发现这些产品的基础材料和高精配件以及机床和软件等,很多都是从国外进口的。关键核心技术的缺失和企业创新力不足导致企业转型难度增大,大量企业依然处于全球价值链的低端。

随着中国经济转入"新常态",经济发展容易陷入"中等收入陷阱",为了克服"中等收入陷阱",建设现代化经济体系,中国制造业不能再深陷于规模大和成本低的生产性竞争中,应该开拓以知识创新产品与服务为主的高成长市场,尽快提升价值链嵌入位置(秦佳,2015)。从国际上正反两方面的例子可以看出,中国制造业是否能够成功转型升级在很大程度上决定未来经济增长动力,决定供给侧结构性改革是否能够深化。因此,有效推动制造业迈向中高端成为中国克服"中等收入陷阱"的关键所在,也是现阶段中国经济保持长期持续稳定增长的内在需要。

4. 制造业迈向中高端是从制造业大国向制造业强国转变的战略目标的重要组成部分

正如前所述,目前我国制造业总体仍处在国际分工的中低端,推动制造业提质升级任务紧迫,从制造业大国向制造业强国转变是新时期我国制造业应着力实现的重大战略目标。为推进这一重大战略,2015年国务院发布实施中国制造强国战略第一个10年行动纲领——《中国制造2025》,明确指出要实现制造强国的目标,必须推动产业迈向高端,坚持创新驱动、智能转型,加快从制造大国向制造强国转变,争取2025年初步完成产业升级,迈入制造业强国行列。2017年8月25日,时任国务院总理李克强在主持召开推动制造强国建设、持续推进经济结构转型升级座谈会时,提出中国经济要转型升级,要实现新型工业化,还是要靠做强中国制造。2017年10月,习近平总书记在党的十九大报告中明确提出,我国经济已由高速增长阶段转向高质量发展阶段,因此提出了"加快建设制造强国,加快发展先进制造业""促进我国产业迈向全球价值链中高端"的目标和方向,并提出要支持传统产业优化升级,促进我国产业迈向全球价值链中高端,培育若干世界级先进制造业集群(习近平,2020)。同年11月,国家发改委办公厅印发了《增强制造业核心竞争力三年行动计划(2018—2020年)》,提出推动我国制造业迈向全球价值链中高端。2020年,中国政府工作报告再一次提出要推动制造业升级和新兴产业发展。2020年10月,中国共产党第十九届中央委员会第五次全体会议明确提出对"实体经济"新的要求:坚持把发展经济的着力点放在实体经济上,坚定不移建设制造强国、质量强国、网络强国、数字强国,推进产业基础高级化、产业链现代化,同期通过的"十四五"规划纲要把"实施制造强国战略"提到了更加显著的位置,并首次提出"保持制造业比重基本稳定"。

这一系列发展战略、政策和规划的出台,既对我国制造业迈向中高端提出了更高的明确要求,同时也为我国制造业迈向中高端营造了良好的发展环境。同时,提升和抢占全球价值链的主导地位也是实现高质量发展和提升全球话语权的内在要求。在这样的时代背景下,"中国制造2025"和制造业迈向中高端成为当前官、产、学、研关注的热点之一。

作为中国经济发展的排头兵、制造业大省及外商投资的热点地区,江苏省的制造业产值常年占全国制造业总产值的30%以上,是名副其实的制造大省。但不可忽视的是,虽然江苏省制造业发展取得了显著的成效,但与此同时也面临着诸多挑战,包括产业内升级动力不足、产业外存在升级阻碍、制造业向全球价值链中高端推进动力不足、企业自主研发投入资金不够、制造业产业内缺乏新兴龙头企业带动整个产业发展等,这些都严重制约着江苏省制造业的进一步发展。在某种程度上,这些挑战与问题也是中国制造业当前发展面临的挑战与问题的缩影。江苏省的制造业发展进入了转型升级的关键期,为落实《中国制造2025》战略部署,江苏省委、省政府专门制定了《中国制造2025江苏行动纲要》,其中,江苏省制造业迈向中高端发展被放在了行动纲要的重要位置。

在这样的背景下,本书深入剖析新时期中国制造业迈向中高端发展的机制、影响因素及对策,并以江苏为例,分别从省级层面、城市层面和企业层面探究制造业如何迈向中高端,旨在为推动中国制造业提质升级迈向中高端,贯彻制造强国战略,落实新发展理念提供理论的支撑和实践经验借鉴。

1.1.2 研究的学术价值和应用价值

1. 学术价值

21世纪以来,伴随着全球制造业发展方式的深刻变化,世界各国纷纷制定调整制造业转型升级的规划和对策。习近平总书记在党的十九大报告中明确提出"加快建设制造强国,加快发展先进制造业""促进我国产业迈向全球价值链中高端"的目标和方向,学术界对此展开了丰富的研究。学者们多沿着"工艺升级—产品升级—功能升级—链的升级"的路径,从"价值链"角度描述如何实现产业升级。一些学者提出中国可以借鉴韩国、新加坡、日本、美国等国的成功经验以实现中国制造业的转型升级。然而,中国强调并实施产业升级已经有近二十年,但仍然有相当多的制造业至今依旧是代工企业,制造业整体仍处于全球产业价值链的低端,始终难以突破转型升级的瓶颈(杜鹏,2012)。因此,有必要对如何促进制造业迈向中高端做进一步深入探究。本书将在前人研究的基础上,界定制造业迈向中高端的内涵,测度中国制造业在全球价值链中的地位,多角度、全方位地全面梳理制造业迈向中高端发展的影响因素及作用机制,从不同层面分析制造业迈向中高端发展的实践,最后提出促进制造业迈向中高端发展的对策。这些研究成果可以拓展制造业转型升级领域的研究内容,丰富"制造业迈向中高端"的相关研究。

2. 应用价值

如前所述,改革开放以来,我国的制造业发展迅猛,我国迅速跻身于制造业大国行列,但目前仍然面临前有封锁、后有追兵的重重困境,各国的工业新战略,包括我国的工业制造2025计划都是为了在全球制造业价值链中抢占有利地位。在建设制造业强国、攀登全球价值链中高端的背景下,需要明晰制造业迈向中高端的影响因素、作用机制和制约因素,才能"对症下药",突破现存的"高端被封锁、低端有竞争、生产成本不断上涨"的困境,剖析真正影响制造业转型升级迈向中高端的问题根源,找到突破低端锁定的方式和路径,进而提出切实可行的发展对策。江苏省作为我国的制造业大省,制造业的中高端化需求愈发明显,面对劳动力成本上升和核心技术缺失的现实问题,研究如何抢抓机遇期,调整产业结构,实现制造业由传统模式向中高端发展,不仅对江苏省制造业向中高端发展具有重要的实践指导意义,而且对中国制造业转型升级也具有借鉴意义。此外,制造业由低端向中高端迈进已经成为各国制造业发展的共识,因此,关于中国制造业迈向中高端发展的研究也可以为其他国家制造业的发展提供中国经验。

1.2 国内外相关研究综述

从现有相关文献来看,直接探究制造业迈向中高端的文献较少,且学术界对制造业迈向中高端发展从概念到机制均未取得一致的看法。大量文献关注嵌入全球价值链背景下的产业转型、产业升级、产业结构优化等,一些文献将"制造业迈向中高端""制造业转型升级""制造业结构优化"等混用,一些学者提出产业中高端指的是产业结构的中高端,是产业结构优化的一种新式提法(刘晶等,2016)。一些学者认为"迈向中高端发展"是一种转型升级,如刘志彪(2015)指出产业迈向中高端发展更多的是一种经济学意义的转型升级,不是单纯技术水平的提升或者市场定位层次的提高。从国际视角来看,制造业在全球价值链攀升的本质是制造业在全球分工地位的演进;而从国家的视角来看,一个国家制造业在全球价值链的攀升往往表征为制造业的转型升级,从这个意义上看,制造业迈向中高端与制造业结构优化、制造业转型升级等表述混用有其合理性。

因此,本节将首先梳理全球价值链视角下的制造业转型升级,后续的文献梳理尽可能包含制造业迈向中高端、制造业结构优化、制造业转型升级等与"制造业迈向中高端"直接相关或者存在较大关联的研究主题。

1.2.1 全球价值链视角下的制造业转型升级的相关研究

现有关于全球价值链(Global Vain Chain,简称 GVC)的研究主要包括全球价值链的测度、各国在全球价值链的角色以及如何延伸价值链、全球价值链的影响及全球价值链与制造业转型升级的关系等。

1. 全球价值链的内涵及特征

全球价值链在过去二十多年中受到越来越多的关注,De Marchi 等学者(2020)对1994—2018年期间关于全球价值链的所有文献进行了梳理,描述了全球价值链研究的演变。早在1992年,施振荣为了"再造宏碁"提出了有名的"微笑曲线"(smiling curve)理论。该理论阐释了全球价值链增值的动态过程,各国凭借其差异化的比较优势融入全球价值链,参与全球价值链的利润是两头大、中间小,即研发和营销过程利润率高、中间生产过程利润率低。其中,发达国家倾向于从事两头的高附加值环节,如研发和服务等;而其他的发展中国家却主要从事中间的生产活动,如加工、装配等低增加值活动(施振荣,2014)。

Gereffi 等(2001)认为价值链包括设计、生产、销售、服务等一整套环节。同时认为全球价值链是由世界上各个国家基于自身优势共同合作实现的,每个国家都有各自的价值。斯特恩(Sturgeon,2001)从组织规模(organizational scale)、地理分布(geographic scale)和生产性主体(productive actor)三个维度来界定全球价值链的概念:从组织规模来看,全球价值链包括参与某种产品或服务的生产性活动的全部主体;从地理分布来看,全球价值链必须具有全球性;从参与的主体来看,有一体化企业(如 HPhillips, IBM 等)、零售商(如 Walmart, GAP 等)、领导厂商(如戴尔、耐克等)、交钥匙供应商(如 Celestica, Solectronic 等)和零部件供应商(如英特尔、微软等)。

联合国工业发展组织对全球价值链的定义(UNIDO,2002)最有代表性,其提出的全球价值链是指为实现商品或服务价值而连接生产、销售、回收处理等过程的全球性跨企业网络组织,涉及原料采购和运输,半成品和成品的生产和分销,以及最终消费和回收处理的整个过程。这一概念将全球价值链定义为全球性的跨国公司组织网络,强调了全球价值链在全球范围内为实现商品及服务的价值而将生产与销售全过程连接起来。不同国家及地区在参与全球价值链分工的过程中,实现多方互动与多方共赢,利益共享,风险共担。

与传统的国际分工相比,全球价值链分工主要具有以下特征:第一,全球价值链分工虽然建立在要素禀赋差异与比较优势原理之上(Krugman et al.,2005),但其侧重点在于不同生产要素之间的垂直型分工,注重生产要素的分配,且大多以新兴经济体及发展中国家作为国际代工的主要载体进行发展。第二,由于全球价值链分工是基于要素分配形成的,因此参与主体之间的要素丰裕程度决定了该主体在国际贸易中的主导程度。发达国家跨国公司一般占有较多的生产资源、数量较多的高技能人才以及企业文化、品牌经营等方面的优势,这使得其在全球价值链中占据了投融资、研发设计、品牌营销等高端环节。这些环节的占据使得发达国家较易获得其所处产业链中的垄断地位,使得其获得的利润份额也较大。而发展中国家由于其拥有的丰富资源大多为劳动力、廉价的土地、自然资源等,因此其在全球价值链中属于低端生产者,其从分工中得到的主要是工资等微薄的劳动收入。第三,全球价值链分工下的企业之间更加需要协调合作,而这种协调合作使其技术溢出效应较为明显。从理论上讲,在技术溢出效应的作用下,新兴经济体有可能借此迈向全球价值链高端。第四,回顾全球价值链分工的早期发展可知,全球价值链的过度分工倾向导致产业分化现象严重(杨丹虹,2019)。而这一现象的出现也衍生出了一种新的分工形式——制造业与服务业之间的跨产业分工合作。其中,制造业与服务业之间的分工可被称为第三次全球化浪潮中产生的"制造—服务"新业态(张捷,2014)。当然,这种过度分工在制造业回归本土,尤其是在遭遇像新冠肺炎疫情这样突发的全球性公共卫生危机的背景下,也逐渐彰显出其局限性。

2. 全球价值链与制造业转型升级

当前针对全球价值链和制造业转型升级关系的文献较为丰富,且研究视角各异。一些学者从制造业转型升级入手,探究制造业转型升级或制造业服务化对全球价值链升级的影响,或单纯探究全球价值链地位提升的影响因素,而另一些学者则从全球价值链视角探究其对产业转型升级的影响。前者如刘斌等(2016)运用投入产出表、中国工业企业数据和海关进出口企业数据等合并数据,系统考察制造业服务化对企业价值链升级的影响,结果发现制造业服务化不仅提高了中国企业价值链的参与程度,而且显著提升了中国企业在价值链体系中的分工地位。耿晔强和白力芳(2019)将人力资本结构高级化和研发强度与全球价值链纳入统一分析框架,从理论上阐述了人力资本结构高级化和研发强度对发展中国家全球价值链地位升级的影响。实证检验发现,人力资本结构高级化和研发强度均显著促进了中国制造业全球价值链地位的提升。在进行异质性分析之后,发现人力资本结构高级化和研发强度的增大能够有效地促进资本技术密集型行业全球价值链地位的提升,但在劳动密集型行业中这一作用并不明显。此外,人力资本结构高级化和研发强度对制造业全球价值链地位的影响还因行业技术水平的不同而有所差异。进一步的研究证明,人力资本结构高级化和研发强度能够通过技术成果转化这一渠道实现对制造业全球价值链地位升级的促进作用。

后者如余东华和田双(2019)通过构建理论模型分析了嵌入全球价值链对制造业转型升级的作用机制,在此基础上,选取2001—2014年中国13个制造业行业面板数据进行实证检验,研究发现嵌入全球价值链总体上能够推动中国制造业转型升级;但由于"低端锁定"及"吸收门槛"效应的存在,嵌入全球价值链并未产生显著的技术创新效应,从而对制造业转型升级产生了间接的消极影响;嵌入全球价值链的位置与制造业转型升级程度之间存在"U"形关系,低端嵌入不利于制造业转型升级,迈过"拐点"后的中高端嵌入能够明显推动制造业转型升级。综上所述,现有研究对嵌入全球价值链的位置与制造业转型升级程度之间的关系尚未取得一致的认识。

1.2.2 制造业迈向中高端、产业转型升级的相关研究

正如前述,直接探究制造业迈向中高端的文献依然有待丰富,从检索到的文献来看,截至2023年9月底以"制造业迈向中高端"命名的学术期刊论文24篇,报纸刊登的评论及新闻等16篇,合计40篇;以"产业迈向中高端"命名的学术期刊论文50篇,报纸刊登的评论及

新闻等37篇,加上1篇会议报道,合计88篇。国家级项目1项,专著主要包括洪银兴、郑江淮等教授撰写的《创新驱动产业迈向全球价值链中高端》和中国经济时报制造业调查组撰写的《中国制造业大调查迈向中高端》,更多的研究聚焦于产业结构优化、制造业转型升级,其中一些研究触及制造业迈向中高端。

1. 产业转型升级及制造业迈向中高端的动力和影响因素

现有文献多从推进产业结构转型升级的视角,探究其背后的动力,这些动力可以分为内源动力和外源动力两个方面,内源动力主要从创新、研发、科技、市场、教育、生产资源和人力资源的投入等方面着手(刘晶等,2016),外源动力主要从外资、国外产业转移、对外贸易水平、区域经济发展环境、基础设施等方面着手。

内源动力是产业转型升级最重要动因,其中最为重要的因素就是科技与创新。早在1978年,美国学者阿伯纳西和厄特巴克在《工业创新的模式》一文中就提出了著名的A-U模型(Abernathy et al.,1978),用来研究技术创新和产业结构的有机联系。研究发现,技术的自主创新是产业结构向高度化和合理化演进的关键推动力量;技术创新能优化经济结构的有机构成,扩充经济系统的边界,以创新文化的构建夯实技术发展的基础,进而推动产业升级(陆雄文,2013)。洪银兴和郑江淮教授(2020)更是全面而深入地揭示了科技、产业创新驱动与产业链相互作用的关系,认为我国的产业结构应该由外需型结构转为内需型结构,内需型产业结构的重要特征是服务业尤其是现代服务业的快速增长。洪银兴教授(2018)认为创新和市场是产业结构调整的两个杠杆;市场选择和优胜劣汰淘汰过剩产能,而产业创新支持战略性新兴产业的发展。唐德森(2014)认为欧美等发达国家在产业发展中实施高新技术产业发展战略,注重产业结构高技术渗透,提高产业的高技术含量,借助高科技对产业成长的强力导向、渗透,促进经济资源在产业间的重新配置,进而通过既有产业的更新、重组和新产业的建立等一系列创新,形成产业结构的新格局。

外源动力是产业转型升级的有益补充,多数学者研究发现外资是促进产业转型升级的重要决定因素。如李晓钟(2014)分析了外资对我国产业结构影响的直接效应和间接效应,发现外资引入有利于我国三次产业结构和第二、第三产业内结构优化,外资的技术溢出效应和出口导向性的经营模式推动了中国产业技术结构的提升和产业结构的改善。张琴(2010)研究发现国际产业转移通过资本补缺、技术进步和产业关联等效应促进一国或地区的产业结构调整与优化。许南和李建军(2012)提出中国的产业结构升级必须要在战略层面上充分重视国际产业转移的机遇,力求突破跨国公司的结构性封锁以及价值链的低端锁定,实现全球价值链和国内价值链的协调发展。

当然,从众多产业转型升级的实践和更多学者们的研究结论来看,内外因往往综合对产业转型升级发挥作用。例如李业锦等(2022)研究发现科技创新投入和科技创新环境对产业转型升级综合水平影响显著,从分维度来看,科技创新投入和科技创新产出对产业高端化也均有正向影响。冯伟和李嘉佳(2018)在测度中国30个省、区、市2004—2015年21个制造业行业价值链位置的基础上,运用系统广义矩估计法从行业和地区两个层面进行了实证检验。结果表明:产业规模和人力资本对中国制造业的价值链攀升具有显著的促进作用;创新水平对价值链攀升的影响会随地域不同而展现出差异性;外商投资对价值链攀升的作用也会因不同地域和产业类型而展现出异质性特征;劳动力成本对价值链攀升则具有抑制作用,且主要表现在劳动密集型产业和资本密集型产业中。

与此同时,还有学者另辟蹊径,聚焦于研究兼具内因和外因特征的某个特定因素对产业结构优化的影响。众所周知,国家高新区是一项重要的政策和制度安排,其载体作为地区的增长极有效带动了地区经济发展,在促进产业集聚、优化产业结构、推动地区创新方面起着重要作用。因此,有学者聚焦于国家高新区是否推动了驻地城市制造业转型升级这一议题,如周思思和孙涛(2021)通过实证分析发现,高新区通过经济发展、生产性服务业集聚以及创新等作用机制推动了所在城市制造业转型升级,异质性分析表明高新区在促进制造业转型升级时存在一定的极化效应。

2. 制造业迈向中高端的条件与制约因素

梳理现有研究可以发现,制造业迈向中高端发展的条件和基础主要包括以下几个方面:第一,中国持续高速的经济增长和不断增加的居民收入促进了本国市场规模的迅速扩张(杜鹏,2012),这为制造业迈向中高端发展提供了充分的市场基础。第二,产业体系的不断完善、科技人才支撑能力的增强和产业国际合作的进一步深化,为制造业发展创造了良好的产业发展环境(中国宏观经济研究院产业经济与技术经济研究所课题组等,2017)。兰筱琳和黄茂兴(2018)通过对比中国制造2025与德国工业4.0的相关举措,并结合我国制造业实际发展情况得出如下结论,现阶段我国制造业迈向中高端的主要优势表现为制造业企业科研实力的稳步提升、制造业出口竞争力的不断提升、中国制造业在国际市场所占份额的不断攀升、政府对中国制造业的加大扶持等。还有学者认为,我国的装备制造业等高端制造业出口份额不断攀升,制成品出口量和吸引外资水平均居世界前列(林桂军等,2015;王利娟,2017),这也是中国制造业迈向中高端的重要条件。第三,《中国制造2025》等一系列中央和地方配套政策的出台为制造业发展提供了强有力的制度支持。此外,中国经济进入新常态后,政府简政放权已经成为推动中国经济向中高端升级的重要支撑力量。当然,相比于政府的扶持,企业更加需要一个公平健康的市场竞争环境。

从制约因素来看,众多学者认为,中国制造业迈向中高端进程逐渐步入正轨,但总体上来看,创新能力依然薄弱、产能过剩严重、劳动生产率低下(周玉芳,2013;王舟,2017)。兰筱琳和黄茂兴(2018)认为,中国制造业在现阶段的制约因素可主要归结为技术与创新能力的欠缺、产品质量管控体系的相对薄弱、劳动效率与资源能源利用效率的低下及人力资源整体素质欠缺等。

从生产成本来看,时慧娜等(2010)、谢荣辉(2017)等很多学者指出我国"人口红利"和资源消耗都亮起了红灯,劳动力成本优势逐渐丧失和环保成本从外部化转向了内部化,这些都导致制造业转型成本不断攀升,不利于制造业对科技创新和引入高端人才的投入。刘迎秋(2012)认为长期以来多数企业和个人习惯于现存的粗放型外延发展模式,思维和行为习惯及体制机制障碍是我国经济发展迈向中高端过程中的最大困难,认为帮助企业克服当前落后模式的禁锢,唯有依靠转变观念和思维方式,依靠深化企业改革以及创新体制机制来实现。从产业集群来看,中国大部分产业集群"聚而不集"、"大而不强"、集群企业之间缺少专业化分工协作、合作机制不健全,未能充分延展产业价值链(Nicolas,2008),不利于产业集群转型升级。张志元等(2013)和刘川(2015)研究发现,一方面地区产业同构导致中国制造业面临严峻的内部发展瓶颈和产业过剩;另一方面跨国公司的整体"低端锁定"现象和产业升级路径封锁造成国内制造业发展与升级存在很大的外部制约和隐患。

3. 产业转型升级、制造业迈向中高端发展的路径

制造业向中高端升级转型迫在眉睫,面对制约其发展的现实困境,诸多学者对如何提升制造业在全球价值链中的地位进行了探索。从世界各国制造业转型升级、提升全球价值链分工地位的路径和对策来看,主要可以概括为四类:第一类是聚焦于提升制造业在全球价值链生产环节的地位(Humphrey,Schmitz,2002)。第二类是对全球价值链上的制造业任务环节进行整合(Fernandez,Bamber and Gereffi,2011;Azmeh,Nadvi,2014;Schmuck,2021),包括制造业企业提高自身产品开发、售后服务、分销和促销以及市场情报和谈判技巧水平(Pham & Petersen,2021)。第三类是提升生产要素和生产主体质量,包括提高劳动力素质和水平(Humphrey,Schmitz,2002;Li et al.,2020)、增强技术水平与创新能力(Lin et al.,2018;Li et al.,2022;Zhang et al.,2022)及推动劳动力从低边际产出的农业转向高边际产出的制造业(Dixon,Rimmer,2022),推动中小企业专业化创新发展,培育特定领域"隐形冠军"(Zhang et al.,2023)等。第四类是提升软环境,包括提升出口的服务水平(Sáez,Grover,2010),提高政府治理水平(Gereffi & Lee,2016)、与重要的贸易伙伴建立稳定的关系等(Zhang et al.,2022)、加强环境规制(Li et al.,2022;Yuan et al.,2023)、改善商业环境(Folorunsho,2023)、推动绿色创新(Gao,2023,)制造业智能化(Zhou et al.,2018;Zhang et al.,2022)、数字化(Albukhitan,2020;Gao et al.,2023)等。如Yuan等(2023)以2003年以来中国实施清洁生产标准为准自然实验,研究环境政策外生冲击对企业价值链升级转型的影响及机制,研究发现,清洁生产标准对企业价值链具有显著的升级效应,其升级效应主要受企业资产规模、股权结构、地理位置、贸易方式以及行业内技术水平和污染强度等因素的影响,这是因为,施清洁生产标准通过提升创新研发能力、提高全要素生产率、提高劳动工资等方式促进了中国制造企业融入全球价值链。Li等(2022)采用双边随机前沿分析模型,计算了全球131个国家或地区的全球价值链议价能力指数,并测度了其全球价值链分工地位,在此基础上建立面板数据模型,检验环境法规对全球价值链分工地位的影响,结果表明适度的环境规制可以促进科技进步,环境规制对欠发达国家地区提升全球价值链分工地位有促进作用。Liu等(2023)考察了数字技术投入对中国参与全球价值链重构的影响,研究发现,数字技术投资对中国在全球价值链中的相对地位和全球价值链内双边合作水平具有显著的正向影响,这是因为数字技术投入通过增加高技术产品出口规模和出口国内增加值两个渠道促进中国参与全球价值链重构。异质性分析表明,资本密集型产业的数字技术投入对中

国参与全球价值链重构的影响更为显著。当发达经济体和金融发展水平较高的经济体成为贸易伙伴时,上述促进效应会被放大。

此外,Gereffi 等(2005)、刘志彪(2013)等学者指出构建国家价值链、提高价值链终端的竞争程度是融入全球价值链并且借助全球价值链升级国内制造业的一个重要趋势。Herrigel,Wittke 和 Voskamp(2013)、Dizioli 等(2016)等认为中国制造商与跨国企业之间的双向学习使中国制造商突破过去单向的出口导向模式带来的自我限制结构,会使跨国企业受益,从而促进中国制造业向高端转型。裴长洪(2006)、何德旭等(2010)、沈坤荣等(2011)学者们认为吸收外商直接投资是实现中国制造业迈向高端的一条重要途径。赵伟等(2006)、潘颖等(2010)则认为对外直接投资能够促进中国技术进步,加速企业自主创新,缩小中国制造业的绝对技术缺口,从而促成中国国内产业升级。郭克莎和田潇潇(2021)认为,在构建以国内超大规模市场为基础、以提升产业链供应链现代化水平为重点、以制度创新和技术创新为突破口的新发展格局中,推动中国制造业转型升级的基本取向是加快高技术制造业和战略性新兴产业发展,推进传统制造业数字化、网络化、智能化、绿色化改造和全面技术进步,不断提升制造业的现代化水平、自立自强能力和国际竞争力。Li 等(2021)基于 Koopman 等人提出的贸易增加值核算方法,利用 OECD-TIVA 数据计算了 64 个国家 2005—2015 年的"全球价值链地位指数"和"全球价值链参与度",在此基础上对对外直接投资(OFDI)对母国全球价值链升级的影响进行理论分析和实证检验。结果表明,对外直接投资通过促进技术进步和提高贸易网络地位对母国制造业在全球价值链升级产生积极作用,新兴国家的对外直接投资影响比发达国家更为显著,同时,与中低技术产业相比,高技术产业对外直接投资对中国全球价值链升级的影响更大。Kong 等(2021)采用 2000—2014 年制造业子行业数据进行的实证研究表明,进口的知识密集型商业服务业的技术复杂性对提升中国制造业全球价值链地位具有推动作用,尤其是高技术密度的高新技术产业的进口技术复杂性对中国制造业在全球价值链地位的提升作用更为明显。

从实践来看,我国制造业相关企业迈向中高端的主要途径包括:制造业企业通过全球价值链主导企业的技术及知识溢出效应促进自身实现产业转型升级;制造业企业在了解东道国客户需求的前提条件下,结合自主创新、技术引进等途径实现产成品的颠覆性创新或相关功能的升级,从而为占据全球价值链高端地位创造可能,进而为构建以本国制造业企业为主导的新的全球价值链创造前提条件。以上两种途径相互影响,共同促进制造业企业迈向高端(杨丹虹,2019)。

1.2.3 对现有研究的评价

综上所述,自 2015 年起,针对我国制造业转型升级及迈向中高端问题的探讨日益活跃,现有文献在制造业迈向中高端发展的内涵、基础、条件及制约因素等方面已经取得了一定的研究成果,但仍然存在以下问题:第一,大多数学者对产业转型升级进行了较多的研究,但针对国民经济的支柱产业"制造业"进行的综合研究相对薄弱,而且,大部分学者只对国家层面的制造业在全球价值链中的位置进行了测算,虽有少量文献对地方层面的制造业全球价值链位置进行了测度,但对我国典型省市制造业在全球价值链地位的研究尚显得薄弱。第二,现有研究尚未明确提出制造业中高端的定义和判定标准,大多将制造业"迈向中高端"与"产业结构转型升级"混为一谈。在全球价值链分工这一概念落地过程中,学者们不断细分及深化并试图对"迈向中高端"与"产业结构转型升级"二者之间的关系做出界定,但现阶段暂未形成统一结论,且鲜有学者构建指标体系来评价制造业迈向中高端的发展水平。从已有的少量制造业迈向中高端综合评价体系来看,指标趋于雷同,系统性和代表性不足,没有结合全球价值链各环节的特征选取评价指标,因此制造业迈向中高端发展的评价指标体系在全球价值链的新视角下也亟须优化。第三,现有关于制造业迈向中高端的影响因素、基础、条件和制约因素的分析多集中于国家层面,为打破制造业发展瓶颈,加快制造业迈向中高端进程的发展速度,学者们也提出了一些发展路径和对策,但是这些多依赖于国际市场和技术,且未能与时俱进、因地制宜地立足于中国及其典型地区的实际情况,这些问题也正是本书尝试解决的。

1.3 本书的研究目标、主要内容、特色和创新点

1.3.1 本书的研究目标和主要内容

1. 本书的研究目标

本书旨在综合运用经济学和城市规划学等学科的理论和方法,并结合作者参与的规划实践项目,探究中国制造业迈向中高端的机制、影响因素和对策,具体目标如下:

一是界定制造业迈向中高端的内涵,构建测度制造业迈向中高端的指标体系,厘清制造业迈向中高端发展的影响因素、作用机制、条件和制约因素,阐释"理论问题",丰富现有的有关制造业迈向中高端、产业转型升级的研究内容。

二是在理论研究的基础上,从定性和定量两个角度分析中国制造业迈向中高端发展的基础、影响因素、历史演变及面临的问题和挑战,并提出促进制造业迈向中高端发展的对策建议,为实现制造业高质量发展,迈向全球价值链中高端和实现制造强国的目标提供支撑。

2. 本书的逻辑结构

首先,梳理文献,在现有的研究基础之上,界定制造业迈向中高端的概念和测度指标,归纳影响制造业迈向中高端的影响因素和作用机制,在此基础上,采用经济学的研究方法,检验"互联网+"、生产性服务贸易、OFDI对制造业迈向中高端的影响。其次,结合实地调研和统计分析,探究中国制造业迈向中高端的现状和面临问题,并分别从典型区域层面(江苏省)、典型城市层面(徐州市)和典型企业层面(L公司)剖析制造业转型升级迈向中高端发展的实践。最后,结合实证结论及国内外制造业转型升级迈向中高端的经验和教训,从政府及企业两个视角分别提出当前中国制造业迈向中高端的对策建议。

3. 本书的主要内容

（1）从理论上界定制造业迈向中高端的内涵和测度指标，厘清制造业迈向中高端的影响因素和作用机制

在现有的研究基础上，界定制造业高端化和制造业迈向中高端的概念，明确制造业迈向中高端的测度指标体系，厘清制造业迈向中高端发展的影响因素、作用机制、条件和制约因素，在此基础上，重点从前人关注相对较少的"互联网＋"、对外直接投资（OFDI）、生产性服务贸易等不同视角实证检验和剖析影响中国制造业迈向中高端的影响因素和作用机制。

（2）从不同层面，剖析中国整体、典型省份、典型城市及典型企业制造业发展现状及迈向中高端的实践

在前述的制造业高端化及制造业迈向中高端内涵的基础上，分别以不同尺度的典型地区和典型公司为例，从全国、区域（江苏省）、城市（徐州市）、企业（L公司）等不同层面分析制造业转型升级迈向中高端化发展的实践。

（3）制造业迈向中高端发展的对策研究

结合国内制造业成功迈向中高端的案例，从政府和企业两个角度提出中国制造业迈向中高端的路径及对策，前者分别从全国统筹布局、省域优化整合、城市重点培育三个层面进行阐述；后者从明晰企业定位、把握产业转型方向、优化资源配置、实施智能制造战略、延伸产业链条、提升产业融合层次、增强技术外溢、精准调节供需结构、创新经营理念、打造优质企业形象等方面具体阐述制造业转型升级迈向中高端的对策。

1.3.2 本书的特色和创新点

1. 选题较为新颖

本书聚焦于解决当下中国制造业发展"高端被封锁、低端有竞争、生产成本不断上涨"的现实问题。制造业是国民经济的主体，既是一国经济发展和改善民生的基础，又是参与国际竞争和保障国家安全的基石。关于制造业的相关文献非常丰富，但是专门聚焦于"制造业迈向中高端"的相关研究相对缺乏。2015年，"迈向中高端"的概念才开始出现在国务院发布的《中国制造2025》中。2017年10月，习近平总书记在党的十九大报告中明确提出，"加快建设制造强国，加快发展先进制造业""促进我国产业迈向全球价值链中高端"的目标和方向，此后学术界开始关注制造业迈向中高端。然而，截至目前，相关论文和专著依然比较有限，"制造业迈向中高端"的概念尚无统一的界定，而且现有的关于制造业转型升级的研究更多的是单纯聚焦于全球价值链视角下制造业转型升级或者聚焦于本土制造业转型升级。本书的部分内容源于2019年正式立项的江苏省社会科学基金基地项目"江苏制造业迈向中高端发展的对策研究"的成果，该项目本身选题较为新颖，书稿的其余大部分内容源自近两年作者对参与的与制造业相关的诸多实践项目的思考与探索。

2. 研究视角多元，规范的实证分析与实践案例相结合

本书建立了一个包含多视角、多因素的研究框架，探究尽可能丰富的影响制造业迈向中

高端的因素及其影响机制,并以地级以上城市为样本,分别实证检验"互联网+"、OFDI、生产性服务贸易等对制造业迈向中高端的影响。在实践部分,从宏观到微观,即从国家到典型省、城市、企业等不同尺度和层面,逐层立体剖析制造业如何转型升级迈向中高端,最终实现制造强国和经济高质量发展的目标。

3. 研究方法多样,采用多学科的研究范式,确保研究结论的可靠

本书采用的研究方法和范式涉及多个学科,包括区域经济学、城市与区域规划学、国际经济学等,既借助对典型企业、众多政府相关部门的走访获取第一手资料,进行定性分析,又大量运用经济学的实证分析方法,进行定量分析。综合运用两种研究方法深入分析和研究中国制造业迈向中高端发展的内涵、影响因素、条件和作用机制与对策建议等方面,确保研究成果的稳健性和普适性。

第 2 章
制造业迈向中高端的理论分析

"制造业迈向中高端"这一提法在2015年开始出现,且多与全球价值链、制造业转型升级等概念紧密联系在一起。目前学术界对制造业迈向中高端的研究大致有两类,一类是根植于价值链,利用投入产出表分析特定国家或地区制造业在全球价值链的地位,另一类是围绕产业转型升级,两个方面都已经取得了较为丰硕的成果。但针对制造业中高端及制造业迈向中高端的概念尚缺乏统一的界定和测度指标,对制造业转型升级以及推动制造业迈向中高端的影响因素的分析也多基于某个特定的视角。本章在前人研究的基础上,界定了制造业迈向中高端的内涵,梳理了制造业迈向中高端的测度方法,在此基础上从多角度梳理和分析制造业迈向中高端的影响因素及其作用机制。

2.1 制造业迈向中高端概念的界定

2.1.1 产业结构转型升级

从前述的相关研究文献来看,制造业迈向中高端的主要内容与制造业转型升级二者之间的关系最为密切,因此,探究制造业迈向中高端的内涵离不开追溯产业结构转型升级等相关概念。众所周知,近现代的经济发展过程和工业发展紧密相连,以制造业为主的工业发展往往在经济发展中居于主导地位,而在工业化进程中,以制造业为代表的工业内部结构通常又遵循着以资源密集型或劳动密集型产业为起点,历经资本密集型产业,最终升级为技术和知识密集型产业的演变规律。因此,产业转型升级和制造业转型升级在很多文献中被混用。"产业(或制造业)结构转型升级""产业结构升级""产业结构调整""产业结构优化""产业结构高级化""产业结构合理化"等与制造业迈向中高端有密切关联的相关概念在20世纪就开始进入学术界和政府的官方文件中。2002年党的十六大正式提出中国要"走出一条科技含量高、经济效益好、资源消耗低、环境污染少、人力资源优势得到充分发挥的新型工业化路子"。随后兴起如何推进和实现新型工业化的研究热潮,学者们纷纷探究中国如何转变经济增长方式,对产业转型发展和产业升级做出了很多中国化的提炼与总结。

早期文献通常把产业转型和升级看作是一个整体,认为产业转型升级就是指产业从低附加值向高附加值,从高污染、高能耗向低污染、低能耗,从粗放型向集约型产业的转变,这些观点其实是对工业结构演化的一般规律在实践中的总结。一般认为在产业转型升级的过程中,最关键的因素或者说驱动力是技术进步,这里的技术进步不仅仅需要引进先进技术,而且更强调要在引进基础上消化吸收进而改进,并实施技术创新,从而建立起属于自己的技术体系(樊慧玲,2016)。当然,产业转型升级还必须依赖于政府行政法规的指导以及资金、政策支持等。

针对制造业转型升级的研究主要集中在产业结构升级和价值链升级两个方面(郭克莎等,2021),两类研究视角在本质上有密切的关联。在制造业产业结构升级方面,有的学者从国家层面探究制造业整体的转型升级,如吴崇伯(1988)发现东盟国家的产业调整几乎都出现了制造业升级换代的普遍趋势,这些国家致力于推动产业结构由橡胶制品、木材加工、纺织等劳动密集型与资源密集型的轻工业向资本与技术密集型的重化工业转型,淘汰劳动密集型行业,转向技术和知识密集型行业。尤其是新加坡在1979年提出了"第二次"工业革命,将以电脑为代表的高科技工业作为未来发展的重点,推动产业向技术和知识密集型转化。Cheong和Wu(2014)研究发现,改革开放以来中国经济高增长的部分原因是经济结构转型和制造业向高附加值产品升级取得了成功。有些学者侧重于从企业视角,如Gereffi(1999)认为制造业转型升级是制造业企业从劳动密集型生产向资本和知识密集型生产转型的过程。所有这些均进一步佐证了大多数国家制造业转型升级都遵循着前述的规律,不断从劳动和资源密集型产业转向资本与技术密集型产业发展。

在制造业价值链升级方面,21世纪以来,在全球价值链主导的"世界制造"中,进入该链条的企业不再像过去那样,承担某种产品的各个环节,而是专门专业从事某产品的特定生产环节,一个产品的各个生产环节可能分散在全球各地。新的国际分工体系的逐步形成以及"全球价值链"概念的提出,使得制造业转型升级的研究视角深入价值链的各个环节,且形成四种不同的升级模式(表2-1)。

表2-1 全球价值链中产业升级模式

产业升级模式	内容
产品升级	通过引进新产品或改进新产品,增加产品的附加值
工艺流程升级	通过整合现有生产系统或引进先进技术,提高加工流程的效率
功能升级	重新组合价值链中的各个环节,提高经济活动的附加值,获得新的功能或放弃已有的功能,增加经济活动的技术含量,改变企业在产品价值链中所处的位置
链条升级	从一条价值链跨越到一条价值更高的新产业价值链,企业把在一个产业中获得的能力应用到另外一个新的产业,或转向一个新的全球价值链中(类似于前述的产业间升级)

资料来源:根据Gereffi(1999),Humphrey和Schmitz(2002),陈柳钦(2009)整理而得

价值链升级和产业结构升级两个研究视角出现了融合的趋势,且有学者对"转型升级"提出了更加宽泛的解释,如Humphrey和Schmitz(2002)认为只要制造业企业通过创新提高了生产效率并在产业链和价值链上得到了攀升,那么无论是劳动密集型生产还是资本和知识密集型生产,均成功实现了转型升级。张其仔(2008)基于比较优势演化理论,认为产业升级的实质是国家通过改变要素禀赋的比较优势,选择最佳产业升级路径,实现自身在生产

价值链和国际分工体系中地位的改变,最终实现制造业向全球价值链中高端迈进,该研究是对产业结构转型升级和价值链升级两个研究视角的进一步融合。刘川(2015)进一步从全球价值链的视角将制造业升级定义为:制造业企业依托生产技术和产品创新能力的升级,带动地区制造业产业结构改善,最终使得制造业在全球价值链的分工地位和获利能力显著提升。徐小换(2016)认为产业结构的升级是一个动态演进过程,依托的是技术进步,是产业结构系统由低到高的攀升过程,包括低水准向高水准的提升、较低形式向较高形式的转变,这个过程是根据经济发展史的逻辑顺序持续不断地进行的。因此,至少有三个层次的产业结构升级:首先是产业结构的合理化,其次是产业结构的高度化,最后是产业结构的高效化,而嵌入全球价值链是产业升级的重要途径。

随着研究的深入,一些官方文件和理论界明确将"产业转型升级"分解为"转型"和"升级"两个既有区别又有联系的概念,或者单独研究"制造业转型"或"制造业升级"(刘川,2015),或"制造业高极化"。2011年,国务院印发的《工业转型升级规划(2011—2015年)》明确指出"转型"就是要通过转变工业发展方式,加快实现由传统工业化向新型工业化道路转变;"升级"就是要通过全面优化技术结构、组织结构、布局结构和行业结构,促进工业结构整体优化提升。

基于当前学术界形成的共识,根据技术密集度,可将制造业分为四类,即低技术制造业、中低技术制造业、中高技术制造业以及高技术制造业。根据要素密集度,制造业可被划分为劳动密集型制造业、资本密集型制造业以及技术密集型制造业(吴琴,2020)。从本质上看,制造业的转型升级是指制造业由低技术和低附加值的产品向高技术和高附加值的产品转变。早在2004年,Poon(2004)就指出,制造业转型升级主要是指其逐渐从劳动密集型产品向资本密集型和技术密集型产品转变的过程。制造业升级是产出附加值不断提高、核心技术竞争力建立以及投入要素高级化的过程。在这个过程中通过生产要素调整,产业结构不断优化适应市场需求,从而实现产业升级。

综合现有研究,"转"是产业转型的核心,是一个动态演变的过程,包括由低技术、低附加值产业转向高技术和高附加值产业,由粗放型产业转向集约型产业,由资源要素驱动型和投资驱动型产业转向技术创新驱动型产业,由资源消耗型产业转向资源节约型产业,由环境污染型产业转向环境友好型产业。而产业升级则更强调"升",尤其是当产业升级与全球价值链结合起来之后,较多学者认定这种升级如表2-1所示的产业链条升级、产品升级、工艺流程升级和功能升级(樊慧玲,2016)。产业转型与转变经济增长方式类似,是生产方式的彻底变革,而产业升级其实质就是提升产业在价值链上的地位。当然,产业转型与产业升级密不可分,相辅相成,转型是手段,升级是目标,以转推升,以升促转。

2.1.2 制造业迈向中高端的源起

"迈向中高端"这一概念源于2015年国务院发布的《中国制造2025》,该报告明确提出了实现制造强国的目标,提出"推动产业迈向高端,坚持创新驱动、智能转型,加快从制造大国向制造强国转变"。在2015年两会后的记者招待会上,时任总理李克强提出,中国经济在以往实现了高速增长,但质量却不高,"那只是一种中低端状态,中国经济未来增长的关键就是要通过这种中高速增长向中高端升级"。2016年,商务部等部门联合下发《关于加强国际合作提高我国产业全球价值链地位的指导意见》,该意见指出"目前我国产业总体仍处于全球价值链的中低端,主要领域关键核心技术受制于人,与发达经济体相比尚有较大差距"的现实,且明确指出我国需深化与他国的合作,以此来突破发展桎梏,推动我国制造业的发展。2015年和2016年分别被提出的"中低端状态"和"全球价值链的中低端"与此前被诸多学者普遍认可的中国制造业当时在全球价值链中被"低端锁定"(刘志彪等,2009)不谋而合。2015年和2016年分别被提出的"产业迈向中高端""经济向中高端升级"实际上是基于"低端锁定"的现实而提出的对中国未来产业转型升级的目标和期盼。2017年10月,习近平总书记在党的十九大报告中提出,我国经济已由高速增长阶段转向高质量发展阶段,提出"支持传统产业优化升级,促进我国产业迈向全球价值链中高端"(习近平,2020)。同年11月,国家发改委发布了《增强制造业核心竞争力三年行动计划(2018—2020年)》,这两份文件都进一步明确提出要推动我国产业/制造业迈向全球价值链中高端。此后,制造业迈向中高端的提法正式进入官方和学界,与之相关的研究开始引起关注。

2.1.3 制造业迈向中高端的概念

1. 制造业迈向中高端

尽管当下欧美和日本等国家和地区倡导制造业回归本土,再叠加上新冠疫情等公共卫生领域突发的危机,导致逆全球化的呼声开始出现,但是,经济全球化趋势依然存在并将持续,全球价值链也势必继续成为制造业迈向中高端研究的起点之一,因此,正如产业转型升级常与全球价值链是密不可分的一样,制造业迈向中高端与制造业在全球价值链中的升级同样密不可分。夏友富和何宁(2018)认为制造业迈向中高端发展其完整表述应为制造业企业通过产业结构调整升级实现迈向全球价值链中高端。在嵌入全球价值链的过程中,制造业的产业结构转型被普遍认为是外部环境的巨大变动,导致产业内部存在资源配置不合理的现象,从而使得产业自身的发展受限,因而必须通过提升产业素质,置换和重组企业内部及相互之间产业要素,形成新的产业结构来满足其长远发展的要求(夏友富等,2018)。对企业而言,全球价值链中的升级指的是企业为了获得更高收益进入更高层次的有壁垒市场的过程。就产业升级的工艺流程升级、产品升级、功能升级和链条升级的四个层次而言,无论是哪个层次,都意味着劳动密集型价值环节转向知识、信息和技术密集型价值环节,劳动密集型价值链条转向知识、信息和技术密集型价值链条(陈柳钦,2009),其过程不仅伴随着资本的深化,更离不开知识的深化。

基于前文分析,可以发现,制造业迈向中高端有着丰富的内涵,它不是单一个体的静止概念,而是一个全域的动态概念。在前人研究的基础上,本书将制造业迈向中高端发展这一概念界定为在技术创新和技术进步带来的生产率不断提高的基础上,一个国家或地区制造业在产业链环节和价值链的地位从低技术领域向高技术领域、从劳动和资本密集型向资本和技术密集型、从低附加值向高附加值、从粗放型向集约型跃升,最终实现产业分工从价值链低端向中高端迈进的过程。这个过程既包括产业技术水平的提高,又包括产业价值链区段地位的提升,最终实现制造业高附加值化,结构合理化、高度化和经济效益高效化。制造业迈向中高端不单单是指产品质量的提升,更是产业功能和产业价值链的提升,涉及的是微笑曲线理论中强调的所有产品品牌、设计、制造、服务等各个环节的提升(刘晶等,2016)。在全球价值链视角下,制造业产业转型升级与迈向全球价值链中高端二者之间存在相互依存的紧密关系,前述的制造业转型升级中的"升级"更接近于本书的主题"迈向中高端"。一般认为,嵌入全球价值链整体上能推动制造业转型升级,但是它与制造业转型升级之间存在正"U"形关系。嵌入全球价值链的制造业企业,可以通过科技资源的优化整合,提高科技资源配置效率,迈过拐点实现全球价值链嵌入与制造业转型升级的正相关关系(田双,2020)。这里所指的产业升级不仅包括调整制造业产业间及产业内细分行业之间的比例关系,而且包括提升产业价值链,调整低端价值链和高端价值链之间的比例关系(刘晶等,2016)。在这一过程中,制造业通过产业转型升级,重构全球价值链参与环节,实现现有价值链上价值分配机制的改造和重置,提升国际分工地位,进而迈向全球价值链中高端。反过来,制造业迈向全球价值链中高端也促进了产业转型升级。

对国家而言,制造业迈向中高端意味着,政府通过政策调控,引导促进产业向高技术化、高知识化、高资本密集化和高附加值化发展,走新型工业化道路,实现产业结构优化升级,最终提升制造业在全球价值链的地位。

对一个特定的区域或者城市而言,制造业迈向中高端意味着,该区域主动择定优势产业从低附加值向高附加值、从高污染高能耗向低污染低能耗、从粗放型向集约型产业升级,产业发展由资源要素驱动转向技术创新驱动,最终提升产业在价值链上的地位。当然,这里的价值链不仅仅指全球价值链,还包括区域价值链。

对特定的企业而言,制造业迈向中高端是指制造业企业根据自身的特点和优势,先在微笑曲线的中间环节站稳脚跟,而后通过在设计研发和营销服务两个环节发力的方法,向微笑曲线的两端攀升,从而迈向全球价值链中高端。

制造业企业在迈向全球价值链中高端的过程中,主要通过两种方式促进产业转型升级,即全球价值链主导下的企业技术溢出与基于客户需求的产品重大创新或功能升级。除技术进步外,其余促进产业转型升级的因素还包括企业资源拥有与利用程度、高级人力资本供给、相关行业所处的宏观经济环境、全球价值链治理模式、跨国企业国际化经营能力等。企业通过上述因素实现产业结构的"合理化、高度化和高效化",而产业结构转型升级成果是对市场需求的反馈,该反馈在市场新的需求不断提出过程中不断升级从而转化为新的技术需求,诱发企业实现技术的进一步深化与新技术的产生(夏友富等,2018)。

对制造业迈向中高端的理解不应该是片面的,不应该完全抛弃中小加工型制造业企业,而应通过提高各个环节的附加值,来实现价值链整体延伸,以及在现有价值链基础上添加新的价值链,比如在处于价值链低端的加工制造环节加入智能管理、智能制造等技术,以促进全球价值链各个环节的融合,进而带动制造业整体附加值的提升。

此外,从制造业转型升级、产业结构优化等概念和制造业迈向中高端的差异来看,前两个概念更多地聚焦于一国内部,而迈向中高端更多的是着眼于全球价值链,前者是后者的基础,而后者反过来也会正向引导或者倒逼制造业转型升级和结构优化。简而言之,制造业转型升级是手段,迈向中高端是目标。

2. 高端制造业

相对于具有严格定义和具体门类的高新技术产业,高端制造业迄今为止并无公认的严格的界定。孔琳(2018)认为中高端制造业应具有高知识技术含量和高附加值、低污染、低排放、低能耗、环境友好等显著特征。刘迎秋(1999)认为推动产业结构迈向中高端的目标是降低资源消耗,减少污染排放,提高产出的附加值;重点是提高产业增长质量和效率;关键是提升产业和产品技术含量。随着高质量发展及双碳目标逐渐落地,高质量、绿色、高效等愈发成为高端制造业的重要特征和关键词。

本书认为高端制造业一般是指处于价值链的高端环节,具有较高的技术和知识密集特征、较高的附加值、较好的成长性、较低的能耗和较低的污染排放,能够引领一个国家或者地区制造业发展,能够代表国家和地区核心竞争力,且能够在国际上具有竞争优势的产业。因此,高端制造业往往是衡量一个国家核心竞争力的重要标志。

与前述制造业迈向中高端的概念呼应,对制造业中高端的理解应主要集中在质量、技术、创新、效率和绿色等几个方面。从质量来看,不仅指产品本身的质量高,而且指产业及产品价值链在国际市场上的竞争力,即处于价值链核心和高端,具有高附加值特征,可以用国际市场中所占的市场份额数或者产品质量来评判;从技术和创新来看,高端主要体现为高精尖技术含量高,研发资本投入额占所有投资总额的比重、发明专利申请数量等在一定程度上也能反映整个经济社会的创新水平,同时也可以从创新的角度衡量各产业迈向中高端的水平和程度;从生产效率来看,可以用全员劳动生产率或劳动生产率来表征,这两个指标的提高,即意味着产业结构正在朝着中高端迈进;从资源环境消耗来看,可以用单位GDP能耗以及其他一系列的能耗指标值的下降程度来衡量产业结构迈向中高端的水平(刘晶等,2016)。与高端制造业相对的是传统制造业。随着社会经济发展水平的提高和技术的进步,对于"传统制造业"的界定也在发生逐步的演变,从要素密集程度来看,一般认为,传统制造业多以劳动或资本密集为主要生产特征;从技术要素来看,传统制造业一般多以传统、通用技术为主要生产手段。而高端制造业依靠的是高新技术和高端装备的竞争优势,容易取代传统制造业,高端制造业对传统制造业予以改造和提升,是制造业发展的必然过程。

中国发展高端制造业的目标是通过产业升级,实现核心技术自主化,出口产品高附加值化。推动制造业迈向中高端,不仅要瞄准全球生产体系的高端,大力发展具有较高附加值和技术含量的装备制造产业和战略性新兴产业,还要立足于制造业的基础,着力推动钢铁、有色、石化、汽车、纺织等有强大基础和优势的传统制造业,推动传统加工制造由价值链中低端向价值链中高端攀升(赵宾宾,2018),表 2-1 中的任何一种模式均可能被采用。

2.2 制造业迈向中高端的测度

2.2.1 制造业转型升级的测度

对于制造业转型升级的阐述和衡量,常用的测度指标主要有效率指标、结构指标和综合指标。关于效率指标,张琴等(2015)、李永友等(2018)、Carluccio 等(2019)、周楠等(2020)采用增加值率、全要素生产率、技术效率和劳动生产率等衡量制造业升级。关于结构指标,周茂等(2016)、李磊等(2019)采用制造业劳动收入技能结构、技术复杂度和高技术产业比重衡量制造业升级。

从综合指标来看,学者们多从创新能力、经济效益、资源节约、环境保护、社会服务等方面选取评价指标,多用熵权法、层次分析法等客观方法确定权重。如郭巍等(2011)运用层次分析法赋予每个指标确定的权重,从制造业的技术、管理、模式、经济效益和社会效益这 5 个方面来评估其发展情况。《中国制造 2025》采用创新能力、质量效益、两化融合、绿色发展 4 大类共 12 项指标来评价制造业的发展。张晓芹等(2018)以佛山市为例,构建了一个包含效益、创新、资源、服务和环境等 5 个方面的新型制造业的评价指标,指标权重通过熵权法确定,对佛山市制造业进行了全面评估。潘为华等(2019)从质量效益、创新能力、信息技术和绿色发展 4 个方面,基于我国 29 个省、自治区、直辖市的相关数据,对我国制造业转型升级的整体情况进行评价。李廉水等(2015)、程中华(2016)、傅为忠等(2020)从经济创造能力、科技创新能力、资源利用能力、开放竞争能力、社会服务能力等角度出发构建综合评价指标体系来反映制造业升级发展的效果。

关于测度制造业企业转型升级的方法或指标体系,有的学者采用技术水平衡量升级,如果以技术作为衡量指标,那么应在剔除国外出口技术复杂度的基础上,进一步研究国内出口技术复杂度的结构演化,以及高技术产业在出口结构中的比例是否得到提升;有的学者采用产业间升级和产品内升级并寻找代理变量测度两种升级的效果,如果以产业间升级和产品内升级作为衡量指标,那么一般需筛选更为贴切的代理变量,并把反映创新驱动发展的指标纳入考量之中;有的学者构建包括各种经济和非经济因素在内的产业升级指标衡量制造业升级。这需要体现嵌入全球价值链对中国制造业升级的影响,又要反过来突出全球价值链背景下制造业升级对经济的拉动作用,还要兼顾对社会、环境等多方面非经济因素的影响(肖剑桥等,2021)。

2.2.2 产业结构优化的测度

有关产业结构优化的界定主要集中于将产业结构分为高度化和合理化两个不同的维度来衡量。周林等(1987)认为产业结构的高度化至少包含三个方面的内容:第一个方面反映了三次产业结构内部的优化,即逐渐由第一产业占优势向其他两个产业占优势演进;第二个方面反映了生产要素密集程度的变化,即产业结构逐渐由劳动密集型向资金和技术密集型转变;第三个方面是制造业由低端产品转向中高端产品。周振华(1989)认为产业结构的高度化是指产业结构的水平由低到高的过程,可以用非农产业的占比、资金及技术密集型产业的占比以及中间产品和最终产品的比重来测度。

产业结构的合理化更加强调产业结构优化的内在表现。许多研究者将产业结构的合理化与经济发展方式及效益联系在一起。周振华(1989)认为产业结构的合理化是指产业间有机联系的聚合程度的提高。伍华佳和苏东水(2007)认为产业结构合理化是一个不同产业间协商能力以及关联水平提高的动态过程。张静晓和李慧(2012)认为产业结构的合理化是指资源在各产业间配置的合理性,包括资源利用的合理性及各产业间的协调程度。还有学者用泰尔指数衡量合理化水平,用高技术制造业占比衡量高级化水平(何冬梅等,2020)。

对于产业结构优化的衡量维度,有些学者认为:产业结构优化不需要再分维度,而有些则认为产业结构优化不止高度化和合理化两个维度,还应该再加一个高效化。龚仰军等(1999)指出产业结构的优化就是产业结构的不断升级,同时伴随着技术和资本密集度的不断提高。一些学者认为,当制造业结构趋于高级化和合理化时,会推动制造业的转型升级(何冬梅等,2020)。因此,制造业高级化也成为测度制造业迈向中高端常用的指标之一。

早在2015年,时任总理李克强在谈到"协调推动经济稳定增长和结构优化"时指出,制造业是我们的优势产业,工业产业迈向中高端的实现可以通过战略性新兴产业、高新技术产业和装备制造业增加值占比来反映,同时工业中技术密集型产业产值及其增速也是一个很好的衡量指标。从产业层次来看,可以考虑用行业景气指数、第三产业占比来衡量。从整个产业结构来看,可以使用"两化融合"指数以及信息化指数这两个指标(刘晶等,2016)来衡量。

2.2.3 全球价值链地位的测度

自从"全球价值链"这一概念出现以后,很多国家为了确定更好的目标与方向,热衷于测度并认清其在全球价值链中的位置。关于全球价值链的测度主要有全球投入产出方法(贸易增加值、上游度、生产阶段数、平均传染长度、垂直专业值等)、基于出口微观企业数据测算方法、管理学(案例)研究方法等。

从全球价值链分工地位的具体测度指标来看,Hummels等(2001)开创性地运用投入产出方法考察了一国出口中包含的进口成分以及一国出口中作为中间品被其他国家进口的成分,即衡量一国出口的直接以及间接增加值,进而计算垂直专业化率,衡量一国制造业参与国际分工的程度,结果发现各国对外贸易垂直专门化程度不断加深,特别是机械设备制造业参与国际分工的程度最深。上述方法也常被简称为HIY方法。随后众多国内外学者借鉴此法或者在此基础上研究各个国家制造业参与国际分工的程度。如于津平和邓娟(2014)改进了 HIY 方法,分拆成加工贸易和一般贸易,利用投入产出表测算中国各行业加工贸易、一般贸易和总贸易垂直专业化水平,并利用出口产品国内技术含量衡量中国产业的价值链分工地位,并实证研究了中国参与垂直专业化分工对出口产品国内技术含量和产业价值链分工地位的影响,结果发现中国参与垂直专业化分工促进了出口产品国内技术含量和产业价值链地位的提升。

使用标准的 HIY 法测算出口的国内增加值时需要两个关键假设:一是对于以出口为目的及以满足国内最终需求为目的的货物生产,其进口投入的程度必须是相等的,这一假设不适用于以加工贸易出口为主的发展中国家(如中国、墨西哥等);二是所有的进口中间投入必须全部是国外增加值,这一假设不适用于通过第三方转口且进口中包含大量自身增加值份额的发达国家(闫云凤,2015)。为了改进 HIY 法存在的一些不足,Koopman 等(2010)以此为基础,提出国民账户核算体系中的增加值统计法,并且构建新的指标,将国内统计值统计框架纳入全球的统计中,使之可以同时估算国内和国外的增加值。也就是说,把一个国家既看作中间者,又看作接纳者,采用全球价值链地位指数来测度一个国家在全球价值链中的地位,即基于增加值贸易框架构建全球价值链地位指标,国际上称之为 KPWW 法。该方法有效剔除了重复计算的部分,并构建了一般性的价值链框架,可以测度全球价值链参与程度和参与地位指数,是当前全球价值链分析中最为广泛使用的一种测度方法。

国内学者刘琳(2015)利用 KPWW 增加值方法对中国高技术、中技术、低技术制造业分别进行了全球价值链测度。其他国内外学者也纷纷开始研究各种测度指标,主要是基于经济合作与发展组织(Organization for Economic Co-operation and Development,OECD)数据库、世界投入产出数据库(World Input-output Database,WIOD)或增加值贸易(Trade in Value Added,TiVA)等数据,通过计算各种指数,构建波特钻石模型或"参与指数"模型或"位置指数"模型等测度一个国家在全球价值链中的地位。如周升起等(2014)基于 TiVA 数据,证明我国制造业在全球价值链中的地位较低。尹伟华(2016)结合世界投入产出表,按照其他国家对中国出口商品的购入进行分析,发现其他国家主要购买中国的加工制造品,在全球价值链中,我国制造业的地位并不高。黄光灿等(2018)对我国出口的附加值进行全方面分解,并计算了很多指标,包括地位指数和竞争力指数等,从而测度我国制造业在全球价值链中的位置。黄郑亮(2019)基于 OECD 数据库提供的数据测算了全球价值链的一系列指数,计算了越南制造业在全球价值链的参与程度以及位于全球价值链的位置。

还有学者测度一国内部某一个或者某几个行政单元在全球价值链的地位,如徐小换(2016)根据 1990—2012 年江苏制造业投入产出的有关数据,计算了江苏制造业的全球价值链(Global Value Chain,GVC)指数,以及江苏制造业投入中研发环节在其中所占的比重。余振等(2016)计算了我国各个行业的全球价值链地位指数,并且以我国东北三省的制造业为例,计算其在全球价值链的地位。郭佳俊等(2019)基于波特钻石模型,根据江苏制造业 1999—2017 年的相关数据,建立了两个多元线性回归模型,为提升江苏制造业在 GVC 中的地位提出了相应的路径与建议。

此外,在国际贸易分工研究中,通常用呈 U 形的微笑曲线来表现全球价值链不同阶段的附加值状态。1992 年,施振荣先生提出了微笑曲线(smiling curve)理论。在微笑曲线中,设计研发和营销服务位于微笑曲线的两端,属于高附加值环节,任何国家或企业一般都想控制产品的核心技术或者营销,这样就可以在整个生产环节中获得高额利润;而位于全球价值链低端的国家或企业负责产品的加工生产,附加值低,只能获取低额利润。微笑曲线的各个环节并不是单一或矛盾的,是可以融为一体的,而且效果更加明显。目前,处于全球价值链低端的国家都积极探寻迈向中高端的路径,探讨如何将研发、生产、营销结合,而处于全球价值链中高端的国家也竭力保住现有的位置(图 2.1)。

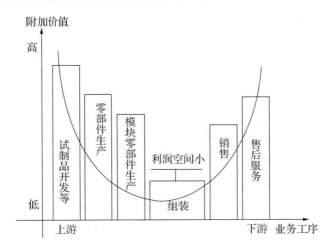

图 2.1　微笑曲线图
资料来源:施振荣(2014)

综上,对于一个国家或地区的制造业在全球价值链地位的定量评价方法主要有两类:一类是通过具体的公式精确计算 GVC 参与指数、GVC 地位指数等,另一类是借鉴类似产业转型升级的评价指标体系来评价制造业发展水平,通过熵权法、层次分析法、主成分分析法等方法来确定权重,求得综合评价值,以此来判断一个国家或者地区制造业迈向中高端的发展水平。

2.3　制造业迈向中高端的影响因素和作用机制

2.3.1　影响因素

从前述的文献综述,可以看到学者们对影响制造业转型升级和制造业迈向中高端的因素进行了广泛而深入的研究,他们均发现技术、劳动力、资本等要素资源的投入是影响产业全球价值链分工地位的最基础因素,并且不同类型要素的影响存在显著的异质性。高端型和生产型投入则有利于提升全球价值链地位,而资源型投入较多会阻碍一国产业在全球价值链的攀升(柴斌锋等,2011)。从资本要素来看,高附加值环节可能面临更大的融资约束,缓解企业融资约束有利于推动企业向高价值链环节攀升(马述忠等,2017)。具体而言,学者们普遍认为技术进步和技术创新、人力资源、国际贸易及国际资本流动、交通等基础设施因素是影响全球价值链分工地位的主要因素。

1. 技术进步和技术创新

技术是产业升级的最重要因素,技术对制造业转型升级的影响主要通过技术创新和科技资源配置效率来实现。在嵌入全球价值链的过程中,技术进步被认为是促进制造业产业实现转型升级的重要动力,因为技术进步可促使制造业企业实现装备产品工序、制造工艺流程的优化与产业链环节的细化。技术进步可细分为知识转移扩散机制引起的外源式技术进步与通过知识共享机制实现的内源式技术进步(夏友富等,2018)。

熊彼特(2012)最早提出"创新"这一概念,他认为创新包括技术创新、组织创新、产品创新、资源配置、市场创新等。创新是新时代经济发展的第一动力,一国或地区制造业的技术创新程度是影响其能否迈向全球价值链中高端的重要因素之一,目前已有相当多的学者关注到这一因素对于全球价值链攀升的作用(张磊等,2019)。杨高举和黄先海(2013)研究发现技术创新和外商直接投资(Foreign Direct Investment,FDI)是影响制造业转型升级的主要因素。于津平和邓娟(2014)、王岚(2014)、邱志珊(2016)等学者认为产品的技术创新程度是影响产业分工地位的主要因素。企业通过自主创新或技术引进实现制造业产成品与相关生产技术的重大升级,这是实现产业链升级的基础。一国或地区制造业创新能力的提升有助于该产业全要素生产率的进一步提高,可以促进该国或地区获取出口比较优势。与此同时,一国或地区制造业技术创新水平的提高可以提高该国或地区制造业企业的产品更新速率从而使该制造业实现产成品出口向高端迈进,使该国或地区制造业出口产品的国际竞争力获得提升,从而实现攀升目的。此外,一国或地区制造业的技术革新水平可以使该国或地区在国际贸易中获得产品垄断地位,而产品垄断地位的获得决定了一国或地区在全球价值链中所处的地位(杨丹虹,2019)。张磊和刘长庚(2019)基于中国制造业产业面板数据,探究研发投入水平与其全球价值链攀升之间的关系,考察在人力资本、FDI、制度质量交互调节作用的情形下,研发投入对全球价值链地位的影响,并进一步探究了创新在研发投入促进全球价值链攀升过程中的中介作用,验证了"研发投入促进技术创新,进而促进产业在全球价值链攀升"的经验。

现实中,各国技术创新环境的差异与技术创新水平、获取资源能力的差异等导致不同国家或地区制造业创新效率不同,从而对制造业全球价值链地位攀升的影响造成差异。

2. 人力资源

人力资源水平是影响一国制造业全球价值链攀升的又一重要因素。人力资本尤其是高端的人力资本对全球价值链攀升具有显著的促进作用(李强等,2013)。人才因素与全球价值链分工地位成明显的倒"U"形关系,实现人才与技术和制度的匹配有助于更好实现"人才红利"(戴翔等,2018a)。

在一国或地区制造业企业向全球价值链中高端攀升的过程中,人力资源可影响该国或地区的全要素生产率、出口结构及资源配置等。首先,某制造业企业人力资源可影响该企业的资本积累程度,企业可通过该途径提高企业高技能劳动力数量,使该企业全要素生产率得到提升,进而提高企业产品生产量及出口规模,促进制造业全球价值链地位向中高端攀升。其次,企业高技能人力资本的提升可使劳动力市场的需求得以提升。劳动力市场上对于中高技术产业工作岗位的需求提升使其产业结构的合理化得到满足,并能提高产业结构的高计划程度,该过程在无形之中使一国或地区制造业出口贸易结构向高计划转变,从而满足了一国或地区制造业迈向全球价值链中高端的充分条件。最后,一国或地区在提升人力资源拥有度的过程中,也会吸收该国或地区的先进生产技术与管理经验,相关地区吸收先进管理经验使得发达地区的技术实现外溢从而提升该国或地区的资源配置效率,该过程可显著使本国或地区制造业企业的全要素生产率获得提升并取得长久的技术进步,实现产业结构转型升级,提升该国制造业企业的国际地位(杨丹虹,2019)。

3. 国际贸易及国际资本流动

在现阶段的国际分工体系下,新兴经济体可通过国际贸易和外商直接投资及对外直接投资参与国际分工,在此过程中,先进的生产技术与相关知识或主动或被动地浸入本土传统制造业企业,成为促进传统制造业企业实现自主创新与改革的动力之一,推动制造业转型升级。黄琼和李娜娜(2019)的研究证实了一个国家或地区参与国际贸易程度与该国或地区嵌入全球价值链深度呈正相关关系。

一国或地区国际贸易参与度对该国或地区制造业的影响可分为两方面。一方面,参与国际贸易可提高一国或地区资源配置效率及专业化生产能力,使得该国或地区更易融入全球资源配置系统,在提高该国或地区国际分工获益能力的同时,提升该国或地区在全球价值链中所处的地位。国际贸易参与度对发达国家或地区的技术示范效应及知识溢出效应同样有较为明显的促进作用。这是因为一国或地区对外开放程度与国际贸易参与度可使发达国家或地区在产成品出口的同时吸引发展中国家制造业企业前来参观及学习(杨丹虹,2019),国外先进资本在流入国内的过程中也会动态影响本土制造业现有的知识及技能格局,发展中国家制造业企业由此获得发达国家或地区的知识和信息的溢出,改变现有的生产及管理模式。本土企业为提高企业竞争力和实现产业升级,也会主动加快其要素流动分配、共享中间投入品,促进企业实现自主创新与技术升级。

另一方面,一国或地区的对外开放程度及国际贸易参与度还可影响当地市场结构,改善市场环境,刺激技术外溢,降低产品生产成本与价格,从而有利于制造业全球价值链地位的攀升(黄琼等,2019)。一般来说,来自境外发达经济体的企业会对本国制造业企业形成较大的冲击,本土企业为取得国内市场主动权必须进行技术革新以求取得长久发展。在此过程中,传统的制造业产业链条被迫整合,本土制造业企业有可能通过接受知识溢出获得先进的发达经济体的管理及生产经验,并在实践中充分运用,从而对其他未参与国际分工的本土企业造成严重威胁。本土其他企业为保住原有的企业地位必须加快其技术革新与产品更新步伐以便在竞争中处于不败之地(杨丹虹,2019)。

大部分学者通过对中国对外直接投资(OFDI)的分析发现,OFDI促进了母国制造业在全球价值链的攀升,且对中端行业的促进效果要大于低端和高端行业(戴翔等,2018)。但是,在现有研究中,也有一些学者认为出口导向由于产生额外的"生产—消费"分离成本,因此阻碍了中国制造业向全球价值链中高端攀升(洪银兴,2017)。

至于FDI对中国制造业全球价值链地位的影响,目前学术界得出两种结论。一些研究发现FDI流入不利于中国制造业提高其在全球价值链的分工地位,这主要是因为FDI的低端锁定效应(马野青等,2017)。但也有一些研究表明FDI有助于中国制造业在全球价值链地位的攀升,李宏艳(2008)发现随着FDI的增加,我国参与垂直专业化的程度加深,有助于提升制造业在全球价值链的地位。

4. 交通等基础设施

新经济地理理论与区位理论均认为运输成本是阻碍制造业升级的重要因素,反之,完善的交通基础设施可以通过降低运输成本,提高资源配置效率进而促进制造业升级。根据Krugman(1991)的研究,当交通运输成本较高的时候,制造业厂商往往会把工厂地址选择在距离市场较近的位置。随着交通运输成本的降低,企业规模报酬递增效应更加明显。梁树广(2014)利用我国省级面板数据探讨了产业升级的影响因素,并对各项因素进行排序,发现交通基础设施对产业的影响作用排名第一。张学良(2012)通过研究发现交通基础设施对经济发展和产业结构升级具有正向溢出效应。张景波(2018)研究发现,交通基础设施建设存在的正外部性表现为促进产业结构向更高层次升级。张洋洋(2022)进一步探究了高铁对制造业升级的影响,研究发现,高铁作为重要的交通基础设施日益成为提振经济和助推产业升级的重要抓手,高铁通过提升区域可达性,促进资本、技术、劳动力等要素流动等途径提升制造业的经济创造能力、社会服务能力和资源利用能力,提高制造业综合生产效率进而促进制造业升级。同时,高铁开通对沿线城市制造业升级的影响具有明显的时间动态性,总体呈现由正到负的时间动态变化趋势。此外,高铁开通对不同地理区位和不同高铁站点类型的城市制造业升级存在显著的异质性。其对东部城市和城市中心型站点存在显著的促进作用,而对西部城市和城市外围型站点则存在明显的虹吸效应。可见,交通基础设施对制造业升级的影响已有较为丰富的文献支撑。

此外,制度、区域经济发展程度、生产性服务业发展程度、生产性服务业的集聚效应、本土市场规模扩张、产业数字化转型等都会影响制造业的发展深度,有利于促进产业迈向全球价值链中高端(刘志彪,2008;李雯轩等,2022;许钊等,2022)。制度质量和契约完全性较好的企业倾向于发展较先进的复杂技术产业,而较差的制度质量和更大的契约不完全性则导致发展不先进的简单技术产业(Acemoglu et al.,2007)。戴翔和郑岚(2015)也发现,价值链中的高端环节对制度质量更为敏感,且制度质量提升有助于提高制造业在全球价值链高端环节的地位。良好的制度环境是新兴经济体实现先进技术落地的前提条件,这是因为良好的制度环境可以降低市场的不确定性,降低交易成本和生产的隐性成本,提高投资者的信心,有利于扩大投资,尤其是对技术和创新的投资,最终提升新兴经济体与发展中国家在全球价值链中的地位。陆甦颖和王晓磊(2010)研究发现分工地位与劳动力成本及有效关税率呈负相关,这说明如果一个国家在税率和人力资本方面不能降低成本的话,那么将非常不利于该国制造业在全球价值链地位的提升。

综上,随着全球价值链分工的不断深化,影响一国制造业产品出口及迈向中高端的因素越来越多,制约各国制造业迈向中高端的因素也不尽相同。从全球价值链这一概念提出至今,国内外学者对其的研究重点已从传统的要素、资源禀赋程度转向自主创新、对外直接投资、知识产权保护等方面。

而单纯从企业的视角来看,根据国内外学者对制造业企业迈向中高端影响因素的普适性规律的总结,以及国内学者对我国制造业发展现状及面临困境的研究得出以下结论,影响一国制造业迈向中高端的因素一般可分为产业内因素及产业外因素。其中,产业内因素从企业自身所需条件及所享有资源出发,包括企业自身所具备的创新能力、资源享有及利用程度、吸引外商直接投资及对外直接投资等;产业外因素更多聚焦于外界环境等对制造业转型迈向中高端所带来的促进作用,这些因素包括区域经济发展水平、区域基础设施、市场环境、产业发展政策及对外贸易水平等。

2.3.2 作用机制

前述的影响因素如何作用于制造业转型升级、迈向中高端,应该至少包括增强研发投入与自主创新、开展高水平国际分工合作、提升制度供给质量、提升人力资本、发展生产性服务业、吸引外商投资及对外直接投资等方面,这些因素对制造业迈向中高端的影响方式可进一步归纳为基于采购者驱动的国际分工路径以及基于生产者驱动的知识溢出路径。不同因素、不同路径间并非独立,而是相互作用共同促进制造业迈向中高端。

1. 采购者驱动的国际分工效应

以全球贸易为主要方式的国际商业资本的流动有助于形成采购者驱动前提下的国际分工。这一分工方式主要活动于全球价值链分工的生产过程中,对外表现形式为国际分工的水平一体化。探讨一国采购者驱动的国际分工效应时,应重视其国际分工参与程度与该国现阶段在国际分工中的所处地位这两大因素,在此基础上判断该国是否嵌入了国际分工之中。其中,国际分工参与程度又可视作一国制造业企业参与全球分工的深度。一国制造业企业嵌入全球价值链的深度与该国制造业企业的发展水平与发展速度成正比。一国企业参与国际贸易程度越大,则该企业对外开放程度越大,较大的对外开放程度有利于该企业扩张其在全球市场中的份额,有利于该企业学习先进的生产技术与管理经验,从而获得进一步的成长空间。该国企业的扩张可带动所在行业的深入发展从而带动产业实现转型升级,促进其迈向全球价值链中高端。

在采购者驱动的国际分工效应中,影响制造业在全球价值链攀升的机制主要通过以下两个方面体现:

一是对外贸易程度与一国制造业嵌入全球价值链的深度成正比。据上节内容及文献综述内容可知,一国对外贸易参与度可直接提高该国制造业企业的产品收入。在企业成本可控且持续经营的前提下,参与国际分工、提高销售额可直接提高该企业净利润。企业净利润的提高可扩大企业生产规模、增加企业内在价值,从而为产成品质量的提升奠定基础。与此同时,随着再工业化时代的到来,深度嵌入全球价值链离不开制造业企业的自主创新及实践落地,而自主创新的投入离不开资金的支持与先进经验的学习与实践。一般而言,一国制造业企业参与国际贸易为该国制造业企业带来经济利润,这无疑为一国制造业企业深度嵌入全球价值链奠定了基础。

二是全球价值链所处地位的固化不利于先进生产技术与管理经验的学习与实践。一国制造业企业在参与国际贸易的过程中,除企业净利润的提高外,生产过程中先进生产技术的传播也是不可或缺的重要部分。而在采购者驱动的国际分工效应中,制造业企业长期处于全球价值链低端,这使得其陷入"低端锁定"的困境之中。该种状态为发达国家带来充分经济利润的同时也抑制了发展中国家及新兴经济体的发展(杨丹虹,2019)。因此,处于中低端的发展中国家应尽快打破"低端锁定"效应,方能有助于制造业向中高端迈进。

基于上述两点,我国制造业企业在参与国际分工的过程中,对外贸易参与度带来一定经济利润的同时可能会造成全球价值链所处地位的固化(杨丹虹,2019)。正如于津平等(2014)研究发现,参与垂直专业化分工可以有效地实现中国产业价值链地位的提升,但是一般贸易和传统贸易的作用结果不同,一般贸易对价值链升级产生了正面积极的影响,而传统的加工贸易反而损害了产业价值链的升级。由于我国制造业企业现阶段处于全球价值链低端,因此其参与国际分工的形式以国际代工为主,或有的高附加值产品的出口尚未在全球贸易中占据主导地位,因此国际分工给我国制造业企业带来的挑战较大。外贸参与程度是我国制造业企业迈向中高端的主要影响因素之一,但仅凭该因素并不能支撑我国制造业企业迈向中高端。

2. 生产者驱动的知识溢出效应

与基于采购者驱动的国际分工效应相对的另一种全球价值链驱动模式,是基于生产者驱动的知识溢出效应。该效应的主要驱动力为全球范围内较为自由流动的产业资本,其流动形式主要为国际投资。该效应多作用于相关企业参与全球价值链生产环节之中,产业结构表现为垂直一体化。在这种模式下,全球价值链驱动以人才溢出与知识溢出效应为主要表现形式(刘志彪,2015)。与基于采购者驱动的国际分工效应不同,基于生产者驱动的知识溢出效应强调国际贸易参与者在参与过程中主动或被动的自主创新促使该国制造业迈向中高端。具体的影响机制主要通过以下两个方面体现:

一是外商直接投资可促进一国制造业迈向中高端。基于生产者驱动的知识溢出效应的主要流动形式为国际投资。国际投资可为一国制造业企业迈向中高端提供资金支持。除此之外,一国制造业企业获得外商直接投资的同时会带来发达经济体先进的生产技术及管理经验。生产技术及先进管理技术的引进体现在一国制造业企业生产经营过程中除了知识及技能的直接运用外,还会带来高技能人才的输入。而在工业4.0的国际环境下,高新技术产业的发展离不开高技能人才的潜能挖掘。

二是产品及技术创新成为一国制造业迈向中高端的重要动力。在以国际投资为主要流通形式的知识溢出效应中,发展中国家或新兴经济体为突破其现有全球价值链所处的地位从而迈向中高端,会主动或被动地进行产成品的研发及创新。我国制造业企业现阶段面临的主要挑战为传统制造业产能过剩而高新技术产业核心竞争力不足。面对发达经济体对我国造成的严重竞争压力,为迈向中高端,我国制造业应加大先进经验学习力度及自主创新、研发力度。

在实践过程中上述两条路径,均离不开人力资源的支持以及生产所需资本的合理投入。除此之外,无论是基于采购者驱动的国际分工效应还是基于生产者驱动的知识溢出效应,该国经济发展态势是实现一国制造业企业迈向中高端的基础。良好的经济发展情况可为一国制造业企业提供广阔的发展平台与优质的生产资源,从而有利于制造业企业走出桎梏,迈向中高端(杨丹虹,2019)。

2.4 本章小结

本章从梳理制造业迈向中高端的源起入手,界定了制造业迈向中高端的内涵,梳理了测度制造业迈向中高端的方法,进而梳理了制造业迈向中高端的影响因素和作用机制。需要指出的是,在众多影响制造业转型升级和迈向中高端的因素中,有一些因素,例如技术、创新、高端的人力资本等带来的正向影响已经得到了众多学者的公认,而有一些因素的影响尚未得到深入的研究,例如"互联网+"、生产性服务贸易等,还有一些因素,比如 OFDI、FDI 等的影响究竟是正向的还是反向的尚存在争议,因此,在随后的实证研究中,本书将分别聚焦于"互联网+"、生产性服务贸易和 OFDI 对制造业转型升级和迈向中高端的影响作出分析。

第 3 章
"互联网+"对制造业迈向全球价值链中高端的影响

面对智能制造、制造业服务化、生产的分散化和营销的全球化这一趋势,"发达国家技术+发展中国家的劳动力+高收入国家的市场"这一传统的分工格局正在被重构。尤其是互联网的普及,使得资源配置效率、商品创造逻辑产生颠覆式创新,使得原本处于价值链中低端的国家有可能借助"互联网+"实现弯道超车。本章在梳理前人研究的基础上,进一步厘清"互联网+"、制造业升级、全球价值链三个要素之间的关系,重点从宏观层面,将"互联网+"纳入全球价值链分析框架,阐述"互联网+"通过技术创新、国际贸易、外商直接投资以及人力资本影响制造业全球价值链升级的机理,在此基础上,从国家层面实证检验"互联网+"对制造业在全球价值链参与度及所处位置的影响(洪金霞,2022)。

3.1 "互联网+"对制造业升级的影响

"互联网+"的发展导致了全球生产方式和国际分工模式的改变,在优化最优资源的布局和配置及组织变革和生产方面呈现出天然的优势,从而对各国制造业在全球价值链的位置产生影响。梳理关于"互联网+"对制造业升级影响的文献,发现现有文献主要从"互联网+"降低信息交流障碍、提高生产效率和促进一国经济增长、促进制造业服务业转型以及直接作用于微笑曲线这四个方面来分析"互联网+"对制造业产业升级的影响。

一些学者研究发现"互联网+"能够降低信息交流障碍,扩大信息传递的范围,从而实现制造业升级。施炳展(2016)认为"互联网+"为企业出口贸易提供了信息平台,从而使其获得了贸易成本优势。Paunov 和 Rollo(2016)选取了 117 个新兴和发展中国家的 5 万个样本企业,实证检验发现"互联网+"能够发挥知识溢出效应,降低信息获得成本,并显著促进了企业的研发创新。李海舰等(2014)认为,"互联网+制造业"意味着以互联网为基础的信息技术与制造业的融合,有助于更好地发挥规模经济和范围经济优势。王可等(2018)运用世界银行发布的数据进行实证研究,发现"互联网+"促进了价值链上下游企业之间的信息分享和知识扩散,进而实现了一国经济增长。黄群慧等(2019)运用中国工业企业数据进行实证研究,发现互联网的使用能够降低企业成本,如通过互联网网站主页介绍产品信息、借助电商平台出售产品,极大地节约了搜寻和交易成本,有效实现了企业生产效率的提高。

一些学者通过实证分析"互联网+"对一国经济增长发挥的作用,同时从生产效率的角度分析"互联网+"对制造业升级的影响。Forero(2013)运用跨国面板数据进行实证分析,发现在"互联网+"背景下,一国的技术效率会随着互联网的普及实现明显的提升。赵振(2015)认为"互联网+"的出现实现了生产方式和企业组织方式的变革,有效促进了"实体经济+互联网经济"的融合发展,企业的增长率和生产率得到较大提升。荆文君和孙宝文(2019)认为,在"互联网+"背景下,生产成本显著降低,生产效率明显提升,由此形成了规模效应、范围效应以及消费端的长尾效应,同时也带来了企业产品和业务的多样化,拉动了消费的增长。

另有一部分学者聚焦于"互联网+"背景下制造业通过服务化转型和发展智能制造从而实现制造业升级。制造业依靠"互联网+"由资源驱动型向信息驱动型前进,并逐渐朝着中国智造转变(童有好,2015)。姜奇平(2015)研究发现,在"互联网+"背景下,制造业服务化是中国制造业发展的重要方向,加速现代制造业与新一代信息技术的融合发展是我国制造业当前重要的发展目标。

还有一部分学者探讨了"互联网+"对制造业企业在微笑曲线不同环节的影响。如王海杰和吴颖(2014)研究发现,"微笑曲线"前后端的业务环节联系体现了制造业转型的两个关键维度,即技术能力和市场势力,可以通过互联网技术的应用实现信息的整合和协调,进而促进制造业向价值链中高端攀升。童有好(2015)认为,"互联网+"作用于微笑曲线的各个环节,通过改变生产模式、创新模式和营销模式,驱动制造业向服务化、智能化方向转型。唐卫红(2015)认为,在经济高速增长和改革开放的大背景下,中国制造业在全球价值链的分工地位不断攀升,实现了技术研发和质量服务双提升,并逐渐走向"微笑曲线"两端。而在生产制造方面,企业可以依靠互联网进行信息化、网络化、智能化生产,实现生产效率的迅速提升,实现低附加值的逆转。王喜文(2015)分析发现,"互联网+"通过物流共享、平台共享、信息共享重塑价值创造和分享模式,制造业不再有"微笑曲线"。互联网因实现了信息的瞬时传递,甚至是无须额外增加成本的传递,使得更多的知识和经验更易于被分享,这有效地推动了企业的技术研发与创新(Paunov et al.,2016)。丁雪等(2017)研究发现,"互联网+"背景下,技术能力的提升和市场势力的扩大有助于全球价值链的升级。郑琼洁等(2022)认为,"互联网+"促进了制造业技术创新,同时在互联网与产业的融合发展的背景下,制造业通过资源协调优化,可快速实现信息技术向产业的渗透,促进战略性新兴制造业的发展,提升国家竞争力。

综上所述,学者们对于"互联网+"背景下中国制造业升级、"互联网+"和全球价值链的研究已经比较丰富,尤其是关于两两之间关系的研究较为丰富,但仍然缺乏将制造业转型升级、"互联网+"、全球价值链三个要素同时纳入一个分析框架的研究;在"互联网+"和信息技术作为生产投入要素影响制造业升级的研究中,多从企业微观视角出发,从国家层面进行宏观分析相对缺乏;缺乏"互联网+"对全球价值链升级影响的定量研究。

3.2 "互联网＋"对推动制造业迈向全球价值链中高端的影响机制[①]

"互联网＋"的出现使得智能化生产与个性化定制融为一体,参与生产制造、市场研发和产业服务环节的制造业数量不断增多,进而促进了产业交易规模的扩大,对制造业在全球价值链的升级产生了日益明显的影响;同时,在"互联网＋"的背景下,越来新多的新兴产业被催生出来,经济发展被注入新鲜的血液,活力进一步增强。在我国制造业传统优势丧失,价值链陷阱问题不断凸显的背景之下,借助"互联网＋"突破传统模式并寻求新的发展动力,对实现制造业全球价值链升级具有重要的促进作用(张二震,2014)。本节将从技术创新、国际贸易、外商直接投资和人力资本四个方面探讨"互联网＋"对制造业全球价值链升级的影响机制。

3.2.1 "互联网＋"通过技术创新提升一国在全球价值链的分工地位

经济学家索洛曾在新古典经济学中提出技术是生产要素的一种,在新的历史发展时期,技术也越发成为最重要的生产要素之一。随着中国制造业的不断发展,技术创新程度也越来越成为企业生产制造的决定性因素。"互联网＋"背景下,信息技术作为一种新的生产要素参与到全球价值链分工体系中,有助于制造业在全球价值链中升级。

首先,技术创新依赖于知识的创造与扩散,而"互联网＋"的发展使得知识生产呈现指数型增长形态,同时知识扩散效应被放大。"互联网＋"背景下,制造业企业通过需求端技术创新,可有效消除信息不对称。同时,"互联网＋"背景下的消费者有可能直接参与企业运作和研发环节,拥有创新使用者和消费者的双重身份,反过来推动企业不断创新。

其次,"互联网＋"的发展会降低信息传播成本,有利于资源的重新分配并加速技术创新成果的转化。当前,中国制造业企业多存在产能过剩的问题,实现企业资源的合理配置迫在眉睫。"互联网＋"背景下,新的商业模式和生产模式被构造,一些拥有高端通信和科技的企业在生产创新和资源配置方面效率更高。同时,"互联网＋"背景下的创新资源和信息可以在企业之间更快地进行共享与传播,这使得知识利用效率显著提升,从而加速了技术创新成果的转化。

最后,"互联网＋"背景下的规模经济效应、平台经济效应使得相关产业实现了量和质的飞跃,使得边际成本逐渐向零靠近,有效促进了要素驱动增长向创新驱动型经济增长的转变,而技术创新对一国全球价值链升级的促进作用更明显,有助于一国价值链分工地位的提升(张玉等,2016)。

技术创新对全球价值链升级的影响主要从三个方面展开。首先,技术创新水平的提高将极大地促进一国制造业生产效率的提高。即使面临要素价格升高的困境,生产效率的提高仍然可以降低生产成本,发挥特定制造环节的比较优势。其次,不管是劳动节约型的技术

[①] 本节内容是在本人指导的硕士研究生洪金霞同学依托江苏省社科基金基地项目"江苏制造业迈向中高端发展的对策研究"而完成的硕士学位论文《"互联网"＋对制造业全球价值链升级的影响研究》第三章的基础上,经本人重新梳理和修改而成的。限于篇幅,经与作者协商,未全部标注出所有引用,特此说明并致谢。

进步还是资本节约型的技术进步均能实现传统生产要素的有效节约,使得资本和劳动的需求下降,这在一定程度上抑制了劳动力等传统要素价格的上涨,从而更好地发挥了中国本国制造业的比较优势。最后,技术进步可以提高企业的研发创新能力(代中强等,2015),使得产品技术含量越来越多,而传统要素含量越来越少,从而赢得市场竞争优势;而技术创新可以进一步提高企业的技术成果转化能力(蔡跃洲等,2015),提升出口产品的附加值,丰富出口产品的种类,提高出口核心竞争力,明显提升一国的价值链参与能力(耿晔强等,2019)。

3.2.2 "互联网+"通过国际贸易助力制造业在全球价值链的升级

"互联网+"通过降低国际贸易的渠道成本,可以更高效地配置资源,最终从降低国际贸易成本和增加出口两个方面对国际贸易产生积极的影响,使得国际贸易的增长幅度大幅增加。Salmani等(2013)研究发现,提高网络主机增长率以及减少相关互联网固定费用,可实现"互联网+"背景下的出口贸易显著增长效应。Meijers(2014)研究发现,信息的高效传播可以大大减少信息传播成本、搜寻成本、交易成本以及贸易壁垒,使国际贸易额上涨。施炳展(2016)研究发现,在制造业企业使用互联网信息技术的过程中,出口贸易中的信息不对称减少,贸易成本下降,产品价格降低,有效促进了企业贸易额的增长。李金城等(2017)的实证研究显示,实现出口贸易额上涨需要依赖互联网渠道降低出口成本,吸引更多的人才。各国国际贸易的实践也表明,在"互联网+"背景下,制造业企业通过使用互联网信息技术,有效增加了出口企业的数量和频率,使得产品、企业、国家等不同级别的扩展边际和集约边际得以扩大,进而实现了一国国际贸易的增长。

国际贸易对全球价值链升级的影响体现在价值链位置与价值链增值能力两个方面。首先,国际贸易通过优化制造业结构从而实现制造业在全球价值链中地位的提升。随着各国综合国力的不断增强,人们的消费水平不断提高,对产品的需求结构发生改变。相比较而言,对传统的劳动密集型、低技术产品的需求在不断下降,而对高端、高技术产品的需求在不断增加,这种需求的改变会传递到供给端,倒逼制造业进行变革,使得制造业技术升级加快,产品品质不断上升,产品迭代周期缩短。消费者在国际贸易领域的需求促使出口国产品结构发生变革,技术密集型产品占比将逐渐超过劳动密集型产品,技术密集型产品生产和出口都得以显著增长。而制造业生产结构经过长时间的优化,必然在全球价值链上得以升级。另外,中间产品进出口的变化也会影响到制造业。制造业在进行产业升级时,对中间品的需求和供给也会产生较大幅度的变化,这使得生产制造中间品的企业增加,继而中间品的出口比例上升,进口的比例下降,而这些变化反过来又会影响制造业本身以及其在全球价值链上的分工。

其次,制造业在国际贸易中获得的进口效应和出口效应是实现资本增值的关键所在。制造业在生产过程中,需要运用资本、劳动力、土地、技术等要素,进口效应对于制造业发展的贡献在于一方面可以使企业以更低的成本获得本国内较为稀缺的要素,另一方面通过引进先进的技术极大地推动产业创新、升级。在传统的贸易理论中,应该利用比较优势发挥一国的资源禀赋,这样可以减少企业获取资源的成本,增加利润。在国际贸易中,制造业企业获取稀缺资源的能力得到增强,可以引进高端的生产设施,吸引资本流入,进口自然资源,比如石油、稀土等。而高端人才、先进设备、技术的引入,推动了进口国制造业技术升级、产业创新。不仅如此,制造业企业还能够节省大量的研发经费,省去技术开发的过程,直接运用引进的技术,继续在技术上进行模仿以及开发、升级,缩小与国外企业的技术差距,建立后发优势。总之,进口效应可以缓解制造业普遍存在的要素稀缺的问题,帮助制造业实现转型升级,有利于制造业在全球价值链中地位的攀升。出口效应对于制造业升级的贡献在于扩大市场,通过出口国内生产过剩的产品,可以有效扩大市场需求。同时,出口产生技术溢出,使得厂商积累研发经验,进一步增强其研发创新的能力,有利于企业长期的发展,提高企业的竞争力,实现制造业增值。总之,国际贸易带来的需求结构的改变及进出口效应均反作用于制造业,有利于其提升在全球价值链的地位和增值能力。

3.2.3 "互联网+"通过影响外商直接投资进而影响全球价值链下的制造业升级

詹晓宁和欧阳永福(2018)认为,"互联网+"背景下,现代信息网络建设与通信技术等的快速发展和使用,使得外资区位选择受劳动力及土地等传统要素的影响被削弱,信息技术在国际投资流动中起到重大作用。李浩等(2021)认为,"互联网+"作为互联网时代下的产物,在现代服务业外资流入和技术密集型制造业外资流入方面发挥了重大作用,有助于我国引入外资,并形成外资逐步流入中西部及中小规模城市的局面。一般来说,"互联网+"主要从降低交易成本和加速消费扩张两方面影响外商直接投资。

首先,"互联网+"显著降低交易成本。钟慧中(2013)研究发现,进入"互联网+"时代后,信息不对称问题得到了一定程度的缓解,各地区不同经济主体可通过互联网平台进行交流,进一步扩展了信息量和信息源,信息传播效果获得大幅提升,同时市场透明度的不断提高,进一步降低了外资进入我国的交易成本,提升了外资进入意愿。蓝庆新(2020)的研究表明,市场主体的信息越来越多,信息不完全性、不对称性问题得到有效缓解,这可提升资源配置效率、国际资源供需方匹配效率,进而使得我国不同地区和外资企业之间的匹配效率获得提升。

其次,在"互联网+"的背景下消费扩张效应明显增强。技术变化通过影响商业环境的形式增加更多的商业机会。"互联网+"的出现大大增加了新的商业机会,与之相关的行业快速成长,满足了国外资本对市场和高回报的需求,使得外商直接投资不断增多。2003年,淘宝网问世并实现快速发展,成为我国B2C线上消费的新理念,此后,各种类型的电子商务平台相继崛起,新兴业态如雨后春笋般出现。同时,我国对4G与5G等信息网络进行大规模投资,以智能终端设备为载体的移动互联网平台相继涌现,消费从此不再受到地域和时空的限制。马香品(2020)研究发现,实体经济和互联网实现深度融合并推动数字经济发展,对居民消费观念造成重大冲击和影响。同时,我国移动互联网接入流量和居民消费能力提升显著,消费结构逐步得到优化提升,"云直播"和"云消费"等日渐繁荣。互联网的快速发展,极大地推动了我国市场规模的扩大、激发了市场潜力,为国外投资者提供了广阔的市场前景,并为新型消费市场的快速崛起带来了积极影响,在此背景下,国外投资不断增加,我国市场导向型外资吸引能力显著提升。

王园园(2019)通过构建中介效应模型分析发现,对外直接投资对国内制造业价值链升级有促进作用,并指出其对中高技术密集型行业的技术溢出效应最好。罗伟和吕越(2019)的研究也表明,外资凭借独特优势,能够在很大程度上推动中国企业嵌入GVC的深度。刘会政和韩琪(2021)基于中国企业微观数据,通过对企业嵌入全球价值链持续时间的测度,探究外商直接投资对中国企业嵌入全球价值链稳定性的影响。研究结果表明,外商直接投资可增强外资企业以及民营企业嵌入全球价值链的稳定性,且无论企业是否涉及中间品,外商直接投资均能在水平关联上促进其嵌入全球价值链的稳定性;在前向关联上,虽然会增强未涉及中间品的企业嵌入全球价值链的稳定性,但却会抑制涉及中间品的企业嵌入全球价值链的稳定性;在后向关联上,仅能增强未涉及中间品的企业嵌入全球价值链的稳定性。从传导机制来看,外商直接投资通过提升出口产品质量增强企业嵌入全球价值链的稳定性。

3.2.4 "互联网+"通过人力资本助推制造业在全球价值链的升级

作为一种信息传播载体,互联网大幅提升了信息传播速度、信息传播数量、传播范围和传播效率。在对人力资本的影响中,"互联网+"从技术平台、社会资本的积累以及企业组织变革三个角度使得人力资本得以提升。

首先,从技术平台来看,互联网的出现让远程学习变成现实。同时,互联网和计算机结合衍生出了大量的学习软件,这些软件自身就有一套学习系统,因此能够从互联网上直接获得和利用资料进而提升其适用性。"互联网+"能够提高劳动力的整体素质,企业在研发、生产、销售等环节要求提高劳动力素质,进而可逐渐提升企业的生产效率和创新能力(郑琼洁等,2022)。

其次,"互联网+"可以使用社会资本的积累提升人力资本,互联网的出现使得信息可以随时讨论和交流,进而降低时间成本,提升社交范围及沟通频率。2020年以来的新冠肺炎疫情以及国内外环境的不确定性更加凸显了互联网在远程学习、信息交流、远程办公等方面节约时空成本的优势。另外,面对海量信息,可以借助互联网背景下的社会资本,获取更加有效的信息,进一步使得人力资本水平得到有效而快捷的提升。

最后,"互联网+"加速企业的组织变革,进而提升企业的特殊人力资本。作为一种信息技术,一方面互联网可直接提高劳动者的生产效率,另一方面互联网使得企业整体的组织结构、管理实践、人力管理等发生改变,这些因素的变化影响了传统的生产方式,进而与相关劳动力形成互补关系,最终促成人力资本提升。

人力资本对全球价值链的升级具有积极作用,主要体现在技术转化效应与要素优化配置两个方面。从技术转化效应来看,人力资本可通过生产技术水平状况、技术吸收能力、技术成果转化能力及研发和生产效率等方式影响各国在全球价值链上分工位置的差异。陈开军和赵春明(2014)指出,在开放条件下,人力资本会通过提升技术吸收能力和知识扩散效应,引起生产方式和生产关系变革,从而推动全球价值链升级。王晓娣(2018)研究发现,高素质人力资本在推动企业发展方面发挥了重大作用,这是因为除了具备罕有的生产配置能力之外,人力资本还具备技术创新以及吸收能力,能够极大推动技术结构、产业结构的升级,由此提高制造业全球价值链地位。

从要素优化配置来看,张鹏杨等(2018)研究发现,人力资本是除物质资本外的高级生产要素,作为各个国家生产技术水平的决定因素,人力资本的提升有助于各国把握自身技术优势从而提升增值能力,并根据要素配置改造,形成在全球价值链持续攀升的内在动力。王晓娣(2018)认为,价值链升级的过程即为人力资本持续向创新型人力资本演化的过程,引入高级人力资本并占据人力资本结构的主体地位,注重人力资本结构的动态调整,可实现人力资本结构高级化并推动全球价值链升级。

3.3 "互联网+"对制造业迈向全球价值链中高端影响的实证分析

3.3.1 模型建立、变量选取与数据说明

本书参考王岚(2014)和韩剑等(2018)关于"互联网+"与全球价值链升级关系实证研究模型,同时借鉴郭家堂和骆品亮(2016)等关于"互联网+"与制造业升级关系实证研究思路,选取GVC参与度指数与GVC地位指数来衡量"互联网+"对制造业全球价值链升级的影响。

1. 基准回归模型

在前人研究(韩剑等,2018)及前述的机理分析的基础上,本书建立的关于"互联网+"对GVC参与程度(GVCPA)影响的基准回归模型如3.1所示:

$$\text{GVCPA}_{it} = \alpha_0 + \alpha_1 \text{INTER}_{it} + \beta_1 \text{PGDP}_{it} + \beta_2 \text{CAP}_{it} + \beta_3 \text{LAW}_{it} + \beta_4 \text{OPEN}_{it} + \beta_5 \text{IND}_{it} + \varepsilon_{it}$$
(3.1)

其中,GVCPA为计量模型的被解释变量,即一国在全球价值链的参与程度,i为国家,t为年份;INTER为解释变量"互联网+",其他为控制变量,包括一国经济发展水平(PGDP)、人均资本存量(CAP)、制度质量(LAW)、开放水平(OPEN)和产业结构(IND);α_1为与解释变量相对应的估计系数;β_i为控制变量系数($i=1,2,\cdots,5$);ε_{it}为模型的误差项。

同时,建立关于"互联网+"对GVC地位指数(GVCPO)的影响实证模型如3.2所示:

$$\text{GVCPO}_{it} = \alpha_0 + \alpha_1 \text{INTER}_{it} + \beta_1 \text{PGDP}_{it} + \beta_2 \text{CAP}_{it} + \beta_3 \text{LAW}_{it} + \beta_4 \text{OPEN}_{it} + \beta_5 \text{IND}_{it} + \varepsilon_{it}$$
(3.2)

其中,GVCPO为计量模型的被解释变量,即一国在全球价值链中的地位,i为国家,t为年份;INTER为解释变量"互联网+",其他为上述的控制变量;α_1为与解释变量相对应的估计系数;β_i为控制变量系数($i=1,2,\cdots,5$);ε_{it}为模型的误差项。

2. 中介效应模型

参考江艇(2022)的做法以及"互联网+"对制造业全球价值链升级的机理分析,本书构

建相应的中介效应模型如下：

$$M_{it} = \alpha_0 + \alpha_1 \text{INTER}_{it} + \beta_1 \text{PGDP}_{it} + \beta_2 \text{CAP}_{it} + \beta_3 \text{LAW}_{it} + \beta_4 \text{OPEN}_{it} + \beta_5 \text{IND}_{it} + \varepsilon_{it} \quad (3.3)$$

$$\text{GVCPA}_{it} = \alpha_0 + \alpha_1 \text{INTER}_{it} + \alpha_2 M_{it} + \beta_1 \text{PGDP}_{it} + \beta_2 \text{FDI}_{it} + \beta_3 \text{TEC}_{it} + \beta_4 \text{CAPTAL}_{it} + \beta_5 \text{LAW}_{it} + \varepsilon_{it} \quad (3.4)$$

$$\text{GVCPO}_{it} = \alpha_0 + \alpha_1 \text{INTER}_{it} + \alpha_2 M_{it} + \beta_1 \text{PGDP}_{it} + \beta_2 \text{FDI}_{it} + \beta_3 \text{TEC}_{it} + \beta_4 \text{CAPTAL}_{it} + \beta_5 \text{LAW}_{it} + \varepsilon_{it} \quad (3.5)$$

其中，M 为中介变量集合，包括国际贸易（TRADE）、外商直接投资（FDI）、技术创新（TEC）、人力资本（HUC），i 为国家，t 为年份；GVCPA 和 GVCPO 为计量模型的被解释变量，即前述的一国在全球价值链的参与程度和一国在全球价值链中的地位，INTER 为解释变量"互联网+"，其他为前述的控制变量；α_1 为与解释变量 INTER 的估计系数；β_i 为控制变量系数（$i = 1, 2, \cdots, 5$）；ε_{it} 为模型的误差项。

3. 变量选取

（1）被解释变量：本书采用 KPWW 测算方法下的两个指标，即 GVC 参与度指数（GVCPA）以及 GVC 地位指数（GVCPO）来衡量制造业在全球价值链的升级。其中，GVCPA 描述了一国参与垂直分工生产的程度，GVCPO 则描述了一国在全球价值链中的地位。分别将这两个指标作为被解释变量，对其进行回归检验。

① GVC 参与度指数（GVCPA）：在全球价值链分工体系下，采用 KPWW 方法，运用增加值的核算方法对 GVC 参与度指数进行了测算，具体公式如下：

$$\text{GVCPA}_{ir} = \text{IV}_{ir} / E_{ir} + \text{FV}_{ir} / E_{ir} \quad (3.6)$$

其中，GVCPA 表示 r 国 i 产业在全球价值链中的参与程度；IV_{ir} 代表 r 国 i 产业国际贸易中向其他国家出口的中间品贸易值，即间接增加值出口值，该指标测算的是 r 国 i 产业的中间品出口中包含的价值增加值；FV_{ir} 表示 r 国 i 产业在出口最终产品中的国外增加值，即 r 国 i 产业出口的最终产品中所包含的国外进口中间品价值；E_{ir} 则表示 r 国 i 产业以"增加值"统计的出口值。IV_{ir}/E_{ir} 表示 GVC 前向参与率指数，此指标测算的是 r 国 i 产业出口的中间产品被进口国生产后，最终产品出口到第三国的程度，前向参与率不断升高，则代表 r 国不断向全球价值链上游攀升；FV_{ir}/E_{ir} 表示 GVC 后向参与率指数，即出口中的国外附加值率，FV_{ir}/E_{ir} 越高则意味着 r 国越位于全球价值链的下游（刘琳，2015）。

② GVC 地位指数（GVCPO）：Koopman 等（2010）研究发现，即使两国国际分工参与程度相同，但在全球价值链上的地位可能完全不同。因此，他们对一国该产业出口到其他国家的中间投入品与其从别国进口的中间产品进行了比较，进一步构建"GVC 地位指数"。GVC 地位指数表明若一国通过供应中间品参与生产分工，则表示其处在 GVC 的上游环节；相反，若是一国处在 GVC 的下游环节，在生产最终品时则会大量使用来自别国的中间投入品。本书运用 KPWW 方法对 GVC 地位指数进行测算，具体公式为：

$$\text{GVCPO}_{ir} = \ln\left(1 + \frac{\text{IV}_{ir}}{E_{ir}}\right) - \ln\left(1 + \frac{\text{FV}_{ir}}{E_{ir}}\right) \quad (3.7)$$

其中，GVCPO_{it} 表示 r 国 i 产业的全球价值链分工地位，其他变量含义同式 3.6。

如果一国主要从事研发、设计等活动,那么表明该国位于产业 GVC 的"上游"位置,以提供给其他国家中间产品的方式参与到 GVC 生产中(Koopman,2010)。一般来说,处于"上游"位置的国家,其间接价值增加值(IV_{ir})占总出口(E_{ir})的比例,高于国外价值增加值(FV_{ir})占总出口(E_{ir})的比例。同样,如果一国在最终产品的组装环节,生产的最终产品包含许多由其他国家所生产的中间产品,那么表明该国位于"下游"位置,此时 IV_{ir} 小于 FV_{ir}。因此认为,GVCPO 指数越小,表示该国该产业处于 GVC 国际分工位置的低端;数值越大,则表示该国该产业处于 GVC 国际分工位置中的高端。

(2)核心解释变量:借鉴吴思栩等(2022)的研究,本书的解释变量"互联网+"(INTER)选用一国内互联网使用人数与总人口的比值即互联网渗透率来表示。在后续的稳健性检验中,进一步使用"互联网+"滞后期数据和通信产品出口额表征"互联网+"。

(3)控制变量:本书在控制变量的选取上,一是借鉴诸多前人的研究,二是基于前述的"互联网+"对全球价值链升级机理的剖析,最终选取一国经济发展水平、人均资本存量、制度质量、开放水平、产业结构五个变量作为实证研究的控制变量。

① 一国经济发展水平(PGDP):一国经济发展水平与其国内生产结构、产业链整体水平等存在一定关系,一般来说,经济大国往往主导着全球贸易和投资的流向,经济规模越大,专业化分工获得的收益也越大,大规模生产和消费的能力会对全球价值链的各个环节形成强大的制约,同时也会对全球价值链的参与状态产生影响(韩剑等,2018)。因此,本书借鉴韩剑等(2018)及众多学者用人均 GDP 表示一国经济发展水平的方法,采用人均 GDP 表征各国、各地区的经济发展水平。

② 人均资本存量(CAP):本书基于耿晔强和白力芳(2019)的研究,以一国总资本存量占人口的比值作为人均资本存量的衡量标准。一般来说,人均资本存量在一定程度上与本国制造业机械化、智能化相关,并影响制造业生产效率,与一国在全球价值链中的分工地位以及被分配到的附加值利益相关。

③ 制度质量(LAW):张玉和胡昭玲(2016)利用世界治理指数数据库对全球主要国家的 GVC 地位指数和制度质量进行了实证分析,结果表明制度的改进可在一定范围内显著提升制造业在全球价值链的分工地位。本书借鉴张玉和胡昭玲(2016)的做法,采用世界治理指数数据库中的法律法规进行衡量制度质量。

④ 开放水平(OPEN):吕越和陈泳昌(2021)在其研究中指出,国际市场交流度和开放度的提高,将推动一国全球价值链参与度和行业价值链嵌入度的提升。在全球生产合作和贸易往来中,开放程度的提高深刻影响该国在全球价值链中的地位和参与度,原因在于对外开放度的提升显著促进了国家间的贸易往来,提高了信任度,为彼此依据比较优势开展国际分工合作带来了更多可能性。因此,本书以一国服务贸易与 GDP 的比值表征一国开放水平。

⑤ 产业结构(IND):波特的国家竞争优势理论指出,一国产业结构水平决定其在国际贸易中的竞争优势。以劳动资源密集型为主的中国制造业要想转型升级,需要对现有产业结构进行调整优化,实现资源配置效益最大化。因此本书以一国第二产业产值占 GDP 的比率

表征产业结构水平。

（4）中介变量：基于前文关于"互联网＋"对制造业全球价值链升级影响机理的分析，选取国际贸易、技术创新、外商直接投资、人力资本四个变量作为实证研究的机制检验的中介变量。

① 国际贸易（TRADE）：在国际贸易领域中，需求结构的改变极大地倒逼制造业转型，通过发挥贸易中的出口效应与进口效应，有利于制造业在全球价值链上地位的攀升，最终实现制造业在全球价值链地位的升级。本书基于鞠雪楠等（2020）的研究采用进出口总额来表征国际贸易值。

② 技术创新（TEC）：根据微笑曲线，在全球价值链中，研发设计和品牌售后等环节是附加值高的高端环节，决定着该国在全球价值链中的地位和分工体系水平等。而这些高附加值环节往往依靠产业自主研发能力和技术创新能力，影响一国在全球价值链中的核心竞争力。本书参照季良玉（2018）的研究采用一国研发投入占 GDP 的比值表征一国技术创新水平。

③ 外商直接投资（FDI）：跨国企业在国际贸易中往往处于领先地位，尤其是大型跨国企业多为全球价值链中的驱动者，具备控制力和主导力。在全球分工网络体系中，这些跨国企业及其密切合作的中小企业形成从上到下的金字塔分工体系，在全球价值链中具有重要的话语权，是外商直接投资的主体。因此，本书采用实际使用外商直接投资净流入金额占 GDP 的比值表征外商直接投资水平。

④ 人力资本（HUC）：拥有更高人力资本的国家，凭借其丰裕的熟练劳动力资源能更容易参与到全球生产网络体系中并处于价值链中高端。人力资本的有效运用，能促使一国在全球生产网络体系中增值能力和价值链地位的提升（王晓娣，2018）。因此，本书参考钟祖昌等（2022）等的研究方法，选用高等教育毛入学率即一国高等教育在学人数与适龄人口之比表征人力资本水平。

4. 数据说明

本书实证基础数据来自经济合作与发展组织的国家间投入产出表（Organization for Economic Co-operation and Development-Inter-Country Input-Output，OECD-ICIO）数据库。根据 OECD 公布的关于全球价值链的数据指标，本书选取了 1995 年、2000 年、2005 年、2009 年、2010 年、2011 年以及 2015 年的数据作为本书实证研究的研究样本，被解释变量 GVCPA 和 GVCPO 的数据均通过该数据库的基础数据计算获得，解释变量、控制变量与中介变量的基础数据来自世界银行数据库，其中控制变量中的制度质量数据取自世界治理指数（WGI）数据库。经过最终筛选匹配后，本书将得到的 64 个国家和地区①作为研究个体，数

---

① 这 64 个国家和地区是阿根廷、澳大利亚、奥地利、比利时、保加利亚、巴西、文莱、加拿大、瑞士、智利、哥伦比亚、哥斯达黎加、塞浦路斯、捷克共和国、德国、丹麦、西班牙、爱沙尼亚、芬兰、法国、英国、希腊、克罗地亚、匈牙利、印度尼西亚、印度、爱尔兰、冰岛、以色列、意大利、日本、哈萨克斯坦、柬埔寨、韩国、立陶宛、卢森堡、拉脱维亚、摩洛哥、墨西哥、马耳他、马来西亚、荷兰、挪威、新西兰、秘鲁、菲律宾、波兰、葡萄牙、罗马尼亚、俄罗斯、沙特阿拉伯、新加坡、斯洛伐克共和国、斯洛文尼亚、瑞典、泰国、突尼斯、土耳其、美国、越南、南非以及中国内地、中国香港和中国台北。

据匹配处理之后的最终观测值为448个,表3-1为实证研究的所用的变量的描述性统计。

表3-1 变量描述性统计

变量类型	变量名	样本量	均值	标准差	最小值	最大值
被解释变量	GVCPA	448	1.041 8	0.487 6	0.347 3	4.346 8
被解释变量	GVCPO	448	3.786 8	0.351 0	2.857 6	4.720 0
解释变量	INTER	448	0.580 4	0.165 1	0.077 5	0.956 0
控制变量	PGDP	448	10.889 3	0.449 8	9.833 2	11.949 6
控制变量	CAP	448	0.067 7	0.105 9	0.011 8	0.835 2
控制变量	LAW	448	5.174 2	0.307 5	4.340 7	5.713 7
控制变量	OPEN	448	4.395 7	0.145 8	3.812 3	4.605 6
控制变量	IND	448	4.675 7	0.132 6	3.341 2	4.321 7
中介变量	TRADE	448	1.437 8	1.034 6	0.143 5	5.905 7
中介变量	TEC	448	12.907 8	0.403 2	10.807 1	14.876 9
中介变量	FDI	448	2.343 2	0.178 6	1.232 3	4.502 1
中介变量	HUC	448	0.023 2	0.098 9	0.019 8	0.034 3

3.3.2 实证结果分析

1. "互联网+"对GVC参与度指数(GVCPA)的影响分析

首先针对"互联网+"对GVC参与程度的影响进行实证分析,表3-2是"互联网+"对GVCPA影响的基准回归结果。该表中列(1)为未加入任何控制变量的回归结果,(2)至(6)列是逐步引入一国经济发展水平、人均资本存量、制度质量、开放水平、产业结构等五个控制变量后进行逐步回归的结果。从(1)所示的回归结果来看,"互联网+"对GVC参与度指数(GVCPA)的影响回归系数为1.142 8,且在1%的水平上通过了显著性水平检验,这表明"互联网+"对GVC参与程度(GVCPA)的影响是正向的。为控制其他因素的影响,逐步引入各控制变量,从回归结果(2)至(6)来看,变量"互联网+"对GVC参与度指数(GVCPA)的影响系数均为正数,并且通过了显著性检验,变量符号及显著性水平未发生任何改变,这表明本书引入的控制变量是合理且有效的。

从最终回归结果(6)来看,"互联网+"对GVC参与度指数(GVCPA)存在明显促进作用,原因在于"互联网+"的提升有助于降低制造业生产成本,提高效率,进而促进全球价值链参与程度的不断提升。具体到各控制变量的回归结果来看,一国经济发展水平(PGDP)的回归系数为-0.555 1且通过了1%的显著性水平检验,可能的原因在于大型经济体相对于小型经济体而言,国内产业链更加完备,因此依赖国际产业分工的程度更低,垂直分工参与程度相对更低。人均资本存量(CAP)的回归系数为1.434 4,且通过了1%的显著性水平检验,这说明人均资本存量越高的国家越能够通过制造业投资融入全球价值链体系。制度质量(LAW)的回归系数为 0.019 0,且通过了 5%的显著性水平检验,这说明制度质量的有效完善会对制造业在全球价值链中的升级起正向积极作用。开放水平(OPEN)的回归系数为 1.480 9 且通过了 1%的显著性水平检验,原因在于一国对外开放度越高,与别国的贸易往来和生产联系越频繁,从而提升了该国全球价值链的嵌入和参与程度。产业结构(IND)的回归系数为 1.220 4,且通过了 1%的显著性水平检验,这表明合理的产业结构能实现资源配置效应的最大化,由此带来的产业关联度和附加值的提高进一步推动了制造业在全球价值链参与度的提升。

表 3-2 "互联网+"对 GVCPA 的影响回归结果

	(1) GVCPA	(2) GVCPA	(3) GVCPA	(4) GVCPA	(5) GVCPA	(6) GVCPA
INTER	1.142 8*** (21.78)	0.914 0*** (15.19)	0.853 9*** (12.73)	0.653 5*** (14.54)	0.603 3*** (17.59)	0.687 5*** (14.62)
PGDP		0.527 0*** (6.74)	0.411 3*** (5.38)	−0.562 7** (−6.42)	−0.563 9*** (−6.45)	−0.555 1*** (−6.32)
CAP			2.157 2*** (6.45)	1.403 9*** (5.23)	1.092 1* (5.32)	1.434 4*** (5.36)
LAW				1.781 4* (2.09)	1.320 9*** (5.32)	0.019 0** (0.97)
OPEN					1.032 4** (3.92)	1.480 9*** (5.32)
IND						1.220 4*** (3.21)
cons	0.099 0 (1.40)	−5.334 4*** (−6.59)	−4.140 2*** (−5.23)	3.213 7*** (4.08)	2.475 7*** (2.84)	2.376 4*** (2.71)
N	448	448	448	448	448	448
R^2	0.553	0.601	0.640	0.777	0.779	0.780
F	474.547 0	287.501 6	225.857 5	331.334 9	267.792 3	223.280 5

注:***、**、*分别表示在 1%、5%和 10%的显著性水平下通过显著性检验,括号内显示的为 t 值。

2. "互联网+"对 GVC 地位指数(GVCPO)的影响分析

进一步针对"互联网+"对 GVC 地位指数(GVCPO)的影响进行实证检验,表 3-3 是"互联网+"对 GVCPO 影响的基准回归结果。该表中列(1)为未加入任何控制变量的回归结果,(2)至(6)列是逐步引入一国经济发展水平、人均资本存量、制度质量、开放水平、产业结构等五个控制变量后进行逐步回归的结果。从列(1)的回归结果来看,"互联网+"对 GVC 地位指数(GVCPO)的影响回归系数为 0.588 7,且通过了 1%的显著性水平检验,这表明"互联网+"对 GVC 地位指数(GVCPO)提升发挥正向影响。为控制其他因素的影响,逐步引入前述的 5 个控制变量,列(2)至(6)的逐步回归结果表明,"互联网+"对 GVC 地位指数(GVCPO)的影响系数均显示为正且均通过了显著性检验,变量符号及显著性水平未发生任何改变,这表明引入的五个控制变量是合理且有效的。

从最终回归结果列(6)来看,"互联网+"对 GVC 地位指数(GVCPO)存在明显促进作用,原因在于 GVC 地位指数(GVCPO)越高,则表明该国更趋于在全球价值链的设计研发和服务营销环节,离最终需求端更近;而 GVCPO 越低,则表明该国更趋于全球价值链的生产环节,互联网+发展水平的提升能够促进一国向价值链高附加值的营销研发等环节攀升(洪金霞,2022)。

表 3-3 "互联网+"对 GVCPO 的影响回归结果

	(1) GVCPO	(2) GVCPO	(3) GVCPO	(4) GVCPO	(5) GVCPO	(6) GVCPO
INTER	0.588 7*** (14.93)	0.335 4*** (7.99)	0.286 7*** (7.23)	0.268 4*** (6.70)	0.268 3*** (3.61)	0.254 3** (6.09)
PGDP		0.583 2*** (10.69)	0.489 6*** (9.36)	0.384 8*** (5.07)	0.383 9*** (4.39)	0.432 4** (4.22)
CAP			1.746 2*** (7.63)	1.665 2*** (7.17)	1.677 9*** (7.24)	1.656 3*** (7.09)
LAW				0.049 8** (3.12)	0.043 4*** (3.06)	0.032 0** (2.96)
OPEN					0.057 8*** (3.46)	0.041 7** (3.46)
IND						0.043 8*** (4.16)
cons	4.503 7*** (84.90)	10.517 1*** (18.64)	9.550 5*** (17.64)	8.759 6*** (12.86)	9.295 1*** (12.32)	8.992 4*** (12.00)
N	448	448	448	448	448	448
R^2	0.368	0.514	0.578	0.582	0.585	0.598
F	222.881 1	201.613 2	173.909 3	132.228 5	106.782 9	93.543 9

注:***、**、*分别表示在1%、5%和10%的显著性水平下通过显著性检验,括号内显示的为 t 值。

3.3.3 稳健性检验

为了保证实验结果的稳健性,本书选择以下三种方法进行稳健性检验。第一种是参考韩剑等(2018)采用"互联网+"发展水平滞后期作为工具变量。第二种是采用替换解释变量的方法,具体替换方法为用一国通信产品出口额(EXPORT)替换前述的解释变量"互联网+",该变量能够很好地度量一国"互联网+"发展水平,加入控制变量后针对 GVC 参与度指数(GVCPA)与 GVC 地位指数(GVCPO)进行稳健性检验。第三种方法依然是采用替换解释变量的方法,具体借鉴王可和李连燕(2018)的做法,用一国固定宽带使用占比(RBroadband)

替换前文的解释变量"互联网+"。选用该指标的原因在于宽带和互联网发展都依赖于国家的基础设施和技术创新水平,一国固定宽带普及率越高,其互联网普及率也越高。

回归结果如表3-4所示,列(1)与(2)分别为采用滞后2期的"互联网+"作为代理变量放入回归方程中对GVCPA和GVCPO的检验结果。由表可知,"互联网+"对GVC参与度指数(GVCPA)和GVC地位指数(GVCPO)的回归系数分别为0.1123和0.0546,均通过了1%的显著性水平检验,符号及显著性与基准回归结果一致。列(3)与(4)为解释变量一国通信产品出口额(EXPORT)分别对GVC参与度指数(GVCPA)和GVC地位指数(GVCPO)影响的回归结果,列(3)显示一国通信产品出口额(EXPORT)对GVC参与度指数(GVCPA)的回归系数为0.8129且通过了1%的显著性水平检验,与前文基准分析保持一致;同样,列(4)显示一国通信产品出口额(EXPORT)对GVC地位指数(GVCPO)的回归系数为0.4569且通过了1%的显著性水平检验,回归系数符号及显著性与前文一致。列(5)与(6)分别为一国固定宽带使用占比(RBroadband)对GVC参与度指数(GVCPA)和GVC地位指数(GVCPO)影响的回归结果,列(5)显示一国固定宽带使用占比(RBroadband)对GVC参与度指数(GVCPA)的影响回归系数为0.4437且通过了1%的显著性水平检验,回归系数符号与前文分析保持一致;同样,列(6)显示一国固定宽带使用占比(RBroadband)对GVC地位指数(GVCPO)的影响回归系数为0.1799且通过了1%的显著性水平检验,回归系数符号和显著性与前文一致。以上稳健性检验均表明,本书前文的基准回归结果具备稳定性,进一步验证了"互联网+"对制造业迈向全球价值链中高端具有显著的正向影响。

表3-4 稳健性检验

	(1) GVCPA	(2) GVCPO	(3) GVCPA	(4) GVCPO	(5) GVCPA	(6) GVCPO
INTER 滞后2期	0.1123*** (9.78)	0.0546*** (5.14)				
EXPORT			0.8129*** (10.97)	0.4569*** (8.10)		
RBroadband					0.4437*** (7.59)	0.1799*** (2.85)
PGDP	−0.3521*** (−2.79)	−0.3563*** (−2.23)	−0.4539*** (−4.78)	−0.3765*** (−5.20)	−0.2918*** (−6.48)	0.0658 (1.36)
CAP	3.4716*** (5.05)	0.5235*** (4.12)	1.4764*** (5.05)	1.5835*** (7.12)	3.0001*** (20.05)	−0.4429*** (−2.75)
LAW	0.3200* (3.01)	0.7635*** (4.92)	0.0400 (0.02)	0.0635*** (3.92)	0.5382*** (9.19)	−0.5332*** (−8.45)
OPEN	0.8342*** (3.42)	0.0087 (4.32)	0.4309 (4.78)	0.5698 (4.33)	0.3491** (2.86)	−0.0763 (−0.58)

(续表)

	(1) GVCPA	(2) GVCPO	(3) GVCPA	(4) GVCPO	(5) GVCPA	(6) GVCPO
IND	0.543 2	0.432 4	1.237 8**	2.094 9***	0.063 8***	0.007 2*
	(2.13)	(4.32)	(3.22)	(1.35)	(3.73)	(0.39)
cons	3.201 8**	6.649 1***	2.208 5**	8.694 6***	−0.405 9	5.877 0***
	(3.02)	(10.98)	(2.30)	(11.91)	(3.73)	(10.63)
N	448	448	448	448	448	448
R^2	0.719	0.540	0.739	0.620	0.700	0.181
F	108.122 0	104.904 6	178.109 0	102.946 4	1 047.56	99.42

注：***、**、*分别表示在1%、5%和10%的显著性水平下通过显著性检验，括号内显示的为 t 值。

3.3.4 异质性分析

1. 发达国家和发展中国家

为了探究"互联网＋"对推动制造业在全球价值链攀升的国别差异，进一步将研究样本分为发达国家与发展中国家做分样本讨论，考察"互联网＋"对两者的影响是否存在异质性，实证结果如表3－5所示。其中列(1)与(3)分别为发展中国家"互联网＋"对GVCPA与GVCPO的影响回归结果，列(2)与(4)分别为发达国家"互联网＋"对GVCPA与GVCPO的影响回归结果。从对GVC参与度指数(GVCPA)的影响回归结果来看，发展中国家和发达国家"互联网＋"回归系数分别为0.719 1和0.651 8且均通过了1%的显著性检验，但"互联网＋"的发展在发展中国家对GVCPA的促进作用更加显著，可能的原因在于，互联网的发展可以更有效地促进立足于生产环节的企业快速获取国际市场信息，降低信息搜寻的成本，从而加快发展中国家参与全球价值链的进程。这一研究结果与前人的研究得出的结论类似，如Meijiers(2014)将"互联网＋"看作是一种资源，通过研究巴西各地区宽带普及差异和生产率的关系，发现对于落后地区来说，宽带普及率的增长对生产促进具有更加明显的作用，而这种促进作用有助于其制造业向全球价值链中高端攀升。

从对GVC地位指数(GVCPO)的影响回归结果来看，发展中国家的"互联网＋"对GVCPO影响的回归系数为0.192 0且通过了5%的显著性检验；而发达国家的"互联网＋"对GVCPO影响的回归系数为0.319 7且通过了1%的显著性检验。比较发现"互联网＋"对于GVCPO的影响在发达国家更为明显，正如张二震和戴翔(2022)在阐述数字赋能对中国全球价值链攀升影响时指出的那样，全球价值链攀升本质上是各国分工地位的相对变化，技术本身所产生的作用机制和实现路径对于所有国家和地区而言是普遍存在和成立的，数字赋能只是提供了一种可能性而非必然性。数字赋能会对中国制造业全球价值链升级产生正向影响，而发达国家利用其经济领先和处于全球价值链高端的优势，不断增加相关资源如"互联网＋"的投入，最终实现加快缩短与需求端的距离，并进一步捍卫其在国际分工中的领先地位和在全球价值链中的高端优势。

表 3-5 异质性分析:发达国家与发展中国家

	(1) GVCPA	(2) GVCPA	(3) GVCPO	(4) GVCPO
INTER	0.719 1*** (11.01)	0.651 8*** (9.83)	0.192 0** (3.61)	0.319 7*** (5.52)
PGDP	−0.711 0*** (−5.13)	−0.422 3*** (−3.77)	−0.311 0*** (−2.75)	−0.296 7*** (−3.03)
CAP	1.389 6 (1.60)	1.497 9*** (5.47)	4.103 8*** (5.81)	1.329 1*** (5.56)
LAW	0.015 8 (0.65)	0.001 3 (0.03)	0.071 1 (3.59)	0.035 9 (1.06)
OPEN	0.980 7** (1.01)	0.435 4** (4.32)	0.290 8** (3.20)	0.013 4** (0.21)
IND	1.210 9 (4.53)	0.908 7*** (2.98)	0.209 8** (3.02)	0.034 2* (2.99)
cons	2.602 9* (1.91)	2.568 7** (2.25)	9.269 9*** (8.36)	7.609 6*** (7.64)
N	246	202	246	202
R^2	0.774	0.803	0.603	0.637
F	116.516 9	113.716 4	51.615 1	48.946 8

注:***、**、*分别表示在1%、5%和10%的显著性水平下通过显著性检验,括号内显示的为 t 值。

2. "一带一路"沿线国家和非"一带一路"沿线国家

2022年是"一带一路"倡议提出的第九年,该倡议为全球经济增长注入了新动力,促进了各国共同繁荣。为考察"一带一路"沿线国家与非"一带一路"沿线国家在"互联网+"发展上的异同,进一步将样本按照是否为"一带一路"沿线国家进行分类讨论,实证结果如表 3-6 所示。其中列(1)与(3)分别为"一带一路"沿线国家"互联网+"对 GVCPA 与 GVCPO 的影响回归结果,列(2)与(4)分别为非"一带一路"沿线国家"互联网+"对 GVCPA 与 GVCPO 的影响回归结果。从"互联网+"对 GVC 参与度指数(GVCPA)影响的回归结果来看,"一带一路"沿线国家和非"一带一路"沿线国家的"互联网+"回归系数分别为 0.911 5 和 0.692 6,且均通过了1%的显著性检验。而"一带一路"沿线国家"互联网+"对 GVC 参与度指数(GVCPA)的回归系数要大于非"一带一路"沿线国家回归系数,说明"互联网+"的发展在"一带一路"沿线国家对 GVCPA 的促进效果更加显著,原因在于"一带一路"沿线国家多为发展中国家,且"互联网+"的发展会通过区域贸易创造效应促进"一带一路"沿线国家之间的国际贸易,从而提升其在全球价值链的参与程度。同理,"互联网+"对 GVC 地位指数(GVCPO)影响的回归结果在"一带一路"沿线国家和非"一带一路"沿线国家的回归系数分别为 0.240 3 和 0.296 1 且均通过了5%的显著性检验。但非"一带一路"沿线国家的回归系数略大于"一带一路"沿线国家的回归系数,原因在于非"一带一路"沿线国家多为发达国家,互联网基础设施完善,电信市场开放度高,更加重视服务研发等高端环节的投入,"互联网+"的发展会直接促进非"一带一路"沿线国家制造业在全球价值链地位的进一步攀升。这一结论也进一步佐证了上述异质性检验结果。

表3-6 异质性分析:"一带一路"沿线国家与非"一带一路"沿线国家

	(1) GVCPA	(2) GVCPA	(3) GVCPO	(4) GVCPO
INTER	0.911 5*** (8.901)	0.692 6*** (3.757)	0.240 3** (1.909)	0.296 1** (1.731)
PGDP	−0.133 7** (−2.679)	−0.380 6*** (−5.122)	0.059 5 (0.969)	0.101 8 (1.476)
CAP	1.090 1** (3.383)	3.050 9*** (15.212)	0.837 9* (2.115)	−0.728 0*** (−3.912)
LAW	0.012 9 (0.736)	0.188 1** (5.529)	0.031 6 (1.468)	0.024 3 (0.769)
OPEN	0.870 6** (2.342)	0.398 4 (3.328)	0.465 4** (1.098)	0.564 0 (0.709)
IND	2.903 4** (1.336)	4.675 4 (2.016)	4.090 8* (1.981)	3.908 7 (2.312)
cons	−2.045*** (−4.088)	2.005 9*** (1.944)	8.281 9*** (13.462)	1.197 7 (1.251)
N	260	188	260	188
R^2	0.616 7	0.762 9	0.651 8	0.671 5
F	66.7	108.8	14.75	13.49

注:***、**、*分别表示在1%、5%和10%的显著性水平下通过显著性检验,括号内显示的为t值。

3.4 机制检验

本节在3.2节"互联网+"对制造业全球价值链升级的影响机制及3.3节实证检验的基础上,进行"互联网+"对制造业迈向全球价值链中高端影响的机制检验。分为两步,第一步,检验"互联网+"对中介变量国际贸易、外商直接投资、技术创新、人力资本的影响,第二步进一步检验四个中介变量对制造业迈向全球价值链中高端的影响。

3.4.1 "互联网+"对中介变量的影响分析

表3-7是对四个中介变量进行逐步回归的结果。其中,列(1)为"互联网+"对国际贸易的影响,结果显示"互联网+"对国际贸易(TRADE)的影响回归系数为0.869 0,且通过了

5%显著性检验,这表明"互联网+"的发展对一国贸易发展起正向积极作用,这和前文影响机制分析部分关于"互联网+"从增加出口和降低国际贸易成本两个方面促进国际贸易发展的理论分析一致。列(2)为"互联网+"对外商直接投资的影响,从影响回归结果看,"互联网+"对外商直接投资(FDI)的影响回归系数为0.160 6,且通过了5%显著性检验,原因在于"互联网+"从降低消费成本、加速消费扩张两方面促进外商直接投资。列(3)为"互联网+"对技术创新的影响,从影响回归结果来看,"互联网+"对技术创新(TEC)的影响回归系数为0.885 8,且通过了1%显著性水平检验,这表明"互联网+"对技术创新的影响是正向的,符合前述的影响机制分析。列(4)为"互联网+"对人力资本(HUC)的影响,其回归系数为0.126 8,且通过了1%的显著性检验,这验证了前文关于"互联网+"从技术平台、社会资本的积累以及企业组织变革三个角度促进人力资本提升的理论分析。

表3-7 "互联网+"对中介变量的影响回归结果

	(1) TRADE	(2) FDI	(3) TEC	(4) HUC
INTER	0.869 0** (10.44)	0.160 6** (5.47)	0.885 8*** (11.42)	0.126 8*** (3.67)
PGDP	0.324 1** (10.24)	0.012 3** (4.46)	0.782 1*** (7.42)	0.901 2* (3.06)
CAP	0.843 5** (8.07)	0.542 3** (5.04)	0.892 4*** (11.32)	0.435 6*** (3.06)
LAW	0.783 2** (9.21)	0.124 5** (4.69)	0.853 3*** (7.99.)	0.126 8* (4.12)
OPEN	0.324 5** (9.08)	0.160 6** (5.46)	0.345 8* (9.54)	0.327 9*** (3.06)
IND	0.327 8** (4.56)	0.190 6 (5.43)	0.890 8** (10.42)	0.432 8*** (1.27)
cons	4.668 9** (11.42)	0.025 5 (0.151)	4.660 1*** (99.56)	4.322 1*** (173.3)
N	448	448	448	448
R^2	0.594 6	0.660 6	0.624 5	0.618 5
F	109	29.84	130.4	9.409

注:***、**、*分别表示在1%、5%和10%的显著性水平下通过显著性检验,括号内显示的为t值。

3.4.2 中介变量对制造业在全球价值链升级的影响分析

针对中介变量对制造业在全球价值链升级的影响机理进行实证检验,表3-8中是解释变量和中介变量对制造业在全球价值链升级的影响进行回归分析的结果。

从最终回归结果来看,"互联网+"、国际贸易、外商直接投资、技术创新、人力资本对全球价值链升级的回归结果都显著,说明存在中介效应。其中,国际贸易(TRADE)对 GVCPA 和 GVCPO 影响的回归系数分别为 1.090 1 和 3.050 9,且均通过了 1% 的显著性检验,原因在于随着一国经济贸易的发展,需求结构的改变极大地影响了制造业,国际贸易通过发挥进口效应和出口效应促进制造业在全球价值链地位的攀升。外商直接投资(FDI)对 GVCPA 和 GVCPO 影响的回归系数分别为 0.736 3 和 0.466 8,且均通过 1% 的显著性检验,说明外商直接投资可以从价值增加效应、逆向技术溢出效应、产业结构升级效应三方面实现制造业在全球价值链的升级。技术创新(TEC)对 GVCPA 影响的回归系数为 0.133 7,且通过了 5% 的显著性检验;对 GVCPO 影响的回归系数为 0.380 6,且在 1% 的水平上通过了显著性检验,这验证了前文所述的技术水平越高则该国的产业价值链附加值越高,低附加值的产业会外溢转移,因此会进一步强化垂直分工和参与度的理论分析。人力资本(HUC)对 GVCPA 和 GVCPO 影响的回归系数分别为 0.324 9 和 0.114 5,且均通过了 5% 的显著性检验,原因在于一国充裕的熟练劳动力以及人力资本结构高级化将推动制造业融入全球价值链体系中,并形成全球价值链持续攀升的内在动力。

表 3-8 中介变量对全球价值链升级的影响回归结果

	GVCPA	GVCPO
INTER	1.534 6*** (2.75)	1.056 5*** (2.43)
TRADE	1.090 1*** (8.90)	3.050 9*** (3.75)
FDI	0.736 3*** (9.83)	0.466 8*** (4.61)
TEC	0.133 7** (2.67)	0.380 6*** (2.12)
HUC	0.3249** (2.52)	0.1145** (0.52)
PGDP	1.320 1*** (4.01)	1.901 2*** (2.75)
CAP	0.632 7*** (9.32)	0.328 8*** (4.17)
LAW	0.172 3** (2.67)	0.280 6*** (3.21)
OPEN	0.373 8** (2.89)	0.116 7** (1.21)
IND	0.092 1** (2.32)	0.023 1** (1.58)
cons	2.045 1*** (4.088)	2.005 9*** (1.944)

(续表)

	GVCPA	GVCPO
N	448	448
R^2	0.616 7	0.762 9
F	66.7	108.8

注：***、**、*分别表示在1%、5%和10%的显著性水平下通过显著性检验,括号内显示的为 t 值。

3.5 本章小结

本章将"互联网+"纳入全球价值链分析框架,阐述了"互联网+"通过技术创新、国际贸易、外商直接投资以及人力资本影响制造业全球价值链升级的理论机理;选取 64 个国家和地区 7 个年份的数据作为样本,实证检验了"互联网+"对各国制造业嵌入全球价值链程度(GVCPA)和嵌入位置(GVCPO)的影响。实证分析结果显示,"互联网+"对一国制造业参与全球价值链的程度(GVCPA)存在明显促进作用,原因在于"互联网+"的发展有助于降低成本,提高效率,促进全球价值链参与程度不断提升。"互联网+"对制造业在全球价值链中的嵌入位置(GVCPO)亦存在明显促进作用,原因在于全球价值链分工地位越高,则越趋于全球价值链的服务与营销环节;而分工地位越低,则离最终需求端越远,越趋于生产环节。互联网发展水平的提升能够促进制造业向价值链高附加值、营销环节攀升,促进其在价值链需求环节的地位上升。进一步的异质性分析显示,"互联网+"对发展中国家制造业参与全球价值链的程度(GVCPA)的促进作用更加显著,表明互联网发展能促进立足于生产环节的发展中国家的企业更快速地获取国际市场信息、降低生产和交易成本。但"互联网+"的发展对制造业在全球价值链嵌入位置(GVCPO)的影响在发达国家更为明显,原因在于近年来发达国家制造业,尤其是研发及售后服务等高端环节的投入不断增加,更能够有效缩短离最终需求端的距离,有助于强化其在全球价值链中高端的地位。从"一带一路"沿线国家与非"一带一路"沿线国家的视角进行的异质性分析得到了类似的结论,即"互联网+"的发展在"一带一路"沿线国家对 GVCPA 的促进效果更加显著,而"互联网+"的发展对于 GVCPO 的影响在非"一带一路"沿线国家更为明显(洪金霞,2022)。

基于以上理论和实证分析结果,"互联网+"能否推动中国制造业在全球价值链的攀升,取决于中国是否能够抢抓以数字技术为代表的新一轮信息技术革命带来的重大战略机遇。在当前科技信息飞速发展的背景下,要重视"互联网+"对于全球价值链升级的重要作用,政府要采取相应的政策,加快体制创新,强化政府对相关科研项目经费的投入,打造官、产、学、研相结合的专业化科研平台,重视并提升基础设施和服务的能力,包括数字基础设施建设,如从顶层设计入手,前瞻布局宽带实施发展计划,加快网络体系升级改造与基础信息设施创新进程,持续推进 5G 技术、人工智能、物联网等在企业数字基础建设中的广泛应用,打造集感应、传输、存储、运算、处理于一体的数字化体系,促进产品质量和创新能力的提升,提高制造产业整体信息化与智能化水平,从而推动中国制造业全球价值链的升级。政府还要鼓励、支持和引导企业掌控数字经济关键技术,挖掘前沿数字技术并在制造行业内推广应用,为制造业全球价值链的升级提供新动能,并争做行业标准的制定者,增加在国际竞争中的话语权。政府还要引导企业数字化改造,在审视自身价值链分布特征和准确定位自身发展方向的基础上,积极引进消费者与企业协同设计并形成开放式创新新局面,大力发展并推广自动化、智能化、个性化生产,并借助终端化营销等先进数字化经营理念,实现制造业企业产品全生命周期的附加值最大化(张艳萍等,2022),完成企业增值能力的提升,最终实现攀升全球价值链中高端(洪金霞,2022)。

第 4 章
生产性服务贸易对中国制造业迈向中高端的影响

随着生产性服务业的迅速崛起,越来越多的学者关注到生产性服务业可以通过增加知识、技术、资本等要素的投入提高制造业行业的效率,从而达到推动制造业在价值链上攀升,促进其转型升级的目的。生产性服务业的迅速发展也大大促进了生产性服务贸易的发展,生产性服务业进出口额在服务贸易中的比重也越来越大。同时,随着经济全球化以及国际分工的不断深化,不同经济体之间的合作不断增强,相互依存度不断提高,生产性服务贸易的地位也日益突出。对于一国经济发展而言,随着服务市场的开放,生产性服务贸易质量和数量会不断地提升,其对制造业转型升级的影响也将越来越大。目前中国的生产性服务业整体发展水平偏低,在此背景之下,如何通过生产性服务贸易引进国际技术、整合世界优质生产要素促进我国生产性服务业发展,进而促进我国制造业转型升级,成为推动制造业迈向中高端的重要视角之一。本章在梳理前人研究的基础上,剖析了生产性服务贸易推动制造业转型升级、迈向中高端的影响机制,在此基础上,通过最小二乘法、构建 VAR 模型实证检验生产性服务贸易对制造业转型升级迈向中高端的影响(吴琴,2020)[①]。

4.1 生产性服务贸易影响制造业转型升级的机制分析

4.1.1 技术溢出效应

在开展生产性服务贸易的过程中,先进技术的所有者会在不经意间传播其所拥有的先进技术或知识,从而产生技术溢出效应。技术对于一国制造业的发展至关重要,生产性服务在进行贸易的过程中可以促使不同国家之间通过传播和推广先进技术促进相互之间的技术进步,产生溢出效应,帮助一国制造业实现转型升级。目前,与发达国家相比,中国具有相对充裕的劳动力,但在技术和资本方面相对欠缺。在进行生产性服务贸易的过程中,进出口商可以学习先进技术,提高制造业技术水平,利用技术溢出效应促进投入产出效率的提升,从而降低制造环节的生产成本,弥补我国传统制造业因缺少生产性服务投入所带来的竞争劣

---

① 本章内容是在作者指导的硕士研究生吴琴 2020 年完成的硕士学位论文《生产性服务贸易对中国制造业转型升级的影响研究》的基础上删减和增加而成,该论文依托作者负责的江苏省社会科学基金基地项目"江苏制造业迈向中高端发展的对策研究"完成。限于篇幅,经与吴琴协商,未全部标注出所有引用的部分,特此说明并致谢。

势和结构劣势,为推动我国制造业结构的转型升级创造条件(李云鹏,2016;赵景峰等,2019)。与此同时,从事生产性服务贸易的进出口企业为了在激烈的竞争环境中生存并获取利润,也会加大对技术的投入,注重核心关键技术的研发投入,促使企业走高技术发展道路,并且先进的组织形式和经营管理理念等软技术的传播和扩散也会产生积极的影响,从而促进我国制造业转型升级。生产性服务贸易所产生的技术溢出效应具体分析如下:

一方面,生产性服务的进口能够使技术匮乏国受技术富裕国技术溢出效应的积极影响。具有较高技术含量的生产性服务投入对制造业的发展具有较大的影响,生产成本的降低和附加值的增加都会增加制造业企业的国内外竞争力。一般来说,进口的生产性服务质量或者技术含量会普遍高于进口国的技术水平,这样有利于进口国企业学习模仿和创新进口生产性服务所带来的更高水平的新技术,不断提高技术创新能力,提高对相应行业专业知识和相关技术的了解。此外,通过生产性服务贸易,进口国可以间接或者直接地获取出口国先进的管理经验,并且在学习过程中进行经验总结和改进,优化管理运行方式,为一国生产性服务发展和制造业转型升级做足准备。

另一方面,当一国生产性服务企业想要进入国际市场时,就必须适应更为激烈的市场竞争环境,因此生产性服务企业除了学习模仿技术先进国的技术知识外,还要加大研发投资力度和对人才的引进培养,提高生产效率,降低生产成本,提升产品附加值以及技术含量,与此同时提升企业管理水平,提高产品的出口竞争力,从而使得整个服务行业水平得到提升。而生产性服务作为制造业发展的重要影响因素之一,其整体水平的提高则会相应地提升制造业的竞争力,促进制造业的转型升级。

4.1.2 规模经济效应

马妍妍(2017)认为,生产性服务贸易能够促进制造业发挥规模经济作用,有助于制造业生产效率的提升和资源的充分利用,从而实现转型升级。受资金或者技术等因素的制约,制造业企业很难在价值链的各个环节都占据有利优势,内部生产性服务业的发展也会受到限制。而通过生产性服务贸易,比如将企业生产过程中缺乏优势的环节外包出去,就可以增加企业对其具有优势环节的投入,资源会被整合到其他核心业务,进一步为制造业发展提供足够的要素支撑,提升企业产品研发能力,实现内部规模经济,提高制造业企业的生产效率。因此,通过服务进口或者外包的方式实现规模化发展,有利于制造业转型升级。

一般而言,生产性服务部门多属于知识、技术、资本密集型产业,其发展需要投入大量的财力和人力,但是随着生产性服务贸易的开展,国外市场被打开,因国内需求不足导致的市场规模无法扩大的缺憾将会得到弥补,生产性服务的边际成本降低,规模经济效应产生。国内企业生产性服务要素使用成本的降低,一方面能够降低需要使用生产性服务要素的制造业企业的生产成本,增强制造业企业的国际竞争力,从而进一步获得资本积累并将其投入新技术研发,推动制造业转型升级;另一方面生产性服务要素投入不足的制造业企业,可以投入低成本生产性服务要素为自身的转型升级创造条件。

4.1.3 人力资本积累效应

人力资本积累指的是通过生产性服务贸易特别是生产性服务进口贸易增加一个国家的人力资本存量,从而提高一国人力资本水平。人力资本积累效应能够通过增加人力资本、加速要素积累帮助技术创新在不同国家制造业企业之间扩散,从而提高制造业国际竞争力。

不同于一般的劳动力要素,人力资本能够凭借专业知识与专业技能从事相关复杂劳动并给企业创造附加价值。在当代以知识经济为主的社会发展中,与传统的物质资本相比,人力资本具有更大的增值潜力,对 GDP 的增长贡献更大,能够更加快速地适应市场变化。随着经济发展模式的转变,人力资本要素已经成为影响制造业转型升级的重要因素。生产性服务贸易的进行需要依靠劳动者来实现,劳动者掌握的知识和技能是生产性服务进出口贸易发挥作用的重要载体。计算机信息、咨询服务和专利权的使用等,都对人力资本存量和质量有一定的要求。如果人力资本的存量没有达到需求,那么东道国企业将没有能力对生产性服务进口所带来的溢出技术进行模仿、学习以及创新(段丽娜,2012)。蔡晓丹(2018)研究发现,在向制造业输送优质生产性服务要素的过程中,人力资本积累效应可以加快引进技术的消化吸收和创新,促使创新型人力资本在制造业投入中的占比不断提升,推动制造业创新能力的提高。

在生产性服务贸易中,人员的移动如聘请国外技术专家等可以促进一国技术开发能力的提升,推动一国生产性服务者和制造业劳动者在技术水平、管理能力以及营销方式等方面的转变与提升,使得本国人力资本不断积累。一方面可以改变一国的要素禀赋,促进本国更多地使用知识和信息等高级要素,另一方面可以促使东道国使用出口国的先进技术和管理经验等,转变传统制造业的生产方式,加大高新技术的投入,提升附加值,促进一国制造业转型升级,实现制造业在价值链上的攀升(孟萍莉,2017)。

4.1.4 低端锁定效应

随着生产性服务贸易的进行,制造业企业可以通过引进先进的国外技术在短时间内迅速提高自身的技术水平,从而在一定程度上促进本国生产性服务和制造业的发展,但是也可能使一国制造业陷入低端锁定。部分学者如孟萍莉(2017)认为,如果东道国制造业企业直接依赖国外的先进技术,降低对研发设计和技术创新等方面的投入,那么长时间发展下去会导致东道国制造业产品被锁定在价值链低端,不利于制造业转型升级。

刘惠(2014)认为,处于价值链高端的制造业企业会利用其在核心技术、营销渠道和品牌上的优势巩固强化其现有的地位,整合资源优势,阻碍发展中国家制造业的转型升级。首先,发展中国家难以接触到发达国家相对较为核心的技术,引进的先进技术也多为发达国家逐渐淘汰的落后技术,只能处于价值链的加工环节,利润空间较小,利润率较低;其次,发达国家凭借较高的薪资福利吸引发展中国家的人才,技术创新人才的流失也会导致发展中国家人力资本的缺失;再次发达国家在向发展中国家提供技术支持时则要求收取高额的专利转让费和使用费,这增加了发展中国家制造产业的生产成本,使发展中国家制造业的利润率更低;最后,发达国家会通过收购的形式实现对发展中国家著名品牌的控制并抢占其品牌所带来的市场,另外发达国家也会制定较高的行业技术标准来阻止发展中国家制造业进入本国市场,这些都不利于发展中国家制造业走出去。因此,生产性服务贸易所产生的低端锁定效应会对发展中国家制造业在提高技术水平、获取高额利润和延伸价值链高度方面产生负面影响,不利于制造业的转型升级。通过技术溢出、规模经济、人力资本积累和低端锁定四个效应,生产性服务贸易可以影响我国制造业的转型升级(吴琴,2020)。

4.2 中国生产性服务贸易的发展现状

4.2.1 生产性服务贸易总体规模

改革开放40多年以来,随着经济的深入发展,在经济全球化的影响下,我国生产性服务贸易和制造业发展规模和结构都发生了较大变化。本节通过十多年的数据,分析我国生产性服务贸易的发展现状。

由图4.1可知,2004年至2018年,虽然中国的生产性服务进出口总额和生产性服务出口总额、生产性服务进口总额有所波动,但总体上呈上升趋势。生产性服务贸易进出口总额、生产性服务出口金额和进口金额分别由2004年的642.33亿美元、204.35亿美元、437.98亿美元上升到2018年的4 647.4亿美元、2 244.1亿美元、2 403.3亿美元,分别提高了6.24倍、9.98倍、4.49倍。由图4.2可知,除了受2008年金融危机以及2014年国际事件的影响,2009年和2015年生产性服务贸易出现同比负增长外,2004年至2018年,中国的生产性服务进出口、生产性服务出口、生产性服务进口的同比增长速度呈波动性的上升趋

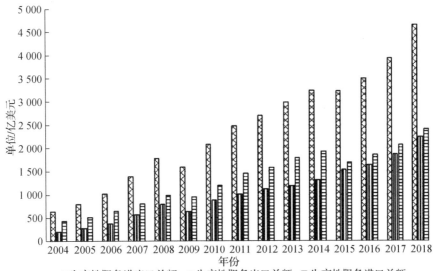

图4.1 中国历年生产性服务贸易金额(2004—2018年)
数据来源:根据《中国统计年鉴》整理所得

势,其中,生产性服务出口的同比增长速度最快。与此同时可以发现,近年来,生产性服务进出口、出口、进口的同比增长速度相比于前几年有所上升且三者的同比增长速度趋近相同。

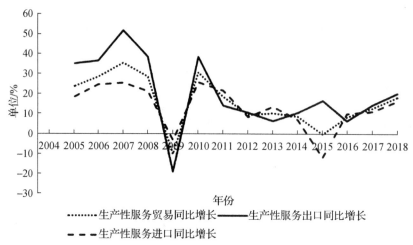

图 4.2　中国历年生产性服务贸易同比增长(2004—2018 年)
数据来源:根据《中国统计年鉴》整理计算所得

由图 4.3 可知,2004 年到 2018 年,中国生产性服务进出口总额占服务进出口总额的比重相对较为稳定,一直保持在 40%到 60%之间且从 2006 年开始就基本维持在 50%以上,由此可见,生产性服务贸易已经成为中国服务贸易的主体。除 2009 年外,中国生产性服务出口占服务出口的比重一直呈上升的趋势,从 2004 年的 28.18%上升到 2018 年的 84.1%。中国生产性服务进口占服务进口的比重波动幅度则较大,2006 年到 2015 年总体上呈现下降趋势,由 2006 年的 64.08%下降到 2015 年的 38.83%,而 2015 年到 2018 年则呈缓慢的上升趋势。2013 年至 2018 年,中国生产性服务出口总额占服务出口总额的比重已经超过中国生产性服务进口总额占服务进口总额的比重,并且两者之间的差距不断拉大,出超明显,中国生产性服务贸易中的出口部分已经成为服务贸易的绝对重要组成部分。

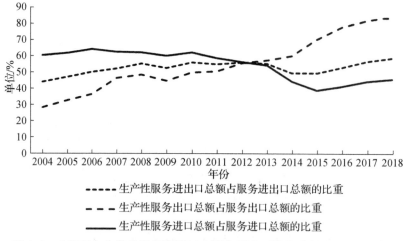

图 4.3　中国历年生产性服务进出口占服务进出口的比重(2004—2018 年)
数据来源:根据《中国统计年鉴》整理计算所得

4.2.2 生产性服务贸易结构

生产性服务贸易一直在稳步增长,但是生产性服务贸易的细分行业发展情况存在明显的差异。由于从 2015 年开始,我国对服务贸易细分行业的统计有了比较大的变动,因此为了保持对生产性服务贸易 9 类细分行业进出口统计数据分析的连续性,本节选取数据的时间为 2004 年至 2014 年。

1. 生产性服务贸易的出口结构

2004 年至 2014 年,经过十多年的发展,我国生产性服务贸易的进出口结构发生了显著的变化。图 4.4 显示,多年来,运输服务一直是中国生产性服务出口的主体,但是其所占生产性服务出口的比重总体一直呈下降趋势,由 2004 年的 59.05% 下降到 2014 年的 29.1%,其在 2013 年和 2014 年成为出口的第二大行业;咨询服务的出口在 2013 年和 2014 年已经成为我国生产性服务出口的第一大行业,在这之前一直位居第二,但相比于运输服务的出口,一直呈上升趋势,由 2004 年的 15.43% 上升到 2014 年的 32.66%;建筑、计算机和信息服务的出口也是我国生产性服务出口的重要组成部分,建筑服务行业呈波浪形上升趋势,而计算机和信息服务行业从 2007 年开始就呈稳定上升趋势;广告、通信、保险、金融及专有权利使用费和特许费服务的出口比例要低得多。

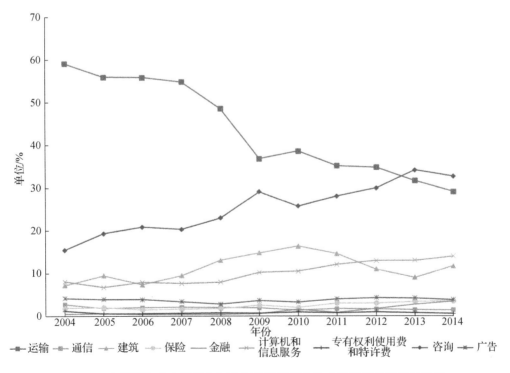

**图 4.4 中国历年生产性服务细分行业的出口占生产性服务总出口的比重
(2004—2014 年)**

数据来源:根据国家外汇管理局、中华人民共和国商务部两个部门提供的数据整理计算所得

2. 生产性服务贸易的进口结构

由图 4.5 可知,相比于生产性服务的出口结构,生产性服务的进口结构变化较小。运输服务一直是我国生产性服务进口的第一大行业,其所占比重一直在 50% 左右,但近年来其所占的比重有所下降,在 2014 年降至 50.06%;而保险服务、咨询服务以及专有权利使用费和特许费服务进口所占比重一直比较接近,占 10%—15%,但变化趋势不同,咨询服务的进口比例除了 2009 年到 2010 年间略有下降外其余年份一直保持较为稳定的增长速度,目前已跃居第二,专有权利使用费和特许费进口服务的进口比例呈小幅度上升趋势,而保险服务进口占比则有所下降;建筑服务进口自 2009 年达到最高之后呈较大幅度的持续下降趋势;计算机和信息服务、通信、金融和广告服务的进口比重整体呈上升趋势,但占比一直较低,都在 5% 以下。

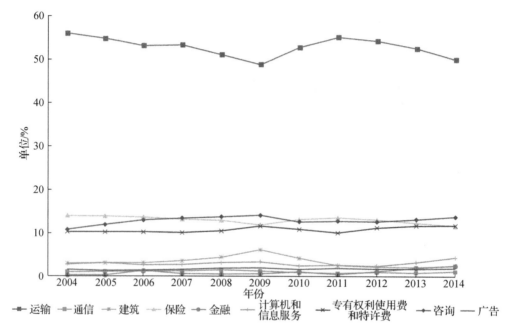

图 4.5 中国历年生产性服务细分行业的进口占生产性服务总进口的比重
(2004—2014 年)

数据来源:根据国家外汇管理局、中华人民共和国商务部两个部门提供的数据整理计算所得

4.3 生产性服务贸易对中国制造业转型升级影响的实证分析

经过数十年的发展,中国生产性服务贸易和制造业规模都得到了快速提升。虽然生产性服务的进口和出口之间仍然存在发展不平衡的问题,贸易逆差长期存在,但其进出口的商品结构在不断优化。与此同时,制造业的产业结构也有所改变,劳动密集型制造业、低技术制造业增加值比重逐年下降,非劳动密集型制造业、中高技术制造业和高技术制造业始终占据主导地位。下面将实证检验生产性服务进出口贸易对中国制造业整体、不同要素密集度

制造业以及不同地区制造业转型升级迈向中高端的影响。

4.3.1 模型的建立、变量选取和数据处理

在检验生产性服务进口贸易和出口贸易对制造业整体的影响时,根据罗默的经济增长模型来构建生产性服务贸易影响制造业转型升级的计量模型,具体如下:

$$\ln Y_t = \alpha_0 + \alpha_1 \ln EXPS_t + \alpha_2 \ln IMPS_t + \alpha_3 \ln FDI_t + \alpha_4 \ln K_t + \alpha_5 \ln HC_t + \varepsilon_{it} \quad (4.1)$$

其中,被解释变量为Y,参照孟萍莉(2017)的研究,运用产业结构层次系数测算制造业转型升级情况。核心解释变量为EXPS、IMPS,分别代表生产性服务出口贸易规模和进口贸易规模,分别以当年生产性服务出口贸易额和进口贸易额占当年GDP的比重来表示。

在控制变量的选取上,一是借鉴诸多前人的研究,二是基于前述的机制分析,选取中国制造业实际利用外商直接投资、物质资本密集度和人力资本三个变量作为实证研究的控制变量。中国制造业实际利用外商直接投资(FDI)用当年制造业实际利用外商直接投资的金额占当年GDP的比重来表示。物质资本密集度(K)用当年固定资产净值与从业平均人数的比值(亿元/万人)来表示。人力资本(HC)用各年平均受教育年限来表示。t表示年份,$\alpha_0 \sim \alpha_5$表示相关回归系数,ε_{it}为随机误差项。本节实证数据来源于2004年至2016年的《中国统计年鉴》《中国工业经济统计年鉴》《中国教育统计年鉴》等,部分数据根据每年美元对人民币的平均汇率折算为以人民币标价的数据,再经过商品零售价格指数、国内生产总值指数以及固定资产投资价格指数,以2004年作为基期进行调整处理得到实证最终所需要的数据。

按照要素密集度,张志醒和刘东升(2018)将28个规模以上制造业行业细分为表4-1中三种类型。

表4-1 按要素密集度的制造业分类

类别	细分行业
劳动密集型制造业 (14个)	农副食品加工业 食品制造业 饮料制造业 烟草制造业 纺织业 服装及鞋帽制品业 皮革、毛皮、羽毛(绒)及其制品业 木材加工及木、竹、藤、棕、草制造业 家具制造业 造纸及纸制品业 印刷和记录媒介的复制业 文教体育用品制造业 橡胶制品业 塑料制品业
资本密集型制造业 (7个)	石油加工、炼焦和核燃料加工业 非金属矿物制品业 黑色金属冶炼和压延加工业 有色金属冶炼和压延加工业 金属制品业 通用设备制造业 专用设备制造业
技术密集型制造业 (7个)	化学原料和化学制品制造业 医药制造业 化学纤维制造业 交通运输设备制造业 电气机械和器材制造业 计算机、通信和其他电子设备制造业 仪器仪表文化办公用品制造业

资料来源:张志醒等,2018

将上述三类制造业分别赋值1、2、3,并分别计算不同类别制造业产值占28个制造业细分行业总产值的比重,从而得到简化的制造业的产业结构层次系数公式:

$$Y = 1 \times q_{(1)} + 2 \times q_{(2)} + 3 \times q_{(3)} \quad (4.2)$$

其中，$q_{(i)}$ 表示第 i 类别制造业的产值占制造业总产值的比重。

Y 的值（$1<Y<3$）越高表示制造业的产业结构层次越高，Y 的值越低表示制造业的产业结构层次越低，因此 Y 的值能够间接代表制造业转型升级的情况。将 2004—2016 年劳动、资本和技术密集型制造业产值占制造业总产值的比重代入公式计算，得到 Y 的值在 2.00—2.15 间波动。

4.3.2 实证分析

1. 平稳性检验

选取 2004 年到 2016 年期间的相关数据进行回归分析，作为时间序列，首先要接受平稳性检验，本节采取 EViews 中常用的 ADF 检验方法即单位根检验方法对被解释变量、解释变量以及控制变量的对数形式进行平稳性检验，结果如表 4-2 所示。

表 4-2 平稳性检验结果

变量	差分阶数	临界值水平 1%	临界值水平 5%	临界值水平 10%	t 统计量	P 值
lnY	0	−4.992 279	−3.875 302	−3.388 330	−1.929 508	0.578 0
	1	−2.792 154	−1.977 738	−1.602 074	−3.721 444	0.001 6
lnEXPS	0	−4.121 990	−3.144 920	−2.713 751	−2.888 472	0.075 7
lnIMPS	0	−4.992 279	−3.875 302	−3.388 330	−3.416 855	0.096 0
lnFDI	0	−5.295 384	−4.008 157	−3.460 791	−3.215 463	0.137 4
	1	−4.200 056	−3.175 352	−2.728 985	−3.121 935	0.054 4
lnK	0	−5.295 384	−4.008 157	−3.460 791	−13.189 79	0.000 1
lnHC	0	−4.992 279	−3.875 302	−3.388 330	−3.561 661	0.078 5

由表 4-2 可知，对于变量 lnY，$t=-1.929\,508>-3.388\,330$，其在 10% 的临界值水平下显著性不高，不能拒绝原假设，为含截距项和时间趋势项的非平稳序列；再对 $\Delta\ln Y$ 进行单位根检验，$t=-3.721\,444<-2.792\,154$，所以在 1% 的显著性水平下，$\Delta\ln Y$ 拒绝了原假设，为不含时间趋势项和截距项的平稳序列，即 lnY 序列为一阶单整。对于变量 lnEXPS，$t=-2.888\,472<-2.713\,751$，其在 10% 的显著性水平下拒绝了原假设，为含截距项的平稳序列，即 lnEXPS 序列平稳。对于变量 lnIMPS，$t=-3.416\,855<-3.388\,30$，其在 10% 的显著性水平下拒绝了原假设，为存在时间趋势项和截距项的平稳序列，即 lnIMPS 序列平稳；对于变量 lnFDI，$t=-3.215\,463>-3.460\,791$，其在 10% 的临界值水平下显著性不高，不能拒绝原假设，为含截距项和时间趋势项的非平稳序列；再对 $\Delta\ln FDI$ 进行单位根检验，$t=-3.121\,935<-2.728\,985$，所以在 10% 的显著性水平下，$\Delta\ln FDI$ 拒绝了原假设，为含截距项的平稳序列，即 lnFDI 为一阶单整。对于变量 lnK，$t=-13.189\,79<-5.295\,384$，其在 1% 的显著性水平下拒绝了原假设，为含时间趋势项和截距项的平稳序列，即 lnK 序列平稳。

对于变量 lnHC,$t=-3.561\,661<-3.388\,330$,其在10%的显著性水平下拒绝了原假设,为不含时间趋势项和截距项的平稳序列,即 lnHC 序列平稳。

经过分析可知,变量 lnEXPS、lnIMPS、lnK 和 lnHC 皆为平稳序列,而变量 lnY 和 lnFDI 为一阶单整,所以需要对 lnY 和 lnFDI 的回归残差进行平稳性检验,即单位根检验,从而判断 lnY 和 lnFDI 之间是否存在协整关系。检验结果如表 4-3。

表 4-3 残差平稳性检验结果

变量	差分阶数	临界值水平1%	临界值水平5%	临界值水平10%	t 统计量	P 值
残差	0	-2.771 926	-1.974 028	-1.602 922	-2.263 436	0.028 3

由表可知,$t=-2.263\,436<-1.974\,028$,其在5%的显著性水平下拒绝了原假设,即 lnY 和 lnFDI 存在协整关系,lnY 和 lnFDI 存在长期的稳定均衡关系,因此可以使用相关数据对生产性服务进出口贸易对制造业整体转型升级的影响进行回归分析。

2. 实证结果

基于上述分析,对相关数据进行普通最小二乘法(OLS)回归分析,回归结果如表 4-4 所示。lnEXPS 的相关系数为 $-0.040\,044$,P 值为 $0.028\,9$,这表明生产性服务的出口贸易规模对制造业整体的转型升级有比较显著的负面抑制作用,这可能是由于中国生产性服务贸易的出口规模较小,发展较为缓慢,且生产性服务出口产品附加值较低,出口结构的不合理导致了其被锁定在价值链底端,不利于制造业转型升级;lnIMPS 的相关系数为 $0.136\,481$,P 值为 $0.002\,1$,这说明生产性服务的进口贸易规模对制造业整体的转型升级有显著的正向促进作用;lnFDI 的相关系数为 $0.048\,638$,P 值为 $0.024\,8$,这表示制造业实际利用外商直接投资对制造业整体转型升级有积极的正向推进作用;lnK 的相关系数为 $0.109\,154$,P 值为 $0.003\,0$,这说明物质资本密集度对制造业整体转型升级有积极的正向推动作用;lnHC 的相关系数为 $-0.209\,775$,P 值为 $0.062\,7$,这表明人力资本对制造业整体的转型升级有显著的抑制作用,这和已有的理论或者现实条件不太相符,可能是因为在实际生活中未能将人力资本充分合理有效地加以应用,也有可能是因为人力资本的运用存在一定的滞后效应。另外,$R^2=0.919\,651$,表明该模型拟合度好。

表 4-4 生产性服务贸易对制造业整体转型升级影响的回归分析结果

lnY	相关系数	标准误差	t 统计量	P 值
lnEXPS	-0.040 044	0.014 608	-2.741 16	0.028 9
lnIMPS	0.136 481	0.028 692	4.756 726	0.002 1
lnFDI	0.048 638	0.017 085	2.846 854	0.024 8
lnK	0.109 154	0.024 582	4.440 497	0.003 0
lnHC	-0.209 775	0.094 885	-2.210 848	0.062 7
C	1.459 645	0.168 967	8.638 661	0.000 1

经过上述分析,可以发现生产性服务进口贸易和出口贸易对制造业整体的转型升级有较为显著的不同影响,而对不同要素密集度制造业的影响不确定,所以下一节将分析生产性服务进出口贸易对要素密集度不同的制造业的影响(吴琴,2020)。

4.4 生产性服务贸易对不同要素密集度制造业转型升级影响的实证分析

4.4.1 模型的建立及变量的选取

本节依旧按照 OECD 的制造业分类标准,将 28 个制造业细分行业分为劳动密集型制造业(14 个)、资本密集型制造业(7 个)和技术密集型制造业(7 个),进一步探究生产性服务贸易对不同要素密集度的制造业的影响。本节选取的解释变量为生产性服务贸易出口规模(EXPS)、生产性服务贸易进口规模(IMPS),被解释变量为不同要素密集度制造业的比重(Y_1, Y_2, Y_3),其中 Y_1、Y_2 和 Y_3 分别为劳动、资本和技术密集型制造业的比重,选取的仍为 2004 年至 2016 年的相关数据,数据来源及处理和上一节相同。

由于本节数据仍然为时间序列数据,因此首先仍然需要对 EXPS、IMPS 以及 Y_i 这三个变量进行平稳性检验,再通过建立 VAR 模型确定滞后阶数,随后利用格兰杰(Granger)因果检验分别检验劳动密集型制造业、资本密集型制造业和技术密集型制造业的产值比例在生产性服务贸易之间变动的因果关系。

4.4.2 实证分析

1. 生产性服务贸易对劳动密集型制造业的影响

(1) 平稳性检验

与上一节相同,本节采用 ADF 检验对 Y_1、EXPS 以及 IMPS 进行平稳性检验,结果如表 4-5 所以。$t=-1.702\,125>-3.388\,330$ 时,Y_1 在 10% 的临界值水平下显著性不高,不能拒绝原假设,是有截距项和时间趋势项的非平稳序列;继续进行 Y_1 一阶差分后序列的平稳性检验,$t=-3.999\,073<-2.792\,154$,$Y_1$ 一阶差分后的序列在 1% 的临界值水平下显著,拒绝了原假设,为含截距项和时间趋势项的平稳序列,即 Y_1 序列为一阶单整。$t=-2.096\,686>-3.388\,330$ 时,EXPS 在 10% 的临界值水平下显著性不高,不能拒绝原假设,是含截距项和时间趋势项的非平稳序列;继续对 EXPS 一阶差分后序列的平稳性进行检验,$t=-3.122\,835<-2.792\,154$,EXPS 一阶差分后的序列在 1% 的临界值水平下显著,拒绝了原假设,为不含截距项和时间趋势项的平稳序列,即 EXPS 序列为一阶单整。$t=-7.817\,263<-2.771\,926$,IMPS 在 1% 的临界值水平下显著,拒绝了原假设,为不含时间趋势项和截距项的平稳序列。

表 4-5 Y_1、EXPS、IMPS 平稳性检验结果

变量	差分阶数	临界值水平1%	临界值水平5%	临界值水平10%	t 统计量	P 值
Y_1	0	−4.992 279	−3.875 302	−3.388 330	−1.702 125	0.686 4
	1	−2.792 154	−1.977 738	−1.602 074	−3.999 073	0.000 9
EXPS	0	−4.992 279	−3.875 302	−3.388 330	−2.096 686	0.496 2
	1	−2.792 154	−1.977 738	−1.602 074	−3.122 835	0.005 2
IMPS	0	−2.771 926	−1.974 028	−1.602 922	−7.817 263	0.000 0

(2) VAR 模型的建立

首先确定 VAR 模型的滞后阶数。根据似然比检验(LR)法,利用 EViews 软件确定 EXPS、IMPS 对 Y_1 的 VAR 模型的最优滞后阶数为1,因此建立滞后1期的 VAR 模型,即 VAR(1),表 4-6 和表 4-7 分别为 EXPS 和 IMPS 对 Y_1 的 VAR(1)模型参数估计结果。

表 4-6 EXPS 对 Y_1 的 VAR(1)模型参数估计结果

	EXPS	Y_1
EXPS(−1)	0.957 57	−2.256 186
	(0.145 11)	(−1.577 31)
	[6.599 03]	[1.430 40]
Y_1(−1)	0.030 061	0.550 381
	(0.028 96)	(0.314 84)
	[1.037 88]	[1.748 15]
C	−0.008 22	0.142 016
	(−0.008 34)	(0.090 6)
	[0.985 54]	[1.567 43]

注:无括号的数据是系数,圆括号内的数据是标准误,方括号内数据是 t 检验结果。表 4-7、表 4-12、表 4-13、表 4-18、表 4-19 同此标准。

表 4-7 IMPS 对 Y_1 的 VAR(1)模型参数估计结果

	IMPS	Y_1
IMPS(−1)	0.869 275	−0.969 855
	(0.031 8)	(−0.714 86)
	[27.335 6]	[1.356 71]
Y_1(−1)	0.027 014	0.637 609
	(0.013 42)	(0.301 6)
	[2.013 47]	[2.114 07]
C	−0.006 937	0.112 412
	(−0.003 73)	(0.083 77)
	[1.861 49]	[1.341 86]

(3) 协整检验

已知变量 IMPS 为平稳序列，变量 Y_1 和变量 EXPS 为一阶单整，所以需要对变量进行协整检验，判断是否有伪回归的存在。本节采用 Johansen 协整检验的方法，其检验结果如表 4-8 所示：

表 4-8 特征根迹检验结果

协整关系	特征值	迹检验统计量	临界水平 5%	P 值
None*	0.944 291	57.654 16	42.915 25	0.000 9
At most 1*	0.742 142	25.890 46	25.872 11	0.049 7
At most 2	0.631 507	10.981 66	12.517 98	0.089 1

在 0.5% 的显著性水平下，由表第二行和第三行特征根迹检验结果可知，变量 Y_1 和 EXPS、IMPS 之间至少存在两个协整关系；第四行特征根迹检验结果表明变量 Y_1 和 EXPS、IMPS 之间最多存在两个协整关系，所以变量 Y_1 和 EXPS、IMPS 之间存在两个协整关系。

(4) Granger 因果检验

前面已经证实 EXPS、IMPS 和 Y_1 之间存在协整关系，为进一步验证 EXPS 和 Y_1、IMPS 和 Y_1 之间的因果关系，采用 Granger 因果检验法，检验结果如表 4-9 和表 4-10 所示：

表 4-9 EXPS 和 Y_1 的 Granger 因果关系检验结果

原假设	自由度	F 统计量	P 值	是否拒绝原假设
EXPS 不能 Granger 引起 Y_1	11	1.282 58	0.290 2	不能拒绝
Y_1 不能 Granger 引起 EXPS	11	0.106 31	0.752 8	不能拒绝

表 4-10 IMPS 和 Y_1 的 Granger 因果关系检验结果

原假设	自由度	F 统计量	P 值	是否拒绝原假设
IMPS 不能 Granger 引起 Y_1	11	3.120 89	0.115 3	不能拒绝
Y_1 不能 Granger 引起 IMPS	11	0.992 93	0.348 2	不能拒绝

由表 4-9 和表 4-10 可知，EXPS 和 IMPS 对 Y_1 的影响不显著，即生产性服务出口贸易规模变动和进口贸易规模变动不是劳动密集型制造业产值占制造业总产值比重变动的 Granger 原因。另外 Y_1 对 EXPS 和 IMPS 的影响不显著，即劳动密集型制造业产值占制造业总产值的比重变动不是生产性服务进出口贸易变动的 Granger 原因。

2. 生产性服务贸易对资本密集型制造业的影响

(1) 平稳性检验

上文已经对变量 EXPS 和变量 IMPS 进行了平稳性检验，为分析生产性服务贸易对资本密集型制造业的影响，下面只需对变量 Y_2 进行 ADF 检验，结果如表 4-11 所示。

$t=-2.696\,866>-2.713\,751$，变量 Y_2 在 10% 的临界值水平下显著性不高，不能拒绝原假设，是含截距项的非平稳序列；再对 Y_2 一阶差分后的序列进行单位根检验，$t=-5.097\,619<-3.933\,364$，其在 5% 的临界值水平下显著性较高，拒绝了原假设，是含时间趋势项和截距项的平稳序列，即 Y_2 序列为一阶单整。

表 4-11 Y_2 平稳性检验结果

变量	差分阶数	临界值水平 1%	临界值水平 5%	临界值水平 10%	t 统计量	P 值
Y_2	0	−4.121 990	−3.144 920	−2.713 751	−2.696 866	0.102 7
	1	−5.124 875	−3.933 364	−3.420 030	−5.097 619	0.010 4

(2) VAR 模型的建立

首先确定 VAR 模型的滞后阶数。根据似然比检验（LR）法，利用 EViews 软件确定 EXPS、IMPS 对 Y_2 的 VAR 模型的最优滞后阶数分别为 3 和 1，因此分别建立滞后 3 期和 1 期的 VAR 模型，表 4-12 和表 4-13 分别为 EXPS 和 IMPS 对 Y_2 的 VAR(3) 模型和 VAR(1) 模型的参数估计结果。

表 4-12 EXPS 对 Y_2 的 VAR(3) 模型参数估计结果

	EXPS	Y_2
EXPS(−1)	−0.000 72	−0.642 759
	(−0.420 7)	(−4.930 3)
	[0.001 71]	[0.130 37]
EXPS(−2)	−0.288 01	1.642 071
	(−0.497 17)	(5.826 44)
	[0.579 29]	[0.281 83]
EXPS(−3)	0.764 317	1.442 024
	(0.450 95)	(5.284 83)
	[1.694 89]	[0.272 86]
Y_2(−1)	−0.058 23	−0.225 316
	(−0.045 14)	(−0.529 04)
	[1.289 84]	[0.425 89]
Y_2(−2)	−0.025 17	−0.166 281
	(−0.053 52)	(−0.627 22)
	[0.470 30]	[0.265 11]

(续表)

	EXPS	Y_2
$Y_2(-3)$	−0.123 66	0.325 585
	(−0.069 3)	(0.812 13)
	[1.784 43]	[0.400 90]
C	0.077 163	0.366 481
	(0.019 86)	(0.232 76)
	[3.885 05]	[1.574 49]

表 4-13 IMPS 对 Y_2 的 VAR(1)模型参数估计结果

	IMPS	Y_2
IMPS(−1)	0.773 12	0.143 126
	(0.029 59)	(0.619 65)
	[26.125 5]	[0.230 98]
$Y_2(-1)$	−0.059 715	0.486 156
	(−0.014 14)	(0.296 16)
	[4.222 06]	[1.641 54]
C	0.022 984	0.183 785
	(0.005 33)	(0.111 6)
	[4.312 40]	[1.646 77]

(3) 协整检验

同上,用 Johansen 协整检验的方法对变量 Y_2 和变量 EXPS、IMPS 进行协整检验,结果如表 4-14 所示:

表 4-14 特征根迹检验结果

协整关系	特征值	迹检验统计量	临界值水平 5%	P 值
None *	0.896 845	45.289 89	42.915 25	0.028 4
At most 1 *	0.664 261	20.303 15	25.872 11	0.211 0
At most 2	0.529 67	8.297 532	12.517 98	0.228 3

在 0.5% 的显著性水平下,由表第三行特征根迹检验结果可知,变量 Y_2 和 EXPS、IMPS 之间至少存在一个协整关系;第四行特征根迹检验结果表明这三个变量之间最多存在一个协整关系,因此变量 Y_2 与 EXPS、IMPS 之间存在一个协整关系。

第4章 生产性服务贸易对中国制造业迈向中高端的影响

(4) Granger 因果检验

前面已经证实 EXPS、IMPS 和 Y_2 之间存在协整关系,为进一步验证 EXPS 和 Y_2、IMPS 和 Y_2 之间的因果关系,采用 Granger 因果检验法,检验结果如表 4-15 和表 4-16 所示:

表 4-15 EXPS 和 Y_2 的 Granger 因果关系检验结果

原假设	自由度	F 统计量	P 值	是否拒绝原假设
EXPS 不能 Granger 引起 Y_2	9	0.018 03	0.995 7	不能拒绝
Y_2 不能 Granger 引起 EXPS	9	1.359 65	0.450 4	不能拒绝

表 4-16 IMPS 和 Y_2 的 Granger 因果关系检验结果

原假设	自由度	F 统计量	P 值	是否拒绝原假设
IMPS 不能 Granger 引起 Y_2	11	6.439 14	0.034 8	拒绝
Y_2 不能 Granger 引起 IMPS	11	3.639 28	0.092 9	不能拒绝

由表 4-15 可知,EXPS 对 Y_2 的影响不显著,即生产性服务出口贸易规模变动不是资本密集型制造业产值占制造业总产值比重变动的 Granger 原因;另外 Y_2 对 EXPS 的影响也不显著,即资本密集型制造业产值占制造业总产值的比重变动不是生产性服务出口贸易规模变动的 Granger 原因。由表 4.16 可知,IMPS 对 Y_2 的影响在 5% 的临界值水平下显著,即生产性服务进口贸易规模变动是资本密集型制造业产值占制造业总产值比重变动的 Granger 原因;另外 Y_2 对 IMPS 的影响在 5% 的临界值水平下不显著,即资本密集型制造业产值占制造业总产值的比重变动不是生产性服务进口贸易规模变动的 Granger 原因。

3. 生产性服务贸易对技术密集型制造业的影响

(1) 平稳性检验

上文已对变量 EXPS 和变量 IMPS 进行了平稳性检验,为探究生产性服务进口贸易和生产性服务出口贸易对技术密集型制造业的影响,下面只需对 Y_3 进行 ADF 检验,结果如表 4-17。$t=-2.757\ 195>-3.420\ 03$,Y_3 在 10% 的临界值水平下显著性不高,不能拒绝原假设,为含截距项和时间趋势项的非平稳序列;继续检验其在一阶差分后的序列平稳性,$t=-4.533\ 22<-3.212\ 696$,Y_3 一阶差分后序列在 5% 的临界值水平下显著性较高,拒绝了原假设,是含截距项和时间趋势项的平稳序列,即 Y_3 序列为一阶单整。

表 4-17 Y_3 平稳性检验结果

变量	差分阶数	临界值水平 1%	临界值水平 5%	临界值水平 10%	t 统计量	P 值
Y_3	0	−5.124 875	−3.933 364	−3.420 03	−2.757 195	0.238 7
	1	−4.297 073	−3.212 696	−2.747 676	−4.533 22	0.007 1

(2) VAR 模型的建立

首先确定 VAR 模型的滞后阶数。根据似然比检验(LR)法,利用 EViews 软件确定 EXPS、IMPS 对 Y_3 的 VAR 模型的最优滞后阶数分别为 1 和 3,因此分别建立滞后 1 期和 3 期的 VAR 模型,表 4-18 和表 4-19 分别为 EXPS 和 IMPS 对 Y_3 的 VAR(1)模型和 VAR(3)模型的参数估计结果。

表 4-18　EXPS 对 Y_3 的 VAR(1)模型参数估计结果

	EXPS	Y_3
EXPS(-1)	0.743 209 (0.168 78) [4.403 44]	1.587 161 (1.404 94) [1.129 70]
$Y_3(-1)$	0.049 203 (0.033 54) [1.466 92]	0.558 468 (0.279 21) [2.000 18]
C	-0.016 61 (-0.011 62) [1.429 97]	0.147 442 (0.096 7) [1.524 66]

表 4-19　IMPS 对 Y_3 的 VAR(3)模型参数估计结果

	IMPS	Y_3
IMPS(-1)	0.813 105 (0.320 44) [2.537 44]	-2.071 177 (-6.017 9) [0.344 17]
IMPS(-2)	0.457 088 (0.458 07) [0.997 86]	-7.876 285 (-8.602 46) [0.915 59]
IMPS(-3)	-0.378 835 (-0.301 43) [1.256 81]	8.049 56 (5.660 75) [1.422 00]
$Y_3(-1)$	0.011 668 (0.021 16) [0.551 38]	0.523 764 (0.397 41) [1.317 94]
$Y_3(-2)$	-0.065 512 (-0.039 57) [1.655 71]	-0.045 558 (-0.743 07) [0.061 31]

(续表)

	IMPS	Y_3
$Y_3(-3)$	−0.008 863	0.951 503
	(−0.036 86)	(0.692 28)
	[0.240 42]	[1.374 44]
C	0.023 905	−0.159 967
	(0.020 64)	(0.387 59)
	[1.158 25]	[0.412 72]

（3）协整检验

同上，用 Johansen 协整检验的方法对变量 Y_3 和变量 EXPS、IMPS 进行协整检验，结果如表 4-20 所示：

表 4-20 特征根迹检验结果

协整关系	特征值	迹检验统计量	临界值水平 5%	P 值
None *	0.816 115	38.228 62	29.797 07	0.004 2
At most 1 *	0.766 145	19.600 72	15.494 71	0.011 3
At most 2	0.280 236	3.617 15	3.841 466	0.057 2

在 0.5% 的显著性水平下，由表第三行特征根迹检验结果可知，变量 Y_3 和 EXPS、IMPS 之间至少存在两个协整关系；第四行特征根迹检验结果表明这三个变量之间最多存在两个协整关系，因此变量 Y_3 与 EXPS、IMPS 之间存在两个协整关系。

（4）Granger 因果检验

前面已经证实 EXPS、IMPS 和 Y_3 之间存在协整关系，为进一步验证 EXPS 和 Y_3、IMPS 和 Y_3 之间的因果关系，采用 Granger 因果检验法，检验结果如表 4-21 和表 4-22 所示：

表 4-21 EXPS 和 Y_3 的 Granger 因果关系检验结果

原假设	自由度	F 统计量	P 值	是否拒绝原假设
EXPS 不能 Granger 引起 Y_3	11	3.817 92	0.086 5	不能拒绝
Y_3 不能 Granger 引起 DEXPS	11	0.356 06	0.567 2	不能拒绝

表 4-22 IMPS 和 Y_3 的 Granger 因果关系检验结果

原假设	自由度	F 统计量	P 值	是否拒绝原假设
IMPS 不能 Granger 引起 Y_3	9	29.105 3	0.033 4	拒绝
Y_3 不能 Granger 引起 IMPS	9	1.125 76	0.502 3	不能拒绝

由表 4-21 可知，EXPS 对 Y_3 的影响不显著，即生产性服务出口贸易规模变动不是技术密集型制造业产值占制造业总产值比重变动的 Granger 原因；另外 Y_3 对 EXPS 的影响不显

著,即技术密集型制造业产值占制造业总产值的比值重变动不是生产性服务出口贸易规模变动的 Granger 原因。由表 4-22 可知,IMPS 对 Y_3 的影响在 5% 的临界值水平下显著,即生产性服务进口贸易规模变动是资本密集型制造业产值占制造业总产值比重变动的 Granger 原因;而 Y_2 对 IMPS 的影响不显著,即资本密集型制造业产值占制造业总产值的比重变动不是生产性服务进口贸易规模变动的 Granger 原因。

综上所述,生产性服务贸易对要素密集度不同的制造业产值占比的影响不同,其中,生产性服务贸易的进口规模变动对资本密集型制造业和技术密集型制造业产值占比的变动影响较为显著,但对劳动密集型制造业产值占比的变动影响不太显著,即存在明显的行业异质性。另外,生产性服务贸易的出口规模变动对这三种不同要素密集度的制造业的影响都不是很显著。生产性服务贸易对要素密集程度不同的制造业的影响存在异质性的可能的原因在于,资本密集型制造业和技术密集型制造业在生产过程中需要投入大量的知识和资本等高端要素,而这些要素的优化配置多与生产性服务业和生产性服务贸易密切相关;而劳动密集型制造业在生产过程中,需要投入大量的劳动力要素,在一些劳动密集型行业甚至存在过度使用及要素错配,这导致要素投入产出效率低下、技术创新能力不足、出口竞争乏力等诸多问题,进而影响其在全球价值链的攀升。有学者研究发现,中国要素投入中资本相对劳动的错配效应越发明显,严重阻碍了中国产业结构调整、技术创新能力提升,使得中国长期受制于要素驱动下的粗放型经济增长(张红霞等,2019),不利于制造业转型升级、迈向中高端。反过来,由于资本密集型制造业和技术密集型制造业具有相对较高的资本和技术含量,能够更加容易地从生产性服务的进口贸易中获得技术溢出效应和资本积累效应,因此,生产性服务贸易进口规模的变动会对资本密集型和技术密集型产值的比重变动产生明显影响。本书的研究结论与以往学者的研究结论相比,既有相同点,即生产性服务贸易对要素密集程度不同的制造业的影响存在明显的异质性,但关于生产性服务贸易对不同行业的具体影响也存在差异,甚至得出了相反的结论,这说明该研究依然有待于未来的学者们进一步深究(吴琴,2020)。

4.5 生产性服务贸易对制造业转型升级影响的区域差异分析

4.5.1 模型的建立及变量的选取

我国地域辽阔,各个地区资源禀赋和经济发展存在较大的差距,因此,不同地区制造业转型升级存在一定的差异性(张其仔等,2017)。故本节考虑生产性服务贸易对不同地区制造业转型升级的影响,按经济发展情况将中国划分为东部和中西部地区,构建的计量模型为:

$$\ln Y_{it} = \alpha_0 + \alpha_i \text{EXPS}_{it} + \alpha_2 \ln \text{IMPS}_{it} + \alpha_3 \ln \text{FDI}_{it} + \alpha_4 \ln K_{it} + \alpha_5 \ln HC_{it} + \varepsilon_{mt} \quad (4.3)$$

其中,被解释变量为 Y_i,表示不同地区制造业的产业结构层次系数;EXPS_i 表示为不同地区生产性服务出口贸易规模,为解释变量;IMPS_i 表示不同地区生产性服务进口贸易规模,为解释变量;控制变量 FDI_i 表示不同地区制造业实际利用外商直接投资;控制变量 K_i 表示不同地区物质资本密集度;控制变量 HC_i 表示不同地区人力资本;$i=1,2$ 分别代表东部和中西部;$α_0 \sim α_5$ 表示相关回归系数;$ε_{mt}$ 为随机误差项。

由于多数省份未公布生产性服务贸易相关数据,因此受数据可获得的限制,本书用服务贸易进出口贸易额与不同省份的生产总值的比值来近似反映不同地区生产性服务贸易的进出口规模,即 $EXPS_i$ 和 $IMPS_i$;制造业实际利用外商直接投资(FDI_i)用制造业实际利用外资与不同地区生产总值的比值来表示;物质资本密集度(K_i)用不同地区固定资产净值与不同地区制造业从业平均人数的比值来表示,人力资本(HC_i)用高技术制造业从业人数与不同地区制造业从业人数的比值来表示。数据选自 2004 年至 2015 年,数据来源和处理方式同 4.3.1 节。将不同地区劳动密集型制造业、资本密集型制造业和技术密集型制造业占各地区制造业总产值的比重代入产业结构层次系数公式,计算得到的 Y_1 和 Y_2 的值分别在 2.069 7—2.149 9 和 1.997 3—2.034 8 之间,结果如图 4.6 所示,可以发现东部地区制造业的层次结构系数要明显高于中西部地区。

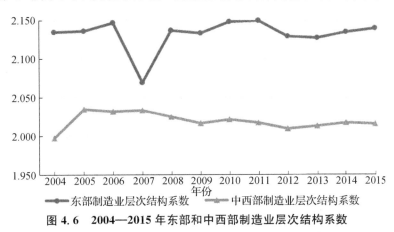

图 4.6 2004—2015 年东部和中西部制造业层次结构系数
数据来源:根据《中国工业统计年鉴》历年数据整理计算所得

4.5.2 实证分析

1. 生产性服务贸易对东部地区制造业的影响

(1)平稳性检验

同前面的检验方法,本小节采用 ADF 检验对变量 lnY_1、$lnEXPS_1$、$lnIMPS_1$、$lnFDI_1$、lnK_1 以及 $lnHC_1$ 进行平稳性检验,结果如表 4-23 所示:

表 4-23 平稳性检验结果

变量	差分阶数	临界值水平1%	临界值水平5%	临界值水平10%	t 统计量	P 值
lnY_1	0	−5.521 860	−4.107 833	−3.515 047	−6.308 579	0.004 7
$lnEXPS_1$	0	−5.295 384	−4.008 157	−3.460 791	−3.148 225	0.150 0
	1	−4.420 595	−3.259 808	−2.771 129	−3.462 226	0.037 6

(续表)

变量	差分阶数	临界值水平1%	临界值水平5%	临界值水平10%	t 统计量	P 值
$lnIMPS_1$	0	−5.124 875	−3.933 364	−3.420 030	−2.030 511	0.523 3
	1	−2.816 740	−1.982 344	−1.601 144	−3.516 848	0.002 6
$lnFDI_1$	0	−5.521 860	−4.107 833	−3.515 047	−2.815 360	0.231 6
	1	−4.582 648	−3.320 969	−2.801 384	−2.885 212	0.089 2
lnK_1	0	−5.124 875	−3.933 364	−3.420 030	−2.309 457	0.397 0
	1	−4.297 073	−3.212 696	−2.747 676	−3.687 537	0.024 6
$lnHC_1$	0	−2.792 154	−1.977 738	−1.602 074	−4.510 718	0.000 4

由表 4-23 可知，对于变量 lnY_1，$t=-6.308\ 579<-5.521\ 860$，其在 1% 的临界值水平下显著，拒绝了原假设，是含时间趋势项和截距项的平稳序列，即 lnY_1 原序列平稳。对于变量 $lnEXPS_1$，$t=-3.148\ 225>-3.460\ 791$，其在 10% 的临界值水平下显著性不高，不能拒绝原假设，为含截距项和时间趋势项的非平稳序列；继续对 $lnEXPS_1$ 一阶差分后序列的平稳性进行检验，$t=-3.462\ 226<-3.259\ 808$，$lnEXPS_1$ 一阶差分后的序列在 5% 的临界值水平下显著，拒绝了原假设，为含截距项的平稳序列，即 $lnEXPS_1$ 序列为一阶单整。对于变量 $lnIMPS_1$，$t=-2.030\ 511>-3.420\ 030$，其在 10% 的临界值水平下显著性不高，不能拒绝原假设，为含截距项和时间趋势项的非平稳序列；继续对 $lnIMPS_1$ 一阶差分后序列的平稳性进行检验，$t=-3.516\ 848<-2.816\ 740$，$lnIMPS_1$ 一阶差分后的序列在 1% 的临界值水平下显著，拒绝了原假设，为不含截距项和时间趋势项的平稳序列，即 $lnIMPS_1$ 序列为一阶单整。对于变量 $lnFDI_1$，$t=-2.815\ 360>-3.515\ 047$，其在 10% 的临界值水平下显著性不高，不能拒绝原假设，为含截距项和时间趋势项的非平稳序列；继续对 $lnFDI_1$ 一阶差分后序列的平稳性进行检验，$t=-2.885\ 212<-2.801\ 384$，$lnFDI_1$ 在 10% 的临界值水平下显著性较高，拒绝了原假设，是含截距项的平稳序列，即 $lnFDI_1$ 序列为一阶单整。对于变量 lnK_1，$t=-2.309\ 457>-3.420\ 030$ 时，其在 10% 的临界值水平下显著性不高，不能拒绝原假设，是含截距项和时间趋势项的非平稳序列；继续对 lnK_1 一阶差分后的序列进行平稳性检验，$t=-3.687\ 537<-3.212\ 696$，$lnK_1$ 在 5% 的临界值水平下显著，拒绝了原假设，是含截距项的平稳序列，即 lnK_1 序列为一阶单整。对于变量 $lnHC_1$，$t=-4.510\ 718<-2.792\ 154$，其在 1% 的临界值水平下显著，拒绝了原假设，是不含时间趋势项和截距项的平稳序列，即 $lnHC_1$ 原序列平稳。

(2) 协整检验

变量 lnY_1 和 $lnHC_1$ 原序列平稳，变量 $lnEXPS_1$、$lnIMPS_1$、$lnFDI_1$ 和 lnK_1 序列为一阶单整，因此需要对 $lnEXPS_1$、$lnIMPS_1$、$lnFDI_1$ 和 lnK_1 的回归残差进行平稳性检验判断其是否存在协整关系。协整检验结果表 4-24 所示：

第4章 生产性服务贸易对中国制造业迈向中高端的影响

表 4-24 残差平稳性检验结果

变量	差分阶数	临界值水平1%	临界值水平5%	临界值水平10%	t 统计量	P 值
残差	0	−2.792 154	−1.977 738	−1.602 074	−3.169 241	0.004 7

由表 4-24 可知,$t=-3.169\ 241<-2.792\ 154$,其残差序列在 1% 的临界值水平下显著,拒绝了原假设,这表明 $\ln EXPS_1$、$\ln IMPS_1$、$\ln FDI_1$ 和 $\ln K_1$ 之间存在协整关系,因此,可以继续对变量 $\ln Y_1$、$\ln HC_1$、$\ln EXPS_1$、$\ln IMPS_1$、$\ln FDI_1$ 和 $\ln K_1$ 进行回归分析。

(3) 实证结果

基于上述分析对相关变量进行回归分析,结果如表 4-25 所示。由表 4-25 可知,$\ln EXPS_1$、$\ln IMPS_1$、$\ln FDI_1$ 和 $\ln K_1$ 的相关系数分别为 0.073 998、0.054 744、0.070 942 和 0.158 178,P 值分别为 0.001 8、0.000 9、0.003 0 和 0.003 1,这表明东部地区生产性服务贸易的出口规模、进口规模、制造业实际利用外商直接投资对东部地区制造业的转型升级有积极的正向促进作用;$\ln HC_1$ 的相关系数为 −0.020 279,而 P 值为 0.481 5,这表明人力资本的提升对东部地区制造业转型升级没有显著的抑制作用。

表 4-25 生产性服务贸易对东部地区制造业影响的回归分析结果

$\ln Y_1$	相关系数	标准误差	t 统计量	P 值
$\ln EXPS_1$	0.073 998	0.013 980	5.292 918	0.001 8
$\ln IMPS_1$	0.054 744	0.008 927	6.132 055	0.000 9
$\ln FDI_1$	0.070 942	0.014 810	4.790 117	0.003 0
$\ln K_1$	0.158 178	0.033 168	4.769 013	0.003 1
$\ln HC_1$	−0.020 279	0.027 028	−0.750 296	0.481 5
C	0.936 731	0.095 713	9.786 911	0.000 1

2. 生产性服务贸易对中西部地区制造业的影响

(1) 平稳性检验

对变量 $\ln Y_2$、$\ln EXPS_2$、$\ln IMPS_2$、$\ln FDI_2$、$\ln K_2$ 和 $\ln HC_2$ 进行 ADF 检验,结果如表 4-26 所示。

表 4-26 平稳性检验结果

变量	差分阶数	临界值水平1%	临界值水平5%	临界值水平10%	t 统计量	P 值
$\ln Y_2$	0	−5.295 384	−4.008 157	−3.460 791	−4.226 113	0.038 0
$\ln EXPS_2$	0	−5.295 384	−4.008 157	−3.460 791	−3.073 618	0.164 7
	1	−2.816 740	−1.982 344	−1.601 144	−1.870 107	0.061 5
$\ln IMPS_2$	0	−4.297 073	−3.212 696	−2.747 676	−1.714 224	0.395 8
	1	−2.816 740	−1.982 344	−1.601 144	−3.516 848	0.020 8

(续表)

变量	差分阶数	临界值水平1%	临界值水平5%	临界值水平10%	t统计量	P值
$lnFDI_2$	0	−5.521 860	−4.107 833	−3.515 047	−2.934 401	0.203 2
	1	−2.847 250	−1.988 198	−1.600 140	−3.817 669	0.001 7
lnK_2	0	−5.295 384	−4.008 157	−3.460 791	−2.194 421	0.442 8
	1	−5.295 384	−4.008 157	−3.460 791	−6.110 771	0.004 1
$lnHC2$	0	−5.521 860	−4.107 833	−3.515 047	−4.618 502	0.027 9

对于变量 lnY_2，$t=-4.226\ 113<-4.008\ 157$，其在5%的临界值水平下显著，拒绝了原假设，为含时间趋势项和截距项的平稳序列，即 lnY_1 原序列平稳。对于变量 $lnEXPS_2$，$t=-3.073\ 618>-3.460\ 791$，其在10%的临界值水平下显著性不高，不能拒绝原假设，为含截距项和时间趋势项的非平稳序列；继续对 $lnEXPS_2$ 一阶差分后序列的平稳性进行检验，$t=-1.870\ 107<-2.816\ 740$，$lnEXPS_2$ 一阶差分后的序列在1%的临界值水平下显著，拒绝了原假设，为不含截距项和时间趋势项的平稳序列，即 $lnEXPS_2$ 序列为一阶单整。对于变量 $lnIMPS_2$，$t=-1.714\ 224>-2.747\ 676$，其在10%的临界值水平下显著性不高，不能拒绝原假设，为含截距项的非平稳序列；继续对 $lnIMPS_2$ 一阶差分后序列的平稳性进行检验，$t=-3.516\ 848<-2.816\ 740$，$lnIMPS_2$ 一阶差分后的序列在1%的临界值水平下显著，拒绝了原假设，为不含截距项和时间趋势项的平稳序列，即 $lnIMPS_2$ 序列为一阶单整。对于变量 $lnFDI_2$，$t=-2.934\ 401>-3.515\ 047$，其在10%的临界值水平下显著性不高，不能拒绝原假设，为含截距项和时间趋势项的非平稳序列；继续对 $lnFDI_2$ 一阶差分后序列的平稳性进行检验，$t=-3.817\ 669<-2.847\ 250$，$lnFDI_2$ 一阶差分后的序列在1%的临界值水平下显著，拒绝了原假设，为不含截距项和时间趋势项的平稳序列，即 $lnFDI_2$ 序列为一阶单整。对于变量 lnK_2，$t=-2.194\ 421>-3.460\ 791$，其在10%的临界值水平下显著性不高，不能拒绝原假设，为含截距项和时间趋势项的非平稳序列；继续对 lnK_2 一阶差分后序列的平稳性进行检验，$t=-6.110\ 771<-5.295\ 384$，$lnK_2$ 一阶差分后的序列在1%的临界值水平下显著，拒绝了原假设，为含截距项和时间趋势项的平稳序列，即 lnK_2 序列为一阶单整。对于变量 $lnHC_2$，$t=-4.618\ 502<-4.107\ 833$，其在5%的临界值水平下显著，拒绝了原假设，为含时间趋势项和截距项的平稳序列，即 $lnHC_2$ 原序列平稳。

(2) 协整检验

变量 lnY_2 和 $lnHC_2$ 原序列平稳，变量 $lnEXPS_2$、$lnIMPS_2$、$lnFDI_2$ 和 lnK_2 序列为一阶单整，因此需要对 $lnEXPS_2$、$lnIMPS_2$、$lnFDI_2$ 和 lnK_2 的回归残差进行平稳性检验判断其是否存在协整关系。协整检验结果如表4-27所示。

由表4-27可知，$t=-2.282\ 777<-1.977\ 738$，其残差序列在5%的临界值水平下显著，拒绝了原假设，这表明 $lnEXPS_2$、$lnIMPS_2$、$lnFDI_2$ 和 lnK_2 这四个变量之间存在协整关系，因此，可以继续对这四个变量进行回归分析。

表 4-27 残差平稳性检验结果

变量	差分阶数	临界值水平1%	临界值水平5%	临界值水平10%	t 统计量	P 值
残差	0	-2.792 154	-1.977 738	-1.602 074	-2.282 777	0.027 7

（3）实证结果

基于上述分析对相关变量进行回归分析,结果如表所示。由表 4-28 可知,$lnEXPS_2$ 和 $lnHC_2$ 的相关系数分别为 0.056 384 和 0.038 561,P 值分别为 0.007 2 和 0.011 2,这表明中西部地区生产性服务贸易的出口规模和人力资本的积累对中西部地区制造业的转型升级有积极的正向促进作用;$lnIMPS_2$ 的相关系数和 P 值分别为 -0.048 647 和 0.012 5,这表明中西部地区生产性服务贸易的进口规模对中西部地区制造业转型升级有显著的抑制作用;$lnFDI_2$ 和 lnK_2 的相关系数分别为 -0.051 079 和 -0.036 877,P 值分别为 0.102 0 和 0.448 6,这表明中西部地区制造业实际利用外商直接投资和物质资本密集度对中西部地区制造业的转型升级存在不显著的抑制作用。

表 4-28 生产性服务贸易对中西部地区制造业影响的回归分析结果

lnY_2	相关系数	标准误差	t 统计量	P 值
$lnEXPS_2$	0.056 384	0.014 147	3.985 519	0.007 2
$lnIMPS_2$	-0.048 647	0.013 822	-3.519 470	0.012 5
$lnFDI_2$	-0.051 079	0.026 480	-1.928 926	0.102 0
lnK_2	-0.036 877	0.045 498	-0.810 524	0.448 6
$lnHC_2$	0.038 561	0.010 669	3.614 296	0.011 2
C	0.721 326	0.047 626	15.145 680	0.000 0

经过上述分析,东部地区生产性服务贸易的进出口规模能够促进东部地区制造业转型升级,而中西部地区生产性服务贸易进口规模对中西部地区制造业转型升级却有显著的抑制作用,这可能是由于中部和西部地区长时间从事中低技术制造业的生产经营活动,从而导致进口的先进性生产性服务难以与当地的生产加工环节相融合。与此同时,由于中西部地区经济发展较东部地区相对落后,进口生产性服务贸易所占的成本相对较高,因此加大了制造业的生产成本,缺乏充足的资金投入研发设计等其他核心环节,从而抑制了当地制造业的转型升级(吴琴,2020)。

制造业实际利用外商直接投资、物质资本密集度以及人力资本这三个控制变量对东部和中西部地区制造业的影响和显著性也存在较大差别。制造业实际利用外商直接投资能够显著提高东部地区制造业结构层次,而对中西部地区制造业的结构层次提升有不显著的抑制作用,这可能是因为中西部地区的开放程度和经济发展情况导致制造业引入外资的方式不当,强大的外资企业会加剧市场竞争,导致当地企业被挤出市场,无法获得技术进步。与此同时,中西部地区引入的外资可能以劳动密集型为主,导致生产要素被锁定在低效率部门,抑制当地制造业产业结构的优化。物质资本密集度对中西部地区制造业的结构层次提升存在不显著的抑制作用,可能原因是当地市场要素配置长期处于不合理状态,过量资本导致产能过剩、创新动力不足,制造业转型升级受到抑制。人力资本增加能够显著提高中西部地区制造业的产业结构系数,而对东部地区则存在不显著的抑制作用,这可能是因为虽然东部地区对教育的支持力度和投入一直较大,但可能与制造业生产市场需求不够匹配,在实际应用时也存在一定的滞后性(吴琴,2020)。

4.6 本章小结

本章在梳理前人研究的基础上,首先剖析了生产性服务贸易对中国制造业转型升级迈向中高端的影响机制,即生产性服务贸易通过技术溢出、规模经济、人力资本积累和低端锁定等效应影响制造业的转型升级,促使制造业产品由附加值较低的中间环节向附加值较高的两端延伸,进而促进制造业的转型升级迈向全球价值链中高端。其次总结了中国生产性服务贸易的发展演变,经过十几年的高速发展,其已经成为服务贸易的重要组成部分,生产性服务细分行业的进出口结构长期处于不均衡的状态,运输服务比重较大,而金融、建筑、计算机和信息服务等的占比始终比较小。最后重点从行业整体、细分行业和区域差异三个视角实证检验了生产性服务贸易对制造业转型升级迈向中高端的影响。研究发现,生产性服务贸易进口规模对中国制造业整体转型升级有显著的正向推动作用,生产性服务贸易出口规模对其则有显著的抑制作用;生产性服务进口贸易规模、出口贸易规模与劳动密集型制造业之间没有 Granger 因果关系,生产性服务出口贸易规模和资本密集型制造业、技术密集型制造业之间都没有 Granger 因果关系,但是生产性服务进口贸易规模对资本密集型、技术密集型制造业占制造业总产值的比重变动都有单向的 Granger 因果关系;不同地区生产性服务贸易对不同地区制造业转型升级的影响存在明显的差异,生产性服务贸易进口规模和出口规模对东部地区制造业转型升级都有显著的推动作用,而生产性服务进口规模则会抑制中西部地区制造业的转型升级。

第 5 章
OFDI 对中国制造业迈向中高端的影响

随着中国经济发展进入新常态,国内制造业面临产能过剩、发展动力不足、资源约束、环境保护压力等问题,亟待突破传统发展路径实现高质量发展,FDI 和 OFDI 对制造业转型升级迈向全球价值链中高端的影响引发了诸多学者的关注。从 FDI 的视角探究制造业转型升级等的研究已经非常丰富,从 OFDI 视角探究其对制造业转型升级和在全球价值链攀升的影响的研究也不断涌现,如彭澎和李佳熠(2018)、邱斌和陆清华(2020)、郑丽楠等(2020)学者们的研究都肯定了 OFDI 对中国制造业价值链地位提升的作用。根据 2023 年 9 月商务部、国家统计局和国家外汇管理局联合发布的《2022 年度中国对外直接投资统计公报》,截至 2022 年底,中国对外直接投资流量 1 631.2 亿美元,存量 2.75 万亿美元,均连续多年列全球前三,中国境内投资者共在全球 190 个国家(地区)设立对外直接投资企业 4.7 万家,全球八成以上国家(地区)都有中国投资,这些投资涵盖 18 个行业大类。在中国 OFDI 动机、地域和产业分布多元化的趋势下,OFDI 对国内产业发展的影响也越加深刻,通过对外直接投资可以获得我国经济高速发展亟需的各种资源,转移国内相对过剩的产能从而促进产业结构的优化并获得向产业链中高端攀升的战略资源。本章从 OFDI 视角探究其对制造业转型升级迈向中高端的影响。首先,在前人研究的基础上,从逆向技术溢出、产业关联、边际产业转移以及产业竞争和示范效应四个方面分析 OFDI 影响制造业升级的一般机制。其次,基于 OFDI 的不同动机,从资源寻求、技术寻求、市场寻求三个角度对 OFDI 影响制造业升级和制造业结构高度化的具体路径和机制进行分析。最后,结合中国 OFDI 发展历史,利用 2003—2016 年中国对 64 个典型投资国家和地区的存量数据,实证检验不同动机下 OFDI 对制造业升级的影响(丁建筑,2020)[①]。

5.1 中国对外直接投资影响制造业迈向中高端的机制分析

自 20 世纪 90 年代以来,经济全球化进入高速发展阶段,国家之间经济联系日益紧密,专业化分工合作不断深入。梁中云(2017)认为所谓对外直接投资,即将一国国内生产相关

---

① 本章内容是在作者指导的硕士研究生丁建筑 2020 年完成的硕士学位论文《中国对外直接投资对制造业升级的影响——基于投资动机视角》的基础上删减和增加而成,该论文依托作者负责的江苏省社会科学基金基地项目"江苏制造业迈向中高端发展的对策研究"完成。限于篇幅,经与丁建筑协商,未全部标注出所有引用的部分,特此说明并致谢。

环节融入全球价值链中,它能够推动母国在全球价值链地位的提升。对外直接投资作为转移和吸收国际生产要素的重要渠道,可以将不同要素禀赋的国家和地区联系起来并参与全球化产业链之中。对于单个经济体来说,其通过吸收利用外部生产要素特别是国内稀缺的战略资源并积极参与国际化分工,促进国内产业结构的转型升级。本节首先结合对外直接投资理论分析 OFDI 影响母国制造业升级迈向全球价值链中高端的一般机制。一般来说,对外直接投资对母国制造业在全球价值链地位的影响主要体现在逆向技术溢出效应、边际产业转移效应、产业竞争及示范效应和产业关联效应这四个方面。

5.1.1　逆向技术溢出效应

对外直接投资的逆向技术溢出效应是指投资国为了学习和分享在地理上邻近的东道国的研发技术和经验资源,通过跨国并购、绿地投资等方式提升其产品在研发、生产、管理等环节的技术和效率水平的溢出效应(Lichtenberg et. al,2001)。霍忻(2016)认为逆向技术溢出效应通过跨国公司的技术互动及学习,产业内的竞争、合作及并购和产业间的关联、竞争及转移效应对产业升级产生影响。王杰等(2019)认为"边际产业转移效应"和"技术溢出效应"是对外直接投资与价值链升级研究的重要理论基础。对外直接投资的技术溢出可以促进企业向价值链的中高端延伸。一方面,逆向技术溢出效应促进国内技术发展,这对改善传统产业生产流程极为有益,可有效提升产品技术含量和附加值。并且,在东道国形成的新技术能更好地适应该国实际情况,符合当地消费者偏好,在此基础上打通国外市场,增强企业的竞争力,促进微笑曲线向两端攀升。另一方面,逆向技术溢出效应促进国内技术更新进步,促使生产组织方式实现变革,进而提升整体在全球价值链中的分工地位。

由于发展中国家在全球产业分工中大多处于低附加值产业锁定的困境,利用向发达国家的直接投资带来的逆向溢出效应带动国内产业的升级成为 OFDI 的重要推动力。苏汝劼和李玲(2021)进一步研究发现,中国制造业 OFDI 存在显著的逆向技术溢出效应,东部地区制造业 OFDI 获得的国际研发资本可以显著地提升地区技术水平,中部地区制造业 OFDI 获得的国际研发资本可以显著地提升地区技术效率和技术水平,西部地区制造业 OFDI 获得的国际研发资本可以显著提升技术效率。母国和东道国技术差距越小,制造业 OFDI 逆向技术溢出越明显。逆向技术溢出主要通过研发要素吸收以及技术成果反馈机制来实现,在不同的对外直接投资方式下,逆向技术溢出的路径既有相同点,又有差异(图 5.1)。

绿地投资主要通过在东道国市场产生的正向外部经济、人才资源流动、与当地产业的前后联系发挥外溢效应。具体来说,通过绿地投资在东道国新建公司会受到当地集聚产业的技术创新压力,势必要加快产品研发流程以及明确产业升级方向。东道国当地的产业集聚优势、前后产业的带动作用以及当地技术人才的吸收会带动东道国先进技术资源的溢出,从而推动母国投资公司产品的创新以及更新换代。在成功学习东道国先进的技术、人才培养方式以及管理经验后,可以通过学习和模仿的反馈机制带动母国公司向产业链中高端攀升。同时,通过绿地投资在他国领域内布置生产基地,进入当地消费市场,就近开展营销活动以及提供售后服务等,可以逐步提升品牌效应及影响力,有助于推动母国企业向全球价值链中高端攀升。

跨国并购则可以直接获取东道国优势产业的核心竞争力,如高技术人才、品牌、核心技术等。此外,跨国并购还能分担研发经费、共享研发成果,从而降低了研发成本以及市场风险。通过跨国并购不仅能获取技术、人才和品牌,还能利用被并购公司在东道国的营销渠道、生产组织能力、资源获取渠道以及管理经验,所有这些有助于进一步整合国内产业的资源从而带动国内相同产业的升级和优化。总之,通过并购,尤其是并购发达国家的公司,有利于母国获得发达国家的先进管理经验、先进技术,或是成为中间产品的生产经营者,控制关键生产要素和核心技术,为进入较高附加值环节打下基础。无论是哪一种投资方式,最终都可以促进母国融入全球价值链分工体系并提升一国价值链地位。

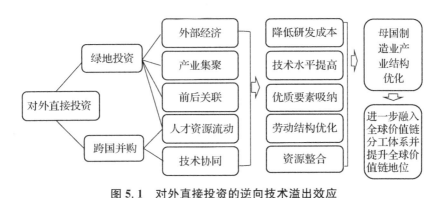

图 5.1　对外直接投资的逆向技术溢出效应

资料来源:在丁建筑(2020)基础上修改

5.1.2　边际产业转移效应

早在 1987 年,小岛清(1987)就提出在对外直接投资中,国内比较优势的产业发生变化,母国传统产业逐渐丢失国际竞争优势而新兴产业正不断发展,通过对外直接投资可以将逐渐失去国内发展空间的产业向其他国家转移。随后的实践也证明,在母国产业调整及资源整合过程中存在产业退出壁垒、沉没成本以及政策等因素的阻碍,而借助 OFDI 可以将国内过剩产能以及即将失去比较优势的边际产业向外转移,这些产业在东道国成为具有比较优势的产业。同时,借助 OFDI 可以降低产业结构调整中的额外损失,在边际产业转移中节省的国内资源及劳动力可以更好地投入新兴产业中。

在边际产业转移过程中,不同类型的产能转移通过不同的途径对母国产业结构产生影响,这些产能主要包括落后产能、过剩产能以及优势产能。从国际实践来看,20 世纪 60 年代美国国内劳动力价格不断提高,密集型产业相对于国际市场失去竞争优势,将落后产能转移后,在发展中国家取得资本回报的同时降低了生产成本,原先被边际产业占用的各生产要素不断调整,为国内新兴产业的发展腾出了空间。此外,还有高消耗高污染产业的转移,20 世纪 60 年代以来,日本将 60% 的高污染高消耗产业转移到东南亚及拉美地区,同样美国转移比例也达到了39%(赵贺,2001)。这些产业可以充分利用东道国的资源禀赋优势并进一步延长了产品生命周期。

过剩产能与落后产能的差异之处在于,过剩产能的产生可能是由于一定时期内供求关系失衡导致产品效益降低。在母国过剩的产能可能是东道国稀缺或者不具备的产能,因而通过对外直接投资可以将母国产能与国际市场对接从而提高国内产业效益。对于中国来说同样存在制造业产能过剩的情况,如钢铁、煤炭、电解铝及新能源等相关产业。通过对外直接投资将新能源等产能向全球市场转移,不仅可以节省这些产业在国内过多的资源占用,还能够在向外转移中扩大市场规模以及资本收益进而优化国内产业结构。除了前面两种产能之外还有优势产能的国际转移。在经历国际金融危机之后,发达国家重新认识到制造业的重要性并纷纷推出各自的制造业发展计划展开对高端制造业的争夺。对于中国而言,通过"一带一路"倡议向外转移我国优势产能比如能源、交通、高铁、机械和通信等,可以进一步提高我国优势产能的市场规模与产品质量,有助于我国产业结构高度化,进而提升这些产业迈向全球价值链中高端(图5.2)。

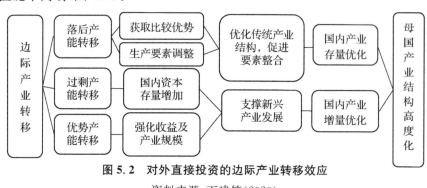

图 5.2 对外直接投资的边际产业转移效应

资料来源:丁建筑(2020)

5.1.3 产业竞争及示范效应

跨国公司对外直接投资会面临国际市场以及国内同类企业的双重竞争,跨国公司只有不断提高自主创新能力、产品质量及生产效率等,不断提高国际竞争力才能在国际市场上生存。Porter(1990)在其钻石理论模型中就曾指出,一国某产业竞争优势的创造与持续性离不开国内市场上强有力的竞争对手。

一方面,跨国公司在对外投资中获得的市场、技术及管理经验等,会让其在国内同类公司中获得更大的竞争优势。国内企业面对"走出去"企业带来的挑战,会不断通过加大研发投入、提高生产效率、优化管理结构等方式增强自身市场竞争力。在这样的竞争环境下,"走出去"企业会给行业内同类公司带来更大的生存压力,促使国内公司不断提高自身的市场竞争力,行业整体竞争力由此得到提升。

另一方面,跨国公司在国外的直接投资带来的国际化管理经验、革新技术、战略方针以及高竞争力产品等,会引起国内同类产业模仿学习。这种示范带动作用不仅会提升国内相同产业在技术、产品及管理等方面的进步,而且在国内跨国公司不断走出去的同时,对同产业链的上下游产业及旁侧产业也提出了更高的配套要求,这有助于国内更多的行业进入国际化市场,并逐渐提高其竞争力,最终实现制造业产业升级和迈向全球价值链中高端(图5.3)。

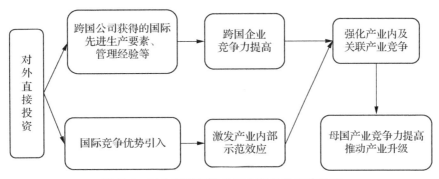

图5.3 对外直接投资的产业竞争及示范效应
资料来源:在丁建筑(2020)基础上修改而得

5.1.4 产业关联效应

除了上述效应,对外直接投资还能够通过前后关联产业的带动作用影响母国产业结构的优化。1958年,美国经济学家Hirschman(1958)首次提出产业关联说,并认为产业间依据生产关系建立的联系为线性关系链,中间产业的发展将会对其前后产业产生影响。他认为一个产业的建立将诱发其投入品市场的扩张,并进一步将这种关联效应分为前向和后向两种,前者是指某部门增长的同时带动其他部门供给的增加并带动更多的投资和生产活动,后者是指非初级产品的生产引起的投入品市场需求的扩张。在国际化分工日益深化的今天,任何单个产业的发展都离不开相关配套产业的支撑,一国制造业国际竞争力的提高,需要在全球范围内寻求最优的配套服务产业以及要素资源,进而实现制造业的转型升级并迈向全球价值链中高端。

一般来说,前向关联是指某产业的效率提升之后会推动对供给其生产要素的产业以及其他相关产业的发展,这种是上游产业对下游产业基于供给关系产生的影响。美国自20世纪90年代以来,通过将劳动密集型低端产业向国外转移,在产业转移中不断整合及调整国内资本以及将劳动等要素逐步向第三产业集聚,并不断增加对研发、设计等高端产业的投入,获取了大量科技成果。美国在推动OFDI的过程中,国内生产要素不断被优化配置,其国内的信息技术、金融以及专业服务业等得到发展并在国内产业结构中占据主导地位,且能够为其他产业的发展提供技术支持,从而增强其他产业的行业竞争力,所有这些使得美国迄今为止一直处于全球产业链的高端。中国通过OFDI将部分劳动密集型产业、资源密集型初级产品的生产进行转移,降低了这些产业的生产成本。更为重要的是,通过产业转移,可以对劳动力及资本等要素进行调整,将更高质量的生产要素投入高技术制造业以及高附加值产业中,推动产业向研发、设计以及核心部件等中高端环节迈进。

在后向关联中,投资国向东道国的下游产业进行投资,该产业带来的投入品需求将产生一种自下而上的拉动关系,要求投资国上游产业在生产、研发、设计等环节匹配发展,东道国的上游产业也会针对不同投资国下游市场需求的异质性进行不同的技术研发与更新,进一步带动投资国上游产业技术更新。这种线性影响是基于下游产业对上游产业的需求而产生的。20世纪,日本将家电产业的低端装配、制造等环节转移至国外而将研发设计等产业链中核心部分保留在国内,随着海外生产的扩张以及市场需求的增加,国内研发、设计等价值链中高附加值部分快速发展从而推动了日本产业结构的优化。中国通过对外直接投资将制造业中非核心部分的装配、生产等环节转移到国外并将高技术以及高附加值部分保留在国内,这样不仅可以充分利用国外更具比较优势的要素禀赋降低成本,而且能够更便捷地接近全球市场,从而更好地把握全球市场对核心产业部门产品的需求,带动国内高技术高附加值部门的快速发展。在此过程中,国内高附加值产业的规模得到扩大,效率得以提升,国内产业结构不断优化,产业国际竞争力得以提升,最终助力制造业迈向全球价值链中高端(图5.4)。

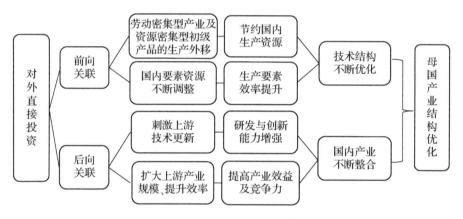

图 5.4　对外直接投资的产业关联效应

资料来源:在丁建筑(2020)基础上修改而得

5.2　基于不同动机的 OFDI 对中国制造业升级的影响机制分析

不同动机下的对外直接投资通过多种传导路径对制造业升级产生不同的影响,本节将中国对外直接投资分为资源寻求、技术寻求以及市场寻求型,具体分析这三种不同动机 OFDI 对制造业转型升级、迈向中高端的影响。

5.2.1　资源寻求型 OFDI 对中国制造业升级的影响

资源寻求型对外直接投资是指以获取能源、矿产等为目标的对外直接投资。自然资源禀赋上的差异是推动国际贸易及投资的最初诱因。梁瑞(2014)研究发现通过对外直接投资获取相对价廉的海外能源、矿产等资源是化解国内供需失衡以及破除资源约束瓶颈的重要途径。房裕(2015)同样认为资源寻求型对外直接投资可以稳定资源供应,降低交易成本并带来产业竞争效应、资源配置效应等。工业化进程中,西方发达国家首先面临资源短缺的困境,通过在全球资源丰富的国家进行投资从而获取大量石油、矿产等,为经济快速发展奠定了坚实的基础。尽管中国也是资源大国但是人均资源量低,经济快速发展需要大量资源投入,以石油为例,根据《2019年国内外油气行业发展报告》数据,当年中国的原油对外依存度达到70%,并且中国与欧洲、美国等贸易摩擦的频繁发生以及石油价格与供应的波动给中国资源获取带来较大挑战。为了解决资源困境,中国在拉美、非洲等地区投资了大量的能源、矿产等项目,如在2016年末中国采矿业对外直接投资达到1451.3亿美元,在第二产业对外直接投资中占比达到47.1%。

基于中国资源寻求型对外直接投资现状以及前人文献观点,从两个方面对资源寻求型对外直接投资带来的影响机制进行分析。一方面,通过对外直接投资可以在具有优势资源禀赋的国家建立自己的能源、矿产等资源供应地,提高相关资源供应的稳定性,避免外部市场供应的波动,进而大大降低市场风险。目前我国经济发展正处于经济转型中,仍需要大量资源投入以确保工业化进程的稳定,对外直接投资带来的国外资源可以降低制造业的生产成本并有效弥补我国人均资源占有量不足的缺陷。

另一方面,生产资源成本的降低以及充足供应,可以带动前向关联产业以较低成本实现较高的产出效益,这样的关联效应使得我国制造业以及关联产业都能更易获得国际竞争优势并不断提高产品附加值。对外直接投资还会引起良性的资源配置效应,国外资源的引入可以使国内资源避免处于稀缺状态,避免产生劣币驱逐良币的恶性竞争,使得国内战略性产业有更好的发展空间;而成本降低以及国际竞争优势带来的资本收益的提高,有助于国内制造业不断加大投入以提高自身的创新能力以及生产效率,从而不断优化母国产业结构,提升其在全球价值链的地位(图5.5)。

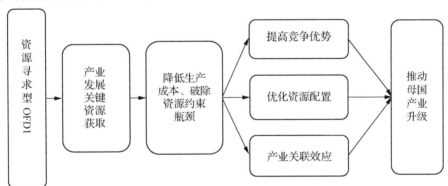

图5.5 资源寻求型OFDI影响制造业升级的机制

资料来源:丁建筑(2020)

5.2.2 技术寻求型OFDI对中国制造业转型升级的影响

技术寻求型对外直接投资往往由大型跨国公司主导,通过逆向技术溢出以及产业关联效应等对母国产业产生影响,本部分将从企业以及产业两个层面分析技术寻求型OFDI影响母国制造业升级的路径。

从企业层面来看,我国跨国公司通过向高技术东道国进行投资,可以在地理上靠近东道国优势产业进而更好地学习和模仿其先进技术以此来提高自身的创新能力以及技术水平。跨国并购可以更直接地获取东道国优势产业的研发资源,通过研发成本风险共担、成果共享等方式可以更有效地提高我国公司的技术水平。此外,在东道国直接投资使得跨国公司可以更便捷地进入当地的高级生产要素的供应链之中,当地高技术人才的人员流动可以带来技术外溢,提高跨国公司的学习能力。技术寻求型 OFDI 一般集中在东道国优势产业集聚的地方,可以给跨国公司带来当地信息使其更敏锐地观测到研发技术的更新以及更好地利用当地上游产业带来的要素投入,有利于该企业进行技术研发。跨国公司对外直接投资产生的逆向技术溢出,最终会通过更高效的产业链的传导继而影响制造业结构的高度化。

从产业层面来看,一个国家的产业体系是相互关联及相互依存的复杂体系,制造业的结构优化不仅需要产业内资源要素的优化配置、竞争与合作及蕴含在其中的知识和信息的共享等,还需要前后关联产业的配套共同带动制造业的结构优化。首先,同产业的技术寻求型对外直接投资,会提高行业龙头公司的创新能力以及技术水平,导致行业内其他公司面临巨大的市场压力,从而推动行业整体研发投入的增加以及产品质量和市场竞争力的提高。其次,龙头公司学习了技术寻求型 OFDI 带来的技术之后,会引发产业内其他公司的竞相模仿学习使得先进技术在产业内扩散,由此提高产业内部的技术水平及研发能力。技术扩散带来的产业结构优化会促进国民经济的发展并提高国民收入,收入的提高会引起国内需求规模的扩大及层次的提高,进而倒逼国内制造业升级。

不同产业的技术寻求型对外直接投资带来的技术要素可以促进国内新兴产业快速发展,而原先传统产业对于国内资源的分配就会出现调整,资本、土地、劳动力等就会更多地投入新兴产业中,从而推动国内产业结构的高度化。反过来,信息技术产业、金融等专业化服务业的新兴和快速发展又会为制造业的发展带来更多技术更新驱动力、降低生产成本的空间以及提高产品品牌、售后等各方面的市场竞争力,最终推动国内制造业结构升级(图 5.6)。

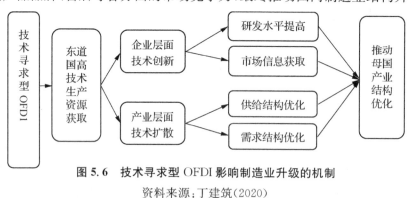

图 5.6 技术寻求型 OFDI 影响制造业升级的机制

资料来源:丁建筑(2020)

5.2.3 市场寻求型 OFDI 对中国制造业升级的影响

世界各国尤其是发展中国家经济的快速发展带来各国市场需求的猛增,进而调动了国内公司开拓海外市场的积极性。同时,国内市场竞争的加剧导致许多行业尤其是中低端制造业呈现饱和状态,它们需要寻求海外市场以支撑产业的规模化发展以及转移过剩产能。此外,随着近年来中国对外出口的贸易摩擦频繁发生,许多国家和地区对中国设置了多重贸易壁垒,而通过对外直接投资可以在东道国实现本地化生产,抢占东道国市场份额从而规避贸易壁垒,降低对外贸易成本。

在国内具有市场竞争优势的公司会率先通过对外直接投资扩大海外市场份额,通过在海外直接投资获得的市场份额以及海外多样的市场化需求,让跨国公司收获更高的规模优势以及更多的市场信息。规模优势带来产品生产成本的不断下降,市场信息的快速更新倒逼企业产品更新、生产效率提高以及产品竞争力提高。当海外收益返回母国公司时,通过加大研发等投入会使得母国公司进一步提高市场竞争力并占有更高的市场份额,那么原先被跨国直接投资门槛限制的市场竞争力较弱的公司的市场份额便会被进一步挤压,直到最后退出市场。由此带来的行业优胜劣汰会不断提高产业的生产效率以及产品竞争力从而优化产业结构。

过剩产能的国际转移是市场寻求型对外直接投资的另一大动因,通过对外直接投资将国内过剩产能向外转移从而降低产业结构调整中的沉没成本,为国内资源的重新配置提供空间。产能利用率是衡量产能过剩的常用指标,该指标是指工业总产出与生产设备的比值即实际生产力有多少在运行以发挥生产作用。国际经验表明,产能利用率为81%—82%是衡量工业或制造业产能过剩的分界点,75%以下表明产能严重过剩。刘明和张雅亭(2019)测度发现中国制造业产能利用率仍然处于较低的水平,2003—2017年间产能利用率均没有达到70%;除了2010年产能利用率达到60%外,2010年后的其余年份均低于60%。2018年中国国民经济和社会发展统计公报数据显示全国工业产能利用率为76.5%,从中可看出我国工业产能仍存在较大的过剩产能。市场寻求型OFDI通过边际产业转移效应将上述过剩产能或者即将失去比较优势的产业向外转移,使得这些产业在国内市场逐渐减少从而释放大量生产要素为其他新兴产业的发展提供支撑。国内过剩的产能在海外市场可能是相对供给不足,因而此类投资在海外可获得较大的资本收益,当收益进一步返回母国边际产业或产能过剩产业时,该类产业可以通过加大投入改造与市场需求结构不适应的传统产业,并将资源更多地投入高技术产业以及资本密集型产业从而不断优化产业结构(图5.7)(丁建筑,2020)。

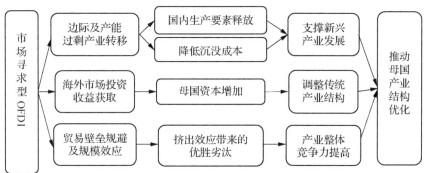

图5.7 市场寻求型OFDI影响制造业升级的机制

资料来源:丁建筑(2020)

5.3 中国 OFDI 发展历史演变与现状特点

5.3.1 OFDI 发展历史演变

自1979年开始,中国 OFDI 逐步发展,随着1992年市场经济体制的确立,OFDI 开始进入较快发展阶段。1997年"走出去"战略的提出以及我国加入 WTO 以来,OFDI 开始进入快速发展阶段。尤其是近年来,中国对外开放水平持续提高,对外投资合作成效显著,涌现出大量跨国企业参与到国际竞争中,中国对外投资实现了平稳健康有序发展。参照吴福象和汪丽娟(2021)的研究,结合对改革开放以来中国 OFDI 的梳理(图5.8,图5.9),中国 OFDI 的发展演化可以分为以下四个阶段。

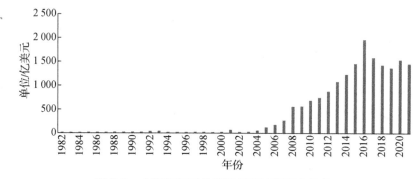

图 5.8　中国历年对外直接投资流量变化趋势

资料来源:联合国贸易和发展会议(UNCTAD)数据库

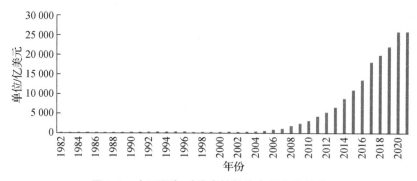

图 5.9　中国历年对外直接投资存量变化趋势

资料来源:联合国贸易和发展会议(UNCTAD)数据库

1. 1979—1991年:对外投资开始萌芽缓慢发展阶段

改革开放初始阶段,国民经济发展存在诸多问题,例如缺乏外汇和储蓄、产能过低、生产技术远低于国际平均水平、法律法规亟待完善等,在当时的情况下,吸引外资发展国内经济是优选之策,而1982—1983年发布的"以市场换技术"外资政策方针(夏梁等,2012)更是阻碍了在国际市场处于劣势的中国企业自发进行对外投资的步伐。1979年,国务院提出"允许出国办企业",开启了中国OFDI发展之路;1989年,国家出台《境外投资外汇管理办法》,首次明确规范了企业对外投资行为,并对其使用外汇的审批进行严格把控;1991年,《关于加强海外投资项目管理的意见》和《关于编制、审批境外投资项目的项目建议书和可行性研究报告的规定》的颁发强化了对企业对外投资的审批和监管,切实降低了投资失误率,保护了对外投资的企业。在这一时期,改革开放基本国策的确立及其他对外投资政策的出台,为中国企业"走出去"提供了制度保证和政策基础,使得中国的OFDI出现了萌芽。这一阶段中国OFDI规模小且增速缓慢,流向也相对单一,如1991年,中国OFDI存量规模仅为53.68亿美元,主要流向亚、非等毗邻且经济技术落后的国家和地区。

2. 1992—2001年:主动探索波浪式快速发展阶段

1992年"南方谈话"后,中国改革开放和贸易体制改革进一步加快。在该阶段,中国建立了具有中国特色的社会主义市场经济体制,中国OFDI同时具备了市场经济和计划经济的特征。同时,国家也相应地颁布了一系列相关政策规范对外投资行为。1992—1993年颁布的《境外国有资产产权登记管理暂行办法实施细则》和《关于用国有资产实物向境外投入开办企业的有关规定》建立了对外投资登记管理体系;其间发布的《关于暂停收购境外企业和进一步加强境外投资管理的通知》有效抑制了资本外逃;1996年,《境外投资财务管理暂行办法》规定的"统一政策,分级管理"原则,使对外投资财务得到全程管理和监督;1999年颁布的《关于鼓励企业开展境外带料加工装配业务的意见》支持和引导国内企业尤其是实力雄厚的国有企业到非洲、中亚、中东、东欧、南美等地区投资,助推了相当数量的国有大型企业积极"走出去",也调动了中小型民营企业对外投资的积极性。

在这一阶段,尽管OFDI整体规模仍不大,但流量和存量分别实现了338.1%、74.5%的高速增长,而且在政策的支持下,各类经济主体积极开拓国际视野,进行对外投资,所涉及行业也日益繁多。到2001年,中国OFDI规模扩大,存量达到346.54亿美元。其间,由于国内经济过热、资金匮乏、投资结构不合理以及1997年亚洲金融危机等问题,国内企业曾迫于经济境况减少对外投资力度,OFDI呈现波浪式发展。

3. 2002—2014年:放松管制高速发展阶段

2001年后,随着市场经济体制改革的逐步深入,缺乏外汇和储蓄的困境得到有效缓解,国民经济发展水平显著提升,生产能力大幅度提高,钢铁、纺织、汽车等行业甚至出现产能过剩的现象。为积极融入经济全球化浪潮,开拓国际市场,政府出台了一系列政策支持引导有实力的企业积极寻求国际经济技术合作,"以资本换技术",从而实现国内企业的技术革新。在此背景下,"走出去"战略成为国家战略,而对外投资也成为带动出口、推动国内经济高速发展的重要方式。2004年《关于投资体制改革的决定》和《关于境外投资开办企业核准事项的规定》的颁发,取消了审批制,规定中国对外投资管理主要采用核准制;2006年《关于调整部分境外投资外汇管理政策的通知》也同样在外汇管理方面取消了审批制,采用核准制的方式;2014年发布的《境外投资项目核准和备案管理办法》和《境外投资管理办法》明确了"备案为主,核准为辅"的审核方式。从审批制到核准制和备案制,逐步简化的对外投资管理方式为OFDI政策体系的建立奠定了政策基础,为企业"走出去"创造了良好的服务环境。这一阶段,OFDI规模实现了大跃步式的迈进,从2002年至2014年,中国OFDI连续12年高速增长,截至2014年,其流量和存量规模分别达到1231.2亿美元和8826.4亿美元,分别位居全球第三和第八。投资行业种类进一步增多,服务业成为对外投资新热点,同时国内企业也越来越多地将目光放在发达经济体上。

4. 2015年至今:兼顾质量和规模优化发展阶段

2015年以来,中国的OFDI虽然迎来了国内宏观经济整体平稳发展和"一带一路"倡议的贯彻所带来的良好机遇,但也面临着世界经济版图发生巨变、大宗商品价格波动、国际市场需求疲软的挑战,尤其是2020年以来,全球新冠疫情和地缘政治愈发紧张极大地增加了经济和社会发展的不确定性,贸易和投资低迷等下行风险犹存,所有这些都给中国对外投资带来巨大影响。在此背景下,投资质量和效率成为国家关注的重中之重,"走出去"企业迫切需要向"走进去""走上去"转型,因此国家出台多项相关引导文件,为对外投资营造良好的国内外政策环境。第一,完善制度体系,国家相继颁布《企业境外投资管理办法》《企业境外经营合规管理指引》等文件,进一步规范对外投资行为;第二,深化"放管服"改革,发布《关于境外投资备案实行无纸化管理和简化境外投资注销手续的通知》,进一步简化对外投资审批流程;第三,拓展投资领域,出台《关于加快培育外贸竞争新优势的若干意见》《关于推进国际产能和装备制造合作的指导意见》等,为对外投资指明方向;第四,规范统计管理,出台《对外直接投资统计制度》《对外直接投资统计工作考核办法》等文件,使得对外投资统计工作更加系统化、规范化和科学化;第五,发布《中国对外投资发展报告》《中国对外直接投资统计公报》等,为对外投资高质量发展提供了指导。

这一阶段,中国经济运行总体平稳,经济结构持续优化,在全球范围内的经济地位愈加牢固,为企业在国际市场的竞争奠定了雄厚的经济基础,提供了强大的信心支持。2015年中国共产党第十八届中央委员会第五次全体会议通过的《关于制定国民经济和社会发展第十三个五年规划的建议》,强调推进"一带一路"倡议的贯彻落实,成为中国由投资大国向投资强国转变的关键举措,中国对沿线国家投资保持着稳步增长。2015年到2020年之间,中国OFDI增长较为平稳,2018年,中国OFDI流量和存量规模分别达到1 430.4亿美元和19 882.7亿美元,位居全球第二和第三。2020年,中国对外直接投资流量达1 537.1亿美元,同比增长12.3%,流量规模首次位居全球第一,占全球的比重为20.2%。同一年,中国对外直接投资存量达2.6万亿美元,居世界第三位,存量规模占全球比重为6.6%,这些投资触及了全球80%以上国家和地区,涵盖18个行业大类。

但从2020年至今,受世界经济下行、中美贸易摩擦尤其是局部地缘关系紧张等因素的影响,人口跨境流动大幅减少、贸易活动受限明显、经济出现诸多不确定因素,中国对外直接投资受到巨大冲击,中国OFDI出现了一定程度的收缩,但投资结构更趋成熟和理性,竞争优势也更加突显。2021年,我国对外全行业直接投资达1 451.9亿美元,同比增长9.2%,其中,我国境内投资者共对全球166个国家和地区的6 349家境外企业进行了非金融类直接投资,累计投资达1 136.4亿美元,同比增长3.2%。

5.3.2 OFDI 的现状特点

从历年我国对外直接投资流量和流向来看,自我国提出"走出去"战略以及加入WTO以来,我国OFDI流量开始进入快速发展阶段,国际直接投资方式、投资领域等不断多元化,这些有效促进了国内产业结构调整,具体表现出如下特点:

1. OFDI 数量规模持续扩大

自2002年至2020年,中国OFDI流量从28.5亿美元增长到1537.1亿美元,尤其是2012年至2020年,我国对外直接投资年均增长超过7%,这期间始终位居全球对外直接投资流量榜前三位,对外直接投资占同期全球对外直接投资流量的份额由2012年的6.3%持续提升至2020年的20.2%,在世界经济中的地位愈加重要。2020年,我国对外直接投资存量是2012年末的近5倍,占全球的比重由2012年的2.3%提升至6.6%,排名由第十三位攀升至第三位,仅次于美国(8.1万亿美元)、荷兰(3.8万亿美元)。近两年,受全球经济增速放缓、政府对境外投资合规性以及真实性审核加强、国家对消费及投资结构性平衡以及过剩产能的调整,尤其是中美贸易摩擦等因素的影响,中国对外投资流量规模有所降低。但国际收支平衡表数据显示,在当前严峻形势下,我国对外直接投资始终保持较大规模,2021年达到1 451.9亿美元。当然,虽然我国OFDI存量迅速增加,但是与美国相比仍然存在较大差距,2018年底,我国OFDI存量相当于美国同期OFDI存量的30.6%。

2. OFDI 投资结构不断优化

中国OFDI投资领域日趋广泛,投资结构不断优化。2018年底,中国OFDI行业分布涵盖国内所有行业类别,其中租赁和商业服务业、批发和零售业、金融业、信息传输/软件和信息技术服务业、制造业和采矿业占OFDI总存量的84.6%(图5.10)。此外,流向租赁和商务服务、金融业、制造业、批发和零售业的流量占当年总流量的72.6%。尽管教育以及文化/

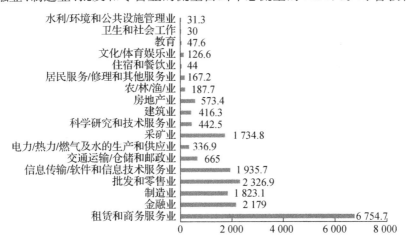

图 5.10 2018 年中国对外直接投资存量行业分布(单位:美元)

资料来源:《2018 年度中国对外直接投资统计公报》

体育娱乐业流量占比较小,但同比增长均达到300%以上。同样,流向信息传输/软件和信息技术服务业、科学研究和技术服务业的流量同比增长达到27.1%、59%。可以看出,我国对外直接投资的行业分布结构从初期的类型单一、分布不均不断向多元化以及高技术领域发展。

这一趋势日益显著,2020年,中国对外直接投资涵盖国民经济的18个行业大类,截至2020年末,存量投资八成以上分布在六大行业,包括:租赁和商务服务业(占总存量的32.2%)、批发和零售业(占13.4%)、信息传输/软件和信息技术服务业(占11.5%)、制造业(占10.8%)、金融业(占10.5%)和采矿业(占6.8%),而流量投资的七成流向租赁和商务服务业、制造业、批发和零售业、金融业领域,四大行业投资流量均超过百亿美元。

从投资"主体"来看,非公有经济控股主体投资规模与公有经济控股主体大体相当,2020年对外非金融类投资流量中非公有经济控股的境内投资者对外投资671.6亿美元,占50.1%,同比增长14.1%;公有经济控股的境内投资者对外投资668.9亿美元,占49.9%,同比增长15.1%。超六成投资来自地方企业。

3. OFDI区域分布既广泛又集中

从投资地域来看,投资地域日益多元,中国OFDI已经覆盖全球超八成国家和地区。2018年末我国OFDI存量在全球分布达到188个国家和地区,主要以亚洲地区为主,在当年OFDI存量中有64%投资分布于亚洲,其次是拉丁美洲,为21%(图5.11)。而在亚洲地区,中国香港分别占到了直接投资存量以及流量的86.2%和82.3%。同时根据《2018年度中国对外直接投资统计公报》,中国对非洲及北美洲的直接投资迅速增加,而对欧洲投资下降较快,流向非洲、北美洲直接投资流量同比增长达到了31.5%、34.2%。2018年底,中国对外直接投资存量在发展中经济体以及发达经济体的分布分别达到86.2%和12.3%。从投资流量数据来看,投资流量前十的国家和地区主要分布于金融开放的中国香港、开曼群岛、英属维尔京群岛,发达国家中的美国、加拿大、澳大利亚、卢森堡以及地理位置相近的新加坡、印度尼西亚以及马来西亚。此外,2018年底中国对"一带一路"沿线国家的OFDI流量达到178.9亿美元,占同期OFDI流量总额的12.5%,其中流向制造业、批发和零售业的同比增长率分别为42.6%、37.7%。截至2020年末,我国对外直接投资存量分布进一步扩展到全球189个国家和地区,占全球国家和地区总数的81.1%。

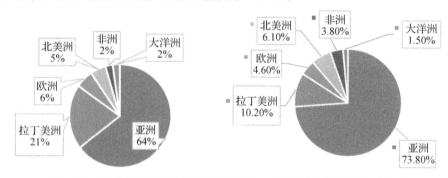

图5.11 2018年中国对外直接投资存量(左)及流量(右)洲际分布情况

资料来源:《2018年度中国对外直接投资统计公报》

其中,"一带一路"沿线国家成为中国 OFDI 增速最快的区域之一。从投资规模来看,2020 年末,中国境内投资者在"一带一路"沿线国家直接投资存量达 2 007.9 亿美元,占存量总额的 7.8%;2013—2020 年,中国对"一带一路"沿线国家累计直接投资 1 398.5 亿美元。2020 年中国境内投资者在"一带一路"沿线国家设立境外企业超过 1.1 万家,当年实现直接投资 225.4 亿美元,同比大幅增长 20.6%,占同期流量的 14.7%;此外,2020 年中国企业对"一带一路"沿线国家实施并购项目 84 起,并购金额达 31.5 亿美元,占并购总额的 11.1%。中国对"一带一路"沿线国家的投资也存在显著的区域差异,投资存量主要分布在新加坡、印度尼西亚、俄罗斯、马来西亚、老挝等国家。从行业构成来看,中国对"一带一路"沿线国家的投资主要流向制造业,2020 年投资规模达 76.8 亿美元,同比增长 13.1%,占比超 1/3,此外对建筑业、租赁和商务服务业、批发和零售业等投资规模也保持较高比重(汪文正,2021)。

总体来看,中国投资大步"走出去",OFDI 已经进入快速发展阶段,这不仅推动了东道国的发展,同时,对外投资也极大拉动了中国经济社会发展,对国内产业结构优化升级产生了重要的积极影响,实现了中国与世界各国的互利共赢和共同发展。以 2020 年为例,对外投资带动 6.7% 的中国货物出口,实现了 1 737 亿美元的货物出口值,境外中资企业的销售收入达 2.4 万亿美元。但在国际经济下行、发达国家对中国 OFDI 审核上不断增加政治阻碍以及国内经济结构调整的背景下,近几年 OFDI 发展速度有所回落,OFDI 存量发展仍然具有较大的发展空间。

5.4 OFDI 对制造业迈向中高端影响的实证分析

5.4.1 变量选取及数据来源

本书通过借鉴前人对 OFDI 的分类标准,将中国 OFDI 分为资源寻求型、技术寻求型以及市场寻求型三种,分别检验其对中国制造业结构高度化水平的影响。此外,根据前人的研究文献,影响制造业产业升级的因素还包括经济发展水平、对外开放水平、产业集聚水平等。本书数据选取时间范围为 2003—2016 年。

1. 中国 OFDI 样本国选取标准

第一,尽管目前中国对外直接投资的国家和地区超过 189 个,但实际对外直接投资存量十分集中,以 2018 年为例,该年度中国对外直接投资存量前 20 位的国家和地区占到存量总额 1.98 万亿美元的 90% 以上。因此第一个选取标准为历年投资存量前二十。第二,参考多位学者的选取标准(宗芳宇等,2012;潘素昆等,2014),由于百慕大群岛、开曼群岛和英属维尔京群岛属于著名避税地,且中国大陆对港澳地区的直接投资,其中很多资金变成外资转而流入大陆,因而难以确定对外直接投资资金规模,因此把上述五地剔除。第三,在历年前二十排名标准之外,还有许多国家资源禀赋特征显著,中国对其直接投资存在显著的目的性,本书也将此纳入考量标准,如经济发达、技术先进的欧盟国家以及经济迅速发展、人口数量众多的东南亚国家菲律宾、印度尼西亚和孟加拉国等。

(1) 资源寻求型样本国

在中国对外直接投资国家中,许多国家和地区都有着丰富的自然资源,如石油资源丰富的中亚、非洲等地区,矿产资源丰富的澳大利亚、南非及拉丁美洲地区。2016 年末,中国对澳大利亚的直接投资存量达到 333.51 亿美元,其中投向采矿业的存量就达到 191.52 亿美元,占比达到 57.4%。因此,虽然澳大利亚是发达国家,但还是把其归类到资源寻求型国家。本书选取的资源寻求型样本国包括哈萨克斯坦、沙特阿拉伯、阿联酋、伊朗、南非、委内瑞拉、巴西、秘鲁、尼日利亚、阿尔及利亚、哈萨克斯坦、俄罗斯、蒙古以及澳大利亚。

(2) 技术寻求型样本国

当前中国制造业仍处于价值链的中低端,发达国家凭借几轮的产业转移大多数完成了现代化的经济布局并处于产业链附加值更高的两端。中国通过向发达国家进行投资从而提高自身技术水平。本书选取的技术寻求型国家包括欧盟国家及美国、日本、韩国、新加坡、加拿大、瑞士、新西兰和挪威。

(3) 市场寻求型样本国

东盟国家经济处于快速发展期并且人口基数大,因而存在巨大的市场需求。这些国家与我国存在一定的技术差距,对这些国家的直接投资可以促进边际产业转移,为我国产业提质增效提供一定市场空间。另外这些国家与我国地理位置相近,便于出口。因此本书选取的市场寻求型样本国包括印度尼西亚、菲律宾、印度、柬埔寨、老挝、马来西亚、泰国、缅甸、越南、文莱、巴基斯坦、孟加拉国以及斯里兰卡。

2. 被解释变量指标说明

产业结构高度化是指产业从低级到高级的演化过程,在这个过程中会伴随着产品附加值以及竞争力的不断提高,产业向全球价值链两端不断攀升。郭克莎(1990)提出了产业结构高度化的四个具体指标:产值结构高度化、资产结构高度化、技术结构高度化和劳动力结构高度化。本书中产值结构高度化(PS)用高技术制造业产值占制造业总产值的比重表示,PS 值越高表示制造业产值结构越高级。资产结构高度化(AS)用高技术制造业新增固定资产占制造业新增固定资产的比重表示,AS 值越高表示高技术制造业新增固定资产占比不断提高进而制造业资产结构越高级。技术结构高度化(TS)用制造业研发经费内部支出占制造业主营业务收入的比重表示,TS 值越高表示制造业技术结构越高级。劳动力结构高度化(LS)用高技术制造业从业人数占制造业总从业人数的比重表示,LS 值越高表示制造业劳动结构越高级。此外由于 2012 年之后《中国工业统计年鉴》只公布了制造业销售总产值,本书通过销售产值除以销售率计算出制造业总产值。数据来源于 2004—2017 年《中国工业统计年鉴》《中国统计年鉴》《中国高技术产业统计年鉴》。

3. 解释变量指标说明

(1) 对外直接投资

资源寻求型对外直接投资($OFDI_R$)代表中国对外直接投资中以资源寻求为动机的直接投资。包括哈萨克斯坦、沙特阿拉伯、阿联酋、伊朗、南非、委内瑞拉、巴西、秘鲁、尼日利亚、阿尔及利亚、哈萨克斯坦、俄罗斯、蒙古以及澳大利亚。

市场寻求型对外直接投资($OFDI_M$)代表中国对外直接投资中以市场寻求为动机的对外直接投资。包括欧盟国家及美国、日本、韩国、新加坡、加拿大、瑞士、新西兰和挪威。

技术寻求型对外直接投资($OFDI_T$)代表中国对外直接投资中以技术寻求为动机的对外直接投资。包括印度尼西亚、菲律宾、印度、柬埔寨、老挝、马来西亚、泰国、缅甸、越南、文莱、巴基斯坦、孟加拉国以及斯里兰卡。数据选取范围为2003—2016年《中国对外直接投资统计公报》。

(2) 对外开放水平

经济对外开放包括对外贸易的国际化以及金融市场的全球化。中国自改革开放以来不断提高对外开放水平,制造业也随着国际市场的开拓而不断成长。这里用制造业规模以上企业历年出口交货值(EX)表示制造业出口增长情况,并用该指标衡量制造业出口情况对制造业结构变动的影响。

(3) 经济发展水平

钱纳里认为经济结构的改变促进了经济的增长。诸多学者研究也表明,经济发展有助于产业结构的不断优化。参照学者们的研究惯例,利用GDP历年增速表示一国经济发展水平的提升,数据来源为历年《中国统计年鉴》。

(4) 产业集聚水平

区域内产业集聚水平的合理提高有助于企业获得协同发展效应以及集聚效应从而降低制造业的发展成本,另外集聚水平过高可能导致研发投入水平的降低,不利于制造业技术结构高度化水平的提高。本书依据梁华峰(2011)以及魏后凯(2006)运用的标准差系数,衡量制造业所占份额对平均分布的偏离,偏差值越大,说明行业增加值越显著,行业结构集聚水平越高。产业集聚指标(Cluster)用产业结构中各行业增加值份额标准差与平均份额的比值表示。数据来源为历年《中国工业统计年鉴》。

4. 模型设定

关于样本国家和地区,本节同3.3.1,选取2003—2016年中国对外直接投资的64个国家和地区的数据,并将对外直接投资分类为资源寻求型($OFDI_R$)、市场寻求型($OFDI_M$)、技术寻求型($OFDI_T$),本书设定基本模型如下:

$$Y_t = \beta_0 + \beta_1 \cdot \ln OFDI_{Rt} + \beta_2 \cdot \ln OFDI_{Mt} + \beta_3 \cdot \ln OFDI_{Tt} + \beta_4 \cdot \ln EX_t + \beta_5 \cdot GDP_t + \beta_6 \cdot Cluster_t + \varepsilon \quad (5.1)$$

其中,Y_t 为 t 年的制造业高度化指标,同时为避免异方差对对外直接投资以及出口数据进行对数化处理。构建以下四个回归模型:

$$PS_t = \beta_0 + \beta_1 \cdot \ln OFDI_{Rt} + \beta_2 \cdot \ln OFDI_{Mt} + \beta_3 \cdot \ln OFDI_{Tt} + \beta_4 \cdot \ln EX_t + \beta_5 \cdot GDP_t + \beta_6 \cdot Cluster_t + \varepsilon \quad (5.2)$$

$$AS_t = \beta_0 + \beta_1 \cdot \ln OFDI_{Rt} + \beta_2 \cdot \ln OFDI_{Mt} + \beta_3 \cdot \ln OFDI_{Tt} + \beta_4 \cdot \ln EX_t + \beta_5 \cdot GDP_t + \beta_6 \cdot Cluster_t + \varepsilon \quad (5.3)$$

$$TS_t = \beta_0 + \beta_1 \cdot \ln OFDI_{Rt} + \beta_2 \cdot \ln OFDI_{Mt} + \beta_3 \cdot \ln OFDI_{Tt} +$$
$$\beta_4 \cdot \ln EX_t + \beta_5 \cdot GDP_t + \beta_6 \cdot Cluster_t + \varepsilon \quad (5.4)$$

$$LS_t = \beta_0 + \beta_1 \cdot \ln OFDI_{Rt} + \beta_2 \cdot \ln OFDI_{Mt} + \beta_3 \cdot \ln OFDI_{Tt} +$$
$$\beta_4 \cdot \ln EX_t + \beta_5 \cdot GDP_t + \beta_6 \cdot Cluster_t + \varepsilon \quad (5.5)$$

对模型中各变量进行描述性统计,结果如表 5-1 所示:

表 5-1 描述性统计

变量	平均数	标准差	最小值	最大值
PS	0.154	0.027 6	0.120 5	0.212 4
AS	0.101 8	0.016 9	0.078 4	0.141 3
TS	0.006 4	0.000 8	0.005 2	0.007 6
LS	0.139	0.019	0.111 8	0.171 9
$OFDI_R$	331.003 3	314.578 6	10.866 1	888.564 3
$OFDI_M$	150.270 4	158.383 1	4.658 0	469.291 5
$OFDI_T$	549.174 4	640.258 8	15.064 0	1 893.182 1
EX	82 785.004	30 775.229	26 526	118 118.77
GDP 增速	8.878 6	1.433 8	6.7	11.4
产业集聚	0.81	0.32	0.77	0.86

5.4.2 实证检验

1. 平稳性检验

为避免出现伪回归现象,首先通过 ADF 检验对纳入模型的时间序列数据进行平稳性检验。结果发现,各变量原始序列均为非平稳序列,但进行一阶差分后,序列的 ADF 统计量均通过了 5% 的显著性检验,说明序列平稳,属于一阶单整序列(表 5-2)。

表 5-2 ADF 检验

变量	检验类型(C,T,P)	ADF 统计量	临界值水平 5%	临界值水平 10%	结论
PS	(1,0,0)	−0.444	−3.000	−2.630	非平稳
D.PS	(1,0,0)	−3.407**	−3.000	−2.630	平稳
AS	(1,1,0)	−1.658	−3.600	−3.240	非平稳
D.AS	(1,1,0)	−5.165	−3.600	−3.240	平稳

(续表)

变量	检验类型(C,T,P)	ADF统计量	临界值水平5%	临界值水平10%	结论
TS	(1,0,0)	0.094	−3.000	−2.630	非平稳
D.TS	(1,0,0)	−6.056***	−3.000	−2.630	平稳
LS	(1,0,0)	−2.203	−3.000	−2.630	非平稳
D.LS	(1,0,0)	−6.837***	−3.000	−2.630	平稳
$OFDI_R$	(1,1,0)	−2.016	−3.600	−3.240	非平稳
D.$OFDI_R$	(1,1,0)	−4.380**	−3.600	−3.240	平稳
$OFDI_M$	(1,1,0)	−0.204	−3.000	−2.630	非平稳
D.$OFDI_M$	(1,1,0)	−3.747**	−3.600	−3.240	平稳
$OFDI_T$	(1,1,0)	0.371	−3.600	−3.240	非平稳
D.$OFDI_T$	(1,1,0)	−3.626**	−3.600	−3.240	平稳
EX	(1,1,0)	−2.838	−3.600	−3.240	非平稳
D.EX	(1,1,0)	−4.473***	−3.600	−3.240	平稳
GDP增速	(1,0,0)	−0.807	−3.000	−2.630	非平稳
D.GDP增速	(1,0,0)	−3.390**	−3.000	−2.630	平稳
产业集聚	(1,0,0)	−1.030	−3.000	−2.630	非平稳
D.产业集聚	(1,0,0)	−5.078***	−3.000	−2.630	平稳

注：1. 检验类型(C,T,P)中，C=1代表带常数项，C=0代表不含常数项；T=1代表含趋势项，T=0代表不含趋势项；P为滞后期数。2. *、**、***分别代表在10%、5%、1%的显著性水平下显著。3. 变量中D. 代表一阶差分。

2. 协整检验

由于被解释变量和解释变量为同阶单整，满足协整检验条件，因此本书进一步利用Johansen检验方法分别检验被解释变量与各解释变量的协整关系，协整检验结果如表5-3所示。由表5-3可知，从PS和资源寻求型OFDI的检验结果可以看出，原假设协整关系个数$r=0$的迹特征量为25.126，大于5%显著性水平临界值，拒绝不存在协整关系的原假设，说明PS和资源寻求型OFDI至少存在1个协整关系；进一步观察原假设协整关系个数$r\leqslant1$的迹特征量为0.000 8，小于显著性水平为5%的临界值，因此接受协整关系小于等于1的原假设。总的来看，两者之间存在一个协整关系。观察其他统计结果可以看出，被解释变量与解释变量之间均至少存在1个协整关系。

表 5-3 协整检验结果

		协整关系个数	特征值	迹特征量	临界值水平5%	P值
PS	$OFDI_R$	0	0.855	25.126	15.495	0.001
		≤1	$5.88×10^{-5}$	0.000 8	3.841	0.979
	$OFDI_M$	0	0.877	28.451	15.495	0.000
		≤1	0.088	1.190	3.841	0.275
	$OFDI_T$	0	0.912	32.828	15.495	0.000
		≤1	0.092	1.252	3.841	0.263
AS	$OFDI_R$	0	0.722	16.990	15.495	0.030
		≤1	0.025	0.327	3.841	0.567
	$OFDI_M$	0	0.791	23.388	15.495	0.003
		≤1	0.210	3.060	3.841	0.080
	$OFDI_T$	0	0.806	24.973	15.495	0.001
		≤1	0.246	3.677	3.841	0.055
TS	$OFDI_R$	0	0.712	18.437	15.495	0.018
		≤1	0.158	2.241	3.841	0.134
	$OFDI_M$	0	0.892	30.134	15.495	0.000
		≤1	0.091	1.245	3.841	0.265
	$OFDI_T$	0	0.839	24.309	15.495	0.002
		≤1	0.041	0.538	3.841	0.463
LS	$OFDI_R$	0	0.580	18.064	15.495	0.020
		≤1	0.407	6.794	3.841	0.009
	$OFDI_M$	0	0.670	26.021	15.495	0.001
		≤1	0.550	10.381	3.841	0.001
	$OFDI_T$	0	0.839	24.309	15.495	0.002
		≤1	0.041	0.538	3.841	0.463

3. Granger 因果检验

由协整检验结果可知,被解释变量与解释变量之间存在长期稳定的均衡关系。但不能检验不同类型 OFDI 与各被解释变量之间是否存在因果关系。因此,本部分通过 Granger 因果检验进一步探究两者间的因果关系,检验结果如表 5-4 所示。Granger 因果关系检验显示,技术寻求型 OFDI 是 PS 的 Granger 原因,但资源寻求型 OFDI 和市场寻求型 OFDI 虽然通过了 10% 的显著性检验,但未通过 5% 的显著性检验;市场寻求型 OFDI 和技术寻求型 OFDI 是 AS 的 Granger 原因;资源寻求型 OFDI 不是 TS 的 Granger 原因,但市场寻求型 OFDI 和技术寻求型 OFDI 是 TS 的 Granger 原因;三种类型的 OFDI 均是 LS 的 Granger 原因。

表 5-4 Granger 因果检验结果表

Granger 因果性	F 值	P 值	结论
$OFDI_R$ 不是 PS 的 Granger 原因	3.441	0.091	接受
$OFDI_M$ 不是 PS 的 Granger 原因	4.181	0.064	接受
$OFDI_T$ 不是 PS 的 Granger 原因	6.962	0.022	拒绝
$OFDI_R$ 不是 AS 的 Granger 原因	4.256	0.062	接受
$OFDI_M$ 不是 AS 的 Granger 原因	6.670	0.024	拒绝
$OFDI_T$ 不是 AS 的 Granger 原因	6.488	0.026	拒绝
$OFDI_R$ 不是 TS 的 Granger 原因	3.663	0.082	接受
$OFDI_M$ 不是 TS 的 Granger 原因	8.614	0.013	拒绝
$OFDI_T$ 不是 TS 的 Granger 原因	6.058	0.030	拒绝
$OFDI_R$ 不是 LS 的 Granger 原因	35.102	0.000	拒绝
$OFDI_M$ 不是 LS 的 Granger 原因	21.961	0.001	拒绝
$OFDI_T$ 不是 LS 的 Granger 原因	18.629	0.002	拒绝

注:是否拒绝原假设以 5% 显著性作为判断标准。

4. OLS 模型回归结果

前文所进行的实证研究主要是研究各被解释变量与解释变量之间的两两关系,但未考虑其他变量所产生的干扰性因素影响。本书进一步通过构建回归模型考察不同类型 OFDI 在其他变量控制下对被解释变量的影响。在多重共线性检验中方差膨胀因子均小于 10,这说明各自变量没有共线性问题存在。由表 5-5a 和表 5-5b 的回归结果可知,在考虑其他因素后,资源寻求型 OFDI、市场寻求型 OFDI 和技术寻求型 OFDI 在 5% 的显著性水平上,对 PS、AS 和 TS 均存在显著的正向影响;但是对 LS 的影响并未通过显著性检验。

表 5-5a 模型回归结果

变量	PS	PS	PS	AS	AS	AS
$OFDI_R$	0.016**			0.006**		
	(0.005)			(0.002)		
$OFDI_M$		0.026***			0.009**	
		(0.007 6)			(0.003 7)	

（续表）

变量	PS	PS	PS	AS	AS	AS
$OFDI_T$			0.006***			0.002**
			(0.002)			(0.001)
EX	−5.862**	−4.788**	−4.285**	−5.233***	−4.613***	−4.368***
	(2.408)	(1.972)	(1.714)	(1.038)	(0.966)	(0.917)
GDP 增速	0.237	0.0807	0.168	0.132	−0.0209	−0.0332
	(0.903)	(0.781)	(0.718)	(0.389)	(0.383)	(0.384)
产业集聚	32.80	22.03	18.79	15.66	11.81	10.92
	(35.30)	(32.85)	(30.34)	(15.22)	(16.09)	(16.24)
常数	47.48	46.80	43.46	53.18**	51.39**	49.69**
	(41.75)	(38.67)	(35.38)	(18.00)	(18.93)	(18.94)
F 统计量	5.65**	6.87***	8.48***	13.65***	11.99***	11.77***
VIF	7.16	5.55	5.17	7.16	5.55	5.17
R^2	0.715	0.753	0.790	0.858	0.842	0.840

表 5-5b 模型回归结果

变量	TS	TS	TS	LS	LS	LS
$OFDI_R$	0.0001***			0.00485		
	(0.0000)			(0.004)		
$OFDI_M$		0.0002***			0.00638	
		(0.0001)			(0.007)	
$OFDI_T$			0.0001***			0.001
			(0.00002)			(0.002)
EX	0.0292	0.0423**	0.0485**	−0.314	0.268	0.484
	(0.0191)	(0.0173)	(0.0164)	(2.006)	(1.799)	(1.705)
GDP 增速	0.00029	−0.00255	−0.00277	−0.745	−0.908	−0.937
	(0.0072)	(0.0069)	(0.0069)	(0.752)	(0.713)	(0.714)
产业集聚	−0.723**	−0.820**	−0.843**	38.75	35.82	35.366
	(0.280)	(0.288)	(0.291)	(29.41)	(29.97)	(30.18)
常数	0.840**	0.810**	0.768*	−8.788	−10.88	−12.401
	(0.331)	(0.339)	(0.340)	(34.78)	(35.28)	(35.20)

(续表)

变量	TS	TS	TS	LS	LS	LS
F 统计量	102.68***	96.90***	95.30***	3.16*	2.96*	2.91*
VIF	7.16	5.55	5.17	7.16	5.55	5.17
R^2	0.979	0.977	0.977	0.584	0.568	0.564

注:1. *、**、*** 分别代表在10%、5%、1%的显著性水平下显著。
2. 括号内为标准误。

5. 稳健性检验

本书采用两种方法进行稳健性检验,第一种是检验解释变量滞后一期对被解释变量产生的影响。根据已有研究可以发现,OFDI对经济体产生的影响往往存在滞后效应,因此本书在前文所建立模型的基础之上,进一步考虑解释变量滞后一期对被解释变量产生的影响,模型回归结果如表5-6所示。通过表5-6和表5-5的比较可知,资源寻求型OFDI、市场寻求型OFDI和技术寻求型OFDI滞后一期对AS的影响不再显著,这说明AS受OFDI的影响主要为短期影响;而三种不同类型的OFDI对PS和TS的影响依然显著,这说明这两对影响关系更具稳定性和长期性。

表5-6 滞后一期模型回归结果

变量	PS	PS	PS	AS	AS	AS
L.OFDI$_R$	0.0178***			0.00447		
	(0.00450)			(0.00251)		
L.OFDI$_M$		0.0344***			0.00794	
		(0.00769)			(0.00473)	
L.OFDI$_T$			0.0081***			0.00179
			(0.00149)			(0.00106)
EX	−8.799**	−8.335**	−7.406**	−3.388	−3.122	−2.835
	(3.752)	(3.360)	(2.771)	(2.090)	(2.066)	(1.979)
GDP 增速	0.603	0.631	0.583	−0.125	−0.164	−0.200
	(0.813)	(0.738)	(0.612)	(0.453)	(0.454)	(0.437)
产业集聚	−12.09	−24.40	−25.66	24.50	22.45	22.74
	(44.47)	(41.57)	(35.68)	(24.78)	(25.56)	(25.48)
常数	114.2	119.4	111.0*	28.33	27.61	24.64
	(69.77)	(64.33)	(54.45)	(38.87)	(39.56)	(38.89)
F 统计量	8.24***	10.08***	14.33***	4.80**	4.59**	4.60**
VIF	8.84	8.31	7.67	8.84	8.31	7.67
R^2	0.805	0.834	0.878	0.706	0.696	0.697

(续表)

变量	TS	TS	TS	LS	LS	LS
L.$OFDI_R$	0.000 1***			0.004 28		
	(0.000 04)			(0.004 60)		
L.$OFDI_M$		0.000 3**			0.006 4	
		(8.06×10^{-5})			(0.008 70)	
L.$OFDI_T$			0.000 06**			0.001 27
			(0.000 02)			(0.001 97)
EX	0.040 8	0.050 0	0.059 8	−0.969	−0.441	−0.061 9
	(0.033 7)	(0.035 2)	(0.034 2)	(3.834)	(3.799)	(3.671)
GDP增速	−0.000 515	−0.001 95	−0.003 31	−0.778	−0.900	−0.980
	(0.007 30)	(0.007 73)	(0.007 55)	(0.831)	(0.835)	(0.811)
产业集聚	−0.776*	−0.839*	−0.824*	24.46	24.38	25.79
	(0.399)	(0.436)	(0.440)	(45.44)	(47.01)	(47.25)
常数	0.768	0.738	0.634	10.93	6.525	2.044
	(0.626)	(0.674)	(0.671)	(71.29)	(72.75)	(72.13)
F统计量	94.06***	81.13***	79.19***	2.54	2.38	2.31
VIF	8.84	8.31	7.67	8.84	8.31	7.67
R^2	0.979	0.976	0.975	0.560	0.543	0.536

注:1. *、**、***分别代表在10%、5%、1%的显著性水平下显著。

2. 括号内为标准误。

第二种检验方式是改变模型,构建两步法系统GMM模型对OFDI影响制造业升级的指标进行估计。为了从宏观层面考察OFDI对制造业升级的影响,采用30个省、区、市的制造业面板数据构建两步法系统GMM模型对OFDI影响制造业升级的指标进行估计,可以进一步避免变量之间的内生性导致的结论偏差,同时使得模型具有更好的动态解释力。

(1) 变量选取与数据来源

衡量制造业升级的指标同样为制造业产值结构高度化(PS)、资产结构高度化(AS)、技术结构高度化(TS)以及劳动力结构高度化(LS)。PS用高技术制造业产值占制造业总产值的比重表示,PS值越高表示制造业中高技术制造业产值占比提升,制造业产值结构越高级。AS用高技术制造业新增固定资产占制造业新增固定资产的比重表示,AS值越高表示高技术制造业新增固定资产占比不断提高,进而代表制造业升级。TS用制造业研发经费内部支出占制造业主营业务收入的比重表示,TS值越高说明制造业技术水平越高。LS利用高技术制造业从业人员占制造业总从业人员比重表示,LS值越高表示制造业劳动力结构越高级。由于西藏地区数据缺失较多,本书样本数据不包括西藏地区,只选取2003—2016年

30个省、区、市的制造业面板数据。数据来源为历年《中国工业统计年鉴》、各省市统计年鉴、《中国高技术产业统计年鉴》、《中国统计年鉴》。

解释变量用30个省、自治区、直辖市OFDI存量表示，数据来源为2003—2016年《中国对外直接投资统计公报》。控制变量包括制造业集聚水平、对外开放水平以及经济发展水平。产业集聚（Cluster）用区位熵表示，即 $LQ_{mj}=\dfrac{q_{mj}}{q_j}\bigg/\dfrac{q_m}{q}$，其中 LQ_{mj} 表示 j 地区制造业 m 的全国区位熵，q_{mj} 表示 j 地区制造业 m 的总产值，q_j 表示 j 地区工业产值，q_m 表示全国制造业 m 的总产值，q 表示全国工业总产值。2003—2011年的数据来源为历年《中国工业经济统计年鉴》，2012—2016年数据来源为各省市统计年鉴。制造业出口交货值（EX）数据来源为历年《中国工业统计年鉴》，GDP增速表示区域经济发展水平，数据来源为历年《中国统计年鉴》。

（2）模型建立

根据前文内容，建立以下系统GMM动态面板模型，对中国整体OFDI对制造业的升级影响进行研究：

$$TS_{it}=\beta_0+\beta_1 \cdot \ln OFDI_{it}+\beta_2 \cdot EX_{it}+\beta_3 \cdot GDP_{it}+\beta_4 \cdot Cluster_{it}+\beta_5 TS_{it-1}+\varepsilon \quad (5.6)$$

$$LS_{it}=\beta_0+\beta_1 \cdot \ln OFDI_{it}+\beta_2 \cdot EX_{it}+\beta_3 \cdot GDP_{it}+\beta_4 \cdot Cluster_{it}+\beta_5 LS_{it-1}+\varepsilon \quad (5.7)$$

$$AS_{it}=\beta_0+\beta_1 \cdot \ln OFDI_{it}+\beta_2 \cdot EX_{it}+\beta_3 \cdot GDP_{it}+\beta_4 \cdot Cluster_{it}+\beta_5 AS_{it-1}+\varepsilon \quad (5.8)$$

$$PS_{it}=\beta_0+\beta_1 \cdot \ln OFDI_{it}+\beta_2 \cdot EX_{it}+\beta_3 \cdot GDP_{it}+\beta_4 \cdot Cluster_{it}+\beta_5 PS_{it-1}+\varepsilon \quad (5.9)$$

其中，PS_{it}，AS_{it}，LS_{it}，TS_{it} 分别表示 i 地区在 t 年的产值结构、资产结构、劳动力结构以及技术结构高度化水平。$t-1$ 表示滞后一期被解释变量，$OFDI_{it}$，EX_{it}，$Cluster_{it}$，GDP，ε 分别表示 i 地区在 t 年的对外直接投资存量、制造业出口交货值、产业集聚水平、GDP增速以及随机扰动项，β_0 表示截距项。

（3）模型回归结果

表5-7 系统GMM模型回归结果

解释变量	TS	LS	AS	PS
L.TS	1.422***			
	(4.160)			
L.LS		0.760***		
		(6.429)		
L.AS			0.674***	
			(4.308)	
L.PS				0.540***
				(3.995)
lnOFDI	0.001*	0.001*	0.006*	0.007*
	(1.795)	(1.813)	(1.819)	(1.909)
GDP	0.000	0.000*	0.002	0.002
	(1.438)	(1.707)	(0.714)	(1.007)

(续表)

解释变量	TS	LS	AS	PS
EX	−0.000	0.000*	0.000**	0.000*
	(−1.446)	(1.812)	(2.223)	(1.709)
Cluster	0.004*	0.002	−0.049	−0.026
	(1.741)	(1.741)	(−0.373)	(−1.506)
_cons	−0.007*	−0.006*	−0.02	−0.049
	(−1.690)	(−1.778)	(−0.193)	(−0.761)
N	383	390	390	300
Ar(1)	0.048	0.008	0.064	0.048
Ar(2)	0.736	0.546	0.776	0.632
Hansen	0.909	0.411	0.746	0.403
instruments	12	23	13	19

注：1. *、**、*** 分别代表在10%、5%、1%的显著性水平下显著。
2. 括号内为回归系数 Z 统计值。

回归结果(表 5-7)表明，被解释变量的一阶滞后项均产生了显著正向影响，TS_{it-1}，LS_{it-1}，AS_{it-1}，PS_{it-1} 的影响系数分别为 1.422、0.76、0.674、0.54，这说明制造业各结构高度化指标的上期发展水平会对当期产生显著正向影响。核心解释变量 OFDI 对各制造业结构高度化指标产生了较为显著的正向影响。在序列相关性检验中，AR(1)小于 0.1，AR(2)大于 0.1，这说明差分方程残差二阶序列无关，Hansen 检验 P 值同样大于 0.1，即通过了相关检验不存在过度识别，满足工具变量有效性及外生性假设。

5.4.3 实证结果分析

从模型(5.2)的回归结果(见表 5-5a)可以看出，核心解释变量资源寻求型 OFDI 对我国制造业产值结构高度化指标的影响系数为 0.016 且显著正相关，这说明资源寻求型 OFDI 对我国制造业产值高度化水平有显著的正向影响。根据前文资源寻求型 OFDI 对我国制造业产值结构高度化影响的机制分析，我国通过对海外资源禀赋国家的直接投资获取国内相对稀缺的能源、矿产等产品供应从而相对减少国内低技术制造业的初级产品供应。此外，由于国外资源的有效补充使得国内资源可以更好地支撑新兴产业以及高技术制造业的发展，提高高技术制造业的产出、资源配置效应带动新兴产业发展的同时，会进一步通过产业关联效应推动高技术制造业的发展，不断提高制造业产值高度化水平。

市场寻求型 OFDI 对我国制造业产值结构高度化指标的影响系数为 0.026 且显著正相关，这说明市场寻求型 OFDI 显著提升了制造业产值结构高度化水平。根据前文市场寻求型 OFDI 对我国制造业产值结构高度化影响的机制分析，我国跨国公司通过将边际产业以及产能过剩产业向外转移,一方面,可以降低我国低技术制造业在国内的生产并在海外延长产品生命周期;另一方面,过剩产能可以在海外市场获得更高的收益,降低产业调整过程中造成的沉没成本,从而获得更多资本及资源,将这些资本及资源投入资本及技术密集型制造业,可使得国内高技术制造业产值增加。

技术寻求型 OFDI 对我国制造业产值结构高度化指标的影响系数为 0.006 且显著正相关,这说明技术寻求型 OFDI 对我国制造业产值结构高度化水平存在显著的正向影响。依据前文技术寻求型 OFDI 对我国制造业产值结构高度化影响的机制分析,当我国在海外市场投资以技术寻求为动机时,海外子公司通过嵌入技术先进的东道国产业链以及并购获取国外先进技术,再通过逆向技术溢出效应转移至母国公司从而提高高技术制造业产出。此外,产业层面的技术扩散会带来市场需求层次的提升,从而倒逼国内制造业产出技术水平的提高进而促进制造业升级。

根据表 5-5a,控制变量制造业中规模以上企业出口交货值对产值结构高度化水平的影响显著为负。由于我国制造业在全球产业链中长期处于产业链末端,因此出口产品大多属于低技术密集型及劳动力密集型产品,这导致我国制造业中低技术产业的产出相对增加因而产生了对制造业产值高度化水平的负面影响。

从模型(5.3)的回归结果(见表 5-5a)可以看出,核心解释变量资源寻求型 OFDI 对我国制造业资产结构高度化指标的影响系数为 0.006 且显著为正,这说明资源寻求型对外直接投资可以显著提高制造业资产结构高度化水平。根据前文的机制分析产生这样的正向影响的原因可能在于,当能源、矿产等基础工业向外转移时会相对减小国内制造业中低技术密集型产业的资产规模;国外资源的输入会降低国内相关产业发展成本并使得国内更多资本及其他资源投入高技术及资本密集型产业中从而促进制造业升级。

核心解释变量市场寻求型 OFDI 对我国制造业资产结构高度化指标的影响系数为 0.009 且显著为正,这说明市场寻求型 OFDI 对制造业资产结构高度化水平有显著的正向的影响。通过前文市场寻求型 OFDI 对产业结构的影响机制分析,一方面,在海外市场寻求 OFDI 中通过边际产业的向外转移,母国集中资源向产业的中高端产业发展,从而降低了我国国内低技术制造业的比重;另一方面,海外投资的收益返回母国,母国有更多资本投入高技术制造业。此外,海外市场需求的差异性以及国际市场的激烈竞争都需要母国制造业产业链的中上游不断加大投入提高高技术产业的资产以实现快速的技术更新及产品迭代。

核心解释变量技术寻求型 OFDI 对我国制造业资产结构高度化指标的影响系数为 0.002,且符号为正,通过了 5% 的显著性水平检验,这说明技术寻求型对外直接投资对我国制造业资产结构高度化同样存在显著的正向影响。根据前文的机制分析,技术寻求型 OFDI 首先在企业层面通过逆向的技术溢出效应将东道国的技术、管理、营销战略等无形资产向我国制造业以及相关产业传递,高技术制造业将通过加大新增固定资产的方式扩大生产,并充分利用技术提升带来的市场竞争力提升我国制造业中高技术制造业固定资产投资比例进而提高资产结构高度化水平。其次,技术寻求型 OFDI 使得母国跨国公司技术的改进在产层面扩散以及国外消费理念的引进,会提升高技术制造业的资本投入并使得缺乏资本投入的低技术制造业逐渐退出市场进而提高制造业的资产结构高度化水平。

控制变量制造业中规模以上企业的出口交货值对制造业资产结构高度化指标的影响系数为负,且通过了5%的显著性水平检验,这说明随着对外出口份额的增加,国内制造业的资产结构高度化水平下降。原因可能是我国制造业在全球产业链中处于中下游,制造业整体资产结构仍然以低附加值产品的生产服务为主,而出口的增加正是对低技术产品在国际市场上具有的价格优势的充分利用,因此制造业出口规模的扩大反而会带来更低的资产结构高度化水平。

从模型(5.4)的回归结果(见表5-5b)可以看出,核心解释变量资源寻求型OFDI对我国制造业技术结构高度化指标的影响系数为0.0001且显著为正,这说明资源寻求型对外直接投资对我国制造业技术结构高度化水平有显著的正向影响。根据前文的机制分析,原因可能在于国外资源对我国制造业的发展起重要的支撑作用,而生产成本的降低使得制造业的主营业务收入增加进而制造业内部有更多的资本投入研发中,从而提高了自身的市场竞争力并使得技术结构高度化水平提高。

核心解释变量市场寻求型OFDI对我国制造业技术结构高度化指标的影响系数为0.0002且显著为正,这说明市场寻求型对外直接投资对我国制造业技术结构有显著的正向影响。其原因可能是边际产业以及过剩产能的向外转移为国内其他技术及资本密集型产业发展腾出资源,这些资源将以研发费用增加等形式支撑高技术制造业及相关产业的发展。在海外市场寻求型OFDI可以在一定程度上避开贸易壁垒,从而加强母国产业的规模效应进而在市场形成更激烈的竞争效应,再加上海外市场收益的增加,这些都会使产业内部研发费用增加从而提高产品的市场竞争力。

核心解释变量技术寻求型OFDI对我国制造业技术结构高度化指标的影响系数为0.0001且显著为正,这说明技术寻求型对外直接投资对我国制造业技术结构有显著的正向影响。从前文的影响机制可以看出,首先,技术寻求型OFDI通过提高行业龙头企业的创新能力及技术水平,使行业内其他公司面临巨大的市场压力,从而推动整个行业研发投资的增加以及产品质量和市场竞争力的提高。其次,龙头企业在学习了技术寻求型OFDI带来的技术之后,会引发产业内其他公司的竞相模仿学习使得先进技术在产业内扩散,进而提高制造业技术结构的高度化水平。

控制变量产业集聚对制造业技术结构高度化指标的影响系数为负,尽管在集聚的初始阶段会产生规模及协同效应加快知识的流动、吸引企业加大研发投入,但企业间规模的扩张、企业间资源的相似度及市场的重叠,加剧了企业间的对抗张力并产生恶性竞争使得研发意愿下降。大企业的集聚对市场各种资源产生垄断以至于中小企业生存空间减少,再加上中小企业间技术的趋同,这些都会逐渐降低中小企业的研发投入意愿,从而对这一阶段的制造业的技术高度化水平产生负面影响。

从模型(5.5)的实证结果(见表5-5b),核心解释变量资源寻求型OFDI、市场寻求型

OFDI 以及技术寻求型 OFDI 对劳动力结构高度化水平指标没有产生显著的影响。尽管在统计上不显著，但是高技术产业的发展，特别是制造业技术结构高度化水平的提高以及对外直接投资带来的逆向技术溢出都会扩大制造业对高技术就业人员的需求进而提高劳动力结构水平。

从模型(5.6)的回归结果(见表5-7)来看，中国 OFDI 对制造业技术结构高度化的影响显著为正，这说明 OFDI 可以通过获取海外相对廉价的生产资源降低制造业的生产成本，使得企业投入的研发资金相对增加。并且在边际产业以及优势产业的海外转移中，可以获取更大的市场规模效应，增加的海外市场收益进一步返回母国使得研发投入增加。此外在技术寻求型 OFDI 中，逆向的技术溢出学习会导致母国在企业以及产业层面的技术扩散并使得制造业企业市场竞争加大，再加上需求层次的提升，这些都会使制造业加大对研发的投入，进而提高国内制造业技术结构高度化水平。

从模型(5.7)的回归结果(见表5-7)来看，中国 OFDI 对制造业劳动力结构高度化的影响显著为正，而在时间序列模型中 OFDI 对制造业 LS 指标没有产生显著正向影响，这说明在时间序列回归模型中可能存在变量之间的内生性以及异方差等问题，进而导致显著性偏差。在市场寻求型 OFDI 中，国内相对低端产业的向外转移会带来资源的重新配置，当更多资源投入高技术制造业会带来高技术制造业从业人数的增加，进而提升国内制造业劳动力结构高度化水平。在技术寻求型 OFDI 中，海外跨国公司会带来发达国家相对先进的技术、生产工艺、营销理念等无形资产，只有通过增加高技术产业的从业人数，特别是增加研发人员，才能够对技术进行吸收与利用并通过杠杆效应实现后发国家的比较优势。因此 OFDI 对制造业劳动力结构高度化水平产生了显著的正向影响。

从模型(5.8)的回归结果(见表5-7)来看，中国 OFDI 对制造业资产结构高度化的影响显著为正，这说明 OFDI 在边际产业向外投资的过程中，逐步将发展重心向高技术产业转移，这一方面是为了充分利用国外的劳动力、自然资源等相对比较优势进而相对降低国内低技术制造业的新增固定资产；另一方面，在海外技术寻求的直接投资中可以通过技术共享、研发风险共担、人才流动等方式提高企业技术水平，高技术制造业对固定资产的投资正是对这些比较优势的充分利用。

从模型(5.9)的回归结果(见表5-7)来看，中国 OFDI 对制造业产值结构高度化水平产生了显著的正向影响。基于前文不同动机 OFDI 对 PS 的影响机制分析，原因可能在于海外直接投资会在抢占海外市场的投资中增加海外中低端制造业的生产以降低成本，规避贸易壁垒并满足多样化的市场需求，这会引起国内中低端制造业产品的需求相对减少进而降低中低端制造业产值。而技术寻求型 OFDI 中，通过跨国公司嵌入技术先进的东道国或者直接参与到东道国企业的运营中，都能够获取到更先进的技术、生产工艺、专利、市场信息、营销模式、品牌等无形资产。在此过程中母国通过逆向学习提高母国企业技术水平，而需求层次的提升更会倒逼国内高技术产业产值的增加，进而提高国内制造业产值结构高度化水平。

胡昭玲和宋佳(2013)研究发现，首先对外直接投资有助于母国资源要素的优化，产业结构趋于合理化,提高产业国际竞争能力。其次,对外直接投资通过获取直接技术推动国内技术水平的提升。最后,对外直接投资在东道国形成的规模经济,通过规模报酬递增效应降低企业生产成本;同时,对外直接投资也能借助产业集聚效应构建完整的供应链、产业链体系,加快产业结构调整,最终实现母国全球价值链的优化升级。本章的实证结论也恰恰印证了OFDI在资源要素优化、技术获取及产业集聚效应等方面对制造业升级和全球价值链升级的影响(丁建筑,2020)。

5.5 本章小结

本章从分析对外直接投资对产业升级的一般机制入手,进而基于资源寻求、技术寻求以及市场寻求三种动机分类探究其对制造业升级的影响机制和路径,研究发现:(1)对外直接投资影响产业升级的一般机制表明逆向技术溢出、边际产业转移、产业竞争及示范和产业关联四种效应是OFDI影响产业结构的主要传导路径。(2)在资源寻求型对外直接投资中,通过破除资源约束瓶颈进而使得国内资源配置优化,通过产业关联效应提高了制造业的产值结构、资产结构以及技术结构高度化水平,从而促进国内制造业结构的升级。在技术寻求型对外直接投资中,跨国公司通过对企业层面技术外溢效应的模仿与学习提高了母国公司的研发技术水平。此外,母国产业层面的技术扩散带来的需求结构和供给结构的优化,会进一步促进母国产业的产值结构与资产结构高度化水平的提高。市场寻求型对外直接投资通过边际产业转移效应、贸易壁垒规避、规模效应以及海外市场收益促进国内生产要素配置结构的合理化,而同期产生的挤出效应将带来优胜劣汰,最终促进国内传统产业加快结构调整;而新兴产业以及高技术制造业投入要素的增加会带来制造业资产结构以及产值结构高度化水平的提升,贸易壁垒的规避和规模效应会使母国制造业中部分低效率以及"僵尸企业"逐渐退出市场,从而提高制造业结构高度化水平。实证结果表明,资源寻求型、市场寻求型以及技术寻求型三种动机下的OFDI都对制造业产值结构高度化、资产结构高度化以及技术结构高度化产生了显著的正向影响,但对制造业劳动力结构高度化水平的影响不显著。制造业的出口交货值则对制造业产值结构高度化水平产生较为显著的负面影响。中高技术制造业的结构性集聚发展水平落后于制造业整体的集聚发展水平,这可能会对产业内的研发投入产生一定的负面影响。市场寻求型OFDI对我国制造业资产结构高度化、产值结构高度化以及技术结构高度化水平的影响大于另外两种OFDI,这说明海外市场投资带来的竞争效应以及边际产业转移效应能有效带动国内制造业的结构升级,最终实现制造业在全球价值链地位的提升,具体结论如下:

首先,资源寻求型OFDI在境外投资设厂进行初级工业品生产时,国内能源、矿产等较低技术产业产出需求下降,从而导致国内制造业结构中高新技术产业产出比例的相对提高,进而提高制造业产出结构高度化水平。当跨国公司以技术寻求为导向在东道国进行直接投资时带来的研发成果以及先进技术的逆向转移会提高母国公司高技术高附加值产品的产出,同时产业层面的技术扩散带来市场需求层次的提升,这些都会进一步刺激适应市场需求的高技术产业的发展及产出的增加,从而提高产值结构高度化水平。以抢占海外市场为导向的对外直接投资会将部分边际产业对外转移,特别是向具有劳动力比较优势的其他发展中国家转移装配、包装等劳动密集型产业,在国内产业链保留中高端制造业尤其是产业部门中的研发、设计、营销等部门,这同样会提高国内制造业产值结构的高度化水平。

其次,资源寻求型OFDI带来的国外资源不仅有助于破除资源约束的瓶颈,还能降低生产成本,这样的产业关联效应以及国内生产资源的合理配置使新兴产业有更多的资源投入,从而提高制造业的资产结构高度化水平。技术寻求型OFDI通过将母国公司嵌入东道国高技术产业链,不仅能直接获取东道国的部分先进技术、品牌效应、管理经验等无形资产,还能通过研发风险分担等渠道间接加大对研发部门的投入使得制造业资产结构高度化水平提升。在市场寻求型OFDI中,为了更接近东道国市场通常会在东道国设立组装、生产等劳动密集或终端生产环节,母国则不断深化专业化分工向研发等高附加值端攀升从而优化制造业资产结构。

最后,技术寻求型OFDI通过绿地投资产生的逆向技术溢出效应,不断学习东道国先进的研发及生产技术进而提高国内制造业的技术水平,而跨国并购则可以直接掌握东道国公司的生产经营管理权限,通过内部化管理共享研发及核心生产工艺,打破发达国家设定的市场封锁及技术垄断。市场寻求型OFDI面对全球化的市场竞争以及差异化的市场需求会刺激国内制造业技术升级、降低成本以及提高产品竞争力,因此传统制造业会不断向资本以及知识密集型靠近进而提高自身的技术水平以适应市场需求,从而提高我国制造业技术结构高度化水平(丁建筑,2020)。

第 6 章
中国制造业迈向中高端发展的现状与存在的问题

改革开放以来,随着工业化的快速发展,中国制造业的规模和影响力都在不断提升,尤其是 2010 年到 2021 年,中国制造业增加值从 16.98 万亿元增加到 31.4 万亿元,占全球总量的比重从 20% 左右提高到近 30%。同时,中国制造产业结构加快升级,高技术制造业占规模以上工业增加值的比重由 2012 年的 9.4% 上升到 2020 年的 15.1%。光伏、新能源汽车、家电、智能手机等产业跻身世界前列,通信设备和高铁等一批高端品牌走向世界。但是,不可否认,中国的制造业依然大而不强,大部分行业依然处在中低端。因此,2015 年国务院发布了《中国制造 2025》,明确指出要推动制造业迈向中高端,实现制造强国的目标。迈向制造业中高端这一概念刚被提出,《中国经济时报》就成立专门的调研组,对广东、江苏、浙江、山东、天津等五个沿海发达地区和湖南、湖北、重庆三个地处中西部承接产业转移地区的制造业发展的现状和前景进行调查。结果发现,在沿海主动转型地区,一些传统制造业的竞争力在增强,价值链在向中上游延伸;一些新兴产业的表现向好,创新能力增强,一些行业已经和正在出现具有国际影响力的冒尖企业;移动互联网、云计算、大数据、物联网等与现代制造业加快融合,智能制造呈现较好的发展态势。但是,与此同时,中国制造业也出现大批企业无奈退出市场,一些地方"笼"腾出来了,"鸟"还没装进去;一些承接产业转移的地区,并没有达到预期的目标;新业态、新商业模式、新消费增长点总量仍然偏低,不足以抵消传统制造业的收缩,对整体经济回升的拉动作用尚不显著(中国经济时报制造业调查组,2016)。随后越来越多的学者开始关注中国制造业如何走向中高端。本章在现有研究的基础上,通过梳理中国制造业发展演变的历史、转型升级的现状,以及测算中国制造业在全球价值链参与度指数和地位指数,剖析中国制造业在全球价值链地位的变化,进而剖析中国制造业迈向全球价值链中高端存在的问题及面临的挑战为第 10 章的对策提供依据。

6.1 中国制造业发展演变的历史和现状

新中国成立 70 余年来,工业化不断推进,除了在特殊的历史时期有所回调外,在大部分历史时期,工业增加值均呈现稳步上升的趋势。改革开放前,工业增加值占 GDP 的比重呈现波浪式上升的趋势;改革开放后,这一比重变化相对比较平稳;而到 2012 年后,随着现代服务业的崛起,工业增加值占比呈现逐年微弱下降的趋势(图 6.1)。邓洲和于畅(2019)从轻重工业关系变化的角度,将新中国成立以来的工业结构分为四个阶段,分别为 1949 年到 1978 年重工业优先发展阶段、1979年到1998年轻重工业均衡发展阶段、1999年至2011年重启重工业化阶段以及2012年至今重工业优化回调阶段,认为在不同的历史时期,中国的工业发展形成了不同的发展特征。这不仅符合工业化的一般规律,而且与不同时期的国情世情密切相关,更受中国政府和工业企业不断探索社会主义市场经济体制改革的深刻影响。郭旭红和武力(2018)认为,新中国产业结构变化具有产业结构转型和工业结构升级的双重属性并呈现出明显的阶段性特征,提出新中国建立后的产业结构演变可以分为四个阶段:1949年到1978年是以单一公有制和计划经济体制为基础,实施优先快速发展重工业战略,导致"畸重畸轻"的产业结构的阶段;1979年到1997年是以改革开放为基础,纠正失衡的产业协调发展的阶段;1998年到2012年是随着市场经济体制的确立,不断扩大内外需并进行结构升级的阶段,产业结构因此呈现重启重化工业的特征;自2013年以来,在经济新常态的背景下,我国进入了顺应转变经济发展方式的客观要求(郑依玲,2018),不断进行产业结构调整和供给侧结构性改革的阶段。

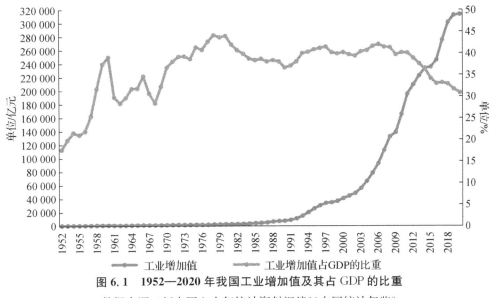

图 6.1　1952—2020 年我国工业增加值及其占 GDP 的比重

数据来源:《新中国六十年统计资料汇编》《中国统计年鉴》

图 6.2　我国规模以上制造业历年增加值

数据来源:根据历年《中国工业统计年鉴》以及国家统计局提供的数据计算得出

制造业是工业的主体,其发展演变(图6.2)在一定程度上与前述的工业的发展演变呈现类似的阶段性特征,不同学者依据不同的标准对中国制造业的发展历程进行了不同的阶段划分,如李廉水教授(2018)按照社会经济整体运行状况、经济体制和企业角色,将改革开放后中国制造业的发展历程分为四个阶段:1978年到1991年是乡镇企业开启制造业复苏的阶段,1992年到2001年是民营和外资企业共同催动制造业快速发展的阶段,2002年到2010年是制造业规模迅猛扩张阶段,2011年至今是制造业高质量发展的阶段;李雨蒙(2019)将新中国成立以来的制造业大概分为四个阶段:新中国成立到1998年是国产品牌、代工阶段,1998年到2008年是世界产品中国造阶段,2008到2018年是世界新物中国造阶段,2018年至今是"中国制造2025"阶段。韩红星和李思晨(2020)以改革开放后历次"五年规划"中的制造业相关文本和《中华人民共和国国务院公报》中共795条制造业政策为样本,采用历史分析法和内容分析法对政策文本进行分析,从政策的视角将改革开放后中国制造业分为以下三个阶段:1978年到2005年为恢复发展时期,2006年到2014年为调整发展时期,2015年至今为智能发展时期,并认为中国制造业逐步升级,注重品质化、创新化、智能化。刘大卫(2018)将改革开放以来中国制造业的发展分为四个阶段:第一阶段(1978—1987年)是国际资本转移FDI来料加工探索的阶段,第二阶段(1988—1997年)是劳动密集型大规模合资企业发展的阶段,第三阶段(1998—2007年)是国有、民营、外资三驾马车共同作用的制造型企业走向成熟的阶段,第四阶段(2008年至今)是传统制造业进入成本困难开始萎缩和制造业进入智能化发展的阶段。本书在前人研究的基础上,兼顾制造业发展的政策导向、产业结构特征及主导产业演变等多个视角,将改革开放以来中国制造业的发展演化梳理为以下四个阶段。

6.1.1 新中国成立到改革开放前恢复改造调整阶段(1949—1978年)

新中国成立之初,中国的经济基础十分薄弱,且区域差异非常巨大,当时全部轻工业和重工业约70%分布在沿海,只有30%分布在内地。在此背景下,毛泽东主席根据马克思生产力布局思想,提出我国应实行均衡发展的区域经济发展战略,自此中国真正开始了自己的工业化进程。从具体行业来看,基于赶超发展战略及苏联对中国的援助,要优先发展重工业,能源、农业和铁路交通率先启动。从投资重点区域来看,当时东北地区被列为重点投资区域,以1950年为例,当年东北地区占全国投资总额的51.66%,其后1950—1952年建成的17个重点工程中有13个在东北地区,其中电力8项、煤炭5项。在随后的第一个五年计划(1953—1957年)期间,随着苏联援助的"156项"工业项目①的投产,中国在能源、原材料、机械等重工业发展上跨出了一大步,国民经济和工业经济分别实现10.9%和18%的高速增长

---

① 第一个五年计划期间,"156项"计划并没有完全竣工,在实施、实际上马的项目有150个,其中军工类型的企业44家,包括航天2家、航空12家、电工10家、兵器场16家和造船相关4家;冶金类型的企业20家,包括有色冶金13家、钢铁7家;7家化工类型的企业;机器加工的企业24家;与能源有关的企业52家,其中电力能源和煤炭发电两个方面各25家,剩下的2家和石油有关;其余的就是轻工业以及医学药物方面的3家。

(黄群慧,2018),这些产业初步奠定了工业化的基础。毛泽东主席在著名的《论十大关系》中对沿海与内地工业的关系做了专门阐述,认为沿海工业基地必须充分利用,但要平衡工业发展布局,内地工业必须大力发展。

随后国家投资重点开始转向中西部地区。特别是在贯彻1964—1980年三个"五年规划"的16年中,国家向属于三线地区的13个中西部地区投入了占同期全国基本建设总投资40%左右的巨额资金。超过400万工人、干部、知识分子、解放军官兵和成千上万的民工奔赴祖国大西南、大西北深山峡谷、大沙漠荒原,建设了1 100多家大中型工矿企业、科研机构、大专学校,启动和推进了内地工业化道路。当然,1958—1961年的"大跃进"和1966—1976年的"文化大革命"对中国产业体系造成了巨大破坏,到1978年,中国人均国内生产总值仅为385元,三次产业产值比例分别为27.7%、47.7%和24.6%。农业产值占比仍较高,尤其是第一产业的就业人口高达70.5%,服务业占比很低,中国还是一个典型的农业大国(黄慧群,2018)。

从工业内部结构变化趋势来看,新中国成立到改革开放前,主导产业呈现由轻到重的转型特征。新中国成立时,我国轻工业占工业总产值的比例达到73.6%,其后的"重重轻轻"是计划经济时代处理工业轻重关系的基本思路(武力等,2006),特别是"大跃进"期间,重工业比重3年猛增22个百分点,机械工业在20世纪50年代末成为第一大工业行业,造成工业结构严重失衡(邓洲等,2019)。改革开放前,纺织、食品、森林、缝纫四大轻工业比重合计下降34个百分点,冶金、机械、电力、石油和化工等重工业占比快速上升,在化学工业、半导体工业、国防工业、航空航天业等诸多方面取得了长足的发展(邓宏图等,2018)。1949年到1978年,中国轻重工业的比例关系从73.6∶26.4调整到43.1∶56.9,工业总产值从140亿元增加到4 237亿元。其中,轻工业产值从103亿元增加到1 826亿元,重工业产值从37亿元增加到2 411亿元。1978年工业总产值、轻工业产值和重工业产值分别是1949年的30.3倍、17.7倍、65.2倍。按照可比价格,1978年工业总产值是1949年的29.8倍,年均增速为12.4%(李晓华等,2021)(图6.3)。

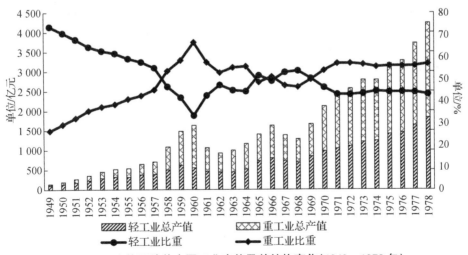

图6.3 改革开放前中国工业产值及其结构变化(1949—1978年)
资料来源:《新中国50年统计资料汇编》

这一时期主要工业品产量增幅明显,1949年至1978年,原油增长867.1倍,发电增长59.7倍,钢增长198.6倍,水泥增长98.8倍,化肥增长1 448.8倍,金属切削机床增长114.5倍,布增长5.8倍,机械造纸及纸制品增长39.9倍,糖增长114.4倍(李晓华等,2021)。

从要素结构来看,1949年至1978年是资本集约型行业比例快速上升的阶段。新中国成立初期劳动密集型行业总产值比重达到82.9%,重工业优先发展使资本密集型行业比重在20世纪50—60年代迅速上升、70年代高位波动,1978年资本密集型行业比重升至34.5%(邓洲等,2019)。总体而言,从新中国成立之初到改革开放前,中国的工业体系已经具备了一定基础,为改革开放制造业的发展提供了基础,但总体上还处于工业化初期阶段,且农业和商业发展严重滞后,重工业过重,轻工业过轻,总体经济发展水平还十分落后。

6.1.2　改革开放后外资为主轻重工业均衡高速发展阶段(1979—1998年)

三线建设给中国发展带来的负面影响逐渐开始显现,包括计划经济的运作模式导致资源配置效率低下、投资结构不合理、产业结构重生产轻消费、沿海老工业基地整体经济效益提升受损、产业过于分散导致新建企业低效运营等。邓小平同志敏锐地观察到国际政治态势和国家间关系向好的方向发展,提出"现代化建设任务涉及多方面,各方需要综合平衡,不能单打独斗"。在当时的困难时刻,改革是唯一的出路,1978年底,十一届三中全会确定实行改革开放的重大决策,为我国制造业的高速发展带来契机。在改革开放初期的1980年,我国设立了深圳、珠海、汕头及厦门四个位于中国南部沿海区域的经济特区,这主要是因为:一方面,经济特区的地理位置更靠近港澳台,有利于吸引港澳台投资;另一方面,经济特区一般都是沿海港口城市,开展对外物流交通便利,有利于发展来料加工制造业,有利于中国制造业融入世界经济体系。

1988年中国又设立了海南经济特区。此后,在东莞等靠近港澳的内地城市,"来料加工、来料装配、来料加工、补偿贸易"的"三来一补"合作模式开始抬头,这种模式可以赚取基本加工费,形成中国制造业的初始形态,中国制造业开始进入全球分工体系和全球价值链。1992年邓小平南方谈话后,大量中外合资、港澳台合资企业如雨后春笋般涌现,大大推动了中国制造业的发展。

改革开放初期,"重重轻轻"基本思维模式得到调整,民生受到关注,加之中国当时呈现的资本稀缺、劳动力丰富的资源禀赋特征,更适宜发展劳动密集型的轻工业。随着改革开放的全面开展,经济调整目标逐步实现,从产业结构变化来看,农业、轻工业、重工业关系得到改善,积累与消费的比例关系得到调整,三次产业结构不断优化,整个国民经济呈现出各产业全面蓬勃发展的势头。特别是1979年至1982年,轻工业快速增长,轻工业、重工业的比例关系由43.1∶56.9调整为50.2∶49.8,此后十多年,轻工业、重工业基本保持均衡发展态势,在工业总产值中的比重相当(邓洲等,2019)。

20世纪90年代以来,中国居民消费结构升级,对家用电器等耐用消费品的需求快速增长,为解决长期形成的结构性矛盾和粗放型增长问题,国家在"八五计划"和"九五计划"期间继续推进了工业结构调整,加大对基础设施和基础工业的投资。在内蒙古、山西、陕西以及东北地区续建和新建了一批大型煤矿,电力方面建设了一批水电、煤电、坑口电站和核电站,原材料中钢铁、有色、化工等产能增长较快,改造和扩建了一批铁路、汽车、造船、电力、石油等专用钢材和不锈钢生产线,原煤、原油、电、钢、乙烯、化肥等主要工业产品产量大幅增加。同时,注重用新技术、新装备改造机械工业和轻工业,基础机械、基础部件、数字机床等重要基础机械以及液压、气压、密封、仪器仪表等重要机械基础部件受到重视。发电和输变电、矿山、乙烯、化肥等大型成套设备及关键产品自主生产能力显著提升。机械、石油化工、汽车、电子、家电、纺织等产业生产能力快速增长,加工工业产品在国际市场上形成比较优势,出口大幅度增加(刘戒骄等,2021)。这一阶段重工业占比开始增加,到1998年轻重工业比例为42.9∶52.1。从工业内部结构来看,纺织服装、电子及通信先后成为这个时期最重要的支柱产业(邓洲等,2019),其中纺织工业产值占比从1978年到1985年上升了2.9个百分点,是这一时期比重提高幅度最大的工业产业。同时,为了建立我国的高新技术产业,促进高新技术企业快速发展,国务院于1991年发布了《国家高新技术产业开发区高新技术企业认定条件和办法》(国发〔1991〕12号),授权原国家科委组织开展国家高新技术产业开发区内国家高新技术企业认定工作,并配套制定了财政、税收、金融、贸易等一系列优惠政策,高新技术产业自此得到快速发展。1993年到1998年,中国高新技术产业的典型代表电子及通信设备制造业比重提高了3.94个百分点,达到7.22%,跃升为总产值占比最高的工业行业(邓洲等,2019)。从具体行业来看,电子元器件、专用高精密设备和仪器、专用材料的研制和生产取得很大进步,在迎头赶上世界先进水平的目标上取得了积极进展。电子信息、生物工程、新材料、核能、航空、航天、海洋工程等高技术产业取得明显进展(刘戒骄等,2021)。

从要素结构来看,改革开放充分释放了中国经济被抑制的增长动力。丰富的劳动力供给形成了中国制造业的价格优势,推动了我国劳动密集型产业的快速发展,劳动密集型产业规模的壮大进一步带动了上游辅助产业的快速发展(李晓华等,2021)。1979年至1985年是中国劳动密集型行业的暂时复苏阶段。这一时期大量涌现的乡镇企业优先选择投资少、回报快的轻工业部门,劳动密集型行业比重由1978年的65.5%提高到1985年的69.2%,达到改革开放以来的峰值,而1986年之后,资本密集型行业持续迅速攀升(邓洲等,2019),投资品和消费品都出现了供求平衡或供大于求的特征。

总体而言,从改革开放到世纪之交,我国经济体制改革进入社会主义市场经济体制的新阶段,非公有制经济加快发展,外资、台资企业形成新高潮,我国出口部门快速发展,工业化向纵深发展,工业结构不断调整深化,全面融入国际产业分工体系。

6.1.3 内外资共同驱动重启重工业化探索新兴工业化道路阶段(1999—2011年)

一般来说,重工业主要包括钢铁、化工、冶炼、重型机械制造等,它不仅为基本建设提供必要的工业化条件,例如为铁路建设、水利水电事业(大型灌溉设施)提供动力(包括各类机械作业平台、燃油和电力驱动等设备)、原材料(包括服务特殊建设任务的特种钢材等)、勘探设备等,还为其他产业(如半导体产业、通信业、轻工业、农业等)提供必备的中间投入品,因此,拥有一定数量的重工业体系是一国实现长期经济增长的先决条件(邓宏图等,2018),只有实现高水平的重工业化,才能进入制造业的中高端。根据国际经验,工业化的一般规律是先轻工业化,再重工业化,最后进入后工业化,作为一个后发国家,加之苏联工业化模式的影响,中国走了一条特殊的重工业优先发展、改革开放轻工业发展的道路(图6.4)。

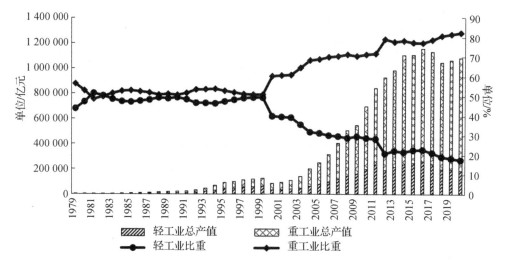

图6.4 改革开放后中国历年工业产值及结构变化(1979—2020年)
资料来源:《中国统计年鉴》与《新中国50年统计资料汇编》
注:2012—2020年的产值是作者通过对应《中国统计年鉴》规模以上工业企业主要指标中的"营业收入"分类加总计算得到的。

进入世纪之交,中国的资源禀赋和国内需求进一步发生显著的转变,城市化加速发展,基础设施建设提速,居民消费结构升级,"98房改方案"制定并稳步推进,部分居民已进入"大额消费阶段",对汽车和住房等的需求剧增,而这些又对钢材、水泥、能源、电力、机械设备等重化工业产品产生了巨大的需求,在这样的新背景下,重工业化再次呈现高速增长的态势。

2001年中国加入世界贸易组织,对外开放进程加速,企业开始越来越多地参与国际分工,中国逐渐融入全球制造业生产体系,并迅速成为全球纺织服装、消费电子等劳动密集型产业的加工制造中心(李晓华等,2021)。与此同时,资源环境约束趋紧,先污染后治理的传统工业化道路暴露出越来越多的问题,亟待寻求新的工业化道路。2002年,党的十六大提出走新型工业化道路。相对于传统工业化道路,新型工业化道路更强调与信息化的融合、科技含量和经济效率的提高、资源环境的保护、人力资源优势的充分发挥。2003年,中国共产党第十六届中央委员会第三次全体会议通过的《中共中央关于完善社会主义市场经济体制若干问题的决定》要求加快工业改组改造和结构优化升级,积极推进对国有大型企业公司制股份制改革,大力发展个体、私营等非公有制经济,扩大利用外资规模,提高利用外资水平,引导外资更多投向高新技术、先进制造、节能环保、新能源等领域。2007年,党的十七大提出科学发展观,针对工业发展提出"中国特色新型工业化道路",强调把经济增长动力转变到消费、投资、出口协调拉动和三次产业协同带动上,大力推进信息化与工业化融合,发展现代产业体系,大力促进工业由大变强。2008年国际金融危机爆发后,党中央密切关注危机的发展态势及其对中国经济发展可能造成的风险与冲击,采取大规模增加政府投资,实行结构性减税,实施钢铁、汽车、船舶、石化、纺织、轻工、有色金属、装备制造业、电子信息以及物流业等十个重点产业调整振兴规划等一揽子措施进行应对,使这些支柱产业较好地应对了外来冲击,保持了经济平稳较快发展的态势(刘戒骄等,2021)。

从产业结构演变来看,1999年我国的重工业增长速度超过了轻工业,从这一年开始,我国的工业结构发生了新的变化,再次出现了重工业化的趋势(简新华,2005)。2000年,重工业产值占工业总产值的比重继续升到60.2%,而轻工业占比下降到39.8%。由于对高新技术开发的重视,高新技术产业有了较快发展,2000年高新技术产业增长值占制造业产值的比重升到约9%。到2005年,轻、重工业总产值的比例达到31.1%和68.9%,同期纺织服装等轻工业产值占比明显下降。受煤炭开采和洗选业占比提高的影响,2006年后采矿业进入扩张期。资本密集型产业比例迅速上升,黑色金属冶炼及压延加工业、有色金属冶炼及压延加工业、煤炭开采和洗选业是带动这一时期工业结构资本深化的最重要力量,主要重工业产品均呈现较快的增长势头(邓洲等,2019)。2011年,我国重工业增加值比上年增长14.3%,其中发电量增长12.0%,钢材增长12.3%,水泥增长16.1%,十种有色金属增长10.6%,乙烯增长7.4%,汽车增长3.0%。从要素结构来看,在加强新型工业化和现代化建设的过程中,我国注重转变经济发展方式,产业结构呈现由劳动密集型为主向资本密集型、技术密集型为主转变的态势。

总体而言,1999—2011年是基础工业的扩张阶段,也是资本深化和重工业化的重启阶段。2011年重工业的比重达到了历史最高的71%。工业结构重型化是这一阶段我国工业结构变迁的核心特征,符合工业化中后期的基本规律(金碚等,2011)。

6.1.4 创新驱动优化调整迈向中高端发展阶段(2012年至今)

2010年以后,中国经济逐渐进入"新常态",人口红利也在达到顶峰后开始衰减,长期高积累、高消费、重工业化占较高比重的发展模式引发了新的问题,比如环境问题。同时,土地、资源、能源等传统要素成本也急剧上升,不仅外资开始转移到东南亚一些成本更低的国家,而且国内一些纺织服装等劳动密集型产业也开始出现向东南亚转移的端倪,这使得中国在传统制造业领域的成本优势逐渐减弱。中国居民的消费能力进一步大幅提高,对汽车等高端工业品需求持续增长。在新的发展背景下,供给和需求结构变化推动我国制造业结构亟待进一步调整和优化。

2012年,党的十八大对中国特色的新型工业化做出进一步的设计和部署,要求推动战略性新兴产业、先进制造业健康发展,加快传统产业转型升级,促进工业化、信息化、城镇化、农业现代化同步发展,实现工业发展由数量规模扩张向质量效益提升的转变。2015年3月,国家出台《关于深化体制机制改革加快实施创新驱动发展战略的若干意见》,指导深化体制机制改革,明确提出加快实施创新驱动发展战略。同年5月,国务院发布了《中国制造2025》,明确指出要实现制造强国的目标,提出"推动产业迈向高端,坚持创新驱动、智能转型,加快从制造大国向制造强国转变"。2015年10月,中国共产党第十八届中央委员会第五次全体会议通过《关于制定国民经济和社会发展第十三个五年规划的建议》,明确提出以创新、协调、绿色、开放、共享为内容的新发展理念,明确了新时代中国发展的思路、方向和要求。2015年11月,习近平主席主持召开中央财经领导小组第十一次会议,研究经济结构性改革和城市工作,自此我国拉开了供给侧结构性改革的序幕,针对供给结构不适应需求结构变化的结构性矛盾进行结构调整和体制机制改革(黄群慧,2016)。2017年党的十九大指出,"我国经济已由高速增长转向高质量发展",针对产业发展提出"必须坚持质量第一、效益优先,以供给侧结构性改革为主线,推动经济发展质量变革、效率变革、动力变革,提高全要素生产率,着力加快建设实体经济、科技创新、现代金融、人力资源协同发展的产业体系"。2020年,中国共产党第十九届中央委员会第五次全体会议提出,"坚定不移建设制造强国、质量强国、网络强国、数字中国,推进产业基础高级化、产业链现代化,提高经济质量效益和核心竞争力"。在新的时代背景和新的发展理念的指导下,创新驱动、智能制造、迈向中高端等发展战略逐步实施并取得显著效果。

从实践上来看,我国着力开发电子信息产品和新型部件等产品,大力推进先进集成电路、高性能计算机、大型系统软件、超高速网络系统、新一代移动通信装备和数字电视系统的产业化,大力推进大数据、云计算、物联网应用信息化,对工业化的带动作用明显增强。同时,根据基础设施和重大工程振兴装备制造业,提高重大技术装备研发设计、核心部件配套、加工制造和系统集成的整体水平,开发高铁、新型高效发电设备、超高压直流运输变电设备以及大型冶金、化肥和石化成套设备,推进船舶、汽车、冶金建材、石化、轻纺等产业结构调整。另一个显著变化是着力培育战略性新兴产业,加快从高新技术产业加工组装等低端环节向研发和先进制造等中高端环节的上升,生物、高端装备制造、新能源、新材料、新能源汽车等战略性新兴产业取得了较快发展。中国制造业在规模扩张中加快了技术改造和技术升级,在先进制造、尖端制造和战略性新兴产业等领域建设了一批技术起点较高的项目,综合素质实现了新的飞跃(刘戒骄等,2021)。中高端产品供给能力显著增强,一大批重大标志性创新成果引领中国制造业在高端领域崛起,如水下机器人、无人机等技术以及磁共振、超声影像等高端医学影像装备处于国际领先水平,光伏、新能源汽车、家电、智能手机等重点产业位居世界前列,通信设备、高铁等一批高端品牌走向世界。

从产业结构变化来看,2012年至今,随着居民对高质量轻工业产品需求的增加,及从中央到地方创新驱动、智能制造、迈向中高端、智改数转、两化融合等发展战略的实施,中国制造业内部结构不断优化升级,装备制造业发展迅速,汽车制造、计算机通信和其他电子设备制造产值占比大幅上升,成为占比最高的两个工业行业,轻工业不断提质升级,而同期,采掘、冶金、化工等基础工业比重下降幅度较大,部分重工业过剩产能得到出清。但总体而言,这一阶段延续了1999年开始的重启重工业化的发展态势,从按营业收入计算的规模以上轻重工业的比例来看,2012年,轻重工业比例为20.79∶79.21,而到2020年,这一比例变为17.50∶82.50,轻重工业之间的剪刀差不断扩大(图6.4)。这一时期,在创新驱动发展政策的刺激下,高技术密集型产业占比继续上升,2013年至2017年的比例上升4.41个百分点,2017年达到了31.1%。部分领域智能制造处于国际先进水平,高技术制造业和装备制造业占规模以上工业增加值的比重分别从2012年的9.4%、28%提高到2021年的15.1%和32.4%。从要素结构来看,2012年至今劳动密集型产业比例再次回升。在淘汰落后产能、严格控制过剩导致资本密集型和资源类产业增长放缓的同时,重工业部门中增长较快的汽车制造业、电子信息制造业资本密集程度并不高,这使得劳动密集型产业2017的比例提高到约66%,接近20世纪90年代初的水平(邓洲等,2019)。

综上,新中国成立70多年来,尤其是改革开放以来,中国制造业规模体量和影响力不断提升,特别是2012年以来,在新发展理念和新发展战略的指引下,中国制造业不断进行战略性调整,一方面依靠科技进步加快改造和提升传统制造业,另一方面不断通过创新发展战略性新兴产业,制造业整体素质和国际竞争力不断得到提升,逐步由制造大国向智能制造引领的制造强国迈进。截至2021年,我国制造业增加值已连续12年位居世界第一,占全球比重由22.5%提高到近30%,在联合国工业大类目录中,中国是唯一拥有全部工业门类制造能力的国家,是世界上工业体系最为健全的国家。在500种主要工业品中,超过四成产品的产量位居世界第一,如智能手机、计算机、电视、工业机器人等新产品产量位居全球首位。在全世界230多个国家和地区都能见到"中国制造"的身影(盛朝迅,2020)。

新中国成立以来70余年制造业的发展历史表明,既积极顺应制造业发展的规律,又紧密结合中国的实际,制定适宜的产业发展方略和对策是推动制造业结构优化升级的重要保障。尤其是改革开放以来,党的十二大提出要把全部经济工作转到以经济效益为中心的轨道上来,党的十三大提出要把经济建设重心转到依靠科技进步和劳动者素质提高的集约经营轨道上来,党的十四大再次提出促进经济发展方式从粗放型向集约型根本性转变,党的十八大以来,工业发展的传统动能大大减弱,传统产业面临转型升级的迫切压力。政府顺应工业结构升级的趋势,提出新旧动能转换,大力扶持战略性新兴产业成长,先后提出"互联网+"、中国制造2025、供给侧结构性改革、高质量发展等发展战略或举措,积极推动工业领域的减税降费,使得制造业在增速趋缓的同时,结构升级加速,创新驱动的支撑显著增强,技术密集型行业获得快速发展(邓洲等,2019)。

6.2 中国制造业转型升级的现状

6.2.1 要素密集度视角下的中国制造业转型升级

按照OECD的分类标准,将制造业依据要素密集度分为劳动、资本和技术密集型制造业,分别计算这三类规模以上制造业的总产值、增加值、总产值占比以及增加值占比。鉴于数据的可得性,本书选取的数据主要为2004—2015年数据或者2004—2016年数据。

由图6.5可知,中国劳动密集型制造业的总产值从2004年至2015年呈现持续上升的趋势,由2004年的47 736.57亿元上升到2016年的284 325.54亿元,年均增速为16.03%。资本与技术密集型制造业总产值变动趋势基本一致,2004年至2014年呈上升趋势,分别由2004年的5 807.23亿元、67 629.27亿元上升至2014年的359 897.66亿元、358 189.59亿元。但是在2014年到2015年又呈现下降趋势,分别下降10.73%和14.28%,而2016年又有所回升。总的来看,资本和技术密集型制造业的年均增速要高于劳动密集型制造业的年均增速。劳动密集型制造业总产值的占比从2004年到2008年呈下降趋势,2008年至2016年除个别年份下降外,总体呈上升趋势。资本密集型制造业总产值占比的变动趋势与劳动密集型制造业的变动趋势基本相反,但变动幅度相对较小,相比于2004年,2016年的产值占比提升1.74个百分点;技术密集型制造业占比呈小幅度波浪式下降趋势,年平均下降0.33%(图6.6)。

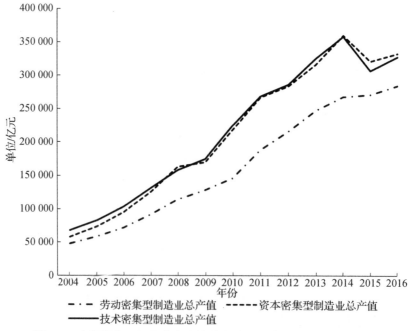

图6.5 中国历年不同要素密集度的制造业总产值(2004—2016年)

数据来源:历年《中国工业统计年鉴》

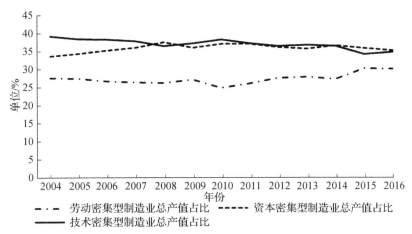

图 6.6 中国历年不同要素密集度的制造业总产值占比(2004—2016 年)

图 6.6 到图 6.12,数据来源同图 6.5

从图 6.7 可以看出,劳动、资本和技术密集型制造业增加值从 2004 年到 2015 年呈持续稳定上升态势,分别由 2004 年的 13 990.1 亿元、15 169.25 亿元和 1 464.58 亿元增加到 2015 年的 63 811.15 亿元、76 538.48 亿元和 83 650.49 亿元,年均增长速度分别达到 14.79%、15.85%和 44.45%,其中劳动密集型制造业增加值和增加值的年均增长速度最小。另外也可以发现劳动密集型制造业增加值与资本和技术密集型制造业增加值相差的幅度在逐年扩大。

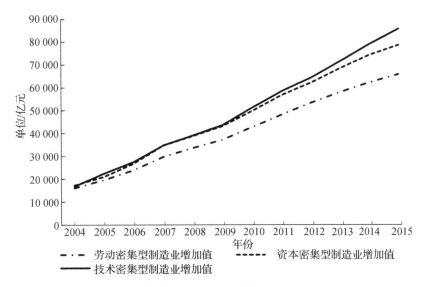

图 6.7 中国历年不同要素密集度的制造业增加值(2004—2015 年)

由图 6.8 可知,劳动密集型制造业增加值占比从 2004 年到 2015 年基本呈现稳定的下降趋势,由 2004 年的 31.94% 下降到 2015 年的 28.49%;资本密集型制造业增加值占比从

2005年到2007年呈现上升趋势,而从2008年到2015年有小幅度下降,但基本维持在34%—35%;技术密集型制造业增加值占比从2005年至2007年呈现小幅度下降趋势,从2008年到2015年则呈现小幅度的上升。由制造业增加值占比可见,中国制造业正在逐步由劳动密集型向资本密集型和技术密集型转变,从要素密集型角度反映了我国制造业的转型升级(吴琴,2020)。

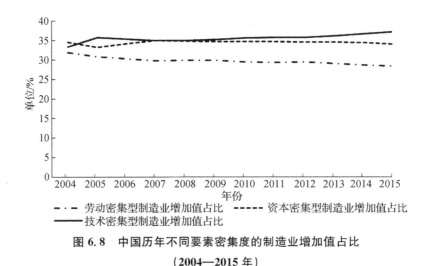

图 6.8　中国历年不同要素密集度的制造业增加值占比(2004—2015 年)

6.2.2　技术要素视角下的中国制造业转型升级

根据 OECD 对制造业技术密集度的分类标准以及中国《国民经济行业分类》,本节主要选取了 2004—2016 年分类代码从 13—41 的 28 个规模以上制造业细分行业的相关数据,按技术密集度标准,将制造业分为低技术制造业、中低技术制造业、中高技术制造业和高技术制造业四类,研究分析我国制造业转型升级的情况,具体测算指标包括总产值及总产值占比、增加值及增加值占比。

由图 6.9 可知,低技术制造业和高技术制造业的总产值从 2004 年至 2016 年呈现持续上升趋势,分别由 2004 年的 45 918.17 亿元、24 453.48 亿元上升到 2016 年的 274 645.4 亿元、109 124.12 亿元,年均增速分别为 16.07%、13.27%;中低技术制造业和中高技术制造业的总产值变动趋势保持一致,从 2004 年至 2014 年呈现上升趋势,分别由 2004 年的 44 479.98 亿元、58 584.44 亿元上升到 2014 年的 277 707.7 亿元、356 040.2 亿元,从 2014 年到 2015 年呈现短暂的下降趋势,分别由 2014 年的 277 707.7 亿元、356 040.2 亿元下降到 2015 年的 237 744.2 亿元、299 287.5 亿元,但是 2016 年又有所回升,分别上升到 2016 年的 246 607.2 亿元、314 307.3 亿元,两者的年均增速分别为 15.34%、15.03%。

第 6 章 中国制造业迈向中高端发展的现状与存在的问题

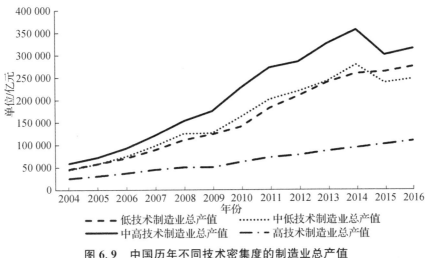

图 6.9 中国历年不同技术密集度的制造业总产值

(2004—2016 年)

由图 6.10 可以看出,从 2004 年至 2008 年,低技术制造业总产值占比从 26.48% 下降到 25.2%,在经历了 2009 年的短暂上升之后,2010 年又有所下降,在之后的 2011 年至 2016 年间整体呈现上升趋势。而中低技术制造业总产值占比的变化基本呈现相反趋势,从 2004 年至 2008 年呈现上升趋势,到 2009 年有所下降,在之后的 2010 年至 2014 年总体呈现上升趋势,从 2015 年至 2016 年又有所下降。中高技术制造业总产值占比从 2005 年至 2010 年呈现上升趋势,由 2005 年的 33.78% 上升到 2010 年的 38.37%,但从 2011 年至 2016 年整体呈现下降趋势,由 37.5% 下降到 33.27%。高技术制造业总产值占比从 2004 年至 2014 年总体呈现下降趋势,由 2004 年的 14.1% 下降到 2014 年的 9.49%,而从 2015 年至 2016 年则有所上升,由 11.2% 上升到 11.55%。

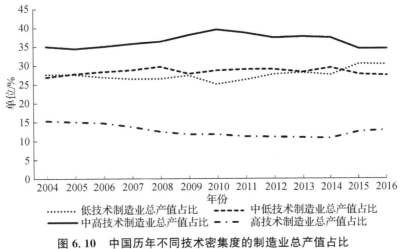

图 6.10 中国历年不同技术密集度的制造业总产值占比

(2004—2016 年)

低技术制造业的增加值由 2004 年的 13 487.49 亿元增加到 2015 年的 61 566.27 亿元,年均增速为 14.80%;中低技术制造业的增加值由 2004 年的 11 424.26 亿元增加到 2015 年的 56 073.86 亿元,年均增速为 15.56%;中高技术制造业的增加值由 2004 年的 13 497.84 亿元增加到 2015 年的 84 077.57 亿元,年均增速为 18.09%;高技术制造业的增加值由 2004 年的 5 394.34 亿元增加到 2015 年的 22 282.42 亿元,年均增速为 13.76%。从图 6.11 可以看出,低技术、中低技术、中高技术和高技术制造业的增加值从 2004 年到 2015 年呈上升趋势,但它们的增长速度有一定差异,中高技术制造业的增长速度最快,高技术制造业的增长速度比较缓慢,接近于低技术和中低技术制造业的增长速度。

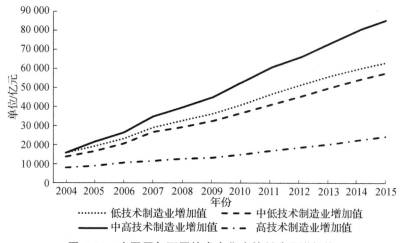

图 6.11 中国历年不同技术密集度的制造业增加值
(2004—2015 年)

不同技术密集度的制造业增加值占制造业增加值总额的比重是一国制造业转型升级的重要表征之一。图 6.12 是 2004 年至 2015 年不同技术密集度的制造业增加值占比,从该图可以看出,低技术制造业增加值占比由 2004 年的 30.79% 下降到 2015 年的 27.48%,呈现持续的下降趋势;中低技术制造业增加值占比从 2005 年至 2007 年呈现上升趋势,从 2007 年至 2015 年呈现缓慢的下降趋势,但基本稳定在 25% 左右;中高技术制造业增加值占制造业增加值的主导地位且占比呈现持续的上升趋势,从 2004 年的 30.81% 上升到 2015 年的 37.53%,增加了 6.72 个百分点;高技术制造业增加值占比从 2004 年至 2009 年逐年下降,由 12.31% 降至 9.09%,但从 2010 年开始回升,2015 年升至 9.95%。虽然高技术制造业增加值占比增加趋势缓慢且占比到 2015 年时不足 10%,但中高技术制造业和高技术制造业总的增加值占比呈现上升趋势,由 2004 年的 43.12% 上升到 2015 年的 47.48%,上升 4.36 个百分点,因此可以从技术密集度角度反映出中国制造业转型升级的基本趋势(吴琴,2020)。

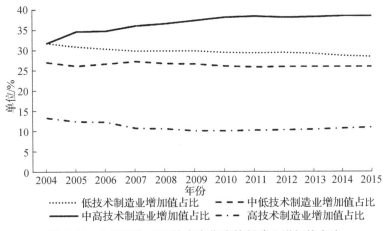

图 6.12 中国历年不同技术密集度的制造业增加值占比
(2004—2015 年)

从不同技术密集度的制造业产值分布来看,我国制造业发展仍以低技术以及中低技术产业为主,高技术制造业产值总量较低以及发展速度较慢。我国制造业快速发展的历程以及"世界工厂"的地位,被认为是我国巨大"人口红利"以及资源禀赋所造就的,但随着用工成本提升以及传统发展模式下发展动力不足,制造业发展模式亟须转变。近年来,发达国家纷纷推出"再工业化"战略,进一步提升高端制造业的主导地位。相比之下,我国高端制造业的发展水平相对较低,关键设备以及技术的对外依存度较高,自身的创新能力以及核心竞争力还需要不断提高(丁建筑,2020)。

6.3 中国制造业在全球价值链的地位演变

6.3.1 GVC 参与度指数测度结果

本书根据 3.3.1 中对全球 64 个国家和地区的 GVC 参与度指数与 GVC 地位指数的测算结果,剥离出中国制造业整体以及细分行业的全球价值链地位指数,据此分析中国制造业在全球价值链的地位。

图 6.13 显示,2005—2015 年,中国制造业整体的 GVC 参与度指数先降后升,以 2010 年为时间节点,呈现"V"形演变特征,且指数平均值保持在 0.7 以上,这意味着我国制造业整体参与程度较高。根据 GVC 参与度指数变化趋势,可以将观测期以 2007 年、2010 年为时间节点划分为 3 个时间段。2007 年以前,在 GVC 参与度指数上,中国制造业整体出现波动上升趋势,这表明改革开放以来中国制造业多以积极的态度参与全球分工体系。2007—2009 年,中国制造业参与程度大幅降低,这可能是 2008 年金融危机的发生抑制了经济增长趋势,世界经济处于低迷状态,直接影响了市场的需求与供给,国际贸易受到影响,进而导致中国制造业全球价值链参与度指数的下降。2010—2015 年,中国制造业的 GVC 参与程度

呈先上升后逐渐平稳的趋势。在这6年间,首先,"一带一路"倡议使得中国制造业积极参与国际生产网络分工,并获得了较多利益;其次,区域伙伴关系的构建,也使得我国发挥自身比较优势实现制造业的蓬勃发展;最后,中国制造业搭上互联网快速发展的列车,企业的研发创新、营销服务能力不断提高,并带动了经济的稳定增长,有助于深度参与全球价值链。

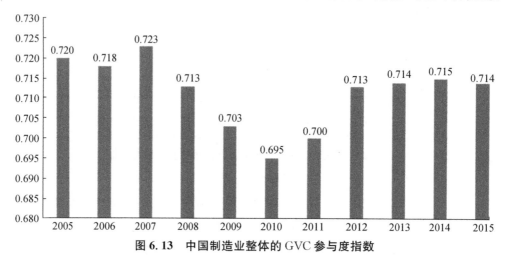

图6.13 中国制造业整体的GVC参与度指数

数据来源:根据OECD公布的关于全球价值链的数据计算所得

按照6.2.2的分类法,本书按照OECD数据库,将制造业细分行业划为16个小类并按照技术密集度分为从低到高的4种类型。表6-1显示,在GVC参与度指数方面,低技术制造业中的"木材与相关软木品"、中低技术制造业中的"焦炭与相关石油品""基本金属"和"金属品"、中高技术制造业中的"机动车相关"和高技术制造业中的"电子计算机与相关光学品"等制造业呈现出逐年增长的趋势,这说明这些产业参与价值链的程度越来越高。其中,"机动车相关"制造业在全球价值链当中的参与度指数表现最好,提升最快。从中可以看出中国不同技术分类中均有产业在不断提升参与全球价值链的程度。与此同时,低技术制造业中的"纸制品与相关印刷品"的GVC参与度指数呈现明显下降趋势。其余细分行业,包括低技术制造业中的"食品与饮料""皮革与相关纺织品"、中低技术制造业中的"化学品与制药品""橡胶以及相关塑料品""其他矿产"及中高技术制造业中的"其他运输设备""机械设备相关品"和高技术制造业中"电气及设备""其他机械设备"等GVC参与度指数在2005年到2015年间都呈现明显的波动,表明这些制造业行业参与全球价值链中的程度并不稳定。

表6-1 中国制造业细分行业的GVC参与度指数

行业类型	细分行业名称	2005年	2010年	2015年
低技术制造业	食品与饮料	0.691	0.663	0.679
	皮革与相关纺织品	0.627	0.562	0.587
	木材与相关软木品	0.681	0.672	0.723
	纸制品与相关印刷品	0.733	0.642	0.648

(续表)

行业类型	细分行业名称	2005年	2010年	2015年
中低技术制造业	焦炭与相关石油品	0.780	0.814	0.882
	化学品与制药品	0.628	0.601	0.632
	橡胶以及相关塑料品	0.758	0.742	0.782
	其他矿产	0.612	0.609	0.631
	基本金属	0.712	0.712	0.719
	金属品	0.720	0.723	0.746
中高技术制造业	机动车相关	0.760	0.782	0.798
	其他运输设备	0.789	0.781	0.782
	机械设备相关品	0.702	0.692	0.734
高技术制造业	电子计算机与相关光学品	0.649	0.681	0.702
	电气及设备	0.762	0.678	0.682
	其他机械设备	0.704	0.602	0.673

数据来源：根据OECD公布的关于全球价值链的数据计算所得

6.3.2 GVC地位指数测度分析

图6.14显示，2005—2015年，中国制造业GVC地位指数呈现出不断上升的趋势，整体发展势头较好，但在2010—2011年期间出现了小幅度的下降，其趋势体现在指数方面，即2015年GVC地位指数较2010年增长了0.072，较2005年增长了0.142。同样，将整体观测期以2009年、2011年为时间节点划分为三段，2005—2009年，中国制造业整体实现了较

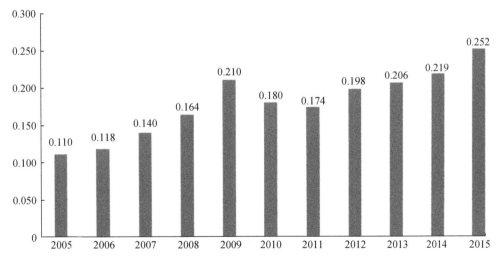

图6.14 中国制造业整体的GVC地位指数

数据来源：根据OECD公布的关于全球价值链的数据计算所得

快增长,在全球价值链中的分工地位提升明显,这主要源于中国在这一时期内对国内产业和贸易结构的调整,这些优化动作使得中国制造业发挥自身优势积极参与全球生产分工,且自身分工地位不断攀升;2010—2011年,此时金融危机仍然存在部分遗留效应,导致中国GVC地位指数出现下降,国际贸易受到影响;2012—2015年,中国制造业的GVC地位指数开始摆脱内外部环境带来的负面影响,呈现出在全球价值链分工地位稳步上升的趋势,其主要的原因在于"互联网+"计划、《中国制造2025》等政策与措施的颁布有效地推动了制造业全球分工地位指数的提升。

表6-2显示了各细分制造业的GVC地位指数值,从中可以看出低技术制造业GVC地位指数较高,而中高及高技术制造业GVC地位指数较低。如"食品与饮料""木材与相关软木品""橡胶以及相关塑料品"等细分制造业的GVC地位指数高,结合前述的GVC参与度指数,这揭示了我国低技术制造业依靠廉价和丰富的资源参与全球价值链分工体系,并拥有比较优势,在全球价值链中处于中高端。而"电子计算机与相关光产品""电气及设备"高技术产业的GVC地位指数低,这进一步反映出当前我国制造业多以加工制造为主,并处于国际分工体系微笑曲线最底端的现状。从发展趋势来看,"机动车相关""其他运输设备""其他机械设备"等中高端制造业的GVC地位指数则都出现了明显的提升,这表明我国制造业正逐渐通过高附加值生产制造参与全球价值链体系,在国际分工中的地位呈现出向上游攀升的良好趋势。

表6-2　中国制造业细分行业的GVC地位指数

行业类型	细分行业名称	2005年	2010年	2015年
低技术制造业	食品与饮料	0.368	0.370	0.390
	皮革与相关纺织品	0.210	0.252	0.301
	木材与相关软木品	0.230	0.281	0.330
	纸制品与相关印刷品	0.213	0.253	0.301
中低技术制造业	焦炭与相关石油品	0.081	0.032	0.132
	化学品与制药品	0.120	0.159	0.242
	橡胶以及相关塑料品	0.171	0.237	0.330
	其他矿产	0.222	0.246	0.311
	基本金属	0.170	0.151	0.274
	金属品	0.182	0.231	0.338
中高技术制造业	机动车相关	−0.052	0.083	0.131
	其他运输设备	0.150	0.212	0.290
	机械设备相关品	0.152	0.221	0.303
高技术制造业	电子计算机与相关光学品	0.163	0.222	0.282
	电气及设备	0.160	0.231	0.264
	其他机械设备	0.202	0.242	0.309

数据来源:根据OECD公布的关于全球价值链的数据计算所得

综合来看,从 GVC 参与度指数来看,中低技术和中高技术制造业细分行业的 GVC 参与度指数值相对较高,且多呈现不断上升或波动上升的趋势,而中低技术制造业和高技术制造业中的细分行业反差较大。但总体而言,我国制造业整体 GVC 参与度程度在增高。从 GVC 地位指数来看,低技术制造业的 GVC 地位指数较高,这表明中国低技术制造业的国际分工地位稳步向上游位置攀升;中高与高技术制造业的 GVC 地位指数偏低,这意味中国中高与高技术制造业在全球价值链上"低端锁定"效应比较明显。总体而言,中国制造业以加工和组装制造为主嵌入全球价值链,导致我国产业曾长期处于全球价值链"U"形附加值曲线的低端,处于从属于发达国家的俘获型治理地位(刘志彪等,2009)。让人欣喜的是,中国制造业在过去以劳动力、土地和资源环境等要素成本优势,承接了大量发达国家主导企业分割、淘汰、转移出的低附加值环节,完成了工艺升级和产品升级,目前中国制造业嵌入全球价值链的程度和位置均呈明显的上升趋势,正在形成由本土市场需求培育的本土企业高端要素的创新能力(张杰等,2007),正向功能升级和链条升级迈进(肖剑桥等,2021)。

6.4 中国制造业迈向中高端存在的问题与面临的挑战

6.4.1 中国制造业迈向中高端存在的问题

制造业的发展受历史性、周期性、国际性等多方面因素的影响,在看到改革开放以来中国制造业发展取得的举世瞩目的成就且巩固了中国的工业大国地位的同时,还必须清醒地意识到中国制造业大而不强的基本国情,因此有必要剖析中国制造业发展存在的问题,梳理制造业迈向中高端的短板,我们发现,其中既有历史因素导致的"路径依赖",又有国际限制带来的"低端锁定"和低成本竞争。

1. 大量高技术产业徘徊于低水平发展,制造业产品存在供需结构性矛盾

大量的文献和项目组的实地调研都表明,虽然中国是世界上制造业规模最大的国家,主要产品产量长期位居世界第一,但中国制造业在大部分领域长期存在关键核心技术受制于人、产品质量有待提升、产品附加值不高、核心竞争力不强等问题,离高质量发展要求还有一定差距,距离中高端还有明显的差距,尤其是和美国相比仍有较大差距,主要表现为产品质量差距较大、产品附加值低、高端产品供不应求、低端产品供大于求。中国制造的产品多以高性价比取胜,能够满足一般客户的大部分要求,但高品质、高复杂性、高附加值的产品供给能力不足,高端品牌比较缺乏,既不能满足消费升级的需求,又不能满足制造业迈向高质量发展的要求(盛朝迅,2020)。从具体制造产品来看,产品大部分功能基本能够满足要求,但在功能水平、可靠性、质量稳定性和使用效率等方面有待提高,高质量、个性化、高复杂性、高附加值产品供应能力不足,高端品牌培育不足,无法满足消费升级的需求。例如,根据原国家质量监督检验检疫总局公布的数据,美国和欧洲一些发达国家和地区的产品平均合格率一般达到 4.5 西格玛(合格率为 99.999 32%),而中国总体为 2.5 西格玛(合格率为 98.76%)。2013—2017 年国内产品质量国家监督抽查合格率分别为 88.9%、92.3%、

91.1%、91.6%和91.5%,与国外一般99%以上的合格率还有较大差距(黄群慧,2018)。

我国大力扶持战略性新兴产业发展已经取得明显成效,高端装备制造、生物医药等高技术密集型行业规模增长迅速,占工业比重不断提高。但是,国内企业主要投资高技术行业附加值较低的下游环节,高技术产品尚未建立足够的竞争优势,"高端产业低端化"的结构性矛盾长期存在。例如,我国已经是全球最大的机器人应用市场和生产基地,但国内机器人企业集中在产业链下游,承担二次开发、定制部件、售后服务等业务,而下游系统集成只能占到机器人全产业链价值创造的6%左右。如果用资本劳动比来度量资本深化程度,用研发强度来度量技术密集程度,2016年我国高技术密集型行业普遍属于轻资产行业,技术密集程度甚至与资本深化程度呈负相关。由于高技术产业的低水平发展,因此高端工业品的供需矛盾依然存在,在同一产品上表现出"大进大出"但进出口单价差距大的特征。例如,2018年我国进口汽车113万辆,出口汽车115万辆,进出口数量大致相当,但进口汽车的单价是出口汽车单价的3.48倍;同样,进口集成电路单价是出口的1.91倍;进口医药品单价是出口的11.52倍。即便是在产量上占有绝对优势的钢铁行业,我国进口钢铁单价也是出口的1.43倍(邓洲等,2019)。而5G及高端芯片、人工智能、数控机床等我国紧缺的高技术领域的核心芯片、精密器件、研发设备和关键零部件则高度依赖进口(盛朝迅,2020)。据统计,目前中国使用的中高端传感器,80%都要依靠进口,传感器芯片的进口甚至达到了90%以上。由于中高端传感器对技术要求极高,而我国目前又无法突破这方面的技术壁垒,因此国产化缺口很大。其根本原因在于制造业企业创新能力不足,对核心技术掌握不完全,导致大部分制造业企业依然位于全球价值链的中低端。

但与此同时,在我国供应充足、量大面广的一般消费品领域产品大量积压,产能过剩问题严重。虽然近年来我国积极调控过剩产能,在钢铁、煤炭、水泥等重点行业推行"去产能"为主的供给侧结构性改革并取得明显成效,从2016年开始各工业行业的产能利用率明显回升,但产能过剩依然具有领域广、程度深、易于复发等特点,资本密集型行业产能利用率明显低于技术密集型行业。值得警惕的是,不仅传统行业存在产能过剩,一些新兴行业也因大量资本短时间进入低端环节而出现产能过剩问题,比如光伏产业,即所谓"先进产能"而非"落后产能"的过剩(郭朝先,2019)。光伏太阳高端研发及相关核心技术仍由美国、德国、日本等国企业控制,中国光伏企业主要从事产业链上中游环节的低端制造,包括光伏组件的制造与组装等,产业同构现象突出,直接导致光伏产业产能过剩。据中国光伏产业联盟(CPIA)数据,2019年我国电池组件环节的产能利用率仅为55%左右,产能严重过剩。高端研发不足、低端制造密集,产业同构现象突出,直接导致光伏产业产能过剩。

2. 迈向中高端亟需的支撑要素不健全,科技研发投入不足

科技与创新、金融、人力资源等都是支撑制造业发展的关键要素,但目前我国在这些高端要素的培育方面还存在不少短板和瓶颈,尤其是科技创新对制造业发展支撑严重不足(盛朝迅,2020)。研发经费是科技创新活动的重要保证,其研发经费投入强度(即投入规模占GDP的比重)不仅反映一国对研发活动资金支持的力度,而且在很大程度上体现了经济转

型升级进程和高质量发展的水平。根据国家统计局、科技部和财政部公布的历年《全国科技经费投入统计公报》，2012年以来，我国创新投入和产出水平大幅提升，2012年突破1万亿元，2019年突破2万亿元，2020年突破2.4万亿元，研发强度为2.40%，2021年中国全社会研发经费投入达2.8亿元，研发强度达2.44%，位居发展中国家之首，高于欧盟2.20%的平均水平，但依然低于OECD成员国2.68%的平均水平。与2020年度美国的3.45%、德国的3.14%、日本的3.27%、韩国的4.81%等相比，也仍有较大差距。从投入规模来看，中国研发经费规模虽然多年快速增加并稳居世界第二位，但仅相当于美国的一半（杨舒，2022）。

在现有研发投入中，应用与开发研究占比过高，被称作是创新活动的总开关的基础研究占比偏低，多年来一直维持在5%左右，这导致中国科技研发基础能力不强、难以攻克"卡脖子"技术，导致核心技术严重受制于人。以2021年为例，根据《2021年全国科技经费投入统计公报》，我国基础研究投入水平明显提升，全年基础研究经费投入达到1 817.0亿元，较上年增长23.9%，增幅创近10年新高，基础研究经费占研发经费的比例达到6.5%，并连续3年稳定在6%之上。从国际上来看，中国基础研究经费投入规模在国际上已排名第二位。但从横向比较来看，美国、日本、德国、法国等制造业强国的基础研究经费占比基本保持在12%—23%之间，中国与这些国家差距巨大，这种研发支出的结构性差异也使我国难以形成真正独创的科技成果。从行业层面来看，我国在制造业领域与美国和日本两大研发强国仍存在较大差距，以2018年为例，当年我国制造业研发投入强度约为1.16%，同期美国和日本均超过了4%。在电子、医药、装备制造三大研发行业中，中国企业研发投入强度也明显低于美国，美国生物医药和电子信息行业研发强度均超过10%，而我国不到2%（盛朝迅，2020）。

再从企业投入研发经费来看，2021年中国企业投入研发经费规模超过2万亿元，占比为76.9%，已经成为保障全社会研发经费增长的主导力量。企业研发经费规模稳居世界第二位。企业创新力度持续加大，规模以上工业企业研发经费总额投入强度成倍提升，新产品销售收入占业务收入比重从11.9%提高到22.4%，570多家工业企业入围全球研发投入2 500强。但中国企业研发经费中基础研究占比仅为0.5%，相比之下，欧美创新强国的占比普遍在5%以上。中国企业基础研究经费长期在低位徘徊，投入规模低于美、日、德、韩等国。如果不能优化调整研发经费投入结构，那么就难以从源头上解决关键核心技术受人支配、创新链短板等问题。因此，未来中国制造业要想迈向全球价值链中高端，必须持续加大全社会研发经费投入，优化和调整经费投入结构，尤其要大幅提高基础研究的比例（杨舒，2022）。

3. 人才供需结构性矛盾突出，劳动力后备不足

人力资源可以分为劳动力和人力资本两部分，前者常常通过规模优势支撑产业发展，后者往往通过提升生产效率促进产业发展。从劳动力供给来看，在2010年以前，劳动力资源丰裕曾经成为中国制造业发展的一大优势和支撑，但2012年至2019年，中国劳动力人口的数量和比重均出现双降，支撑中国制造业发展的劳动力人口变得越来越少。广东、江苏、浙江等制造业大省曾吸引大量外来人口，但现在也面临着跟其他很多地区一样的"招工难""用工荒""用不起"等问题。与此同时，东南亚的越南、柬埔寨、印度等国和中亚的乌兹别克斯

坦,劳动力充裕且用工成本低,如印度每人每月的工资仅600—800元,乌兹别克斯坦每人每月的工资在1 000元左右,这些地区正在大量吸引包括很多中国制造业企业在内的投资。即使中国分别在2011年放开双独二孩、2013年放开单独二孩、2015年实施全面二孩、2022年全面放开三胎,试图应对人口老龄化、保持我国人力资源禀赋优势,但收效甚微。可以预见,未来支撑中国制造业发展的劳动人口将变得越来越少,劳动力丰富的优势将不再存在,导致传统制造业存在的低成本优势不复存在。

中国人才总量丰富,但人才结构尚不合理。根据中国科协调研宣传部和中国科协创新战略研究院2022年6月25日发布的《中国科技人力资源发展研究报告(2020)》,截至2020年年底,中国科技人力资源总量为11 234.1万人,继续保持科技人力资源规模世界第一的地位,但新增劳动力中研究生学历以上人才占比较低,欧美国家大学毕业生中每10人就有1名博士毕业生,而我国每50名大学毕业生中才有1名博士毕业生(盛朝迅,2020)。人力资源供需矛盾突出还表现为高端人才、专业技能人才和高端复合型人才严重缺乏,导致从事高端产业和国际商务的人才缺口较大,而一般性人才数量偏多,供需结构性矛盾突出。

劳动力和人力资本共同存在的另外一个问题是资源错配问题突出。我国人力资本过于投向金融和虚拟经济领域,从事制造业比重偏低,甚至一些理工科的学生毕业后也纷纷进入金融机构或政府机关工作(盛朝迅,2020)。尤其是自2020年以来,这一趋势更加明显,考公务员、考事业编制成为大部分毕业生的第一选择,甚至一些名校博士毕业生也将地方公务员作为职业首选,造成社会资源的浪费和错配,难以支撑实体经济的创新发展。即使是作为一般劳动力的工人,也不愿意进工厂。据统计,2008年至2018年,中国从事制造业的农民工数量连年减少,更多年轻人不愿意成为制造业流水线上的工人,转而投向更加自由的外卖、快递、滴滴车、抖音直播等新兴的服务行业。中国劳动力成本的迅速攀升和后劲不足使得传统制造业产品与工艺在国际市场上竞争优势不再显著。

4. 具有全球竞争力的制造业龙头企业不足,国际知名品牌数量偏少

最近十年,中国制造业企业实力和竞争力显著增强,一大批领军企业脱颖而出,其中部分企业如华为、上海汽车、鸿海精密工业股份有限公司等已成为全球知名企业。截至2021年底,规模以上制造业企业数量超过40万家,资产规模超过110万亿元。已培育4万多家专精特新中小企业、4 762家小巨人企业和848家制造业单项冠军企业(王群,2022)。但是,真正具有全球影响力的龙头企业依然不足。众所周知,拥有世界500强企业的数量是衡量一国企业实力的重要指标。根据2022年《财富》全球500强企业排行榜,中国(含港澳台地区)有145家企业进入世界500强,虽然超过美国(124家)位居世界第一,但从行业分布来看,正如前文GVC地位指数测算结果所显示的那样,中国上榜企业主要分布在能源、采矿、金属冶炼、建筑、汽车、医药和银行保险等传统制造业行业和金融、零售等服务业,在高端制造业方面,与美国相比差距较大(盛朝迅,2020)。从盈利能力来看,中国公司盈利能力与世界500强公司平均水平差距拉大,中国145家上榜公司平均年利润约为41亿美元,虽然与自身相比有所提升,然而却远低于世界500强平均年利润62亿美元,美国124家企业平均

年利润高达 100.5 亿美元,接近中国上榜企业的 2.5 倍,巴西企业平均年利润达 84.8 亿美元,中国上榜企业的年利润及其增速远低于美国和世界平均水平,可见我国仍然缺乏足够多的具有全球竞争优势的世界一流的领军型企业,距离高端制造业仍有很大发展空间。

此外,中国制造业还存在相当数量的"僵尸企业",在调研的一些工业园区内,这些企业并非个案。其中有一个位于长江三角洲地区的园区,截至 2019 年底,有制造业企业 250 余家,但现有企业中处于完全停滞状态的有 14 家,为了维持工人的基本工资,还有些企业不得不整体或者部分出租,其中,整体出租的企业高达 33 家,还有些企业坐等园区管委会引进其他企业进行置换,亟待替换或者重新激活。这些企业中的一些企业曾经有过辉煌的历史,有些曾经为国际知名企业代工或者提供某个零部件,其发展势头随着依托的企业而起伏。随着机器取代人工,有些需求彻底退出历史舞台导致这些工厂接不到订单,还有些企业因依托企业倒闭而倒闭。从积极的一面来看,这些企业将给新兴制造业提供发展空间,但是从不利的一面来看,这些濒临倒闭或者实际已经倒闭的企业不利于制造业迈向中高端。

根据微笑曲线理论,产品品牌是位于微笑曲线两端的更具有附加值的环节,制造业品牌的强弱是一个国家实力强弱的标志。各国之间的经济竞争,实质上是各国在全球经济发展食物链中的头号争夺,具体表现为品牌争夺,而制造业品牌的强弱至关重要。在进入国际分工初期,即主要依赖来料加工、来品装配、贴牌生产的发展时期,我国制造业的品牌意识极为薄弱,仅凭苦力获得微薄利润,品牌带来的价值都落入发达国家的腰包(韩红星等,2020)。以全球知名的苹果手机为例,苹果除了在美国研发设计之外还涉及全球 100 多家供应商,日本、韩国、新加坡等国家都提供了零部件,中国也早已是其制造链上的一环,提供部分零部件以及负责组装。以 iPhoneX 为例,中国(不含台湾地区)提供了无线充电接收端的线圈模组、射频天线、外观件等。算下来,中国在整个制造环节中获得的价值约 55 美元,其中包括中国工人辛勤劳动得来的 3 美元工钱!而韩国提供的零件粗略合计超过 120 美元,其中仅三星提供的屏幕和存储设备价值就超过了 100 美元。以 iPhone X 在美国的售价 999 美元来算,每销售一部,中国只能赚到大约 1/20 的销售额(段思琦,2017),其余大部分利润都落入名牌拥有者美国苹果公司。

再以工程机械行业为例,2017 年中国工程机械行业销量达 21.7 万台,跃居全球第一,占到全球销量的 1/4,但是销售额仅为 183 亿美元,仅为美国销售额 286 亿美元的六成多,利润低可见一斑。其背后的原因在于价格差异,中国工程机械销售均价为 8.4 万美元/台,与西欧、日本基本一致,略高于售价 5.1 万美元/台的印度,但却远远低于美国的 16.5 万美元/台(盛朝迅,2020)。深究其背后的原因,还是源于商品质量、品牌及售后服务等导致的商品议价能力和企业主导全球价值链分工地位的差异。

5. 传统路径依赖导致制造业升级活力和动力不足,劳动生产率亟待提升

产业转型升级所必需的技术和制度创新往往具有明显的路径依赖特征,其所形成的锁定效应会阻碍产业高质量发展。长期以来,我国产业发展依靠低成本因素的投入和技术引进的模仿,实现了总量规模的快速扩张,并确立了在全球产业分工体系中的比较优

势。但同时,由于沉淀成本、规模经济和既得利益的作用,以及长期依赖引入模仿的技术进步"捷径",造成企业经营行为短期化、技术创新意愿和动力不足,影响了生产效率的提高。此外,我国长期实施的以"选马"为特征的产业政策,使一些企业形成了保护和补贴依赖,这种制度路径依赖导致产业升级的活力和动力不足(涂圣伟,2018)。虽然中国是世界上制造业规模最大的国家,但是制造业增加值比率和劳动生产率还比较低,影响了其在全球分工体系中的竞争力。从 2012 年开始,我国提出并高度重视创新驱动在制造业发展中的作用,加强了制造业研发投入和队伍建设,但总体上仍以劳动集约型和加工装配为中心,因此我国制造业劳动生产率仍然很低。美国、日本和欧洲等国和地区一直重视研发投入、强化技术创新、大力发展高技术产业,制造业劳动生产率大幅提高。以 2017 年为例,当年中国制造业劳动生产率仅为 31 069 美元/人,同期美国则高达 60 000 美元/人,约为我国的 2 倍,而日本高达 99 215 美元/人,是我国的 3 倍多。与其他发达国家相比,中国制造业劳动生产率也只达到发达国家三分之二左右的水平。关键核心技术的缺失和低水平恶性竞争,以及发达国家在高附加领域对我国的封锁和遏制(盛朝迅,2020),是导致中国制造业大而不强和劳动生产率偏低的重要原因。

6.4.2 中国制造业迈向中高端面临的挑战与压力

1. 国际制造业强国的限制封锁不断,加大了中国制造业迈向中高端的难度

纵观我国制造业的发展历史,中国制造业更多地参与了垂直型国际分工体系,服装、鞋类、玩具、电子、机电等传统的劳动和资源密集型产品成为出口竞争力强的主要产业(江静等,2009)。但这些产品的大量出口,并没有实现制造业攀升价值链中高端的目标,反而面临陷入"贫困化增长"等诸多风险,在全球价值链条上遭遇低端纵向挤压(张捷,2014)。我国制造业企业在嵌入全球价值链过程中因缺乏先进的生产技术与先进的管理经验等而导致其长期处于全球价值链分工下的"低端锁定"状态,此状态使我国制造业企业常年处于全球价值链条低价值分工节点上。

从本书背景分析可见,当前我国产业迈向中高端和发达国家再工业化战略基本处于同一时期,中国与发达国家之间的比较优势和竞合关系发生了明显的变化,因此,围绕争夺产业链中高端和资本、技术密集型产品的竞争必将越来越激烈(涂圣伟,2018)。2010 年前后美国、英国、德国等发达国家纷纷明确提出推进"制造业回流",且制定培养多方面高科技人才、吸引高技能人才移民、发动清洁能源革命、促进出口等措施(盛朝迅,2020),在这样的背景下,中国要迈向制造业中高端,面临着更加激烈的竞争。在现阶段,中国依然需要大量引进先进的技术和产品,但发达国家为振兴本国制造业,保护本国就业、维护本国企业利益,屡屡对中国实施更加保守的贸易和技术转让政策,甚至采取极其严苛的贸易壁垒和技术封锁,限制高科技产品引入中国;围绕我国出口产品、高技术产品进口和对外并购的争端明显增多,导致我国出口结构升级和全球供应链布局难度加大,挤压我国产业增长和升级空间(涂圣伟,2018)。例如,2016 年美国商务部以违反美国出口管制法规为由将中兴公司等中国企

业列入"实体清单",对中兴公司采取限制出口措施;清华紫光收购西部数据(WD)因遭遇美国外资投资委员会(CFIUS)的阻止而流产;2017年蚂蚁金服(Ant Financial)以12亿美元收购速汇金(MoneyGram)的交易被美国外国投资委员会(CFIUS)以国家安全为由否决;2021年3月,美国出台新的制裁措施,禁止三星和SK海力士向中国供应深紫外线芯片设备;2022年8月,美国更是出台了《2022年芯片和科技法案》,阻止接受其政府资金支持的科技公司10年内在中国建厂,意在打压中国的半导体工业。

这些封锁和限制给中国制造业发展带来严峻的挑战,不仅大大降低了我国技术引进、学习和开辟新技术路线的机会,而且一些本来具有优势的产业环节也会受到打击(邓洲等,2019),甚至使中国更容易被锁定在中低端的加工组装环节,降低其在中低端环节的优势,使得中国更难以向制造业中高端迈进。因此,传统的在国外已有技术路线的基础上进行的渐进式和跟进式创新难以维持下去,容易受制于人,创造本土的技术、推动本土相关产业自主可控,发展高端制造业已经迫在眉睫。

2. 发展中国家的成本优势不断显现,削弱了中国制造原有的绝对优势

随着国际新兴经济体的快速崛起,这些国家的工业基础设施水平明显提升,经济制度不断改善,正以明显低于中国的劳动力成本和更优的财税政策吸引众多国外投资。根据项目组的调研,在2010年前后,纺织服装和制鞋业已经率先出现了从中国的长三角地区向东南亚国家转移的趋势,如耐克、阿迪达斯、优衣库、无印良品等国际知名品牌逐渐将其在中国的部分代工厂转向了柬埔寨、越南、印度尼西亚、孟加拉国等地。随后,这一搬迁潮也蔓延到其他行业的企业,如索尼已经将北京的智能手机厂搬到了泰国;苹果公司将8个代工厂从中国迁往印度;三星在中国关闭了生产手机、电脑、电视的多个工厂,转战越南。甚至很多中小企业也逐渐出现了投向东南亚的趋势,比如诞生于中国的生产橡胶的中小企业GMi68 INTERNATIONAL公司也从中国转移到柬埔寨。

这些不同行业、不同规模的企业搬迁背后的根本原因是中国劳动力成本的快速上涨。根据国家统计局的统计,2006年,进城务工经商的农民工的平均月收入为966元,而到2020年从事制造业的农民工的月均收入为4 096元,比上年增加138元。如前所述,那些主要新兴经济体拥有相当于中国1/4甚至更低的劳动力成本,可以利用更为廉价的劳动力和更为充裕的生产资源在中低端制造业打造比较优势,在吸引国际投资的同时抢占国际市场。例如越南通过"革新开放"吸引了大量制造业企业落户,已经成为全球重要的纺织服装、运动鞋和智能手机生产基地(盛朝迅,2020),与东南亚其他国家一起在纺织服装等生产领域直逼中国。在低端制造业中优势的丧失既是中国制造业面临的严峻挑战,又是加快中国制造业转型升级寻找新的优势、迈向中高端的动力。

3. **本土制造业生产成本上升,难以满足消费者新的消费需求**

在中国制造业企业转型升级的过程中,除了面临外来的压力和挑战外,还面临着内部的压力。企业内部的压力主要来自生产成本的上升与产品无法有效满足消费者需求两大方面(杨丹虹,2019)。中国制造业面临人工、原料和运输三大成本上升的压力,前述分析表明,即

使是具有较强国际竞争优势的产业,如工程机械,其利润也远低于制造业强国的同行,对于一般的制造业企业而言,更难有足够的利润空间去缓解日益增加的成本压力。早在2013年,国家统计局公布的数据就显示,中国的人口红利趋于消失,直接后果是劳动力供给资源减少,劳动力成本上升,进一步的后果就是中国制造业产品价格优势被削弱。此外,能源价格是制造业的一项重要成本,与美国相比,中国在与能源相关的电价、水价和天然气价格等方面都比美国高出很多,这些都给中国制造业迈向中高端提出了严峻的挑战。

自2008国际金融危机以来,外需持续萎缩与内需增势放缓叠加,尤其是最近几年的新冠肺炎疫情及国际形势的复杂多变,给企业发展带来较大的负面影响,并给产业转型升级和高质量发展带来一定影响。从国际来看,频频升级的贸易保护、知识产品壁垒等,不仅影响我国传统制造业产品的出口,而且影响高技术产品的出口,造成许多中小企业来不及转型就纷纷倒闭。从国内消费需求变化来看,中国正处于需求结构变动剧烈的新时期,两极分化明显。一方面,一部分居民收入和消费需求提升显著,消费结构升级,中高端消费需求层出不穷;另一方面,近年来我国相当一部分居民收入增速下滑,消费支出高速增长态势已经开始放缓,中高端消费和服务支出增长受到一定抑制(涂圣伟,2018)。与此同时,大数据、云计算、3D打印、机器人等新技术的发展已颠覆固有的制造模式,跨界融合下的制造业服务化也日益显著,互联网+制造业的趋势已然成为必然。在此背景下,不仅我国传统的制造业产品更新及创新速度无法与中高端消费者的需求匹配,导致高端的高新技术产品依然主要依赖进口,而且广大中低端消费需求也受到一定程度的抑制。所有这些都对我国国内制造业造成多方面的较大冲击,不利于制造业尽快迈向中高端。当然,从积极的一面来看,这些消费需求的变化也给中国制造业转型升级带来新动力和契机。

4. 制造业迈向中高端的发展环境有待改善

产业发展离不开良好的环境。目前,我国制造业迈向中高端的发展环境的短板比较突出,表现在营商环境、体制机制和政策导向等方面有很大改善空间。首先,营商环境有待进一步优化。根据世界银行发布的《2020年营商环境报告》,中国总体排名位列全球第31名,与美国排名第6的水平相比仍有很大差距。需要说明的是,该报告在中国选取的样本地区为北京和上海,而这两个地区是中国营商环境水平较高的地区,不能代表中国营商环境的平均水平。我国其他地区的营商环境与北京和上海相比还有很大差距。另外,根据美国布鲁金斯学会发布的《全球制造业记分卡:美国与18国比较研究》,在19个样本国家中,我国制造业营商环境排名垫底(盛朝迅,2020)。

其次,我国资源配置难以充分市场化。当前,我国制造业发展受体制机制制约问题突出,特别是要素市场改革不彻底,导致市场要素体系不健全、竞争不充分,使得市场在要素配置中的决定作用难以有效发挥(盛朝迅,2020),影响资源的配置效率。此外,我国企业税负成本、用能成本依然偏高,加上金融环境、创新环境不健全,这些均不利于企业健康稳定发展,不利于制造业迈向中高端。

综上,受国内外发展环境的影响,中国制造业在全球价值链中面临高端遏制、低端挤压的困境,相对于发达国家,尚未形成质量效益优势,相对新兴国家也不再具有劳动力成本优势,制造业转型升级、迈向中高端迫在眉睫,充满了挑战和机遇。

6.5 本章小结

中国制造业经历了作为世界工厂和工业体系最为健全的辉煌时期,目前面临着人口红利消失、产能过剩、效益下滑、资源过度开发、环境污染严重、高端抑制、低端竞争等问题和严峻挑战,亟待转型升级、迈向中高端。《中国制造2025》提出了中国制造业的发展方向,在新的历史时期,中国必须依托双循环,充分利用国际国内两个市场、两种资源提升在技术创新、营造环境、品牌提升等方面的综合实力,挖掘和打造出新的比较优势和竞争优势,既要力争构建出新的以中国优势主导产业为主导的全球价值链,又要在由制造强国主导的国际分工体系中逐步从低端攀升到高端。为真正提升我国制造业在全球制造业中的地位,实现由制造业大国变为制造业强国、迈向全球价值链中高端的目标,本书认为至少要抓住以下几个着力点:

首先,要加大科技投入,强化以科技创新为首的支撑要素。党的十九大报告提出,要加快建设实体经济与科技创新、现代金融和人力资源等关键要素之间协同发展的产业体系。目前我国在这些高端要素的培育方面还存在不少短板和瓶颈,尤其是在科技创新方面,很多企业存在源于路径依赖的"拿来主义"思维定式,这种思维定式在制造强国的封锁和贸易壁垒面前屡遭碾压,因此,要切实增加科技投入,全面提升自主创新能力和技术吸收能力,既要推动基础科学研究,又要全力推进应用型科技创新,加快推动成果转化,并且制定领军企业优先和重点培育等重大行动计划,促进更多的企业成为像华为、大疆创新科技那样具有全球话语权和领导力的领军型企业。

其次,要抓住信息革命的契机,加速推进智能化,促进信息化和工业化的深度融合,力争实现弯道超车。人工智能、5G、工业互联网、大数据、云计算等在生产和消费领域具有广泛而深远的应用前景,要推动这些技术与制造业深度融合,推动产业数字化、数字产业化不断加快发展。一方面,敦促传统制造业借助新的技术,借助"互联网+"插上腾飞的翅膀,实现从工业基础到管理水平,从基础材料到工艺流程等全流程的提升,使产品质量更高、功能更强。另一方面,高起点打造和培育具有重要战略意义的战略性新兴产业,实现智能化、绿色化、服务化。加强产品生产过程和消费过程中服务投入的比重和质量,提高产品的竞争能力,使更多产业从原本处于微笑曲线低端的环节走向位于微笑曲线两端的研发设计和服务环节,提高产品的附加值。

再次,要营造有利于产业转型升级的制度和政策环境,激发制造业创新热情。要加大"新基础设施"建设,加强对知识产权的保护,要治理和规范市场环境,营造公平的市场竞争环境,形成良好的社会信用环境,只有这样才能够优胜劣汰。此外还要切实降低企业的生产成本,推动企业既有动力又有能力和实力实现转型升级。要高度重视人才的作用,制造业转型升级的实质是创新驱动发展,而创新驱动发展的关键在于高素质的人力资源。我国现行教育体系培养出来的人才还不能很好地适应制造业迈向中高端发展的需要,要真正提升制造业的质量和水平,必须从娃娃抓起,培养一大批严谨认真、精益求精、具有创新和务实精神、具有中国灵魂和国际视野的接班人。德国、日本、韩国等国家在这方面的经验值得好好借鉴。

最后,要强化品牌意识,举一国之力塑造"中国制造金字品牌",助力知名制造业企业迈向全球价值链中高端。越来越多的国家已经认识到品牌在市场竞争和国际贸易中的重要作用,中国从2012年起出台很多相关的政策文件,旨在建立品牌建设标准体系、品牌价值评价制度以及知名品牌创建工作。最近几年,虽然中国制造品牌进入世界品牌500强的数量越来越多,如在2021年,24个工业和信息化领域品牌入选世界品牌500强,比2012年增加14家,但与制造强国相比,差距甚远。中国亟待扭转国外消费者对"Made in China"就意味着价廉质差甚至一次性使用的不良印象。未来一方面要在传统优势产业中深耕,形成具有特色的品牌,另一方面要加大力度在核心技术上攻关,形成新的具有竞争优势的产品和品牌,最终实现品牌质量和附加值的提升。

第 7 章

区域层面典型案例：江苏省制造业迈向中高端分析

作为民族工业和乡镇工业的发祥地，江苏省制造业基础条件好、发展速度快，总体水平长期位于全国前列。新中国成立70多年来，特别是改革开放40多年来，江苏工业发展取得了辉煌成就，以1%的国土面积、6%的人口，创造了超过12%的工业产值。江苏和浙江、广东等省凭借廉价生产要素和产业基础形成的比较优势，较早地加入国际分工，积极参与全球价值链，承接国际制造业转移，成为外商投资的热点地区和世界制造中心，支撑了中国经济的高速增长。江苏省制造业的开放程度不断加大，其在全球价值链的地位也愈加重要。在全球价值链中积极参与和构建健康的外部联系是江苏省制造业转型升级迈向制造业中高端的良好基础。随着国内外环境的深刻变化，江苏也面临消费结构升级、传统制造业向高新技术制造业升级、制造业向全球价值链中高端攀升等挑战。为此，江苏省政府和各地市政府都陆续出台了一系列推动制造业提质增效迈向中高端发展的政策。如何认清制造业发展的现状与存在的问题、制造业转型升级的影响因素，积极探寻制造业迈向中高端发展的对策，既是当前江苏省制造业迈向中高端的需要，又是成就制造强国的需要，同时，江苏省制造业转型升级的经验还可为其他地区提供借鉴。而在现有文献中，针对典型制造业大省制造业迈向全球价值链中高端的研究尚有待丰富。本章首先梳理了江苏省制造业发展的历史演变，接着基于全球价值链分解理论测度江苏省制造业GVC地位指数，同时比较分析江苏省与我国国内其他典型省市的制造业GVC地位指数，进而基于微笑曲线，从设计研发、营销服务、经济效益三个方面，构建制造业迈向中高端的综合指标体系，并采用主成分分析法确定各级指标权重和综合评价值，综合评估江苏省制造业迈向中高端发展的水平，剖析制造业转型升级过程中存在的问题。在此基础上，进一步实证检验江苏省制造业迈向中高端的影响因素，明确促进制造业转型升级的内驱力，最后总结了江苏省已有的促进制造业转型升级的对策，并提出未来江苏省制造业转型升级迈向中高端的方向和对策。

7.1 江苏省制造业发展的历史演变

新中国成立之初，江苏省的工业基础十分薄弱，到1952年，全部工业增加值也仅7.6亿元（当年价），经过70余年发展，尤其是改革开放以来，江苏省经济总量迭创新高，三次产业结构不断优化实现了跨越式发展（图7.1）。以工业为主的第二产业总量稳步增加，工业内部产业结构调整有序推进，优化升级成效显现。根据江苏省工业和信息化厅发布的《新中国70

年砥砺奋进七十载,江苏工业铸辉煌》,从 1949 年到 2019 年江苏省工业发展阶段被划分为八个阶段,为了更好地聚焦于制造业转型升级及其背后的动力,本章在此基础上将江苏制造业 1949 年至今的发展历史整合为以下五个阶段。

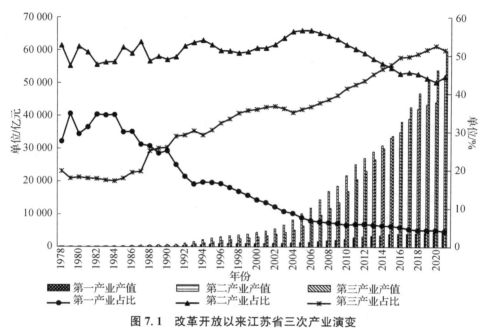

图 7.1　改革开放以来江苏省三次产业演变

数据来源:根据 2000—2021 年《江苏统计年鉴》整理得出

7.1.1　新中国成立到改革开放前恢复改造调整阶段(1949—1978 年)

总体而言,新中国成立初期至改革开放前夕,江苏省制造业发展曲折,经济效益起伏不定。新中国成立初期,江苏工业基础比较薄弱,经过三年国民经济的恢复,虽有所增长,但规模依然偏小。1952 年,全省仅实现工业产值 25.5 亿元,全部工业增加值仅 7.6 亿元(按当年价格计算,下同),工业企业仅有 9 049 个。1953 年第一个五年计划开始执行,1954 年到 1956 年,江苏省基本完成了对私营工业的全行业公私合营和对城乡手工业进行合作化的社会主义改造。在"一五"时期,国家在江苏省基本没有安排重点工业建设投资项目,同时江苏省肩负着援建国家 156 项重点工程项目的任务,"发展生产、繁荣经济"主要靠充分利用和发挥原有工业的潜在力量。1953—1957 年,全省全部工业增加值年均增长 10.7%。

"二五"时期,"左"倾思潮在国民经济建设中占据主导地位,片面夸大调整生产关系对生产力的促进作用,江苏也一样,掀起了以大炼钢铁为中心的"大跃进"热潮,扰乱了原有的工业生产秩序,导致国民经济比例关系失调。1958 年到 1960 年江苏省工业产值年均增长高达 59.2%,但从 1961 年开始,生产急剧下降,当年全省工业产值比上年下降 37.7%,1962 年又比上年下降 17.1%,纱、布、纸、水泥等产品 1962 年的产量下跌到 1957 年以前的水平。1963—1965 年,持续三年的国民经济大调整开始进行,江苏省工业逐步走上正轨,生产开始稳步回升。1963 年,全省工业产值比上年增长 3.3%,1964 年增长 26.4%,1965 年又增长

32%；1965年主要工业产品产量较调整前的1962年均成倍增长。1958—1965年，全省全部工业增加值年均增长10.6%。

1966年开始的"三五""四五"两个五年计划一直处于"文革"之中，工业生产形势十分严峻，多数工厂停工停产，由此导致1967年、1968年全省工业产值均比1966年下降18%左右。1976—1978年，"文革"结束后的"五五"前三年，全省工业总产值年均增长14.5%，在"大干快上""全面跃进"的口号下，再度出现追求高指标、高积累现象，江苏省工业的发展面临诸多矛盾。1966—1978年，全省全部工业增加值年均增长14.3%。在改革开放前夕的1978年，全省工业总产值增至337.7亿元，较1949年增长20.2倍。

从新中国成立初期至改革开放前，江苏省经济发展主要依赖于内生动力，在早期更多地依赖农业经济的发展，在中后期制造业在波折中逐步改造调整，产业构成从新中国成立初期主要以生产纱、布、面粉、牙刷、肥皂等日用生活消费品为主调整到兼有纺织、食品等轻工业和机械、化工业、重化工业。

7.1.2 内资主导的劳动密集型产业为主的快速发展阶段(1979—1994年)

1978年底，党的十一届三中全会拉开了中国改革开放的序幕。从1979年起，围绕"调整、改革、整顿、提高"的方针，江苏省进入了三年调整时期，逐步展开了以企业改革为先导的经济体制改革。1979年到1980年，江苏省各地区国营产业企业为扩大运营进行了试点工作。在接下来的两年里，扩权让利发展成为以责权利组合为特征的经济责任制。1983年开始了利改税的试点工作。1984年开始，经济体制改革从农村转向城市，全省上下围绕增强企业活力特别是增强大中型企业活力深化改革，各种形式的经营承包制和国营工业企业的厂长负责制等一系列改革陆续全面推开，用以完善企业经营机制。1988年9月，鉴于当时经济生活中出现的经济"过热"和通货膨胀等问题，党的十三届三中全会决定开始治理经济环境、整顿经济秩序。1990年，中央在改进总量控制的同时，把工作重点放在调整结构和提高效益上。1991年上半年，工业生产和效益开始回升。1992年，根据邓小平同志视察南方的讲话精神，江苏省委、省政府提出了"加快发展，加快改革"的战略方针，改革开放和经济建设的步伐明显加快。

尤其值得一提的是，在改革开放之初，为了响应家庭联产承包责任制，江苏省开始大规模发展农村商品经济，大力推行家庭承包责任制的同时，推进乡镇企业快速发展。这一时期江苏省制造业按照以内资驱动的"苏南模式"发展。在这种模式下，江苏省农村劳动力的就地转化能力得到了提高，农村工业化程度大大提高。

在此阶段，江苏省制造业以国有经济和乡镇经济为载体，不仅在"量"的方面不断扩张，而且产业门类也日益健全，产业规模总体保持快速增长的态势。其中，1979年到1988年，全省全部工业增加值年均增长14.5%，1989—1993年，全省全部工业增加值年均增长13.7%。但是，在这一阶段，江苏省制造业企业资本和技术积累不成熟，难以从事高新技术或高资本需求型产品的生产，因此制造业企业主要采用低资本和低要求技术生产劳动密集型产品。

至20世纪70年代末,纺织、机械、化工、食品成为江苏省四大重点行业。从20世纪80年代后期开始,江苏省的主要支柱产业扩展到机械、纺织、化工、食品、建材、冶金等六大行业。江苏省统计局1985年的数据显示,江苏省制造业总产值中纺织业排名第一、机械制造业排名第二,其份额分别高达24.15%、12.64%。

7.1.3 外资驱动的从传统向高科技产业调整跨越的高速发展阶段（1995—2008年）

面对1992年、1993年的经济"过热",国家从1993年下半年起开始强调"软着陆""点刹车"。在宏观调控"双紧"的大背景下,江苏省工业经济增长速度趋缓。1995年,党的十四届五中全会提出"两个根本性转变",一方面要从传统的计划经济体制向社会主义市场经济体制转变,另一方面要将经济增长方式从粗放型向集约型转变,江苏省工业经济增长方式从粗放型向集约型转变的步伐加快。1997年,江苏省把调整结构作为振兴江苏经济的第三次机遇,组织实施"97工业结构调整促进年"活动,有效优化了全省工业经济,非公有制经济比重明显上升。1998年,国有大中型亏损企业扭亏脱困与深化国有企业改革成为地方各级政府这一时期经济工作的重要任务。2001年,中国正式加入WTO,面对跨国公司和境外产品的快速进入,企业经营在竞争压力增加的同时,又迎来一轮新的发展机遇。2002年,围绕加快发展、应对入世主题,国企改革深入推进,江苏省超过80%的国有工业企业成功改制,机制优势初步显现。2002年,根据党的十六大报告精神,江苏省委、省政府提出"优先发展信息产业,以信息化带动工业化"的发展战略,以电子行业为代表的高技术行业快速发展。2004—2007年,江苏省委、省政府在科学发展观的指引下,在调整中求发展,一方面淘汰落后高耗能行业产能,另一方面大力发展高附加值的高技术行业,工业结构调整升级与生产效益增长形成良性互动。

从制造业发展的驱动力来看,随着改革开放进一步深化,江苏省制造业于1995年开始逐渐迈入依托经济开发区进行发展的外资驱动阶段,并一直持续到2008年。区位优势以及较高的经济发展水平大大提升了江苏省制造业的核心竞争力。在这个阶段,江苏省制造业发展的主要特征之一就是苏州、无锡、常州、南京等经济较发达地区内外商直接投资的流入。这些城市除了具备优良的经济发展基础外,还拥有大规模、高质量的人才,有比较完善的技术设施,生产配套设施良好。这些优点在一定程度上降低了制造业企业的搜寻成本,提高了制造业企业的全要素生产率。现阶段江苏部分发达地区发展重点由传统制造业转向高新技术产业,这在一定程度上提高了江苏省制造业的产品质量,促进其产业升级。

在江苏省制造业转型升级过程中,政府的相关产业政策成为重要促进因素之一。江苏省政府主要通过外商投资和民间企业投资,在相关地区的开发区吸引制造业,利用税收减免和土地优惠等政策,吸引外资企业投资,实现地区制造业产业集聚。根据江苏省统计局的数据,自1984年首批经济开发区批准在南通、连云港设立,截至2008年底,江苏省共有12个国家级开发区,113个省级开发区,这些经济开发区的总产值达6 936.02亿元,形成了电子信息、石化产业等支柱产业。这些相关产业对高新技术产业技术和研发要求更高,对知识外溢提出更集中的要求。同时,这些高新技术产业对产业链上游和下游的产业配套要求较高,为了降低交易成本,这些产业首先会选择集聚开发。因此,江苏省制造业积极主动或被动地选择了最适合产业集聚的地区,如苏州、无锡、常州、南京等城市,用以满足高新技术产业集聚的需求,发挥产业集聚的优势,产业集聚的趋势逐渐明朗。特别是苏州,在这个阶段已经成为江苏乃至全国制造业集聚和发展的重要中心(杨丹虹,2019)。

在这一阶段,江苏省工业发展稳步提升,从1994年到2002年,全部工业增加值年均增长13.3%,而在2003年到2007年,全省全部工业增加值年均增长17.1%,这一时期也是江苏省工业经济发展的黄金时期。同时,随着生产的发展、技术的进步和消费结构的变化,新兴行业大量涌现,资本密集型和技术密集型行业产值占比不断上升。

7.1.4 内外资共同推动的转型升级稳中向好的发展阶段(2008—2015年)

在2008年全球性的金融危机后,国内外经济形势复杂多变,中国经济经历了增长速度换挡期、结构调整阵痛期、前期刺激政策消化期的特殊时期,作为东部沿海发达省份的江苏省,发展中遇到的新情况新挑战比其他地区早,也较早地呈现出新常态的特征。江苏省政府审时度势,积极应对做出了一系列决策部署。如"十二五"规划制定前,江苏省就明确提出创新驱动战略,注重新旧动能转换,标志着江苏的发展方式由物质消耗型向创新驱动型转变,同时将"转型升级工程"列为"十二五"重点实施的"八项工程"之首,作为"一号工程"强力推进。在"十二五"期间,江苏紧紧抓住"调高、调轻、调优、调强、调绿",在"稳"的基础上持续加大"调"的力度、加快"转"的步伐,从政府政策层面到企业市场层面,"转型升级"成为这一时期的主旋律。为了更好地落实制造业转型升级,江苏做好"减法"和"加法"——调整存量,淘汰落后产能,化解过剩产能,提升传统产业;优化增量,大力培育发展战略性新兴产业(任松筠等,2015)。所有这些都有力地推动了江苏制造业转型升级的步伐,不断推动产业结构向中高端迈进。

从制造业发展的直接驱动力来看,虽然江苏省制造业领域在外商投资方面未受到金融危机较大的冲击,但由于中国沿海和发达地区劳动力成本增加、政策红利减少,江苏省制造业外商直接投资的主要目的地开始转移,外资转移到成本更低的中西部地区甚至东南亚。因此,金融危机后,江苏省制造业进入了内外资共同推动的产业结构优化发展的新阶段。

从制造业生产总值来看,2005年至2015年,江苏省制造业总产值呈逐年递增之势,由2005年的8 846.22亿元增长至2015年的27 025.63亿元,十年间年平均增速达11.82%。制造业占第二产业的比重稳定在80%以上(表7-1)。同期,江苏省规模以上制造业企业在2010年前保持高速增长的态势,2011年出现明显下降,随后又呈现明显回升的趋势,到2015年增至47 832个,从2005年到2015年,年平均增长率为4.18%(表7-16)。江苏省十大战略性新兴产业产值年均增长26%,2010年、2012年、2014年产值分别突破2万亿元、3万亿元、4万亿元,四年间翻了一番。截至2015年,江苏省战略性新兴产业、高新技术产业产值占比分别达到29.8%和40.1%。虽然自2014年开始,全省全部工业增加值增速回落至个位数,相比前几年增速有所放缓,但结构调整步伐在加快,新的动能正在积蓄。

表7-1 江苏省制造业主要指标发展演变

年份	制造业地区生产总值/亿元	占第二产业的比重/%	占地区生产总值的比重/%
2005	8 846.22	84.05	47.56
2006	10 338.62	84.17	47.55
2007	12 246.85	84.63	47.07
2008	14 318.30	84.26	46.21
2009	15 430.81	83.11	44.78
2010	18 101.33	83.18	43.70
2011	20 978.51	83.24	42.72
2012	22 393.82	82.57	41.43
2013	24 124.67	82.94	40.37
2014	25 484.27	82.59	39.15
2015	27 025.63	80.98	37.93
2016	28 422.51	81.11	36.74
2017	31 698.35	81.02	36.91
2018	33 885.20	80.43	36.35
2019	34 891.67	80.20	35.37
2020	35 817.64	80.25	34.84
2021	41 681.66	80.5	35.82

数据来源:根据2005—2022年《江苏统计年鉴》整理得出

在这一阶段,在江苏省政府强有力的政策推动下,江苏省制造业转型升级初现成效,逐渐呈现以先进装备制造业、高新技术产业为主要发展方向的转型升级态势。新产业、新业态、新产品不断涌现,软件与信息服务业规模和增速、行业特色电子商务平台交易量均居全国第一,新材料、医药、软件、新能源、海洋工程装备等行业产业规模位列全国第一。总体而言,江苏省制造业在增速换挡、经济转型升级和提质增效发展过程中,稳中向好。

7.1.5 双循环背景下创新驱动高质量发展阶段(2015年至今)

正如前述,当前无论是中国制造业总体还是江苏省制造业都仍处在全球价值链的中低端。2015年,国家第十三个五年计划提出"十三五"时期经济社会发展的一个重要目标是进一步完善以先进制造业为支撑、现代农业为基础的现代产业体系。同年,国务院发布实施《中国制造2025》,明确要推动产业迈向中高端,坚持创新驱动、智能转型,加快从制造大国向制造强国转变。2017年中国共产党第十九次全国代表大会首次提出高质量发展,提出中国经济从高增长阶段走向高质量发展阶段,要建立健全绿色低碳循环经济体系。面对世界政治经济形势的深刻变化,党的十九届五中全会正式确定"加快构建以国家大循环为主体,国内国际双循环相互促进的新发展格局"。在此背景下,通过产业不断升级提高制造业在全球价值链中的地位,建立中高端的、自主可控的制造业体系成为应对不确定性、提升综合国力的最重要方略。这进一步意味着,要把制造业高质量发展摆在更加显著位置,加快传统产业转型和战略性新兴产业发展,推进制造业产业结构调整优化迈向中高端。

作为制造业的排头兵,为落实《中国制造2025》战略部署,2015年,江苏省委、省政府制定了《中国制造2025江苏行动纲要》,其中,制造业迈向中高端发展被放在了行动纲要的重要位置,而这一年也成为江苏省真正开始推动制造业迈向中高端的起点。在随后的"十三五"期间,江苏省制造业面对严峻复杂的宏观环境、前所未有的风险挑战特别是新冠肺炎疫情的严重冲击,但其仍紧紧围绕《中国制造2025江苏行动纲要》和高质量发展的要求,切实推动制造业迈向中高端。2016年,江苏省"十三五"战略性新兴产业发展规划中明确提出今后江苏省制造业的发展将以新一代信息技术产业、生物技术和新医药产业等为战略发展目标。2016年以来,江苏省全面推进供给侧结构性改革,并出台了诸多具体的政策,如"263"专项行动①、环保督察等。2017年,《江苏省"十三五"智能制造发展规划》提出"智能制造是江苏产业转型升级的内在要求","江苏制造"向"江苏智造"的发展正式全面启动。江苏省通过化解过剩产能、实现资源优化配置和市场出清,加快培育更多产业新增长点,制造业结构得到进一步优化升级,有效推动了全省产业结构向中高端迈进。

"十三五"期间,江苏省制造业产值一直保持较快的增长速度,2020年达3.5万亿元,规模约占全国的1/8,贡献了34.5%的地区生产总值和39.1%的税收。产业结构调整持续深化,战略性新兴产业、高新技术产业产值占比分别达到37.8%和46.5%,较"十二五"末分别提高了8.0个百分点和6.4个百分点。七大高耗能行业营收占比由31.6%下降到28.6%,超额完成国家下达的节能减排和去产能任务。制造业创新能力不断增强,规模以上工业企业研发经费投入强度达2%左右,较"十二五"末翻一番。制造业模式加快转型,企业两化融合指数达63.2,连续六年位居全国第一,这一稳步增长的态势延续至今。截至2021年底,江苏省制造业增加值进一步突破4万亿元,占地区生产总值的35.8%,占比全国最高,战略性新兴产业产值和高新技术产业产值分别占规模以上工业总产值的比重达39.8%和47.5%,

---

① 即两减六治三提升,是一个由江苏省委、省政府于2016年底部署启动的专项行动,简称"263"行动。"两减"是指减少煤炭消费总量和减少落后化工产能。"六治"是指治理太湖及长江流域水环境、生活垃圾、黑臭水体、畜禽养殖污染、挥发性有机物和环境隐患。"三提升"是指提升生态保护水平、环境经济政策调控水平和环境执法监管水平。江苏省内各市在此基础上,有所增加。

均高于2020年的比重。在此阶段,江苏省制造业保持较为稳定的增长速度,产业结构不断优化,已经形成以电子、电气机械及器材制造、通用设备制造、钢铁、汽车、专用设备制造、金属制品等十大行业为主要支撑的发展格局,新兴产业规模快速壮大,集成电路、新材料、新能源等新兴产业规模稳居全国第一。制造业总体运行质量不断改善,提质增效成果明显。

综上,经过新中国成立以来70多年的发展,江苏省制造业规模稳步增加,结构不断优化,核心产业由传统制造业转向高新技术产业,基础实力雄厚,配套体系完善,部分领域优势领先。尤其是2000年以来,以电子行业为代表的高技术产业迅速崛起,2003年,电子行业一跃成为江苏省第一大支柱行业,发展势头强劲;而其他高技术行业如医药制造业、航空航天制造业、仪器仪表制造业也呈现较快的增长势头,江苏省高技术产业体系初步形成。在高技术产业支撑作用日益显著的同时,化工、钢铁等传统行业也在转型升级。但是,总体而言,当前传统制造业产能过剩,高新技术产业核心竞争力不足,处在进一步转型升级的关键时期。

7.2 江苏省制造业在全球价值链的地位分析

7.2.1 区域制造业全球价值链地位测算方法

在测算江苏省制造业在全球价值链的地位时,本书借鉴余振和顾浩(2016)对东北三省工业行业的GVC测度思路:首先,根据全球价值链分解理论,计算出中国制造业GVC地位指数;其次,在国家层面产业分工指数方面,考虑国家内地区差异和地区内产业差异,推测国家内各地区各产业全球价值链的分工地位。

本节中中国制造业GVC地位指数的算法采用本书第3章3.2公式的算法。

在计算完一个国家的GVC地位指数以后,进一步分解国家内区域层面的产业价值链,将国家内区域和产业差异加入GVC的测算框架,估测各区域各产业价值链的分工。考虑产业差距时,本章参考了Gonzalez等(2015)的做法,将一个国家各产业的对外增加值总额视为该国各地区对应产业的总和,用各地区各产业产值占本国相应产业总产值的比重评估该地区产业对本国产业出口增加值的贡献。在考虑地区差异时,刘修岩和吴燕(2013)利用各地区出口占本国总出口的比重来调整地区内各产业的实际增加值贡献度。在对地区差异和产业差异进行综合考虑后,t国f地区h产业的全球价值链分工地位指数表示如下:

$$\text{POS}_{t,f,h}=\ln\left(1+\frac{\text{IV}_{h,t}V_{h,f}/V_{h,t}}{E_{h,t}T_f/T_t}\right)-\ln\left(1+\frac{\text{FV}_{h,t}V_{h,f}/V_{h,t}}{E_{h,t}T_f/T_t}\right) \quad (7.1)$$

其中,$\text{POS}_{t,f,h}$表示t国f地区h产业的全球价值链分工地位指数,$V_{h,t}$和$V_{h,f}$分别表示f地区和t国整体的h产业的产值,T_f和T_t分别表示f地区和t国的对外出口总量,$\text{IV}_{h,t}$、$\text{FV}_{h,t}$、$E_{h,t}$分别表示t国h产业对外出口的间接增加值、国外增加值以及对外出口总增加值。

根据Koopman等(2012)的研究,若GVC地位指数越高,则某国在某一产业链条上越接近于上游的位置,在此情况下,国外使用的本国增加值比例应大于本国出口中使用的国外增加值比例,即 $IV_{h,t}/E_{h,t} > FV_{h,t}/E_{h,t}$;若 GVC 地位指数越低,则某国在某一产业链条上越接近于下游的位置,在此情况下,生产最终产品时更多的是使用来自其他国家生产的产品,即 $IV_{h,t}/E_{h,t} < FV_{h,t}/E_{h,t}$。从长期来看,会导致该国该产业被锁定在加工生产的低端环节,不利于该国该行业在全球价值链上获取高附加值,从而阻止其迈向中高端的步伐。综上,若 $POS_{t,f,h}$ 值越大,则说明 t 国 f 地区 h 产业可能正处于全球价值链中高端或者即将处于全球价值链中高端。若 $POS_{t,f,h}$ 越小,则说明 t 国 f 地区 h 产业可能正处于全球价值链低端,面临向全球价值链中高端迈进的难题。同时,若测算的 GVC 地位指数为正,即 $POS_{t,f,h} > 0$,则说明 h 产业存在比较优势;若测算的 GVC 地位指数为负,即 $POS_{t,f,h} < 0$,则说明 h 产业存在比较劣势。$POS_{t,f,h}$ 的绝对值越大,说明其优劣势更明显。

7.2.2 数据来源及说明

前面的分析表明,运用(7.1)式可以估算中国江苏省制造业的全球价值链地位。本部分的数据来源如下:江苏省的总出口额和制造业的总出口额相关数据来自历年《江苏统计年鉴》,其他省市的相关数据来自其他省市的历年统计年鉴;中国总出口额和工业产业总产值的相关数据来自历年《中国统计年鉴》;中国投入产出数据来自历年 OECD 世界投入产出表(WIOTs,World Input-output Tables)。目前世界投入产出表只更新至 2014 年,所以本部分主要是对 2005—2014 年共 10 年江苏省制造业的 GVC 地位指数进行计算。根据 OECD 中制造业部门技术的划分标准,及 WIOTs 中记录的制造业涉及的 14 个产业部门,同时根据欧盟统计局(Eurostat)参照经合组织(OECD)对制造业技术类别的划分,将 14 个制造业细分行业划分为高技术制造业、中高技术制造业、中低技术制造业和低技术制造业(尹伟华,2016),如表 7-2 所示。

表 7-2 WIOD 制造业产业代码及技术分类

产业代码	NACE 代码	名称	技术类别
3	15t16	食品、饮料制造及烟草业	低技术制造业
4	17t18	纺织业	低技术制造业
5	19	皮革及鞋类制品业	低技术制造业
6	20	木材加工及木、竹、藤、棕、草制造业	低技术制造业
7	21t22	造纸及纸制品业、印刷和记录媒介的复制业	低技术制造业
8	23	石油加工、炼焦和核燃料加工业	中低技术制造业
9	24	化学原料及化学制品制造业、化学纤维制造业	中高技术制造业
10	25	橡胶及塑料制品业	中低技术制造业
11	26	非金属矿物制品业	中低技术制造业

(续表)

12	27t28	金属制品业	中低技术制造业
13	29	通用专用设备制造业	中高技术制造业
14	30t33	电气和光学设备制造业	高技术制造业
15	34t35	交通运输设备制造业	中高技术制造业
16	36t37	其他制造业及废弃资源和旧材料回收加工	低技术制造业

资料来源：WIOD

注：其中30,32,33为高技术制造业,31为中高技术制造业,但由于无法划分,故将30t33统称为高技术制造业。

7.2.3 江苏省制造业全球价值链地位的测算

参考Wang等(2013)的分解方法，将一个国家的出口贸易总值、中间产品总值、最终产品贸易总值做具体的分解，最后将其分解的16个部分进行相应的归纳，合为4大类，分解公式如下所示：

$$出口贸易总值 E = DVA + RDV + FVA + PDC \tag{7.2}$$

关于贸易总值的四个分解类别的解释如表7-3所示：

表7-3 出口贸易总额分解类别与含义

DVA	最终被国外吸收的国内增加值
RDV	返回并最终被本国吸收的国内增加值
FVA	生产本国出口的国外增加值
PDC	纯重复计算的部分，这是由中间产品贸易多次跨越国界引起的

根据式(7.2)可以估算江苏省制造业的全球价值链地位,也可估算出我国其他典型省市的全球价值链地位,测算结果如表7-4所示。江苏以及我国国内其他典型的发达省市制造业的全球价值链地位指数呈波动上升趋势,范围在-0.2至0之间,这说明江苏以及我国国内其他典型省市制造业的全球价值链的参与程度不断加深,位置在不断上升,但是各省市的GVC地位指数都为负数,这说明各省市制造业在全球价值链均处于低端。其中,江苏省GVC地位指数低于广东、北京和上海等省市,但其参与GVC的程度呈现出微弱的上升趋势,这表明江苏省制造业发展有逐步向中上游攀升的态势。

表7-4 江苏与国内其他典型省市制造业的GVC地位指数

年份	江苏	北京	广东	上海	浙江
2005	-0.14	-0.10	-0.08	-0.08	-0.15
2006	-0.16	-0.12	-0.11	-0.10	-0.19

(续表)

年份	江苏	北京	广东	上海	浙江
2007	−0.13	−0.10	−0.09	−0.08	−0.15
2008	−0.08	−0.05	−0.06	−0.05	−0.09
2009	−0.08	−0.05	−0.05	−0.04	−0.08
2010	−0.10	−0.07	−0.07	−0.05	−0.10
2011	−0.10	−0.08	−0.07	−0.05	−0.10
2012	−0.09	−0.08	−0.06	−0.05	−0.09
2013	−0.10	−0.07	−0.06	−0.05	−0.08
2014	−0.09	−0.07	−0.05	−0.04	−0.07

数据来源:根据历年《中国统计年鉴》、地方统计年鉴、WIOT 数据库数据计算所得

根据表7-5所示的江苏省不同技术水平制造业 GVC 地位指数的相关变化情况来看,各种技术类别的制造业 GVC 地位指数均小于0,这说明江苏省四种技术类别制造业均处于全球价值链中下游。江苏省高技术水平制造业整体的 GVC 地位指数最低,在 −0.2 至 −0.1 之间波动,其中,2006 年至 2008 年其 GVC 地位指数上升较快,这说明江苏省近年来重视高技术水平制造业的稳定发展。将这四种技术水平的制造业 GVC 地位指数进行比较,可见高技术制造业的绝对值最大,这一比较结果表明江苏省高技术制造业在全球价值链中相比中低技术水平制造业处于更加低端的位置。这一测度结果表明江苏省中低技术具有相对比较优势,而中高技术却显得不足,具有相对劣势。

表7-5 江苏省不同技术水平制造业 GVC 地位指数

年份	低技术	中低技术	中高技术	高技术
2005	−0.10	−0.11	−0.12	−0.17
2006	−0.12	−0.12	−0.12	−0.21
2007	−0.09	−0.09	−0.11	−0.19
2008	−0.06	−0.06	−0.07	−0.12
2009	−0.06	−0.07	−0.08	−0.11
2010	−0.07	−0.10	−0.10	−0.12
2011	−0.07	−0.10	−0.09	−0.12
2012	−0.06	−0.09	−0.10	−0.11

(续表)

年份	低技术	中低技术	中高技术	高技术
2013	−0.06	−0.08	−0.10	−0.12
2014	−0.06	−0.07	−0.10	−0.12

数据来源:根据历年《中国统计年鉴》、地方统计年鉴、WIOD 数据库数据计算所得

由图 7.2 可知,江苏省与其他部分发达省市低技术的制造业 GVC 地位指数均在−0.15 至 0 之间波动,且都呈波动上升趋势,但整体而言,都处于比较劣势,位于全球价值链低端。江苏省低技术水平制造业 GVC 地位指数最低。北京、上海、广东的低技术水平制造业发展趋势基本属于同一梯度,江苏和浙江的低技术水平制造业发展趋势较为接近,但在 2013 和 2014 年浙江省低技术水平制造业 GVC 地位指数超过了江苏。

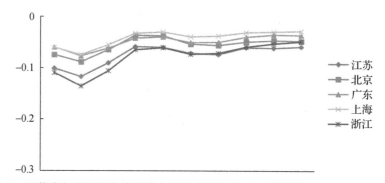

图 7.2　江苏省与我国国内典型省市低技术制造业 GVC 地位指数(2005—2014 年)
数据来源:根据历年《中国统计年鉴》、地方统计年鉴、WIOD 数据库数据计算所得

由图 7.3 可知,江苏省与其他部分发达省市中低技术制造业 GVC 地位指数在−0.2 到 0 之间波动上升。近年来,各省市的差距都在缩小。2005 年至 2014 年,上海和广东的中低技术制造业 GVC 地位指数属于一梯度,江苏和浙江属于同一梯度。2011 年至 2014 年,上海和广东的中低技术制造业 GVC 地位指数比江苏和北京的大,这说明上海和北京在全球价

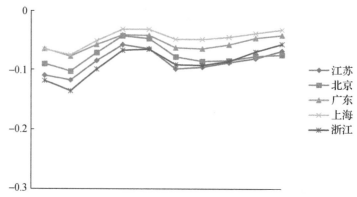

图 7.3　江苏省与我国国内典型省市中低技术制造业 GVC 地位指数(2005—2014 年)
数据来源:根据历年《中国统计年鉴》、地方统计年鉴、WIOD 数据库数据计算所得

值链中比江苏和浙江更具有相对优势,同时也表明江苏中低技术制造业在全球价值链中处于相对更低的位置。

由图7.4可知,江苏省与其他部分发达省市中高技术制造业GVC地位指数在−0.2至0之间波浪式上升,相比于上述低技术与中低技术水平的制造业而言,其波动幅度相对较大。浙江的波动最大,低至−0.16,高至−0.07,这说明近年来浙江重视中高技术制造业的发展。江苏在2010年至2014年中高技术制造业GVC地位指数稳定在−0.1左右,这说明江苏省目前正在努力提高其中高技术制造业在全球价值链中的地位。

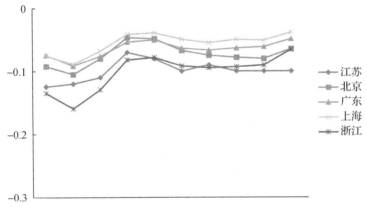

图7.4 江苏省与我国国内典型省市中高技术制造业GVC地位指数(2005—2014年)
数据来源:根据历年《中国统计年鉴》、《地方统计年鉴》、WIOD数据库计算所得

由图7.5可知,江苏省与其他部分发达省市高技术制造业GVC地位指数在−0.3至0之间波动,相比于上述其他技术水平的制造业而言,其波动幅度更大,从整体上来看,各省市高技术制造业GVC地位指数都普遍较低。江苏高技术制造业GVC地位指数低于北京、上海、广东,但在2008年至2014年,其GVC地位指数较为稳定,维持在−0.12左右,这说明在此阶段江苏重视高技术制造业的稳定发展。

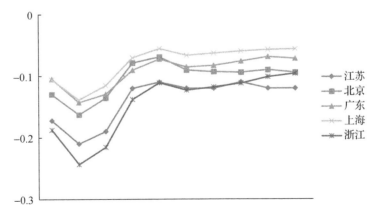

图7.5 江苏省与我国国内典型省市高技术制造业GVC地位指数(2005—2014年)
数据来源:根据历年《中国统计年鉴》、地方统计年鉴、WIOD数据库数据计算所得

总体而言,从江苏省制造业在全球价值链地位的测度结果来看,江苏省制造业整体和四种技术类别的制造业 GVC 地位指数均为负数,处于全球价值链的低端,相比于中高技术,江苏省中低技术和低技术制造业具有相对比较优势,由此可见,江苏省制造业各类技术水平制造业在全球价值链中暂时都尚未达到中高水平。但从整体和分类制造业 GVC 地位指数来看,总体都呈现稳中有升的态势,这说明江苏省制造业正在全方位发力,向全球价值链高附加值环节攀升。江苏省与其他典型的发达省市的制造业情况相比,GVC 地位指数的绝对值相对较大,排名为第四位,相对劣势较明显,这说明江苏省制造业不仅嵌入全球价值链的地位较低,处于全球价值链低端,而且与国内发达地区的价值链地位也略有差距。

7.3 江苏省制造业迈向中高端的评价指标及评价结果分析

7.3.1 综合评价指标体系的构建

本书根据第 2 章界定的制造业迈向中高端的概念及前人的研究成果,通过构建制造业迈向中高端的综合评价指标体系来分析江苏省制造业迈向中高端的发展水平。这一评价结果可与上一节测度出的江苏省制造业全球价值链 GVC 地位指数共同作为研判江苏省制造业融入全球价值链程度的依据。

在构建综合指标体系时,既需要反映全球价值链下制造业迈向中高端的内涵,又要综合考虑制造业实际发展状况,还要兼顾数据的可得性。本书在借鉴前人研究的基础上,对以往设计中的不足之处做了调整,力求客观、准确地评估江苏省制造业迈向中高端的现状。同时,从制造业的设计研发、营销服务、经济效益等三个方面构建制造业迈向中高端的综合评价体系(表 7-6),包括 11 个二级指标和 23 个三级指标,具体说明如表 7-6:

表 7-6 制造业迈向中高端综合评价指标体系

序号	一级指标	二级指标	三级指标
1	设计研发	研发	规模以上制造业研发经费内部支出(亿元)
		产品开发	制造业研发人员全时当量(人年)
		专利	新产品开发项目(项)
		技术转化	规模以上制造业新产品销售收入(万元)
			企业专利申请数(件)
			企业有效发明专利数(项)
			技术市场成交额(亿元)
			高新技术产业产值占规模以上工业总产值的比重(%)

(续表)

序号	一级指标	二级指标	三级指标
2	营销服务	结构	生产性服务业增加值(亿元)
		产品质量	产品质量优等品率(%)
		信息化	出入境货物检验检疫不合格货值(万美元)
			每百家企业拥有网站数(个)
			互联网宽带接入用户(万户)
			有电子商务交易活动的企业数占比(%)
			电子商务销售额(亿元)
			信息技术服务收入(万元)
			工业化与信息化融合发展指数(%)
3	经济效益	规模	规模以上制造业企业个数(个)
		产值	制造业总产值(亿元)
		利润	主营业务收入(亿元)
			利润总额(亿元)
		贸易	制造业境外投资(万美元)
			加工贸易出口额占出口总额的比重(%)

1. 设计研发

国内外学者在研究制造业升级的时候，都十分注重核心技术环节，本书也选取规模以上制造业研发经费内部支出等评估其研发投入情况。制造业新产品产值既体现了企业创新力，又体现了产品向商品转化的能力(郭巍等，2011)，所以采用新产品开发项目、规模以上制造业新产品销售收入两个指标评估制造业投入产出的回报率情况，高新技术产业产值占规模以上工业总产值的比重衡量高新技术产业对生产总值贡献的大小。规模以上制造业研发经费支出、制造业研发人员全时当量、企业有效发明专利数、技术市场成交额等指标可以反映制造业企业科技水平以及科技成果转化率。

2. 营销服务

物流、品牌销售、服务是产业链中包含高附加值的部分。生产性服务业增加值、产品质量优等品率、出入境货物检验检疫不合格货值占总出入境货物的比重可以体现制造业产品质量与服务情况。每百家企业拥有网站数、工业化与信息化融合发展指数等指标可以作为制造业迈向国际市场、构建国际营销网络的重要影响因素。

3. 经济效益

企业生存的目的是追逐最大剩余价值，因此，制造业企业经济的运行质量、效益等可以体现企业在各环节特别是生产制造环节的整体情况。制造业境外投资、加工贸易出口额占出口总额的比重可以体现制造业企业进出口相关情况，利用这些指标能够大致判断制造业参与全球价值链的程度。

7.3.2 评价方法与过程

简而言之,就是运用SPSS23.0软件的主成分分析法(具体方法原理及相关系数矩阵计算过程略)计算前述各指标的权重,求得综合评价值,以此来判断江苏省制造业迈向中高端的发展水平。

1. 主成分的系数矩阵

采用江苏省2010—2018年制造业发展相关的指标,运用SPSS23.0软件的主成分分析法计算有关数据,具体结果见表7-7:

表7-7 总方差解释表

编号	特征根			主成分提取		
	特征根	方差解释率/%	累积/%	特征根	方差解释率/%	累积/%
1	17.543	76.274	76.274	17.543	76.274	76.274
2	2.568	11.166	87.440	2.568	11.166	87.440
3	1.676	7.288	94.727	1.676	7.288	94.727
4	0.630	2.739	97.466	—	—	—
5	0.280	1.217	98.683	—	—	—
6	0.163	0.710	99.393	—	—	—
7	0.089	0.388	99.781	—	—	—
8	0.050	0.219	100.000	—	—	—
9	0.000	0.000	100.000	—	—	—
10	0.000	0.000	100.000	—	—	—
11	0.000	0.000	100.000	—	—	—
12	0.000	0.000	100.000	—	—	—
13	0.000	0.000	100.000	—	—	—
14	0.000	0.000	100.000	—	—	—
15	0.000	0.000	100.000	—	—	—
16	−0.000	−0.000	100.000	—	—	—
17	−0.000	−0.000	100.000	—	—	—
18	−0.000	−0.000	100.000	—	—	—
19	−0.000	−0.000	100.000	—	—	—
20	−0.000	−0.000	100.000	—	—	—
21	0.000	−0.000	100.000	—	—	—
22	−0.000	−0.000	100.000	—	—	—
23	−0.000	−0.000	100.000	—	—	—

由总方差解释表可知,以特征根大于1为基准提取主成分。根据表7-7,3个主成分的

累计方差贡献率达到了94.727%,这说明用此种方法提取出来的主成分效果良好。

表7-8为成分矩阵表,从表中可以看出各个指标在每个主成分下对应的载荷数,如规模以上制造业研发经费内部支出在第一个主成分的载荷为0.987。第一主成分中,规模以上制造业新产品销售收入、规模以上制造业研发经费内部支出的载荷较大,这说明第一主成分与新产品销售收入、规模以上制造业研发经费内部支出具有较大的相关关系,因此可将其命名为设计研发因子。第二主成分中,产品质量优等品率、出入境货物检验检疫不合格货值的载荷较大,因此可将其命名为营销服务因子。第三主成分中,规模以上制造业企业个数的载荷较大,该变量反映了江苏省制造业企业规模,故将其命名为经济效益因子。

表7-8 成分矩阵表

名称及单位	成分		
	成分1	成分2	成分3
规模以上制造业研发经费内部支出(亿元)	0.987	-0.116	0.076
制造业研发人员全时当量(人年)	0.978	0.09	-0.141
新产品开发项目(项)	0.951	-0.229	0.044
规模以上制造业新产品销售收入(万元)	0.99	0.078	0.015
企业专利申请数(件)	0.971	-0.151	0.025
企业有效发明专利数(项)	0.937	-0.045	0.341
技术市场成交额(亿元)	0.933	-0.218	0.27
高新技术产业产值占规模以上工业总产值的比重(%)	0.935	-0.242	-0.164
生产性服务业增加值(亿元)	0.984	-0.035	0.159
产品质量优等品率(%)	0.329	0.844	0.285
出入境货物检验检疫不合格货值(万美元)	0.762	0.565	-0.164
每百家企业拥有网站数(个)	0.655	-0.079	-0.554
互联网宽带接入用户(万户)	0.907	0.028	0.36
有电子商务交易活动的企业数占比(%)	0.864	0.407	-0.15
电子商务销售额(亿元)	0.59	-0.752	0.092
信息技术服务收入(万元)	0.901	-0.154	0.38
工业化与信息化融合发展指数(%)	0.897	0.156	-0.345
规模以上制造业企业个数(个)	-0.546	0.524	0.499
制造业总产值(亿元)	0.986	-0.085	0.126
主营业务收入(亿元)	0.848	0.302	-0.398
利润总额(亿元)	0.861	0.364	-0.195
制造业境外投资(万美元)	0.928	0.144	0.303
加工贸易出口额占出口总额的比重(%)	-0.973	0.106	0.116

表7-9 各指标在3个主成分下的线性组合中的系数

名称及单位	成分		
	成分1	成分2	成分3
规模以上制造业研发经费内部支出(亿元)	0.236	−0.072	0.059
制造业研发人员全时当量(人年)	0.234	0.056	−0.109
新产品开发项目(项)	0.227	−0.143	0.034
规模以上制造业新产品销售收入(万元)	0.236	0.049	0.012
企业专利申请数(件)	0.232	−0.094	0.019
企业有效发明专利数(项)	0.224	−0.028	0.263
技术市场成交额(亿元)	0.223	−0.136	0.209
高新技术产业产值占规模以上工业总产值的比重(%)	0.223	−0.151	−0.127
生产性服务业增加值(亿元)	0.235	−0.022	0.123
产品质量优等品率(%)	0.079	0.527	0.220
出入境货物检验检疫不合格货值(万美元)	0.182	0.353	−0.127
每百家企业拥有网站数(个)	0.156	−0.049	−0.428
互联网宽带接入用户(万户)	0.217	0.017	0.278
有电子商务交易活动的企业数占比(%)	0.206	0.254	−0.116
电子商务销售额(亿元)	0.141	−0.469	0.071
信息技术服务收入(万元)	0.215	−0.096	0.294
工业化与信息化融合发展指数(%)	0.214	0.097	−0.266
规模以上制造业企业个数(个)	−0.130	0.327	0.385
制造业总产值(亿元)	0.235	−0.053	0.097
主营业务收入(亿元)	0.202	0.188	−0.307
利润总额(亿元)	0.206	0.227	−0.151
制造业境外投资(万美元)	0.222	0.090	0.234
加工贸易出口额占出口总额的比重(%)	−0.232	0.066	0.090

结合成分矩阵表的系数和各主成分的特征根可求出各指标在3个主成分下的线性组合中的系数(表7-9)。

3个主成分的线性组合为：

$F_1 = 0.236 X_1^* + 0.234 X_2^* + 0.227 X_3^* + 0.236 X_4^* + 0.232 X_5^* + 0.224 X_6^* + 0.223 X_7^* + 0.223 X_8^* + 0.235 X_9^* + 0.079 X_{10}^* + 0.182 X_{11}^* + 0.156 X_{12}^* + 0.217 X_{13}^* + 0.206 X_{14}^* + 0.141 X_{15}^* + 0.215 X_{16}^* + 0.214 X_{17}^* - 0.13 X_{18}^* + 0.235 X_{19}^* +$

第7章 区域层面典型案例:江苏省制造业迈向中高端分析

$$0.202X_{20}^* + 0.206X_{21}^* + 0.222X_{22}^* - 0.232X_{23}^*$$

$$F_2 = -0.072X_1^* + 0.056X_2^* - 0.143X_3^* + 0.049X_4^* - 0.094X_5^* - 0.028X_6^* - 0.136X_7^* - 0.151X_8^* - 0.022X_9^* + 0.527X_{10}^* + 0.353X_{11}^* - 0.049X_{12}^* + 0.017X_{13}^* + 0.254X_{14}^* - 0.469X_{15}^* - 0.096X_{16}^* + 0.097X_{17}^* + 0.327X_{18}^* - 0.053X_{19}^* + 0.188X_{20}^* + 0.227X_{21}^* + 0.09X_{22}^* - 0.066X_{23}^*$$ (7.3)

$$F_3 = 0.059X_1^* - 0.109X_2^* + 0.234X_3^* + 0.012X_4^* + 0.019X_5^* + 0.263X_6^* + 0.209X_7^* - 0.127X_8^* + 0.123X_9^* + 0.22X_{10}^* - 0.127X_{11}^* - 0.428X_{12}^* + 0.278X_{13}^* - 0.116X_{14}^* + 0.071X_{15}^* + 0.294X_{16}^* - 0.266X_{17}^* + 0.385X_{18}^* + 0.097X_{19}^* - 0.307X_{20}^* - 0.151X_{21}^* + 0.234X_{22}^* + 0.09X_{23}^*$$

其中,X_1^*、X_2^*、X_3^*、X_4^*、X_5^*、X_6^*、X_7^*、X_8^*、X_9^*、X_{10}^*、X_{11}^*、X_{12}^*、X_{13}^*、X_{14}^*、X_{15}^*、X_{16}^*、X_{17}^*、X_{18}^*、X_{19}^*、X_{20}^*、X_{21}^*、X_{22}^*、X_{23}^* 表示标准化后的变量。

根据主成分的线性组合,以三个主成分的方差贡献率作为权重构建综合评价函数:

$$Z^* = 0.805\,205X_1^* + 0.117\,868X_2^* + 0.076\,927X_3^*$$ (7.4)

2. 指标的系数和权重

表7-10 各指标在综合得分模型中的系数

名称及单位	系数
规模以上制造业研发经费内部支出(亿元)	0.365 7
制造业研发人员全时当量(人年)	0.366 3
新产品开发项目(项)	0.348 6
规模以上制造业新产品销售收入(万元)	0.376 9
企业专利申请数(件)	0.357 0
企业有效发明专利数(项)	0.377 1
技术市场成交额(亿元)	0.359 4
高新技术产业产值占规模以上工业总产值的比重(%)	0.332 2
生产性服务业增加值(亿元)	0.376 0
产品质量优等品率(%)	0.322 3
出入境货物检验检疫不合格货值(万美元)	0.358 3
每百家企业拥有网站数(个)	0.267 2
互联网宽带接入用户(万户)	0.377 8
有电子商务交易活动的企业数占比(%)	0.367 1

(续表)

名称及单位	系数
电子商务销售额(亿元)	0.243 6
信息技术服务收入(万元)	0.364 5
工业化与信息化融合发展指数(%)	0.343 4
规模以上制造业企业个数(个)	0.143 2
制造业总产值(亿元)	0.370 8
主营业务收入(亿元)	0.341 6
利润总额(亿元)	0.360 7
制造业境外投资(万美元)	0.387 0
加工贸易出口额占出口总额的比重(%)	0.007 6

从表7-7可得3个主成分的方差贡献率。表7-10中的数据是各指标在综合得分模型中的系数,最终可得到各三级指标的权重(表7-11)。

表7-11 各三级指标的权重结果

名称	权重	排序
规模以上制造业研发经费内部支出(亿元)	0.048 7	8
制造业研发人员全时当量(人年)	0.048 7	8
新产品开发项目(项)	0.046 4	14
规模以上制造业新产品销售收入(万元)	0.050 2	4
企业专利申请数(件)	0.047 5	13
企业有效发明专利数(项)	0.050 2	3
技术市场成交额(亿元)	0.047 8	11
高新技术产业产值占规模以上工业总产值的比重(%)	0.044 2	17
生产性服务业增加值(亿元)	0.050 0	5
产品质量优等品率(%)	0.042 9	18
出入境货物检验检疫不合格货值(万美元)	0.047 7	12
每百家企业拥有网站数(个)	0.035 6	19
互联网宽带接入用户(万户)	0.050 3	2
有电子商务交易活动的企业数占比(%)	0.048 9	7
电子商务销售额(亿元)	0.032 4	20
信息技术服务收入(万元)	0.048 5	9
工业化与信息化融合发展指数(%)	0.045 7	15

(续表)

名称	权重	排序
规模以上制造业企业个数(个)	0.019 1	21
制造业总产值(亿元)	0.049 3	6
主营业务收入(亿元)	0.045 5	16
利润总额(亿元)	0.048 0	10
制造业境外投资(万美元)	0.051 5	1
加工贸易出口额占出口总额的比重(%)	0.001 0	22

从表 7-11 各三级指标的权重结果可以看到,权重排前 5 的指标分别是制造业境外投资(0.051 5)、互联网宽带接入用户(0.050 3)、企业有效发明专利数(0.050 2)、规模以上制造业新产品销售收入(0.050 2)、生产性服务业增加值(0.050 0)。这说明江苏省制造业迈向中高端发展的重要影响因素是境外投资、互联网与制造业融合、企业专利发明数等。

进一步通过各三级指标求出各二级指标权重结果(表 7-12)。

表 7-12 各二级指标的权重结果

名称	权重	排序
研发	0.097 4	3
产品开发	0.096 6	4
专利	0.097 7	2
技术转化	0.092 0	6
结构	0.050 0	9
产品质量	0.090 6	7
信息化	0.261 3	1
规模	0.019 1	11
产值	0.049 3	10
利润	0.093 5	5
贸易	0.052 5	8

从表 7-12 各二级指标的权重结果可以看到,权重排前 3 的指标分别是信息化(0.261 3)、专利(0.097 7)、研发(0.097 4)。进一步通过二级指标求三个一级指标的权重,结果如表 7-13。

表 7-13 各一级指标的权重结果

名称	权重	排序
设计研发	0.383 7	2
营销服务	0.401 9	1
经济效益	0.214 4	3

从表 7-13、表 7-14 各级指标的权重可以看出,营销服务、设计研发、经济效益是评价江苏省制造业迈向中高端发展的重要评价指标,其权重分别为 0.401 9、0.383 7、0.214 4。其中,营销服务权重最高,这意味着在江苏省制造业迈向中高端的发展过程中,营销服务所包含的产品质量与制造业信息化程度的提高是影响江苏省制造业迈向中高端发展的关键因素。江苏省制造业需要在制造业营销服务环节下功夫,注重制造业信息化程度,致力于互联网与制造业融合发展,提高江苏省制造业营销服务水平。设计研发的权重排在第二位,为 0.383 7,与营销服务的权重差距为 0.018 2,这说明在江苏省制造业迈向中高端的发展过程中,设计研发所发挥的作用同营销服务同等重要,这两个指标的权重之和为 0.785 6,这说明江苏省制造业既要抓住营销服务环节又要兼顾设计研发环节,便能提高其迈向全球价值链中高端的水平。经济效益权重排在第三位,这说明江苏省制造业的规模、产值、利润与对外贸易水平对制造业迈向中高端发展也具有重要意义,能够反映制造业企业的管理水平,能够调整江苏省制造业企业的具体发展方向。

表 7-14 指标体系的权重

总指标	一级指标	权重	二级指标	权重	三级指标	权重
制造业迈向中高端指标体系	设计研发	0.383 7	研发	0.097 4	X_1	0.048 7
					X_2	0.048 7
			产品开发	0.096 6	X_3	0.046 4
					X_4	0.050 2
			专利	0.097 7	X_5	0.047 5
					X_6	0.050 2
			技术转化	0.092 0	X_7	0.047 8
					X_8	0.044 2
	营销服务	0.401 9	结构	0.050 0	X_9	0.050 0
			产品质量	0.090 6	X_{10}	0.042 9
					X_{11}	0.047 7
			信息化	0.261 3	X_{12}	0.035 6
					X_{13}	0.050 3
					X_{14}	0.048 9
					X_{15}	0.032 4
					X_{16}	0.048 5
					X_{17}	0.045 7

(续表)

总指标	一级指标	权重	二级指标	权重	三级指标	权重
制造业迈向中高端指标体系	经济效益	0.2144	规模	0.0191	X_{18}	0.0191
			产值	0.0493	X_{19}	0.0493
			利润	0.0935	X_{20}	0.0455
					X_{21}	0.0480
			贸易	0.0525	X_{22}	0.0515
					X_{23}	0.0010

7.3.3 评价结果分析

在前文的基础上,计算出2010—2018年江苏省制造业各指标评价值以及综合评价值,见表7-15。

表7-15 2010—2018年江苏省制造业迈向中高端发展综合评价值

年份	指标			
	设计研发	营销服务	经济效益	综合评价
2010	−0.633	−0.483	−0.240	−1.356
2011	−0.408	−0.402	−0.211	−1.021
2012	−0.213	−0.266	−0.154	−0.633
2013	−0.060	−0.073	−0.066	−0.199
2014	0.089	0.046	0.042	0.177
2015	0.097	0.294	0.102	0.493
2016	0.230	0.260	0.212	0.702
2017	0.354	0.265	0.187	0.806
2018	0.544	0.358	0.129	1.031

根据2010—2018年江苏省制造业在设计研发环节、营销服务环节以及整体的经济效益的评价结果,江苏省制造业迈向中高端发展的综合得分由2010年的−1.356上升到2018年的1.031,这说明在此期间,江苏省制造业出现了明显的由低端逐渐向制造业中高端攀升的趋势。这主要得益于江苏省对制造业发展的重视,也说明了江苏省推行的制造业转型升级各项策略开始出现成效。从三个分指标评价值本身来看,总体呈现波浪式上升趋势,但也表现出明显的差异,2014年江苏省制造业的各项指标水平都有明显提高,特别是设计研发环节更明显;而2017年、2018年虽然设计研发水平、营销服务水平大幅提高,但是经济效益水平却有所下降,从而拉低了制造业迈向中高端发展的综合得分。这也进一步说明江苏省制造业从整体上尚未迈入全球价值链中高端,而且在各个环节都有很大的发展空间。

具体而言,从江苏省制造业的设计研发环节评价值来看,整体呈波动式增长(表7-15)。从2010年的-0.633增加到2018年的0.544,其中2010年设计研发能力评价值是三个评价值中最低的一个,而2014年、2016年、2017年、2018年江苏省制造业设计研发能力综合水平超过经济效益,是具有比较优势的一个环节,这说明江苏省制造业的设计研发环节越来越被重视,提升明显。整体来看,江苏省的研发环境在变好,但江苏省制造业设计研发评价值仍然只有0.544,距离拥有高质量和自主品牌产品、掌握自主知识产权和关键核心技术,迈向全球价值链中高端还有一定差距。

从江苏省制造业营销服务环节评价值来看,总体呈稳步增长偶有微调的态势。营销服务评价值从2010年的-0.483增加到2018年的0.358,其中2010年至2015年评价值都持续上升,只有2016年有轻微下降。这说明江苏省制造业营销服务水平在提高,制造业产品的质量、品牌以及信息化程度都对制造业营销服务水平的提升有重要的作用。其中2015年上升趋势尤为明显,相较于2014年提升了0.248,这主要得益于江苏省实施的一系列发展制造业信息化、网络化的政策。但总体而言,江苏省制造业营销服务评价值并不高,2018年仅有0.358,这说明其还有很大的发展空间,距离迈向全球价值链中高端还有一定差距。

从江苏省制造业经济效益水平评价值来看,整体呈稳步增长偶有波动的变化趋势。经济效益评价值从2010年的-0.24增加到2018年的0.129,其中2010年至2016年评价值都持续上升,但2017年、2018年呈下降趋势,且2018年江苏省制造业经济效益评价值只有0.129,这说明近年来江苏省制造业的经济效益水平整体在提高,但2017年和2018年经济效益有所下滑。这同样表明江苏省制造业经济效益评价值与全球价值链中高端水平还有很大的差距,也说明江苏省制造业的经济效益还有很大的提升空间。

根据微笑曲线理论,具有高附加值的设计研发和营销服务环节处于全球价值链高端,而附加值较低的加工制造环节处于全球价值链低端。为了在整个生产环节中获得高额利润,位于全球价值链高端的国家、地区或企业一般都力争控制着产品的核心技术或者营销;而位于全球价值链低端的国家、地区或企业也在积极探寻迈向中高端的路径。基于以上江苏省制造业在技术研发、营销服务和加工制造三个环节的测算结果,可以看到,江苏省在三个环节整体呈现上升的趋势,但均尚未达到制造业中高端水平,在未来仍有巨大的上升空间。

当然,需要说明的是,鉴于数据的可得性及专著撰写周期长,本章前述的江苏省制造业GVC地位指数和迈向中高端综合评价值分别截至2014年和2018年,由于随后的几年间,江苏省采取了诸多推进制造业迈向中高端的激励政策,并取得了显著的效果,因此当前江苏省制造业的综合评价结果应明显高于测度期的水平。但与此同时,也存在制约江苏省制造业迈向中高端的问题。结合现有的研究和相关报告,本书将在下一节详细阐述江苏省制造业在迈向中高端过程中面临的主要问题。

7.4 江苏省制造业迈向中高端面临的问题

7.4.1 制造业大而不强,结构尚待优化

江苏省一直是中国的制造业大省,改革开放以来,江苏的制造业借助早期的低生产成本、优越的区位和历史积淀的优势,不断扩大规模,经济总量稳步扩大,规模以上制造业企业发展迅速(表7-16),战略性新兴产业和高新技术制造业占比增长迅速。制造业产业集群化发展态势明显。截至2021年,江苏省制造业增加值已经超过广东省,占全国制造业产值的比重为10.1%,成为中国真正的第一制造大省。但是,江苏省制造业产业层次总体偏低、偏重、偏散的问题依然存在,传统制造业产品供大于求,而高新技术产业产品供不应求的结构性问题比较突出。

表7-16 江苏省规模以上制造业主要经济指标

年份	企业数量/个	制造业总产值/亿元	主营业务收入/亿元	利润总额/亿元
2005	31 749	30 816.65	30 294.72	1 279.38
2006	35 819	39 153.82	38 773.02	1 754.03
2007	41 312	50 666.19	49 957.12	2 584.63
2008	45 273	64 573.22	63 261.15	6 227.44
2009	60 142	69 758.11	68 299.55	6 370.02
2010	63 445	88 030.71	87 041.04	5 709.98
2011	42 832	103 114.89	102 459.13	6 800.05
2012	45 291	114 918.17	114 062.25	6 865.14
2013	45 811	129 079.03	126 714.56	7 339.11
2014	48 082	137 377.73	136 346.02	8 528.59
2015	47 832	144 190.82	141 448.16	9 110.88
2016	47 208	151 934.14	150 898.52	10 080.62
2017	44 742	167 631.35	142 942.11	9 696.04
2018	45 565	179 526.16	125 251.16	8 049.71
2019	45 281	—	111 744.97	6 417.20
2020	49 280	—	118 570.06	7 126.06
2021	55 262	—	145 626.21	9 290.46

注:2017年及以前为主营业务收入,2018年起调整为营业收入,2019年至2021年制造业总产值数据缺失。
数据来源:根据2010—2022年《江苏统计年鉴》数据整理所得

根据波士顿咨询公司(2016)发布的一份报告中的相关数据,由于汇率波动大、劳动力成本上升、能源成本上升等众多全球化问题,全球25个出口经济体的相对制造成本结构都发生了惊人的变化。其中,中美制造成本差距迅速缩小。根据生产率调整后的制造业平均工资,在2004年,中国大约是4.35美元/时,美国是17.54美元/时,而到了2014年,中国制造业平均工资提高了2倍,达到12.47美元/时,而美国仅上升了27%达到22.32美元/时(波士顿咨询,2016)。江苏的国际代工优势也逐渐减弱。江苏省传统制造产业曾在纱、布、化学纤维等诸多产品的加工制造中拥有较为明显的产量优势,但近年来,纱、布等江苏优势纺织产品没有达到理想水平。究其原因,首先是产品类型没有更新,品质单一缺乏创新,高科技含量不足,缺乏高附加值产品,难以满足高端市场的需求;其次许多中端和低端的老款产品产能严重过剩,难以销售导致库存积压。供求结构问题非常突出。据统计,近几年江苏省制造业企业产能的利用率仅仅在70%左右,远远低于中国总产能利用率平均值81%的水平,这种情况在重化工业中更加普遍。根据江苏省发改委发布的《关于切实加强汽车产业投资项目监督管理和风险防控的通知》,2016年至2020年,江苏省汽车整车产能利用率由78%下降至33.03%,低于全国平均水平约20个百分点,已严重偏离产能利用合理区间。产能的过剩使得传统制造业产品在市场中难以销售,因为市场需求不足而连年减产。如表7-17所示,2018年以来,江苏多个制造业行业减少明显。焦炭、烧碱、金属削切机床、汽车、房间空气调节器、微型计算机设备、彩色电视机等生产能力和产量均呈负增长。由于大量产品积压,制造业企业资金周转相对困难,因此难以保证制造业有充足的研发投入。

传统制造业的历史遗留问题对于江苏省制造业的产业转型升级影响较大,制约其迈向全球价值链中高端。以苏南地区为首的传统制造业企业已经优先进行技术及管理方面的变革,以苏州为例,其建设了多个工业园区示范区,带动了全省制造业发展。但现阶段传统制造业未来的发展方向并不明确,制造业企业过多的"产业集聚"并不是真正的集聚,产业集聚尚没有充分挖掘有利于制造业转型升级的资源和便利,以制造业企业为中心的产业联动效应还不成熟。此外,传统制造业布局缺乏合理性,阻碍了江苏省传统制造业的进一步发展。江苏省不同地区的自然条件相似,矿产资源和原料都比较缺乏,导致江苏以外来资源和原材料为主的加工业较为发达,传统制造业的趋同现象严重,且未能发挥出区域经济的规模效应,缺乏有效的分工和整合,最终导致企业之间在同类低档产品恶性竞争。近年来,受行业外环境冲击和行业内竞争激烈的影响,江苏省传统制造业的竞争优势大大降低。从2021年江苏省制造业发展情况来看,以纺织和冶金为主的传统制造业在制造业总产值中仍占有较高比重,但这部分成品仍以国际代工形式参与国际贸易,大部分成品为低附加值产品,很难满足国内外消费者对高端新产品的需求。这些均不利于其设计研发环节附加值的提高,进而阻碍高技术含量与高附加值产品的生产,最终在很大程度上阻碍了江苏省传统制造业在全球价值链的攀升。

表 7-17 2018—2021 年江苏规模以上制造业主要产品生产能力与实际产量

产品名称	单位	2018年		2019年		2020年		2021年		生产能力年平均增长率 %	实际产量年平均增长率 %
		生产能力	实际产量	生产能力	实际产量	生产能力	实际产量	生产能力	实际产量		
天然原油	万吨	155.22	151.4	153.81	151.4	46.39		153.12		−0.45	0.00
卷烟	亿支	1 381.28	1 031.0	1 360.67	1 044.7	1 408.63		1 089.06		−7.62	1.32
原油加工能力/原油加工量	万吨	4 320	1 448.4	4 502.79	1 495.9	4 586.78		4 459.61		1.07	3.28
焦炭	万吨	2 207	1 472.7	1 667.00	1 611.0	1 717	1 022.28	1 637	934.34	−9.48	−14.07
烧碱(折100%)	万吨	406.4	320.5	306.50	275.1	304.5		323.3		−7.34	−14.16
农用氮、磷、钾化学肥料总计(折纯)	万吨	236.21	165.9	248.99	199.1	229.86	199.41	203.9	178.29	−4.78	2.43
初级形态塑料	万吨	1 233.57	930.8	1 225.94	1 130.2	1 347.55		1 486.66		6.41	21.42
化学纤维	万吨	1 791.76	1 307.5	1 847.51	1 525.2	1 896.11	1 534.12	2 102.74	1 625.34	5.48	7.52
水泥	万吨	19 897.43	14 692.0	1 847.51	15 743.3	20 005.04	15 246.45	20 187.9	15 374.24	0.48	1.52
平板玻璃	万重量箱	2 599.85	2 274.6	2 255.50	1 829.2	3 034.69		2 978.24		4.63	−19.58
粗钢	万吨	12 090	10 426.2	11 581.43	12 017.1	11 673.43		12 008		−0.23	15.26
钢材	万吨	15 495.02	10 426.2	16 849.20	14 211.4	17 772.9	15 004.02	18 856.31	15 701.90	6.76	14.62
金属切削机床	万台	14.79	8.5	9.18	6.6	15.71		10.41		−11.05	−22.35

（续表）

产品名称	单位	2018年 生产能力	2018年 实际产量	2019年 生产能力	2019年 实际产量	2020年 生产能力	2020年 实际产量	2021年 生产能力	2021年 实际产量	生产能力年平均增长率/%	实际产量年平均增长率/%
汽车	万辆	261.55	120.3	220.82	76.7	229.34	75.33	243.73	77.57	-2.32	-13.61
家用电冰箱	万台	1 258.12	839.8	1 305.56	1 068.1	1 689.16		1 838.76		13.48	27.18
房间空气调节器	万台	776.5	512.4	872.00	500.0	708		718.89		-2.54	-2.42
微型计算机设备	万台	7 746.45	6 240.1	7 019.74	6 128.5	7 042.76		6 654.87		-4.94	-1.79
移动通信手持机（手机）	万台	13 898.13	4 924.6	10 913.94	5 003.8	10 996.54		10 722.73		-8.28	1.61
彩色电视机	万台	3 375.27	1 668.0	2 827.11	1 383.5	1 963.89		2 027.26		-15.63	-17.06
发电设备容量总计/发电量	万千瓦	11 379.27	4 933.54	11 923.06	5 015.41	12 036.5	5 049.54	12 636.04	5 015.41	3.55	0.55

注：1. 2018年和2019年汽油产量由汽油、煤油和燃料油产量汇总而成；汽车由轿车、SUV、载货汽车、新能源汽车汇总而成。
2. 因2020年和2021年统计年鉴中无细分的规模以上工业企业主要产品生产、销售、库存等数据，故2020年和2021年部分制造业细分行业产品产量数据缺失。
3. 2020年和2021年缺失数据的行业的实际产量年平均增长率为2018年到2019年的增长率

数据来源：根据2010—2022年《江苏统计年鉴》数据整理计算所得

从高新技术产业发展来看,近年来,江苏各级政府极为重视高新技术产业的发展,建设了一系列产业科创中心与产业服务平台,予以政策及平台方面的大力支持,高新技术产业发展迅猛,产业规模不断扩大,在江苏省制造业企业中的占比逐年攀升。2017年,江苏省高新技术产业总产值在工业总产值中的比重达到43%,到2021年年底,这一指标增至47.5%。再以2017年为例,江苏省高新技术制造业行业构成主要包括三部分,第一是高端装备制造业(28.19%),第二是新材料制造业(27.4%),第三是电子及通信设备制造业(21.63%),并且这三者总的比例之和已经达到了整体的77.22%,这三大优势产业为江苏省高新技术制造业的发展做出了巨大贡献。同时,江苏省其他的高新技术制造业,如生物医药制造业、仪器仪表制造业等的发展也较为迅速并占一定的比例(图7.6),高新技术产业成为江苏省制造业发展的新增长点,从而带动了江苏省制造业实现整体进步。

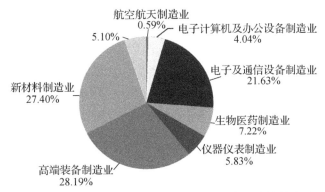

图7.6 江苏省高新技术产业各行业产值占总产值的比重

数据来源:《江苏统计年鉴2017》数据整理计算所得

但是,江苏省高新技术产业在迅猛发展的同时也暴露出致命的问题,产业的核心竞争力尚待加强。江苏省现有高新技术产业的主营业务方向仍依赖于产成品零部件的生产,自主研发能力不足,企业自主研发成果转化率过低,与发达国家水平相差甚远。虽然政府给予政策及平台支持,但生产过程中的核心部件和核心技术主要依赖进口,且先进技术引进国内后其成果的消化能力不足,在很大程度上影响了江苏省制造业企业的转型升级。江苏省50%左右的高新技术企业没有专利产出,很多企业从事的是高端产业的低端环节。根据2020年数据,在江苏省共筛选出16个重点产业3类126项核心技术,其中44项完全由国外控制,61项离国际水平有很大差距(李裕桃,2020),江苏省高新技术产业整体对外技术依存度高达65%(发达国家平均为2%),集成电路芯片制造设备的80%、工业机器人关键器件的80%、高精密减速器的75%、汽车关键设备的70%依赖进口。此外,江苏省高新技术产业集聚效应未得到充分发挥,缺乏龙头企业作为行业"领头羊"带动整个产业发展,江苏省内"独角兽"企业数量远远不如北上杭深四大城市,这使得江苏省制造业迈向中高端面临严峻的挑战。

综上,目前江苏省制造业结构性问题突出,一方面,传统产业出现了非常严重的产能过剩问题,且竞争优势在逐渐降低;另一方面,国内及国际市场需求量较大的高档新产品生产能力不足,高端产品供应不足,无法满足消费者的实际需求。尤其是与近年来迅速崛起的上海、广东等省市相比,江苏省产业结构不合理的矛盾尤为突出,大量制造业实际上是资源密集型产业,创新力不足,技术密集型产业并不多,始终处于产业链低端,在生产链中无法获取高利润,难以实现在价值链中的攀升。结构性不合理问题在江苏出口产品结构中也可见一斑,根据2021年的统计数据,机电产品出口保持稳步增长势头,占出口商品总额的66%,高附加值产品出口持续强劲,但是,出口商品中技术含量及附加值较低的劳动密集型产业和资源密集型产品占绝大多数,高新技术产品仅占35%。江苏省高新技术产业产品的出口优势并不突出,制造业迈向中高端亟待高新技术产业的进一步发展。这就需要江苏省制造业在提升生产率的同时,聚焦于结构的优化和要素的升级。

7.4.2 制造业设计研发能力亟待提升

根据微笑曲线理论,设计研发环节是全球价值链中价值增值最高的环节之一,而设计研发需要充足的科研经费和高端人才的支撑。但是,由于经费支撑不足和高端人才缺失等,江苏省制造业的科技研发能力并不强,设计方面也比较落后。从纵向比较来看,2010年至2021年,江苏省规模以上制造业研发经费内部支出稳步增加,由2010年543.29亿元增加到2021年2 691.17亿元(表7-18),年平均增长达15.66%,这说明江苏省制造业正逐渐重视研发设计环节,逐步增加投入,提高其技术研发水平。同期,技术研发带来的新产品销售收入也逐年增加,从2010年11 642.35亿元稳步增加到2021年42 622.37亿元,平均增长12.52%,这说明江苏省规模以上制造业通过逐步增加研发经费内部支出,利用研发驱动,获取新产品销售收入,提高了自身的经济效益。总体而言,江苏省制造业创新投入和创新能力位居全国

表7-18 江苏省规模以上制造业研发经费内部支出与新产品销售收入

年份	规模以上制造业研发经费内部支出/亿元	规模以上制造业新产品销售收入/亿元
2010	543.29	11 642.35
2011	949.54	14 842.11
2012	1 080.31	17 845.42
2013	1 226.98	19 714.21
2014	1 359.75	23 540.93
2015	1 483.41	24 463.27
2016	1 641.42	28 084.67
2017	1 818.56	28 425.04
2018	2 003.09	28 529.05
2019	2 179.97	30 101.94
2020	2 351.42	39 442.84
2021	2 691.17	42 622.37

注:因2019年至2021年规模以上制造业新产品销售收入在统计年鉴中缺失,故用规模以上工业企业新产品销售收入代替。
数据来源:根据2010—2022年《江苏统计年鉴》数据整理所得

前列。但是,与广东省相比,尚有一定的差距,2021年广东省研发经费投入达4 411.9亿元,江苏为3 835.4亿元。从研发投入强度,即研发经费与GDP的比值来看,江苏省2021年为3.12%,低于北京、上海、天津和广东。与发达国家相比,江苏省制造业企业在设计研发能力上依然比较欠缺,由此导致中高端制造产品往往供给不足,如高端医疗检测设备和医疗耗材、高端造船用材料及设备、高端机床、高端半导体封装工艺、微型计算机设备、金属切削机床等。仅以2021年11月5日至10日在上海举行的第四届中国国际进口博览会为例,江苏企业购买了海外1.2亿元的机床、1.29亿美元的医疗设备和机械、3 500万美元的高端装备制造。江苏省制造业企业设计研发能力欠缺的主要原因有三个方面:

一是研发机构有待增加,研发经费投入依然不足。企业发展的核心是研发和创新,但是江苏制造业企业的研发机构有待增加。2018年,江苏省规模以上制造业企业中仅有不到一半的企业设有研发机构,可见,超过一半的规模以上制造业企业无法在设计研发环节获得高附加值,导致江苏省制造业研发整体水平较低,同时也成为制约江苏省制造业迈向中高端发展的重大因素。根据普华永道2018年发布的咨询报告,近年来我国科技企业在研发上的投资低于美国企业。截至2018年6月30日,中国上市科技企业的研发投资为610亿美元。在过去的十年里,大部分研发投资都使用现有技术而不是原创性研究来升级和更新产品,这样的方式解决不了根本问题。在中国,阿里巴巴、腾讯、华为等科技企业的研发投入较多,而这些企业的总部都不在江苏。

二是江苏依然缺乏高端复合型人才和专业技术研发人才。作为教育大省,江苏省在人力资源方面有着天然优势。据教育部2022年公布的数据,江苏省共拥有168所高校(含独立学院),50所公立本科院校,在校学生221.9万人,院校的数量在中国各省排名第一。另外,在江苏省教育部直属的高校中,信息通信、软件、信息技术服务是理工科毕业生就业较多的行业。根据2014年教育部直属75所国内高校提交的毕业生就业质量年度报告数据,仅以东南大学为例,2014届本科生就业地域分布中江苏省占据首位,占比高达49.29%。从2021届东南大学所有毕业生就业分布来看,主要集中在长江经济带和长三角地区,仅长三角地区分布着76.27%的硕士生、63.42%的本科生、68.95%的博士生。而江苏由于地缘优势,在长三角所有区域中,稳居就业首位。上述数据均表明江苏省人才存量具有明显优势,且科学、技术、工程与数学领域从业人数占据明显优势。

但是,深入调研发现,江苏省制造业迈向中高端发展依然缺乏专业技术研发人才和高端复合型人才。如表7-19所示,江苏省各类专业技术人员自2012年到2013年出现明显的下滑后,开始稳步回升,但仍然低于广东省,广东省2021年专业技术人员超过160万人。江苏省专业技术人员占总就业人员的比重多年来徘徊在3%以下,而发达国家这一比例多在10%以上。再从高校从事科技活动的技术人员来看,虽然整体呈现稳步增加的态势,但增长缓慢,无法满足制造业转型升级和高质量发展的需求。2021年,江苏省专业技术人员达到132.25万人,其中高校从事科技活动人员达到9.27万人,但扣除占比66%的教师,其他技术人员数量较少。同时,与总的就业人数相比,江苏省从事科技活动的人数并不多,只占江苏省总就业人数的0.16%。

表7-19 江苏各专业技术人员及高校从事科技活动人员数量与就业情况

年份	各类专业技术人员/万人	工程、农业、科研及卫生技术人员				高校从事科技活动的人员			各类专业技术人员占总就业人员的比重/%
		工程技术人员/万人	农业技术人员/万人	科学研究人员/万人	卫生技术人员/万人	从事科技活动人员/万人	教师/万人	其他技术人员/万人	
2010	140.53	19	2.72	1.53	21.21	5.14	3.37	1.77	2.97
2011	140.51	19.82	2.85	1.71	22.04	5.28	3.49	1.79	2.96
2012	140.65	19.79	2.69	1.77	22.3	6.19	4.22	1.98	2.95
2013	117.11	10.99	2.58	0.82	22.37	6.51	4.48	2.03	2.44
2014	117.98	11.2	2.63	0.87	23.01	6.88	4.66	2.22	2.45
2015	118.43	11.46	2.59	1.21	23.01	7.32	4.84	2.48	2.45
2016	118.42	11.77	2.44	1	23.46	7.58	4.96	2.62	2.44
2017	119.34	11.78	2.6	1.04	23.75	7.73	5.09	2.64	2.45
2018	119.89	11.14	2.53	1.3	23.46	7.39	5.27	2.13	2.45
2019	122	11.96	2.51	1.1	23.85	8.28	5.51	2.77	2.49
2020	125.12	12.37	2.21	1.36	23.6	8.65	5.80	2.85	2.56
2021	132.25	14.18	2	0.84	24.41	9.27	6.10	3.17	2.72

注：1. 除2010年和2011年外，教学人员占各类专业技术人员超过50%的比重，表中未单独列出此类人员。
2. 高校从事科研活动的辅助人员未列入此类人员。

数据来源：根据2010—2022年《江苏统计年鉴》数据整理计算所得

由于无论是专业技术人员占总就业人员的比重还是高校科技人员占总就业人员的比重都远低于发达国家,无法支撑和保障江苏省制造业在全球价值链的设计研发环节的需求。

高端技术和人才缺乏导致关键核心技术和装备仍然受制于人,企业领军人才不足严重制约了制造业向中高端迈进。即便是在经济发达的苏南核心区域苏州、无锡、常州三市,企业在高端领军人才、研发设计团队和技术骨干等方面,跟北京、上海等一线城市相比仍然有明显的差距。江苏省科技人才数量众多,但结构矛盾突出,重大科技项目和战略性新兴产业缺乏领军人才,尤其是优势产业的高层次人才供给不足。在国家公布的"双一流"建设学科名单中,江苏省共入选43人,其中40%与江苏省优势产业领域关联不强(李裕桃,2020)。

三是基础研究投入低。根据项目组在徐州、南京、苏州等地若干开发区的实地调研发现,即便是那些发展势头良好、在行业内享有盛誉的诸多高新技术企业,也因为研发投入不足、高端人才缺乏等,导致其在核心技术或软件或研发环节上依然依附于发达国家的制造业巨头,无法获得全球价值链的高附加值,阻碍其向全球价值链中高端攀升。如昆山的某IT企业给美国的苹果公司做代工,据该企业介绍,在iPhone总价中,摄像头和按键配件智能获得销售额5%—7%的销售收益,而苹果公司的收益分成却在50%以上。核心创新能力不足对企业发展的制约显而易见。江苏省正在重点发展的新能源汽车产业,在电池、电机、电控等关键领域缺少自主知识产权,核心装备对外依存度过高,极易被"低端锁定"而陷入"三明治陷阱"和低水平循环(李裕桃,2020)。尤其是在制造业服务化转型的背景下,需要精通制造业、服务业、生产技术和商业知识的跨学科人才。但目前江苏省制造业企业70%以上的服务业务经理来自制造部门,其学科背景基本上是理工科,知识结构与管理经验难以与制造业服务化相匹配(宣烨,2017),这使得江苏省制造业在全球价值链中的竞争力不足。

7.4.3 制造业营销服务能力亟待提升

江苏省大部分制造业企业重视生产制造,但对营销服务重视程度不够,尤其是在营销服务环节中,忽视了商标的作用,或者缺少自主品牌,或者品牌优势不明显。虽然近几年,江苏省申请商标数量一直排名中国前五,但与广东、北京、浙江等省市相比,商标意识不强,商标申请量上差距较大(表7-20)。在2018年,江苏省申请商标数量较广东省申请商标数量少978 208件。由此导致江苏省制造业在营销服务环节难以从全球价值链中属于高附加值环节的营销服务上获得较高的附加值,商标战略意识亟待增强。

表7-20 中国商标申请量前五省市 单位:件

年份	省市				
	广东	北京	浙江	上海	江苏
2016	689 434	372 387	327 572	257 616	209 900
2017	1 095 053	490 086	546 987	343 879	352 736
2018	1 462 435	580 855	685 713	408 916	484 227

数据来源:根据2016—2018年《各省、自治区、直辖市商标申请与注册统计表》数据整理所得

同时,江苏省制造业企业品牌较为缺乏。据悉,江苏省制造业企业的独立品牌数量较少,缺乏具有较大国际影响的独立品牌和高端品牌。此外,从事贴牌和代工的出口制造业企业比例较高,品牌对产业支撑力不足。从"国内制造业500强"和"世界品牌企业500强"两大榜单来看,与广东、浙江、山东等制造业大省相比,江苏在打造知名品牌方面有明显差异,且数量相对较少。从2018年"国内制造业企业500强"名单来看,江苏保持在第三位,入围企业只有48家。相比之下,工业增加值比江苏少7 000亿元的山东有79家企业进入榜单,中国"品牌之都"青岛拥有68个中国知名品牌和众多世界品牌。从制造业的品牌影响力来看,江苏虽有恒力、海澜、沙钢等大型制造企业,但与成为哈佛大学代表性案例的青岛海尔、广为人知的"青岛啤酒"相比,江苏省制造业知名度仍旧不高,而且影响很小,国际知名的大企业不多。从品牌贡献来看,江苏省工业增加值在全国领先,但制造业企业品牌价值贡献度偏低,仅相当于德国、日本等发达国家水平的一半(李裕桃,2020)。部分制造业企业虽有自主品牌,但尚未有效地将制造业品牌扩展至服务环节,如徐工集团、常柴股份的制造业服务化有声有色,服务品牌的塑造度却显得不足,市场认可的仍然是产品制造(宣烨,2017),服务品牌并不突出。

江苏省制造业由于在营销服务环节信息化融入程度较低,因此很难构建一个全球性的营销服务网络,但在未来"智改数转"的过程中,制造业与信息化深度融合是一种新型发展态势,这种态势将会导致制造业迈向中高端的重心集中在产品研发和营销服务上。但是就2018年江苏省制造业与互联网融合发展的具体情况来看,江苏省制造业与互联网融合度远远不足,例如网络协调较好的企业比例只有6.1%,企业实现智能制造的就绪率仅有13.2%,开展个性化定制的企业比例也仅有14.8%(表7-21)。

表7-21 江苏省制造业与互联网融合发展情况

	生产设备数字化率/%	数字化研发设计工具普及率/%	关键工序数控化率/%	实现网络化协同的企业比例/%
制造业与互联网融合发展情况	54.6	83.7	54.5	6.1
	开展服务型制造的企业比例/%	开展个性化定制的企业比例/%	智能制造就绪率/%	工业云平台应用率/%
	42	14.8	13.2	51.6

数据来源:根据《中国统计年鉴2018》数据整理计算所得

7.4.4 制造业龙头企业亟待培育壮大

众所周知,龙头企业在带动产业转型升级、推动实现高质量发展上发挥着重要的引领作用。在中国产业向中高端迈进的道路上,龙头企业的带动作用越来越凸显。2013年,美国著名牛仔创投投资人艾琳·李将估值10亿美元以上的创业公司命名为"独角兽"公司。此后,这个概念在全世界迅速流行。"独角兽"是指高速发展和具有高市场占有率的新兴企业。以2018年为例,胡润研究院统计了我国186家"独角兽"公司的分布情况。在统计表中,总部位于北京的79家"独角兽"企业排名靠前,北京、上海、杭州和深圳排名前四。而一线城市中,江苏省的苏州市作为江苏高新产业集聚地的代表,2018年入围企业变更为2家。根据胡润研究院最新发布的《2020胡润全球独角兽榜》,北京有93家"独角兽"企业,是全球"独角兽"之都,上海以47家排名第三,深圳和杭州分布有20家,南京有11家,排名第九。从"独角兽"的群居、扎堆效应来看,江苏省"独角兽"企业确实有明显增长,但数量与规模远远落后于北京、上海等地。

截至2021年5月,江苏省涵盖了制造业31个大类和176个中类,拥有各种类型的工业企业50万家。其中,规模以上企业超过4.6万家,年营业收入超百亿元的工业企业148家,超千亿元企业12家,国家制造业单项冠军104家,国家专精特新小巨人企业113家(江苏省工业和信息化厅,2021b)。但是,领军企业依然不足,尤其是高新技术产业缺乏龙头企业且企业同质化现象严重,对产业链主导和整合能力不足,不利于形成相互促进循环发展的产业生态。虽然江苏省规模以上企业数量在全国居于首位(占全国10.7%),但缺乏在全球行业领域具有引领力的大企业、大集团,企业号召力、控制力不强。世界500强上榜企业全省仅有3家,千亿元市值公司全省仅有8家[①],远低于广东、上海等省市。全国百强企业仅有苏宁、洋河、海澜3家企业入围,远低于广东的21家。从互联网等新兴产业来看,2019年江苏省仅有3家企业入围中国互联网企业百强榜前50强,与浙江和广东均有较大差距,如浙江省阿里排名全国第一、蚂蚁金服排名全国第五,广东省则有4家企业入围前30强,深圳市既有以华为、腾讯、大疆、比亚迪等为代表的全球性创新龙头企业,又有数量众多的"独角兽"企业、细分行业的隐形"巨人"企业和中小型创新企业。此外,虽然在疫情防控和复工复产过程中,很多江苏省的龙头企业发挥了关键的带动作用,已经形成了主动引领的意识,但是更多的龙头企业的带动作用发挥得还不够充分,尚未形成齐头并进的协同发展态势,不利于产业转型升级。

7.4.5 先进制造业集群亟待优化完善

先进制造业集群是指与先进制造业的一种或几种类型密切相关的企业或机构合作,共存于特定地区的网络化产业组织形态,是制造业高质量发展的重要标志。先进制造业集群对一个国家或者地区参与制造业国内外双循环、攀升全球价值链中高端具有重要的意义。制造业只有通过技术集成、企业集聚、产业集群,才能产生"滚雪球"效应并形成整体规模(李裕桃,2020)。江苏省制造业虽然建成数量众多的工业园区,仅国家级工业园区就超过20个,集聚和集群化趋势明显,但不同园区企业之间的分工合作不多,以此为基础的产业链分工更少,区域内企业的协调合作效应尚未被充分挖掘,工业园区无法充分获取产业集聚带来的外部规模效应。对标"浙江块状经济",江苏省制造业产业集成、集聚、集群水平偏低。在

---

① 根据2022年4月的统计数据,江苏省上市公司市值超过千亿元的公司分别是:药明康德3 009.44亿元、洋河股份2 102.70亿元、恒瑞医药1 789.95亿元、国电南瑞1 584.40亿元、南京银行1 149.77亿元、华泰证券1 109.25亿元、江苏银行1 050.12亿元、天合光能1 029.82亿元。

浙江省内,块状经济具有明显的特性,形成了产业集中、专业化强、具有明显地区特性的区域产业群,数万家中小企业在浙江形成了500多个产业产值在5亿元以上的产业集群,在地图上形成了清晰多彩的"经济马赛克"。例如,慈溪打火机产业52个配件在市内就能完成配套。而江苏省块状经济特征不明显,分布不均匀,大部分制造业终端产品少,代工产品多,在上游和下游没有形成完整的产业集群(李裕桃,2020),不利于产业链的水平分工和垂直整合,不利于提升产业综合实力和创新能力,也不利于攀升全球价值链中高端。

综上,在相当长的历史时期,江苏省制造业为顺应经济全球化发展,深度嵌入由欧美日跨国企业主导的全球价值链进行国际代工,这一行为使江苏省制造业发展规模较大,但整体依然居于全球价值链中低端,部分行业产能过剩严重,新兴产业领域缺乏具有行业话语权的企业和品牌,自主创新水平亟待提高,诸多关键核心技术受制于人,缺乏自主性、可控性,工业化与信息化融合度不足,制造业与服务业匹配度不够。这样的价值链分工格局和发展现状距离制造强国、制造强省、智能制造尚有一定的差距,且易受国际经济政治关系的制约,亟待转型升级迈向中高端。

7.5 江苏省制造业迈向中高端的影响因素分析

本节基于文献综述中的相关研究和前述的江苏省制造业发展现状及主要问题,实证检验影响江苏省制造业转型升级的关键因素,明确促进江苏省制造业迈向中高端的主要动力,为后续对策提供理论支撑(杨丹虹,2019)①。

7.5.1 研究假设

许多文献表明,技术进步是实现国家或地区制造业转型升级的相关因素中的重要一环(夏友富等,2018)。近年来,江苏省制造业在全球价值链生产过程中处于国际代工地位,主要出口劳动密集型低成本产品。在此背景下,为了应对国际经济形势,江苏省努力构建高新技术产业,尽快完成制造业的转型升级。在转型升级过程中,独立研发、技术引进、外商直接投资直接影响了江苏省制造业高附加值产品的生产,推动了制造业技术进步,推进了产业转型升级。据此,提出研究假设1:技术进步与江苏省制造业迈向中高端呈正相关关系。

长期以来,江苏省制造业企业的竞争优势主要依靠钢铁、化工、有色金属等传统制造业,这些传统制造业对生产资源的需求较大。近年来,随着江苏省高新技术产业投资的增加,对人才和相关资源的需求也进一步增加。2017年,江苏省的区域创新能力处于国家前列,高新技术企业数量急剧增加,带动了制造业的发展。在高新技术产业发展的过程中,产品创新

---

① 本节内容是在作者指导的硕士研究生杨丹虹2019年完成的硕士学位论文《江苏省制造业迈向高端的影响因素及对策研究——基于全球价值链分工视角》第五章的基础上提炼修改而成,该论文依托作者负责的江苏省社会科学基金基地项目"江苏制造业迈向中高端发展的对策研究"完成。限于篇幅,经与杨丹虹协商,未全部标注出所有引用的部分,特此说明并致谢。

和产品升级都离不开资本投入(洪银兴等,2020)。据此,提出研究假设2:资本投入程度与江苏省制造业迈向中高端呈正相关关系。

从上述章节相关内容可知,人力资源投入程度为制造业迈向中高端的重要影响因素之一。传统制造业的主要生产特征表现为对劳动力及资源的需求较大,而高新技术产业对知识及技术的密集需求导致高技术人才在高新技术产业的发展过程中起到了主要的推动作用(李强等,2013)。据此,提出研究假设3:人力资源投入程度与江苏省制造业迈向中高端呈正相关关系。

制造业参与国际贸易,对制造业企业本身和整个制造业都有影响,影响主要体现在两个方面,一是通过对外贸易,能够引进国外先进生产技术、生产设备、企业经营管理理念;二是根据江苏省制造业的实际发展现状,其市场空间大,制造业具有很大的发展潜力,能够刺激江苏省制造业企业的发展(于津平等,2014)。据此,提出研究假设4:对外贸易与江苏省制造业迈向中高端呈正相关关系。

良好的地方经济开发环境可以为制造业提供更好的发展机会,推动制造业迈向更广阔的发展平台。区域经济发展水平的提高,可以为企业提供强有力的支持,增强制造业企业发展的信心。另外,地区经济发展水平的改善可以直接吸引制造业的外商直接投资,可以为制造商提供国际交换平台,帮助企业迈向中高端。据此,提出研究假设5:区域经济发展与一国制造业迈向高端呈正相关关系(杨丹虹,2019)。

7.5.2 指标变量选取及说明

1. 被解释变量

江苏省制造业在迈向全球价值链中高端的过程中,大多表现为生产经营环节中附加值的增加。因此,根据数据指标获取的难易程度及相关文献,本书选取"规模以上工业企业应交增值税额"(Upgrding)反映江苏省制造业的转型升级情况(杨丹虹,2019),该指标也间接反映江苏制造业迈向中高端水平。

2. 解释变量

通过梳理国内外相关文献,本书将影响制造业迈向中高端的主要因素分为推动因素和拉动因素,即产业内因素和产业外因素,从这两方面进行分析,并基于此构建模型。

(1)推动因素

推动因素主要从企业内部进行考虑,故又称为产业内因素,主要包括技术进步因素、人力资本投入因素、资本投入因素等。

技术进步因素(Tech):学术界普遍认为,技术进步是促进产业升级的关键因素(夏友富等,2018)。本书所说的技术进步根据其路径进一步分为自主研发、技术引进和外商直接投资三种。不同的技术进步路径对技术进步的结果起着不同的作用,因此对产业结构转型升级的影响也大不相同。由于江苏省制造业年度数据不足、统计口径不一,"规模以上工业企业内部经费支出"和"技术引进费用"很难与"外商直接投资总额"的统计年份统一,且外商直接投资总额对制造业产业转型升级影响较大,故选取"江苏省外商投资企业投资总额(FDI)"代表统计期间江苏省制造业外商资金注入对制造业转型升级的影响程度,单位为亿元/年。

人力资本投入因素(Labor):采用"规模以上工业企业从业人员年平均人数"度量江苏省制造业升级过程中的人力资本投入程度,单位为万人/年。

资本投入因素(Capital):采用"规模以上工业企业固定资产原价"度量江苏省制造业发展过程中企业在生产环节固定资产的投入程度,单位为亿元/年。

(2) 拉动因素

拉动因素主要从企业外部进行考虑,故又称为产业外因素,主要包括地区经济发展因素、出口规模影响因素等。

地区经济发展因素(GDP):采用"江苏省区域生产总值"代表该区域经济发展水平整体情况与市场规模大小,单位为亿元/年。

出口规模影响因素:采用"江苏省规模以上工业企业出口交货值"代表江苏省制造业企业在全球价值链背景下国际贸易的参与程度,单位为亿元/年。

本书主要研究江苏省规模以上的工业企业。其中解释变量和被解散变量的数据来源为2000年至2014年《中国工业经济统计年鉴》《中国统计年鉴》和《江苏统计年鉴》。由于部分年份数据缺失,因此本书统计整理了2000年至2014年共计15年数据进行实证检验,讨论上述因素对江苏省制造业转型升级的影响。对所搜集数据利用Stata14.0进行数据描述性统计,结果如表7-22所示:

表7-22 样本数据描述性统计

	(1)	(2)	(3)	(4)	(5)
变量	观测量	均值	标准差	最小值	最大值
Upgrading	15	7.204	0.898	5.935	8.441
Capital	15	9.880	0.792	8.729	11.03
FDI	15	9.995	0.631	8.734	10.69
Exports	15	9.143	0.888	7.640	10.06
Labor	15	6.709	0.329	6.248	7.051
GDP	15	10.110	0.698	9.054	11.08

7.5.3 模型设定

将科布-道格拉斯生产函数作为本书模型设定的理论基础,并假设江苏省制造业生产函数为:

$$Y = AF(K, L) = AK^{\alpha}L^{\beta} \tag{7.5}$$

其中,Y代表江苏省制造业总产出,A代表全要素生产率,K为江苏省制造业生产过程中的资本投入量,L代表江苏省制造业生产过程中的劳动力投入量,α、β分别为资本及劳动力的产出弹性。将上述生产函数取对数可得：

$$\ln Y = \ln A + \alpha \ln K + \beta \ln L \tag{7.6}$$

基于以上描述及相关理论背景，本书将江苏省制造业产业转型升级影响因素模型设定如下：

$$\text{Upgrading}_t = \beta_0 + \beta_1 \ln \text{GDP}_t + \beta_2 \ln \text{Capital}_t + \beta_3 \ln \text{Labor}_t + \beta_4 \ln \text{FDI}_t + \beta_5 \ln \text{Exports}_t + \mu_t \tag{7.7}$$

其中，β_0 表示模型的截距，μ_t 表示模型中的时间效应。由于解释变量、被解释变量的数值均较大，因此为了便于分析与回归，将所有变量均取对数值；由于"技术进步"因素较为特殊，因此其量化指标可部分代表江苏省制造业转型升级过程中技术进步对制造业转型升级的影响程度。

7.5.4 模型回归结果

根据上述模型利用Stata14.0对假设模型进行回归分析，结果如表7-23所示：

表7-23 模型回归结果

变量	模型1
Capital	1.131***
	(0.277)
FDI	-0.0644
	(0.130)
Exports	-0.123
	(0.117)
Labor	0.745***
	(0.154)
GDP	-0.135
	(0.343)
Constant	-5.834***
	(0.819)
观测值	15
R^2	0.999

注：*** 表示在1%的显著性水平下显著，括号内为标准误。

根据模型回归结果可知，解释变量整体对于被解释变量的拟合程度较高。但对单个解释变量而言，除"规模以上工业企业固定资产原价""规模以上工业企业从业人员年平均人数"显著相关外，其余变量的 P 值均不显著，怀疑模型存在较为严重的多重共线性，需对模型进行进一步修正及处理。

1. 多重共线性检验主成分分析

(1) 多重共线性检验

利用Stata14.0计算各变量的VIF值,得出其远大于10,因此可能存在严重的多重共线性。表7-24为变量间的相关系数显著性检验结果。本书将显著性水平设定为0.01,若检验后的P值小于0.01则证明该模型通过了显著性检验,变量间存在显著的相关关系。进一步,若两变量间的相关系数为正,则证明两变量间存在显著的正相关关系;若两变量间的相关系数为负,则证明两变量间存在显著的负相关关系。

表7-24 变量间的相关系数检验结果

变量	Upgrading	Capital	FDI	Exports	Labor	GDP
Upgrading	1.000 0	—	—	—	—	—
Capital	0.997 9*	1.000 0	—	—	—	—
FDI	0.939 5*	0.950 2*	1.000 0	—	—	—
Exports	0.963 5*	0.968 3*	0.989 6*	1.000 0	—	—
Labor	0.980 1*	0.972 1*	0.943 0*	0.973 3*	1.000 0	—
GDP	0.995 7*	0.998 9*	0.959 3*	0.973 7*	0.972 7*	1.000 0

注:* 表示在1%的显著性水平下显著。

根据上表的检验结果可知,Capital与Upgrading间的相关系数高达0.997 9,且通过了显著性检验,即证明资本投入与制造业转型升级存在显著的正相关关系。同理可得,制造业转型升级与外商直接投资、出口规模、人力资本投入和地区经济发展水平均通过了显著性检验,其相关系数分别为0.939 5、0.963 5、0.980 1和0.995 7,证明上述自变量与因变量均存在显著的相关关系。但不能忽视的是,各自变量间均存在显著的正相关关系且相关系数均大于0.9,自变量间存在高度相关性,证明模型存在严重的多重共线性,应对模型进行修正。

(2) Bartlett's球状检验

在修正模型多重共线性问题的常用方法中,主成分分析法为其中一种。该方法的原理为设法将模型原来的变量重新组合成一组新的、互相无关的几个综合变量,其综合变量尽可能多地反映了原来变量所包含的信息,其降维的优势较为明显。当模型存在较为严重的多重共线性问题时,利用主成分分析法可提取新的变量,使修正后的变量间的组内差异小而组间差异大,从而起到了消除多重共线性的作用。在利用主成分分析法对模型进行修正之前,本书先利用Bartlett's球状检验验证该模型是否适合进行主成分分析。一般地,当Bartlett's球状检验的检验结果大于0.7时,证明该模型可利用主成分分析法对其进行修正,检验结果如表7-25所示:

表7-25 Bartlett's球状检验结果

变量	Capital	FDI	Exports	Labor	GDP
Kmo值	0.746 5	0.700 0	0.723 1	0.807 3	0.741 2

根据检验结果,各变量的Kmo值均大于0.7,证明该模型可以利用主成分分析法对其进行修正。

(3) 主成分分析

在对各变量数据进行数据标准化处理后,进行主成分分析,分析结果如表7-26所示:

表7-26 主成分分析结果

因子	特征值	差异值	贡献度	累计贡献度
因子1	4.880 58	4.804 46	0.976 1	0.976 1
因子2	0.076 12	0.037 42	0.015 2	0.991 3
因子3	0.038 70	0.034 68	0.007 7	0.999 1
因子4	0.004 02	0.003 43	0.000 8	0.999 9
因子5	0.000 58	—	0.000 1	1.000 0

在利用主成分分析法对模型进行修正的过程中,确定主成分的数目遵循的原则为:要保留的主成分的特征值需大于1。从表中结果可知,因子1的特征值大于1且其对模型的贡献度超过97.6%,这说明该模型中因子1基本包括了指标的主要信息,故取第一个特征值作为修正后模型的主成分构建新的模型表达式。

利用综合变量F1对修正后的模型进行回归,回归结果如表7-27所示:

表7-27 利用主成分分析对模型1进行修正后的回归结果

变量	模型1*
F1	0.886***
	(0.039 6)
Constant	7.204***
	(0.0383)
观测值	15
R^2	0.975

注:*** 表示在1%的显著性水平下显著,括号内为标准误。

由回归结果可得,F1与"规模以上工业企业应交税额"即制造业转型升级之间关系显著且模型拟合程度较高,完成修正。

通过模型构建与回归可知:江苏省经济发展水平与江苏省制造业增值税额之间呈现出非常显著的正相关关系,在其他变量保持不变的前提下,江苏省区域生产总值每增加1%,江苏省制造业增值税额将提升0.879 7%。江苏省制造业固定资产投入值同样与江苏省制造业增值税额之间呈现出非常显著的正相关关系,具体表现为江苏省固定资产原价每增加1%,江苏省制造业增值税额提升0.877%。规模以上工业企业从业人员年平均人数、江苏省外商投资企业投资总额及江苏省规模以上工业企业出口交货值与江苏省制造业增值税额之间均呈现出较为明显的正相关关系,在其他变量保持不变的前提下,上述变量每增加1%,江苏省制造业增值税额的提升分别为0.871 9%、0.868 5%及0.879 7%。从回归结果来看,五个自变量对于因变量的影响程度相当。相较而言,江苏省区域生产总值与江苏省规模以上工业企业出口交货值对江苏省制造业增值税额的影响程度最大(杨丹虹,2019)。

2. 稳健性检验

为检验模型的准确性,将原模型解释变量中的"江苏省规模以上工业企业出口交货值"改为"江苏省规模以上工业企业出口依存度"(Ddft)并进行回归。其中,出口依存度计算公式为:规模以上工业企业出口依存度 = $\dfrac{\text{规模以上出口企业出口交货量}}{\text{该期区域生产总值}}$。回归结果如表7-28所示:

表7-28 稳健性检验结果

变量	模型1	模型2
Capital	1.131***	1.128***
	(0.277)	(0.287)
FDI	−0.064 4	−0.091 7
	(0.130)	(0.130)
Exports	−0.123	
	(0.117)	
Ddft		−0.268
		(0.328)
Labor	0.745***	0.732***
	(0.154)	(0.168)
GDP	−0.135	−0.234
	(0.343)	(0.411)
Constant	−5.834***	−5.468***
	(0.819)	(0.635)
观测值	15	15
R^2	0.999	0.999

注:*** 表示在1%的显著性水平下显著。

对模型2进行主成分分析,修正结果如表7-29所示:

表 7-29 利用主成分分析法对模型 2 进行修正后的回归结果

变量	模型 2*
F_1	0.870***
	(0.061 7)
Constant	7.204***
	(0.059 6)
观测值	15
R^2	0.939

注：*** 表示在 1% 的显著性水平下显著，括号内为标准误。

根据检验结果可知，模型 2 结果依旧显著，即通过了稳健性检验。

3. 实证结果分析

根据相关文献与江苏省制造业实际情况，本书将影响制造业产业转型升级的因素分为推动因素与拉动因素两种，技术、人力资本投入、资本投入、经济发展水平、出口等五个自变量对因变量的影响程度相当，其中，推动因素侧重于产业内部因素对制造业产业转型升级的影响，而拉动因素的侧重点则为产业外部因素，更偏向于经济发展情况与产业所处的发展环境等。回归结果表明：

(1) 资本和人力资源投入程度对于江苏省制造业实现产业转型升级有着明显的促进作用。其中，固定资产投入量对制造业升级的影响比人力资本投入量略高，大致高 0.4 个百分点。近年来，江苏省制造业向中高端迈进，其出口产品由过去的劳动密集型产品逐渐向资本、技术密集型产品转变。在这一转变过程中，江苏省制造业企业对高技能型人才的需求、大型生产器械的需求增强，该结果与江苏省实际情况基本吻合。

(2) 江苏省经济发展水平对江苏省制造业转型升级具有明显的促进作用。其中，该变量对江苏省制造业转型升级的影响略高于其他自变量。近年来，江苏省区域生产总值在全国省份及地区排名常年位居第二名，仅次于广东省，其发达的经济为江苏省制造业企业提供了优良的发展环境，为企业自主创新、产品升级、品牌管理等提供了广阔的发展平台。

(3) 江苏省外商直接投资对江苏省制造业转型升级有明显的促进作用，但其促进作用的程度稍弱于对外贸易。该结果产生的原因可能有以下几个方面：第一，正如前述，技术进步有三种途径，外商直接投资作为江苏省制造业企业技术创新的代表因素，并不能囊括江苏省制造业企业技术创新的所有路径，与真实情况之间尚存在一定误差。第二，江苏省对环境保护的日益重视与国家相关法律法规的先后出台，使得江苏省许多传统的、依赖省内低廉的环境成本进行生产、出口的企业纷纷转移其投资领域，从而在一定程度上对外商直接投资效果产生负面影响。第三，出口额的提升代表了海外市场对江苏省制造业企业产成品的认可。认可程度的提升可直接作用于企业本身使得制造业企业加大产品更新、升级力度，促进其实现企业的转型升级。

综上所述,在影响江苏省制造业转型升级的诸多因素中,产业内因素与产业外因素对制造业转型升级的重要程度相当,不同变量间并非完全独立而是相互影响,共同作用于因变量。江苏省制造业要想迈向中高端,必须在保持现有优势的基础上补齐短板。具体表现为,为了维持现有的经济发展水平并在此基础上进行提升,制造业企业应维持其现有的出口量并提高产品出口质量。与此同时,企业内部在自主研发实现产品更新、升级的同时应注重招商引资的作用。做好企业的品牌管理,吸引优秀人才,充分推动新型技术产业的发展才能获得较好的转型升级成果(杨丹虹,2019)。

7.6 江苏省制造业迈向中高端的对策

早在 2015 年,江苏省为推进制造业迈向中高端,提出了包括加大财政支持力度、落实税收优惠、实行差别化资源价格、拓宽多元融资渠道、加大用地支持保障、加强组织引导、创新工作方法和营造良好发展环境等八项扶持政策(陈实,2015),并取得了明显的效果。

在加大财政支持力度方面,政府充分发挥财政资金导向作用,引导企业资本和社会力量更好地促进产业智能化和绿色化升级。自 2017 年起,江苏省每年安排 4 亿元综合奖补资金支持规模以上工业企业进行技术改造,带动全省"智改数转"按下"加速键",政府财政资金对企业实施技术改造起到了较大的支撑作用,这一政策取得了较好的效果。为了保持政策的延续性并进一步应对制造业智能化、数字化转型的需要,2021 年 12 月,江苏省政府印发了《江苏省制造业智能化改造和数字化转型三年行动计划》,提出到 2024 年底,全省规模以上工业企业全面实施智能化改造和数字化转型,重点企业关键工序数控化率争取达到 65%,经营管理数字化普及率超过 80%,数字化研发设计工具普及率接近 90%。根据最新政策,自 2022 年开始,江苏省财政每年将安排不少于 12 亿元专项资金,采取贷款贴息、有效投入补助等方式,支持工业企业"智改数转",并出台了《智改数转研发费用加计扣除政策指引》,引导企业更多享受税收优惠政策(付奇等,2022b)。2021 年,仅苏州市就完成"智改数转"类项目 10 634 个,全球"灯塔工厂"①累计达 5 家。江苏省政府办公厅对 2021 年落实有关重大政策措施成效明显的地方予以激励,其中,苏州因推进制造业智能化改造和数字化转型、加快工业互联网创新发展、建设新型信息基础设施等成效显著而上榜,昆山因促进制造业创新转型、培育先进制造业集群、推进产业基础高级化和产业链现代化等成效显著而上榜。

在落实税收优惠政策方面,江苏省进一步实施鼓励企业引进先进技术和设备的优惠政

---

① "灯塔工厂"项目由世界经济论坛与全球顶尖的管理咨询公司麦肯锡合作开展,旨在遴选出在第四次工业革命尖端技术应用整合工作方面卓有成效、堪为全球表率的领先企业,被誉为第四次工业革命的指路明灯。灯塔工厂是工业 4.0 技术应用的最佳实践工厂,代表着全球智能制造的最高水平。2022 年 3 月 30 日,世界经济论坛公布第 8 批全球"灯塔工厂"名单,全球共 13 家工厂入选,国内占 6 家。苏州的 5 家"灯塔工厂"分别是博世(苏州工业园区)、纬创资通(昆山)、宝洁(太仓)、联合利华(太仓)、强生(苏州工业园区)。

策,如对进口技术和设备免征进口关税,对进口重要原材料和重大设备零部件免征进口税和进口增值税,扣除企业购买机械设备的增值税。以 2019 年为例,在全国 20 000 亿元的减税降费总量下,江苏的减税降费规模达 2 000 亿元。各种类型的减税降费为企业的创新研发提供强有力的财政支持,增强了企业研发投入的力度,成为企业突破关键核心技术、进入转型升级轨道、推进制造业高质量发展的加速器。

在实行差别化资源价格政策方面,江苏省为贯彻落实国家节能降耗政策,促进资源节约和保护生态环境,对超过产品能耗(电耗)限额标准的企业,实行惩罚性电价;对使用国家明令淘汰的电机、风机、水泵、空压机、变压器等落后用能设备的企业实施淘汰类差别电价;对电解铝企业、水泥熟料生产企业实行差别化电价政策,并逐步扩大到其他高耗能行业和产能过剩行业(陈实,2015)。根据 2016 年江苏省政府工作报告,通过该政策的实施,2016 年,江苏省去产能 1 项、去库存 3 项、降成本 15 项,降用电成本 66 亿元,降水、气、热成本 7.52 亿元,清理收费 23 亿元,优惠政策 2.8 亿元,江苏价格政策降低实体经济企业成本合计 99.32 亿元。同时,江苏省物价局联合环保厅、财政厅、水利厅、住建等部门在全国率先实行差别电价和污水处理收费政策,获得国家环境保护部在全国推广。江苏省基于工业企业资源集约利用综合评价系统的差别化价格政策激励了工业企业绿色高效发展,倒逼低效企业改造升级,不断提高资源集约利用水平。

除了以上措施,加上其他融资、用地、组织管理、环境营造等组合政策的叠加运用,江苏省制造业转型升级取得了一定的成效。在先进制造业集群培育上,2018 年 6 月,江苏省出台《关于加快培育先进制造业集群的指导意见》,重点培育先进制造业集群,坚决"砸笼换绿""腾笼换鸟""开笼引凤",着力打造"拆不散、搬不走、压不垮"的产业"航空母舰",全省产业结构不断调高、调新、调绿。2020 年 12 月,江苏省又出台了《江苏省"产业强链"三年行动计划(2021—2023 年)》,塑造江苏集群和产业链整体竞争优势,重点培育 13 个先进制造业集群。2021 年,江苏省南京新型电力(智能电网)装备、南京软件和信息服务、无锡物联网、徐州工程机械、苏州纳米新材料、常州新型碳材料等 6 个产业集群在国家集群竞赛决赛中获胜,数量与广东省并列全国第一。2022 年,江苏省又有南通市、泰州市、扬州市海工装备和高技术船舶集群,苏州市生物医药及高端医疗器械集群,泰州市、连云港市、无锡市生物医药集群,苏州市、无锡市、南通市高端纺织集群等 4 个制造业集群在工信部第三轮先进制造业集群决赛中获胜。这些集群是江苏省制造业的支柱,也是制造业迈向中高端的主体。以 2021 年为例,江苏省 16 个先进制造业集群规模占规模以上工业的比重达到 70% 左右,晶硅光伏组件占全国市场份额的 54%,智能电网、动力电池市场份额占全国 40% 以上,海工装备、风电装备的市场份额占全国 30% 以上,产业链供应链韧性、龙头骨干企业竞争力显著增强(付奇,2022)。在提升企业自主创新能力上,江苏省围绕重点领域卡脖子、产业基础薄弱等问题,加速构建自主可控先进制造业体系,推动企业加快成为创新决策、研发投入、科研组织、成果转化应用的主体。目前江苏省 30 条优势产业链中,特高压设备(智能电网)、晶硅光伏、风电装备、起重机、特钢材料、品牌服装、轨道交通装备等 7 条产业链已基本达到中高端水平,国际竞争优势明显。

在推动制造业可持续发展上，江苏省始终把绿色发展理念作为制造强省的鲜明底色，大力推进节能降耗、淘汰落后产能、资源循环利用和绿色制造。同时，江苏省加速构建自主可控先进制造业体系，更加注重"含新量""含绿量"两个新指标，开展"揭榜挂帅"①技术攻关和企业创新能力提升行动，全面缓解重点领域卡脖子和产业基础薄弱问题。江苏省企业自主创新能力得到有效提升，企业协同创新体系更趋完善，区域创新能力不断增强。截至2021年，江苏省高新技术企业超过 3.7 万家，是 2012 年的 7 倍多；累计培育国家级企业技术中心 129 家，较 2012 年增长近 1 倍。制造业绿色低碳转型成效明显，2012—2021 年，江苏省单位地区生产总值能耗累计下降 38%；规模以上工业单位增加值能耗累计下降 50%；工业用电量占全社会用电量的比重逐年下降，由 2012 年的 78%下降到 2021 年的 70%（付奇，2022）。截至 2021 年 5 月，累计支持节能和绿色化改造项目 1 872 项，获评国家绿色工厂 174 家，数量居全国第一，产业绿色安全发展水平明显提升。江苏省制造业智能制造向纵深推进，率先建成省级智能制造示范工厂 42 家、示范车间 1 307 个，示范车间生产效率平均提升 30%，这一做法得到国务院领导批示肯定（江苏省工业和信息化厅，2021b）。"向绿向智"发展已成"江苏制造"的重要标识。江苏正努力在培育先进制造业集群、推动制造业数字化转型、提升企业自主创新能力、推进绿色低碳可持续发展等方面发力，推动由"制造"转向"智造"。

此外，江苏省以纺织、机械、电子等传统产业为重点，每年组织实施一批重大技术改造项目，推动产业向高端化、智能化、绿色化升级。持续化解水泥、平板玻璃、船舶等行业过剩产能，为发展先进制造业腾退空间。推广工业企业资源集约利用综合评价工作，通过差别化政策，倒逼企业高质高效发展。同时，围绕智能制造、集成电路、物联网等领域，江苏省制定出台了一系列政策措施和行动计划，包括持续开展智能制造工程，举办世界智能制造大会和国际物联网博览会，开展新能源汽车下乡，制定机器人产业发展三年行动计划，创建车联网发展先导区等，大力发展先进制造业和新兴产业，积极布局未来产业（付奇等，2022a）。

但是，正如 7.4 节所言，江苏省制造业走在全国前列，但在转型升级迈向中高端的过程中，还面临着诸多的问题与挑战，前述的实证研究也表明，技术、人力资本投入、资本投入、经济发展水平、出口等因素综合影响江苏省制造业迈向中高端。江苏省制造业要在保持现有优势的基础上扬长补短，完善和优化现有的政策，继续加快推动传统产业改造提升，大力发展先进制造业，加快其向全球价值链的中高端环节攀升。

7.6.1 积极落实"双碳"部署，加快推进制造业向绿色低碳转型

中国在"双碳"背景下提出的"碳达峰、碳中和"目标和工作要求，对江苏省制造业发展而

---

① 被称为科技悬赏制，是一种以科研成果来兑现的科研经费投入体制，是由政府组织面向全社会开放征集科技创新成果的一种非周期性科研资助安排。"十四五"发展规划指出，实行"揭榜挂帅"等制度，是为了健全奖补结合的资金支持机制。其目的是针对最迫切的科研难题，以开放式创新的形式，最大限度地调动社会各界智力潜能，以最快的速度找到切实可行的解决方案。

言,既是压力和挑战,又是发展的动力。江苏省要积极落实碳达峰、碳中和部署,探索推进工业领域重点行业碳达峰的路径和对策,这对制造业产业结构的低碳化提出了更高要求。在钢铁、石化、化工、建材、纺织、造纸等领域,产业发展将会受到更多的约束,进而倒逼这些产业从粗放式发展转变为精细低碳的高质量发展。新能源、智能制造、节能环保等产业将迎来快速发展的机遇。另外,一些在产品、技术、设备等方面具有绿色性、创新性的企业,也能获得更好的发展机会,提高其国际市场竞争力。

江苏省要在实施绿色化改造三年行动计划的基础上,继续深入推进绿色制造工程,加快制造业向绿色低碳转型。要持续建设低碳清洁可持续的绿色安全制造体系,支持企业围绕现有生产系统实施节能、节水、节材等绿色化改造,坚决遏制"两高"项目盲目发展。要积极借鉴国际先进经验,切实组织实施一批绿色化改造示范项目,支持一批碳达峰示范项目实施。持续开展绿色工厂、绿色园区、绿色供应链创建,积极培育绿色制造供应商,提高产品全生命周期和全产业链绿色化水平(江苏省工业和信息化厅,2021a)。

要推动制造业企业利用节能技术以及新能源技术而不是化石燃料实现工业生产。在绿色制造中,应激发企业的积极性,不断进行技术创新,提升资源利用率并降低各个环节的污染,提升企业效益,这就要求在产品的设计、制造以及包装、回收中革新技术。需要明确的是,绿色制造绝不仅要求对生产过程进行改革,还应拓展到从研发设计到市场推广再到销售等所有环节。在制定发展战略时,将经济、环境和社会效益作为同等重要条件;在研发设计时,运用新技术,减少物料消耗,勿用有害材料;在生产时,推行清洁生产,将末端治理改为全程控制;在采购时,使用无毒无害材料、绿色环保材料;在重新设计包装时,充分考虑回收循环使用;在市场推广时,发展绿色生态产品,满足个性化需求;在销售时,改变单纯销售产品为销售服务和功能;在环境管理时,有明确的组织机构、规章制度、奖励措施,并定期进行人员培训等。要借助数字化的技术手段和方式将低碳绿色理念植入每一个环节,尽可能降低能源消耗。借助互联网重构业务链,有效整合内外部资源,健全绿色的开放平台,提高管理效率,降低企业成本,有效对接市场需求,使制造业能够完成更高层次的绿色化。

7.6.2 以先进制造业集群培育为总抓手,强化支持和鼓励优势产业链升级

在经济发展已经进入新阶段的背景下,推动制造业转型升级、迈向中高端的一个重要抓手就是打造先进制造业集群,这也是实现经济高质量发展的必然选择。针对江苏省传统产业占比依然较高、制造业集群有待进一步强化的现状,应持续深化制造业集群和产业链培育。未来应该进一步出台细化的实施方案,做到明确定位、分类指导。对于已经具备竞争优势并已入围国家级先进制造业集群的新能源装备、工程机械、物联网、纳米新材料、新型碳材料、海工和高技术船舶集群、高端医疗器械集群、生物医药集群、高端纺织集群等制造业集群,应充分利用好国家政策,并制定具体的先进制造业集群引领计划,鼓励集群内的龙头企业不断实现重大突破,提升产业基础水平,推进产业链的现代化,推动整个行业的高质量发展,提升集群国际竞争力,并依托这些优势行业攀登制造业价值链的中高端。对于尚未进入

国家级制造业集群但在省内具有优势和特色的先进制造业集群，也要有针对性地给予支持和引导。

目前江苏省正依托包括10个国家级产业集群在内的13个先进制造业集群，打造50条重点产业链、30条优势产业链和10条卓越产业链。未来要依托这些产业链，继续同步实施产业基础再造工程和产业强链行动计划，编制和完善重点产业链强链补链指导目录，指导各地对产业链薄弱和缺失环节进行强链补链，锻造一批产业长板，补齐一批"卡脖子"短板。为了解决卡脖子的关键核心问题，要针对重点产业集群和产业链不断进行自主创新、数字化转型等专题对接活动。要持续开展重点产业链技术评估，梳理关键技术短板，实施关键核心技术攻关项目，集合优势力量，聚焦解决关键共性技术的问题。支持重点集群企业实施一批重大技术改造升级项目，提升企业发展质量和效益（江苏省工业和信息化厅，2021a）。

推进各地依托经济开发区、高新区、产业示范基地等产业集聚的载体，探索政府与市场相结合的长效机制，推动特色产业集聚区的突破和发展。通过产业的上下游、前后向及旁侧链接，延伸产业链，加快推进各具特色的产业密集区和产业基地的建设与完善。努力打造一批具有地方标志、领跑全国乃至全球的产业标杆，形成具有强大综合竞争力的产业集聚区（李裕桃，2020），努力走在国家和世界前列。产业链的纵向整合是产业发展的重要方向，要加强垂直化产业整合，既要着眼于前述的"补前端"，锻强链，以做大做强主导产业为目标，提升自主研发设计能力，积极引进研发中心、创新中心、零部件配套企业，又要注意"延后端"，加强市场支撑体系建设，支持企业从金融服务、品牌策划、营销渠道等多维度整合资源，鼓励龙头企业利用产业集群延伸产业链，与关键配套产业协同发展，实行全链条布局，形成具有特色的高端的国际制造业基地，并打造成为制造业迈向中高端的重要载体。

7.6.3 尽快落实"智改数转"，加快推动从要素驱动向创新驱动转变

"数字+"产业作为新型的产业，不仅是社会经济高质量发展的重要引擎，更是制造业尽快实现转型升级迈向中高端的重要契机和依托。借助数字技术赋能制造业，大力实施智能化改造和数字化转型，加快推动制造业生产方式和企业形态根本性变革。由此可见，数字化转型是产业迈向中高端的重要路径。2015年来，江苏省先后出台了支持发展互联网平台经济、大数据、人工智能等产业的一系列政策，推动增长方式从要素驱动向创新驱动转变，随着新业态和新模式的出现，数字流通服务的革新加速，数字治理也越来越深入。数字化已成为江苏省制造业转型升级的主要方向，根据《中国区域与城市数字经济发展报告（2023）》，2022年江苏省区域数字经济竞争力指数仅次于北京、广东、上海，全国排名第四。在赛迪顾问数字经济产业研究中心发布的2022年中国数字经济百强城市排行榜上，江苏13个城市全部入围，其中南京市在全国位于第十名。2021年10月，中国电子信息行业联合会发布了2021年度电子信息企业竞争力报告，前百家企业名单覆盖了17个省份，区域化特征比较明显，其中总部位于广东省的企业最多，有24家，江苏和浙江均有15家企业上榜，北京和上海均有9家企业上榜。江苏省苏州市共9家企业入围，数量居全国地级市之首。但是，同过去几年的

排名类似,在中国电子信息百强企业名单中,江苏尚无一家企业进入前十名,多数电子信息百强企业处于产业链中端,数字经济发展主要集中于应用端,基础端和创新端的能力相对薄弱。总体而言,江苏省"数字+"的发展还存在大而不强、数字化技术与制造业融洽深度不够等问题。

在此背景下,坚持把数字经济作为江苏转型发展的关键增量,加快推进数字产业化、产业数字化是加快建设制造强省,大力推进全国先进制造业高质量发展示范区建设,加快推进技术改造和智能改造的有效而迫切的途径。2021年,江苏省出台制造业"智改数转"三年行动计划,聚焦省内重点先进制造业集群和产业链,实施"十大工程",加快推动企业和产业链"智改数转",为制造业未来发展指明新路径。在2022年南京市"新年第一会"上发布的《关于深入推进引领性国家创新型城市建设的若干政策意见》,不仅强化了企业创新主体的地位,而且把打造创新型链主企业作为推动制造业智能化改造、数字化转型的基本抓手,顺应了全球新一轮智能化、数字化科技革命潮流,既丰富了数字化产业应用场景,又进一步明确了制造业转型升级的方向与新路径。值得期待的是,2022年8月1日,《江苏省数字经济促进条例》正式施行,该条例在数字技术创新、数字基础设施、数字产业化和产业数字化、数字治理等方面做出具体规定,将为加快数字经济与实体经济融合,推进制造强省、数字强省建设提供有力的法治保障。

江苏省正处于数字经济发展和数字化转型加速期,产业数字化转型和智能化改造需求和潜力巨大,但由于"智改数转"是新生模式,尚需要探索具体的实施对策。未来既要积极创建国家引领的国家智能制造示范工厂、智能制造先行区、"5G+工业互联网"融合应用先导区等,建设更高水平的省级智能制造示范工厂与示范车间、"互联网+先进制造业"等特色基地,同时还要结合江苏省13个城市全部入围中国数字经济百强城市排行榜的优势,进一步出台有针对性的制造业智能化改造和数字化转型的具体实施方案。在加快工业互联网平台、工业软硬件、智能装备、网络设施及安全等数字基础设施建设的基础上,加快推动5G、人工智能、数字孪生等新技术集成应用,充分择优培育高层次智能制造服务商,推动企业内网改造升级,引领车联网、区块链、信息技术创新应用等先导区建设,加快实现网络产品和服务"通园区、进企业、入车间、联设备、拓市场",最终促进制造业数字化、网络化和智能化水平显著提升(江苏省工业和信息化厅,2021a)。这不仅要求新兴产业争取率先占领中高端,而且要求进一步加快利用数字技术对传统产业进行"智改数转",最终实现产业链再造、价值链提升的新突破。

在此过程中,政府要给予多种政策支持,作为纽带聚合省内外智能装备服务商、网络服务商、系统解决方案服务商、咨询服务商等优势资源,建立统一资源池,为企业数字化转型提供集成服务。同时,要成立战略咨询专家组,实施数字化技能人才培训工程。同时要持续推出支持产业数字化转型的多样性系列化金融产品(付奇等,2022a)。

7.6.4 大力引进和培育人才,充分发挥高端人才的支撑引领作用

人才,尤其是领军人才和紧缺人才是制造业转型升级的关键和支撑。江苏是具有较大

影响力的教育和文化大省,自古以来就是人文荟萃,俊贤云集之地。在人才引进和培育方面,江苏省具有一定的区位优势和历史积淀优势,在新的发展阶段,政府要充分利用这一优势,把江苏建设成为科创大省和制造业强省,除其拥有的人力资源基础和优势外,还须制定具有江苏特色的内在存量人才与外来增量人才并举的人才战略和政策。

目前江苏全省和各市纷纷出台各种人才政策,但也出现了一个值得关注的趋势是,在出台人才政策的过程中存在着忽视江苏省本地人力资源和教育大省、强省的问题,搬用"招商引资"延续而来的"招才引智"模式,眼光向外"挖人",而忽视本省内在的人才"富矿",这必然导致一方面花大代价引进一批和本省既有人才品质类似,甚至不如本省的新人才,同时被其他省挖走一批品质更高的存量人才,另一方面还会形成大批在苏存量人才"怀才不遇",得不到重视和关心,或"非走即废"的尴尬局面。如果江苏大地的既有存量人才红利能够得到充分释放,那么创新发展和制造业强省建设新发展就有了内在支撑(王兴平,2018)。因此,江苏省各级政府应着眼于制造强省强市建设的需要,建立完善的人才引进和激励机制,要实施各类人才扶持政策,拓宽人才引进渠道,不仅要积极引进省外、境外优秀人才,尤其是高端复合型管理人才队伍和专业人才队伍,鼓励企业、科研院所和地方政府引进全国全球顶级领军型人才来苏工作,而且要用好在苏人才,要积极吸引省内高校毕业生留在江苏、建设江苏,还要鼓励企业参加培养人才过程,为促进江苏省制造业产业迈向高端夯实人力资源基础。

正如前述,现阶段江苏省制造业企业不乏优秀人才但缺乏企业间、产业间的有效交流平台,政府要积极构建有效的多方合作交流平台,将高校人才与企业之间、企业间和产业间的"脉络"打通,多角度、多方面地深化产、学、研合作,在多元共赢的基础上,助力制造业转型升级。

除平台搭建外,筑好巢才能引好凤,为了留住人才,优化人才发展的生存环境和发展环境,才能真正持久地汇聚、培养和引进掌握世界一流技术的高级人才和创新队伍,为制造业技术改造和创新提供活力源泉(徐洪芳,2017)。本书作者在多个城市多个园区的调研过程中发现,即使在南京这个省会城市,一些地理位置相对欠缺的园区,企业也难以留住高端人才,主要原因在于园区周边生活不便、服务设施数量不足且质量欠佳。更不用说在一些地级市,尤其是经济发展水平在江苏相对落后的城市,不仅难以吸引该城市以外的人才,而且也难以留住本地的人才,每年面临着大量优秀人才的流失。因此,各级政府、各个园区引进人才的重心除了制定具有针对性的激励政策之外,更应积极营造良好的就业、创业、研发和生活环境,让不同层次的人才都能够安居乐业。

7.6.5 助力企业不断提升自主创新能力,培育全球性企业

打造自主可控、安全高效的现代化产业链,加快构建以企业为主体的产业创新体系是制造业迈向中高端的首要任务。针对近年来制造业领域暴露出的部分关键核心技术产品受制于人的问题,江苏已经研究出台了相关实施意见,推动构建了自主可控安全高效的先进制造

业体系,全面提升了产业基础高级化和产业链现代化水平,为构建双循环格局做出了江苏贡献。一批关键核心技术取得重大突破,目前 MEMS 传感器、数字式位移传感器、GaN 毫米波芯片、超高精密半导体自动光学检测技术等 45 项技术取得突破性进展,高铁齿轮传动系统核心零部件、航空级钛合金材料、高标准轴承钢等关键基础材料、核心基础零部件取得突破(江苏省工业和信息化厅,2021b),产业自主可控能力明显提升,加速了制造业向中高端迈进。

未来要研究制订企业自主创新行动计划,制定江苏省制造业创新中心建设工作指引,在推动现有制造业创新中心发展水平不断提升的同时,要以更大的力度落实企业研发投入综合奖补政策,对照国家需求,聚焦于海洋信息技术与装备、橡胶资源绿色循环利用等关键领域,培育和试点建设一批新的制造业创新中心。要聚焦国家有需求、江苏有基础的领域,以省内龙头企业为主导组建专项攻关小组,继续通过揭榜挂帅等方式,支持企业牵头实施关键核心技术(装备)攻关工程。围绕重点工艺环节,试点建设一批区域性(共享)专业工艺中心(江苏省工业和信息化厅,2021a)。同时,要支持龙头企业赋能传统研发机构,联合创新实验室等更加开放协同的企业研发载体。支持有条件的大企业和大集团通过兼并、收购、联合、参股等形式,积极攀升国际产业链和价值链高端(李裕桃,2020)。

要聚焦重点产业链,选拔一批有能力引领产业链发展的优秀企业持续开展、深化"百企引航""千企升级"行动计划,制定出台关于培育发展制造业优质企业的实施方案,推进"十百千"优质企业培育,形成一批引航企业、"链主型"企业、单项冠军企业和专精特新小巨人企业。建立"企业直通车"制度,及时掌握企业诉求,指导用好惠企政策,协调解决企业难题(江苏省工业和信息化厅,2021a)。政府要推动这些企业不仅要成长为国家级领航企业,而且要力争成为引领行业发展的全球性企业。

同时,要聚焦产业技术最尖端和新经济领域,关注具有"独角兽"基因的行业,建立准"独角兽"信息库和储备名单,加快培育具有全球影响力、能够带动产业爆炸性增长的"独角兽"企业。通过专项资金支援、政府资金投入、政府招标优先等方式助力"瞪羚"企业加速成长为具有颠覆性创新能力、竞争优势突出的"独角兽"企业(李裕桃,2020),进而培育"独角兽"企业群,引领龙头企业所在的行业提升竞争力,迈向全球价值链中高端。

此外,为了提升企业创新能力,政府还应充分挖掘、培育和壮大城市内部的各类创新空间。例如南京市主城区的玄武区借助高校科研院所和大型文化、信息、传媒等载体云集的优势,对该区的大学和科研院所所在的街区进行提升,建设环高校院所的特色化创新、创业和创意街区;对原来高校事业单位的老旧小区进行回购和改造,将其建设成为知识型活力创业社区;对区域内既有的产业区块进行提升,将其建设成为产业型创新空间,最终建设成为具有一定全球影响力和独特魅力的古都文化科创名城(王兴平,2018)。江苏省其他地市和地区政府也可以借鉴此做法,充分挖掘各类创新空间,培育企业创新的空间载体。

7.6.6 构建政府引领下的官、产、学、研、用间深度合作机制

江苏省制造业转型升级迈向中高端面临着很多深层次的问题,单纯依靠政府或者市场无法解决这些问题。这就需要政府加强组织引导,构建官、产、学、研、用间深度合作的长效机制。当前正在进行的智能化改造和数字化转型,对加速制造业升级、助力江苏"智造"迈向全球价值链中高端具有重要意义。因此,本节以智能制造为例,分析如何构建多元主体的合作机制,进而推动智能制造的关键基础技术和共性技术的创新,并进一步实现设计、生产、管理、服务等关键环节的智能化。

首先,政府应充分发挥引领作用,通过打造多元主体可以共享供需信息的网络平台,为多元主体进行线上初步对接提供便利;应定期举办官、产、学、研、用对接大会,为多元主体进一步线下对接提供平台;还可以设立专门的协调机构,为多元主体对话提供更多的空间和契机。其次,政府要引导企业、高校、研究所等相关企事业明确在智能生产中承担的角色和责任,建立多元主体加强联合与深度合作的基础和内生动力。在此基础上,还要制定法律法规、税收、人才激励等政策,鼓励合作共赢,并管理好多元主体的各类合作活动。

在智能制造的研究设计环节,要根据制造业转型升级的发展趋势和需求,规划智能制造的重点技术领域。政府直接管辖的研发机构或实验室体系,应当与大学、科研院所、企业的研发机构形成分工、合作与竞争的关系,承担智能制造重点领域中战略性、前瞻性的研究任务。应有计划、有选择地支持高校、科研机构和优势企业开展智能制造关键技术的基础研究与合作,并通过经费资助、税收激励等优惠政策,间接鼓励企业和其他渠道的投资研发。要通过合理使用法规和标准管理和监督科研经费,明晰知识产权的重要性,提高研发主体在合作中实现共赢的积极性(朱英明等,2019)。

在智能制造的生产、管理和服务环节,要充分发挥江苏省拥有较为发达的制造产业集群和制造工业园区(基地)的良好基础,推动IT产业与制造业双向整合,提升工业互联网建设,从以基础设施建设为主的形式互联,向实现深度融合为目标的功能互联推进(朱英明等,2019)。在此目标引导下,综合规划产业园区,通过政策指导和资源投入进行整体布局,实现从基础设施到电子商务应用建设、从智能产品的开发到智能制造过程的引入与提升。政府要引导多元主体共同探索新型工业数据平台的规划、开发、推广和应用。在此过程中,政府要筛选和引进智能制造示范项目,选择智能制造企业和IT企业中的龙头企业作为支持的重点,充分发挥龙头企业的垂直带动辐射作用,吸引上游供应商、相关生产企业、代工企业、软硬件技术供应商,打造智能制造产业链和智能制造生态系统(朱英明等,2019),形成智能制造产业集群,促进产业园区(基地)的整体转型和升级。与此同时,还要通过企业培训、院校培养、外部引进等措施,保障智能制造所需各层次专业技术、技能和管理人才队伍建设。

总之,在制造业转型升级的过程中,政府要起到桥梁和纽带的作用,鼓励业界和科研院所、高等院校等国内外各类创新资源与力量联合起来,引领江苏制造业攻克难关,实现增长

动力转换(李裕桃,2020),最终提升制造业整体的国际竞争力水平,实现制造业迈向中高端的目标。

7.7 本章小结

作为我国的制造业大省,经过新中国成立以来 70 余年的发展,江苏省制造业规模稳步增加,结构不断优化,基础不断夯实,在部分领域拥有国内领先的优势,但是,当前依然存在传统制造业产能过剩,高新技术产业核心竞争力有亟加强,诸多关键核心技术受制于人等问题,处于亟待进一步转型升级的关键时期。通过对嵌入全球价值链地位指数的测算,发现江苏省制造业在全球价值链中的地位仍然相对较低。微笑曲线的两侧是高附加值部分,价值链的上游和下游是高附加值部分,转型升级的目的就是让江苏省制造业攀升价值链两端高附加值部分,获得更多附加值。实证分析结果表明,影响江苏省制造业迈向中高端的主要因素可归结为:区域经济环境、对外贸易、资本投入、人力资本投入及外商直接投资。因此,未来江苏省制造业在迈向中高端的过程中既要直面江苏省制造业转型升级过程中存在的问题,又要把握新产业变革带来的新机遇,还要针对影响江苏省制造业迈向中高端的影响因素,努力发挥江苏省制造业的规模优势、配套优势,补齐短板,找准产业转型升级的突破口,借助"双碳"部署、"智改数转"和新一轮大规模技术改造、加快构建现代化产业体系的契机,引进高端人才,盘活存量人才,构建政府引领的"官、产、学、研、用"深度合作机制,强化国家级先进制造业集群的竞争优势,降低和摆脱外来上下游企业的纵向约束,提高其在全球价值链中的地位和份额,进而推动江苏省制造业加快迈向全球产业链价值链中高端,全力建设具有国际竞争优势的先进制造业基地和更高水平的制造强省。

第 8 章
城市层面典型案例：徐州市制造业转型升级分析

徐州市位于江苏、山东、河南和安徽四省交界，是国家重要的交通枢纽，一直以来享有较高的历史地位和政治地位。徐州曾因煤而兴，也因煤而困，随着煤炭资源的枯竭，与中国众多同类的资源枯竭型城市一样，徐州发展矛盾不断凸显，原有的产业结构亟待调整。随着"一带一路"倡议、长三角一体化战略、淮海经济区中心城市和商贸物流旅游中心建设以及江苏省"1+3功能区战略"的深入实施，徐州市发展的有利条件不断累积，如何把握国家和区域的新要求和新方向，实现产业转型升级和创新发展，是推动徐州市制造业迈向中高端的关键。自2012年党的十八大以来，徐州开始匡正发展理念，以创建国家老工业城市和资源型城市产业转型升级示范区为契机，紧紧围绕壮大实体经济，推动经济高质量发展这个旋律，持续推进生态、产业、城市"三大转型"，大力推动产业转型升级，加速新旧动能转换，初步打造出具有徐州特色的"6+6"先进制造业①和"333"现代服务业体系②，由此带来人民生活的持续改善，生态文明建设成效显著，城市也迎来重生。徐州市是江苏省唯一面临国家老工业城市振兴和资源型城市转型双重挑战的城市，在全面转型中积累了许多宝贵的典型经验，并在2018年和2019年连续两年被国务院表彰为老工业基地调整改造真抓实干成效明显城市，2019年贾汪区被国务院表彰为资源枯竭地区转型成效突出城市（县、区）。徐州市在面临工业化逐步落后和资源日益枯竭的困境时所推进的产业转型工作，为其他遇到类似发展瓶颈的城市提供了丰富的经验。因此，本书选择徐州市作为城市层面制造业转型升级迈向中高端的案例城市。本章首先回顾和梳理了徐州市产业转型升级的发展演变和主导产业现状，梳理了徐州市产业转型升级的经验和当前存在的问题，接着面向未来剖析了徐州市产业进一步转型升级的优势和劣势、面临的机遇和挑战，在此基础上分析了徐州市未来产业转型升级的目标定位和产业转型升级的方向及要点，最后重点梳理了徐州市产业转型升级的对策。

---

① 2016年，徐州市发布《中国制造2025徐州行动纲要》提出"6+6"先进制造业体系，即六大优势产业：装备制造、食品及农副产品加工、煤电能源、煤盐化工、绿色冶金、建筑建材；六大战略性新兴产业：新能源、电子信息、新材料、新医药、高端装备、节能环保。

② 2016年，徐州市委、市政府发布《打造区域性现代服务业高地的实施方案》，提出"333"现代服务业体系，即由现代物流、现代金融、科技服务三大生产性服务业，商贸文化旅游、房地产、健康养老三大生活性服务业，以及商务服务、平台经济、软件与服务外包三大新兴服务业构成的现代服务业体系。

8.1 徐州市制造业转型升级的历史与经验

8.1.1 产业发展的历史演变

从新中国成立至今,徐州市产业发展演变既有与中国整体和江苏产业发展的相似特征和趋势,但也有其显著的交通区位优势和煤炭资源带来的个性和特色。总体而言,徐州产业发展从以农为主,到较为单一的以重化工为主,再到以六大主导产业为主的多元化产业体系,产业空间伴随着两大核心园区的发展逐渐向南北拓展并不断升级。根据徐州市产业结构演变的特点,可以把新中国成立以来的产业发展划分为以下五个阶段:新中国成立初期工业化起步阶段、工业化初期到中期的转型阶段、工业化中期阶段、老工业振兴和新工业培育并举的快速发展阶段和 2016 年至今的工业化中期向工业化后期的转型阶段。

1. 以能源重工业为主的工业化起步阶段(1949—1979 年)

新中国刚成立的 1949 年,徐州经济以农业为主,地区生产总值的三次产业结构比例为 77.5%∶7.4%∶15.1%。"一五"计划时期,徐州积极响应国家提出的"优先发展重工业"这一中国工业化道路的核心战略,徐州市围绕这一战略方针,大力挖掘自身资源优势,重点发展煤炭产业,建立以原材料工业、基础工业为核心的重工业产业体系,推动工业化社会发展。此后第二产业发展日益强劲,至 1978 年,全市三次产业结构比例为 44.0%∶41.8%∶14.2%,虽然产业结构依然表现为"一、二、三"的结构特征,但第一产业占比大大降低,第二产业占比大大提升。在此阶段,煤炭产业是徐州市的核心产业,相关产业得到快速发展,能源型重工业占据工业总产值半数以上,成为徐州市主导产业,以煤炭、矿石、水泥、电力、冶金、化工、机械、建材为主的工业体系逐步建立,工业产业形成集聚发展态势。

2. 以资源密集型产业为主的工业化初期到工业化中期的转型阶段(1980—1993 年)

改革开放以后,徐州市积极抢抓区域经济发展带来的机遇,产业结构演变主要表现为农业比重逐步下降,工业比重保持平稳,第三产业比重持续增长。1980 年,徐州市第二产业第一次超过农业,产业结构由"一、二、三"转变为"二、一、三",实现了产业调整的第一次飞跃,三次产业结构比例为 39.5%∶45.4%∶15.1%,其中,工业增加值比重提高到 41.1%,工业开始在国民经济中占据主要地位,徐州市逐步呈现工业化初期的特征。到 1993 年末,徐州市三次产业结构比例继续优化为 25.2%∶46.9%∶27.9%,第三产业比重首次超过农业,经济结构调整为"二、三、一",徐州市国民经济增长转变为主要由第二、三产业带动(表 8-1)。这一阶段产业结构的调整,极大地促进了经济发展水平的提高,特别是轻工业和第三产业的迅速崛起,更加快了生产要素的流动。

表 8-1 徐州市 1980—1993 年三次产业结构变化

年份	第一产业	第二产业	第三产业
1980	39.5%	45.4%	15.1%
1981	41.4%	43.4%	15.2%
1982	40.9%	43.1%	16.0%
1983	40.0%	42.0%	18.0%
1984	41.0%	41.4%	17.6%
1985	39.9%	42.8%	17.3%
1986	39.0%	41.2%	19.8%
1987	37.9%	41.2%	20.9%
1988	35.8%	43.0%	21.2%
1989	35.0%	40.5%	24.5%
1990	34.3%	39.8%	25.9%
1991	33.6%	38.5%	27.9%
1992	28.9%	43.3%	27.8%
1993	25.2%	46.9%	27.9%

数据来源:历年《徐州统计年鉴》

在此阶段,徐州市工业结构调整进一步深入,形成了化工、电子、工程机械三大重点行业。1993 年,全市工业总产值为 293.13 亿元。彭城电厂、龙固煤矿等重点项目建设开工,压路机、汽车收放机等 7 种产品产量跃居全国第一位,卷烟、医疗电子等 16 种产品产量跃居全省第一位。乡镇工业产值达到 148.39 亿元,占全市工业总产值的 50.62%,成为工业经济的"半壁江山"。虽然煤炭产业仍是徐州的支柱产业,但是其占工业产值的比重有所下降,从 1978 年的 17.5% 下降到 1993 年的 10% 以下。而轻工业的迅猛发展缓解了徐州轻重工业比例失调严重的问题,徐州工业发展日趋协调。此时徐州市已经度过了工业化初期的转型,资源密集型的产业为城市发展积累了坚实基础,当然,这也埋下了环境隐患。

3. 以重化工业为主的工业化中期阶段(1994—2008 年)

1994 年到 2008 年,徐州市三次产业结构继续优化,其中,第一产业比重继续平稳下降,第二和第三产业保持了稳定增长的态势,第三产业比重保持持续快速增长的势头,第二产业比重呈现波浪式增长。2005 年徐州市第二产业占 GDP 的比重为 50.7%,首次超过半数比例。到 2007 年徐州市第二、三产业合计比重已达到 88.5%,分别比 1978 年提高了 10.7 和 21.8 个百分点,人均 GDP 接近 3 000 美元,标志着徐州市已经进入工业化中期阶段(表 8-2)。随后第一产业占比从 2007 年的 11.5% 缓慢下降至 2015 年的 9.5%。

表 8-2　徐州市 1994—2008 年三次产业结构变化

年份	第一产业	第二产业	第三产业
1994	25.0%	46.9%	28.2%
1995	24.5%	45.3%	30.2%
1996	23.1%	45.3%	31.6%
1997	21.0%	46.2%	32.8%
1998	20.2%	45.8%	34.0%
1999	18.9%	46.4%	34.7%
2000	19.2%	46.0%	34.7%
2001	17.6%	45.8%	36.6%
2002	16.8%	46.2%	37.0%
2003	15.4%	48.5%	36.1%
2004	14.0%	49.5%	36.5%
2005	14.1%	50.8%	35.1%
2006	12.7%	51.9%	35.4%
2007	11.5%	52.5%	36.0%
2008	10.5%	52.9%	36.6%

数据来源：历年《徐州市统计年鉴》

1994年起，徐州市进一步明确和细化工业经济结构调整的措施和目标，制定了"工业百项工程"，工业化进程逐渐加快，工业内部结构呈现波浪式转换的趋势，同时，形成一批带动全市经济发展的工业骨干企业和骨干项目。1997起，工业结构实施战略性调整，当年轻工业开始超过重工业，占工业总产值的53.6%。1998年起，以工程机械为核心，包括建材机械、锻压机械、矿山机械、专用车辆等产品的机械制造业迅速发展。徐工集团、江苏北方氯碱集团、卡特彼勒（徐州）有限公司、维维集团、中外合资徐州华润电力有限公司等一大批大企业集团形成规模，引领全市机械、能源、化工、食品、建材产业发展。1999年，全市工业总产值达到425.07亿元，轻、重工业产值之比为44.2∶55.8，呈现出以重工业为主，轻工业为辅的发展格局。

2000年到2008年是徐州市工业经济腾飞的阶段。徐州先后出台《徐州市经济体制改革要点》《徐州市沿东陇海线产业带开发建设规划》《关于加快培育发展大型企业集团意见》《关于进一步加快民营经济发展的意见》以及《关于加快推进新兴工业化的意见》《徐州市工业经济振兴纲要》等一系列文件和政策，工业改革工作多角度全方位开展，成效显著，社会主义市场经济体制的建立完善工作取得实质性进展。到2007年，国企改革基本完成，改制面达

96%。除了在20世纪90年代就已形成规模的徐工集团、维维集团、江苏北方氯碱集团外，徐州市还涌现出徐钢集团、恩华药业、胜阳木业、新沂电化、江苏铝厂等30家具有较强竞争力的大公司、大集团。民营私营企业成为徐州市国民经济发展的中坚力量，基本形成了以食品、木材、机械、化工、建材、冶金、纺织七大行业为主体的私营个体工业结构体系，拥有胜阳板材、蓝迪水床、小康牛肉酱等一批省市名牌产品和高新技术产品。2008年，围绕"做强主导产业、做新传统产业、做大新兴产业"和"全面奔小康、建设新徐州"的战略目标，徐州市持续推进工业结构优化，提升工业经济发展层次，提高工业经济效益。当年徐州工业企业实现工业总产值2 846.7亿元，主要集中在煤炭、电力、食品、机械、化学、建材、冶金、纺织、木材加工等传统产业，轻、重工业产值之比为27.7∶72.3，呈现了更加典型的重化型工业格局。

继1992年徐州经济技术开发区和铜山经济开发区建立后，徐州市工业经济在发展中逐步调整产业布局，工业企业开始有序地向开发区集中。1995年，丰县经济开发区和新沂经济开发区获批设立；2001年，沛县县级工业集中区（产业集聚区）和邳州经济开发区成立；2003年，睢宁经济开发区被徐州市人民政府批准为市级经济开发区；2006年，这五家经济开发区获准升级为省级开发区。同年，江苏省委、省政府做出南北挂钩共建苏北园区的决策。徐州与苏南的无锡、宜兴、江阴等地先后设立了无锡锡山—丰县工业园、江阴—睢宁工业园、无锡—邳州工业园、无锡—新沂工业园等。同时，各县区根据各自工业发展情况，逐渐形成了一些特色工业聚集区，这些集聚区成为徐州市从资源型工业向新型工业化转变的强大载体。

4. 老工业振兴和新工业培育并举的快速发展阶段（2009—2015年）

2009年到2015年，徐州市三次产业结构持续优化调整，第一产业比重继续平稳下降，第三产业比重保持持续快速增长的势头，第二产业比重呈现波浪式增长。2015年全市三次产业增加值比例调整为9.5%∶44.3%∶46.2%，第三产业占比首次居于首位，产业结构调整为"三、二、一"（表8-3）。

表8-3 徐州市2009—2015年三次产业结构变化

年份	第一产业	第二产业	第三产业
2009	10.5%	52.3%	37.2%
2010	9.6%	50.7%	39.7%
2011	9.4%	50.1%	40.5%
2012	9.5%	49.0%	41.5%
2013	9.6%	47.4%	43.0%
2014	9.5%	46.1%	44.3%
2015	9.5%	44.3%	46.2%

数据来源：历年《徐州统计年鉴》

2008年底,江苏省委、省政府出台《关于加快振兴徐州老工业基地的意见》,做出振兴徐州老工业基地的重大战略部署。徐州市抓住这一契机,制定具体的工作措施,印发了《振兴徐州老工业基地目标任务分解方案》,围绕"加快振兴徐州老工业基地"目标,加快建设"两大中心""三大基地""四大产业",即建成淮海经济区的中心城市和商贸物流旅游中心;建成以工程机械为主的装备制造业基地、能源工业基地和现代农业基地;加快发展装备制造业、食品及农副产品加工业、能源产业、商贸物流旅游业四大主导产业。2009年起,围绕"加快振兴"目标,进一步突出工业经济"第一方略",实施工业强市战略,加大工业投入,推动产业层次优化升级。重点打造装备制造业、能源业、食品与农副产品加工业"三大千亿元主导产业"和煤盐化工、建材、冶金"三小五百亿元传统产业"。2010年,装备制造业成为全市最先实现千亿元规模的主导产业,企业发展到881家,实现销售收入1657亿元,被中国机械工业联合会授予全国唯一的"中国工程机械之都"称号。2011年9月,徐州市第十一次党代会提出打造装备制造、食品、能源、冶金、建材、煤盐化工"六大千亿元工业产业",六大产业由此获得进一步的快速发展。

至2015年,徐州市制造业发展良好。全市重点培育的"六大千亿元工业产业"产值达10 989.58亿元,增长7.7%,规模以上工业2 853家,规模以上工业增加值比上一年增长9.3%,其中,轻工业增长12.9%,重工业增长7.4%。四大传统优势产业产值增长25.3%。这一阶段制造业发展的一大特色是六大战略性新兴产业发展迅速。2015年,六大战略性新兴产业产值增长19.7%。经过多年的发展,徐州市制造业已经形成以传统优势产业为基础、装备制造产业为主导、新兴产业为补充的发展态势。同期,全市规模以上工业实现高新技术产业产值4 505.26亿元,同比增长11.3%,占规模以上工业总产值的比重为36.2%,较上一年提高1.3个百分点;高耗能产业产值增长7.1%,增速低于规模以上工业1.4个百分点,占规模以上工业产值的比重同比下降0.4个百分点,这也从一个侧面体现了徐州市产业层次的不断提升。

5. 迈向先进制造业的工业化中期向工业化后期的转型阶段(2016年至今)

进入21世纪以来,尤其是2012年以来,面对环境污染和资源枯竭的困境,徐州市积极转变经济发展思路,适时寻求发展优势主导产业和战略性新兴产业,徐州市地区生产总值整体呈上升趋势,经济增速逐渐放缓,但经济增长质量稳步提高。从产业结构演变来看,自2016年起,徐州市第三产业占比总体呈现稳步增长的态势,产业结构持续优化(表8-4),呈现向后工业化社会靠拢的趋势。2021年,徐州市落实高质量发展要求,以供给侧结构性改革为主线,以建设淮海经济区中心城市为重点,经济运行总体平稳,综合实力显著增强,质量效益稳步提升。2021年,实现地区生产总值8 117.44亿元,人均地区生产总值89 634元,其中第一产业增加值743.34亿元,增长3.8%;第二产业增加值3 376.02亿元,增长8.7%;第三产业增加值3 998.08亿元,增长9.6%,产业结构比例逐步优化为9.2%∶41.6%∶49.3%。虽然与国内发达城市相比,徐州市GDP总量和人均GDP仍然相距甚远,尚未达到向后工业化社会转型的条件,但徐州市产业发展实现了质的转变,主要表现为经济规模逐渐扩大,产业结构渐趋优化,以高端装备制造为代表的战略性新兴产业发展迅速。

表8-4 徐州市2016—2021年三次产业结构变化

年份	第一产业	第二产业	第三产业
2016	9.3%	43.3%	47.4%
2017	9.1%	43.7%	47.2%
2018	9.4%	41.6%	49.0%
2019	9.5%	40.4%	50.1%
2020	9.8%	40.1%	50.1%
2021	9.2%	41.6%	49.3%

数据来源:历年《徐州统计年鉴》

徐州市在2016年发布的《中国制造2025徐州行动纲要》中提出全力构建装备制造、食品及农副产品加工、煤电能源、煤盐化工、绿色冶金、建筑建材等六大优势产业和能源、电子信息、新材料、新医药、高端装备、节能环保等六大战略性新兴产业。此后,徐州市切实推动六大传统优势产业和六大战略性新兴产业发展,实现由单极支撑向多极并举转变,不断推动制造业迈向中高端,进而带动徐州市经济向高质量发展。2019年7月,徐州市委常委召开会议,讨论并通过了《关于推进四大战略性新兴主导产业发展的工作意见》和关于四大战略性新兴主导产业发展扶持政策,在2016年提出的六大战略性新兴产业的基础上凝练出装备与智能制造、新能源、集成电路与ICT、生物医药与大健康等四大战略性新兴产业,作为推动产业转型升级、创新发展的主攻方向。2021年,徐州市发布"十四五"工业和信息化发展规划》,提出构建"6+4+N"①现代工业新体系。截至2021年底,徐州市先进制造业增势良好,全年六大战略性新兴产业产值增长19.7%,其中工程机械与智能装备、集成电路与ICT、节能环保、生物医药与大健康、新材料和新能源产业产值分别增长12.1%、25.6%、13.6%、9.0%、42.0%和46.2%。四大传统优势产业也发展态势良好,产值增长25.3%。产业转型迈出新的步伐,新动能持续壮大,高端装备制造、新能源、新材料等先进制造业成为拉动全市工业经济增长的重要动力。

经过改革开放四十多年的发展,徐州市工业经济经历了从计划经济向市场经济的转变,国有、民营、外资三种主要工业经济形式共同助力徐州经济结构的战略重组。徐州工业发展经历了以资源型重工业为主到轻、重工业并驾齐驱,轻工业发展速度较快,再到重化工业加速发展的波浪式演进的过程。2008年以来的振兴老工业基地建设和资源型城市转型升级建设加速了产业结构转型升级的进程,产业转型迈出新步伐,高质量发展取得新成效,初步

---

① 6+4+N:根据徐州市《"十四五"工业和信息化发展规划》,加快发展工程机械与智能装备、集成电路与ICT、节能环保、生物医药与大健康、新材料和新能源等6大战略性新兴产业,创新发展食品及农副产品加工、钢铁冶金、绿色化工、建筑建材4大传统优势产业,培育发展安全(应急)、大数据、5G、人工智能、区块链、VR/AR等领域的特色产业。

实现了从传统产业向现代产业的转型,徐州逐步走出了一条科技高、效益好、消耗低、污染少的特色新型工业化道路。

8.1.2 制造业主导产业现状及其存在的问题

正如前述,徐州市在2016年发布的《中国制造2025徐州行动纲要》中就提出要着力推进装备与智能制造、新能源、集成电路与ICT、生物医药与大健康产业发展,培育四大千亿元级新兴主导产业集群,重点打造世界级装备制造产业中心和以晶硅材料为支柱的世界级新能源新材料基地。经过最近几年的发展,徐州市制造业已经从以重化工业为主向新兴和特色产业多元化发展转变,形成了装备与智能制造、新能源、集成电路与ICT、生物医药与大健康四大新兴主导产业和一个安全科技特色产业。

1. 装备与智能制造产业

一直以来,以徐工集团为龙头的装备制造业在国内外享有盛誉,装备与智能制造业处于在国际领先、在国内领跑的地位,徐州也被授予"中国工程机械之都"的称号。2018年,徐州市装备制造业企业577家,实现产值1566亿元,其中智能制造业企业81家,实现产值953.5亿元。徐州装备与智能制造业在国内外的地位得益于拥有卡特彼勒、利勃海尔、布兰肯、徐工集团、中材国际、海伦哲等国内外知名装备制造业企业。在2020年度全球工程机械制造商10强排行榜中,徐工集团居于全球第四,是排名最靠前的中资企业;在2020年中国500强中,徐工集团排名第180位;在2020年发布的《中国500最具价值品牌榜单》中,徐工集团位居中国工程机械行业前三名。徐工集团也是全球工程机械制造商中产品品种与系列最多元化、最齐全的公司。

装备与智能制造业是徐州市的第一大产业,面对越来越大的市场竞争压力,徐州正以高端工程机械和智能制造为发展核心,重点发展高端装备、机器人、精密制造、智能集成产业,努力做到扬长避短。项目组实地调研得知,拥有76年发展史的徐工集团是业内的龙头企业,是全国工程机械领域的排头兵,2018年营业收入过千亿元,其中主营业务收入达600多亿元。在工程机械产业中,徐州的产品类型在全球最为齐全,涉及起重机、路面器械、土方设备等很多产品,除了在徐州有多处分厂外,在境外的巴西、波兰、乌兹别克斯坦和印度也有分厂,同时还收购了德国和荷兰的一些企业,在欧洲、美国和印度均建有研发中心或徐工研究院,研发人员占比接近20%,累计拥有近6000项发明专利。即使是这样一个在全球具有一定知名度的制造业企业,少数核心零部件生产依然掌握在国外厂商手中,超大吨位发动机依赖进口,在现阶段发展中也存在一些突出的问题,发展后劲亟待增强。首先,与国内同类型企业相比,徐工集团营业收入中海外市场部分占比不高,海外市场规模小。其次,研发能力不突出,企业研发人员占比与中联重科相比还有一段差距,研发投入占比尚待提高,累计拥有授权专利数远低于三一重工和中联重科(表8-5),同行业的三一重工与中联重科所在省份对企业支持力度远大于徐州。此外,徐工集团在徐州的基地较为分散,用地紧缺,项目多无法落地,因此一方面需要提高用地效益,另一方面需要拓展新的发展空间。未来徐工集团转型升级主要从三个方面开展,即产品(舒适、人性化、节能、智能化)、经营和企业(智能化、制造型企业向服务型企业转型)。

表8-5 2020年徐工集团、三一重工、中联重科发展对比

	徐工集团	三一重工	中联重科
所在城市	徐州	长沙	长沙
优势产品	起重机械	混凝土机械	混凝土、农用机械
产品种类	9	6	6
员工人数	15 191	24 586	23 528
营业收入/亿元	739.7	993.4	651.1
海外市场收入/亿元	61.09	141.04	38.32
营业成本/亿元	613.4	674.9	464.9
研发人员占比/%	18.55	21.47	25.47
研发投入占营业收入比例/%	5.07	6.3	5.38
累计拥有授权专利/件	5 733	7 613	7 583
海外市场方向	亚洲、北美、欧洲	东南亚、印度尼西亚、拉丁美洲	中东、北美

数据来源:徐工集团、三一重工、中联重科2020年年度报告

2. 新能源产业

作为国家首批新能源示范城市和国家级新能源特色产业基地,徐州市依托中能硅业、协鑫硅材料等建成全球最大的硅材料生产基地,硅材料生产全球领先,多晶硅产量占全球份额的三成。基地汇聚了协鑫、罗特艾德等龙头骨干企业,特别是华清固体氧化物燃料电池、中建材铜铟镓硒薄膜太阳能电池、开沃新能源汽车等龙头型项目的入驻,为徐州新能源产业的发展注入了强大活力。徐州聚焦"全球化、世界级",已基本形成了包括多晶硅提纯、硅棒制造、切片抛光、太阳能电池与组件生产、光伏发电系统与应用等在内的完整的产业链,成为全球重要的新能源产业基地。目前徐州正以光伏产业、风电产业、氢能产业、新能源汽车、智能电网为发展核心,重点发展光伏材料、电池片产业。2020年全球新能源企业500强排行榜中,协鑫集团全球排名第二,2020年国内光伏组件出货量前十名中协鑫集团排名第九。

徐州市新能源产业发展虽取得了一些成果,但也存在一些亟需解决的问题,首先光伏材料端优势削弱,太阳能电池片制造、组件封装、光伏产品生产等环节生产能力相对较弱。尤其是受到"531新政"①的影响,光伏行业进入微利时代,控制生产成本成为光伏企业的首要问题。对于大规模生产的厂家来说,各产线生产过程中产生的电费是一笔不小的负担。在此情况下,在低电价区域建厂将显著降低生产成本,这对一些大规模的企业产生推力,引发

---

① 2018年6月1日,国家发展改革委、财政部、国家能源局联合发文《关于2018年光伏发电有关事项的通知》,明确对光伏建设控规模、降补贴,因落款日期为5月31日,故被称为"531新政"。

企业外流。在协鑫集团调研时,协鑫集团多次提及在生产过程中需要耗费大量用电成本,发展面临的主要困难是用电成本高,且企业研发激励不够。加之协鑫核心晶硅产线已经到了需要升级的阶段,多种因素促使协鑫集团将晶硅业务集体转移到成本低的四川乐山。其次,目前的风电产业仅涉及基础装备领域,产业链延伸较困难。氢能与燃料电池产业和新能源汽车产业发展缓慢。政府关于企业研发的政策激励机制和激励力度不强等也阻碍了企业进行技术创新的积极性,制约了新能源企业研发环节的发展。

3. 集成电路与ICT产业

徐州市集成电路与ICT产业成长速度快,产业规模已经跃居四大新兴主导产业第二位。2018年徐州市集成电路与ICT企业达到400余家,规上企业160家,主营业务收入为2 115亿元,2020年徐州市集成电路与ICT产业产值达到3 380亿元。

整体来看,我国的半导体市场对国外依赖严重,国内集成电路产业供需失衡呈加剧态势。从产业生命周期来看,和安徽省合肥市等地区相比,徐州的集成电路产业仍处于"蹒跚学步"的培育期。从集成电路全产业链(图8.1)的视角来看,徐州在集成电路设备、材料加工、封装测试等环节具有基础优势,能实现一些高端材料的制造,但绝大多数产品没能摆脱产业链低端的地位,在芯片制造和设计环节尚未实现突破,缺乏全产业链的布局。从经营模式来看,徐州的集成电路产业属于垂直分工模式,缺乏集成器件制造厂商,大部分企业有专门的分工,比如,以鑫华半导体为代表的企业进行半导体硅材料制造,以天拓半导体为代表的企业专注于光刻材料及设备研发、技术研发。在产业发展方向上,徐州以集成电路制造为重点,而在以云计算、物联网大数据和人工智能为核心的新一代信息技术产业上布局乏力。在某半导体企业调研时,该企业多次提及虽然该企业属于主营业务为光刻材料的高新技术企业,企业研发人员占比为50%,但与国外差距较大,面临着严峻的问题,包括人才技术引进难度大、技术被外国禁运、现有技术支撑不够、集聚效应较差等。另一家知名半导体企业负责人也表示,其公司在国家较为知名,产品主要销往国内,部分销往韩国,但在国际上处于低水平,竞争力弱,未来预主打单晶硅,并延长产业链,发展副产品。

整体而言,徐州的集成电路与ICT产业仍处于培育期,产品位于价值链低端,布局较为分散,电路为主要发展方向,在下游环节具有基础优势,但在上游优势不明显。

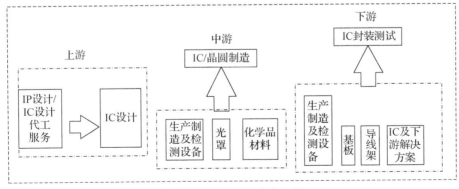

图8.1 集成电路全产业链

数据来源:公开资料整理

4. 生物医药与大健康产业

徐州市生物医药与大健康产业发展基础较为薄弱,但发展速度较快,目前已建成以生物医药为主体的淮海生物医药产业园,拥有恩华、天荣医疗通讯、凯信电子等一批生物医药与大健康企业。同时,徐州拥有淮海经济区最大的药品、医疗保健供应链提供商,苏北地区终端市场占有率最大的销售网络平台等医药物流企业。近年来,高新区生物医药产业快速发展,实现了从无到有、由小到大的战略性跨越,生物医药与大健康产业已经成为高新区新的经济增长点,2018年高新区生物医药与大健康产业实现应税销售收入31.6亿元,医药企业数量达到115家,医药生产研发、医疗器械生产研发、医药流通企业分别为35家、74家和6家,分别实现应税销售收入5.64亿元、3.36亿元和22.6亿元。徐州市医药制造业发展潜力巨大,医药制造业产值从2013年的418.79亿元迅速增长到2017年的668.18亿元(图8.2),医药制造业主营业收入在江苏省内仅次于泰州市(图8.3)。

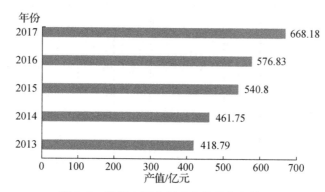

图8.2 徐州市医药制造业发展变化情况

数据来源:2013—2017年《徐州国民经济和社会发展统计公报》

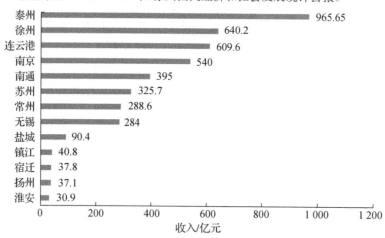

图8.3 2017年江苏省各市医药制造业主营业务收入

数据来源:火石创造根据公开资料整理

但是,徐州市医药制造业也存在很多问题。首先,徐州市生物医药与大健康产业龙头企业数量偏少,产业集聚程度不高。虽然徐州拥有医药企业100多家,但是总体规模都不大,缺乏龙头企业,没有形成集聚优势。与省内南京、泰州两个医药大市相比,徐州市在年产值超百亿元企业方面还很欠缺。徐州市生物医药企业的集群发展能力较弱,南京和泰州都已建成具有一定影响力的生物医药城,尤其是泰州医药城已经发展成全国性的医药名城。其次,徐州医药产业高端人力资本和创新能力不足,这在很大程度上受制于徐州市医药类高等院校、科研院所、领军人才等核心创新资源的不足。目前南京市的生物医药与大健康产业拥有 15 个国家重点实验室、58 个省部级平台和近百家科研机构,而徐州在这方面还有很大的进步空间。最后,医药产业政策服务支撑体系不完善也制约了医院产业的发展。徐州市在政策环境方面存在很大的短板,徐州已经出台的生物医药与大健康产业发展指导性文件包括《促进生物医药产业发展的实施方案》《关于支持生物医药产业发展的若干政策》等,但对生物医药类企业产品研发与技术创新的扶持和激励力度不强,而南京市和泰州市已经出台多个生物医药与大健康产业方面的指导文件,从企业的人才引进到产品研发再到产品销售提供全方位的资金和政策支持,为企业构建全方位的保障体系。

5. 安全科技产业

徐州是我国安全产业发源地,也是安全科技创新最活跃的地区,2016 年徐州高新技术开发区成功创建全国首家国家级安全产业示范园区。为全面落实部省共建安全产业合作协议,加快推动安全产业健康发展,打造具有国际影响力的"中国安全谷",2019 年徐州制定并发布了《徐州市促进安全产业发展实施方案》,推动安全产业健康快速发展,安全科技产业已成为徐州市经济转型的重要突破口。

通过多年发展,徐州市特色安全科技产业实力不断提升,企业数量(图 8.4)和工业产值(图 8.5)持续增长,相继获得江苏省矿山安全技术与装备科技产业园、江苏省矿山安全协同创新基地、中国安全产业协会常务理事单位、国家矿山物联网技术科技成果孵化平台、国家安全产业示范园区、国家级科技企业孵化器、国家火炬安全技术与装备特色产业基地等称号。截至 2020 年,徐州高新技术开发区内各类安全科研机构超过 50 家,企业数量超过 200 家,培育形成若干年产值超过 10 亿元的大型龙头企业,带动一批年产值超过 3 亿元的大型企业,徐州高新技术开发区安全科技产业总产值超过 500 亿元,安全科技产业也因此成为徐

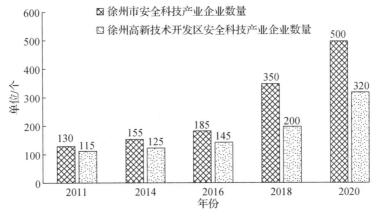

图 8.4 徐州市和徐州高新技术开发区历年安全科技产业企业数量

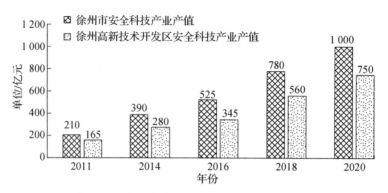

图 8.5 徐州市和徐州高新技术开发区历年安全科技产业产值

州市独具特色的产业。目前,徐州安全科技产业正以安全科技研发中心、安全产品与技术交易中心、安全监管大数据中心、安全装备生产制造基地这"三中心一基地"为产业空间载体,大力发展矿山安全、消防安全、危化品安全、公共安全和居家安全等产业。2022 年经工业和信息化部、发展改革委、科技部联合组织评估,徐州市高新技术开发区获批"国家应急产业示范基地"称号,同期,全国仅有 8 家单位获此殊荣。

公共安全行业包括消防、食品安全、安防、信息安全、卫生、生产安全、防震减灾、教育等众多行业,2017 年我国公共安全行业整体市场规模达 16 526.9 亿元,2020 年市场规模增长至 20 446.3 亿元,在下一轮安全科技产业发展浪潮中,徐州市面临重大发展机遇。但是徐州安全科技产业发展仍面临不少难题:首先,以传统矿山安全为核心的安全科技产业发展方向较为单一,并且市场容量较小;其次,安全科技产业龙头企业数量依然偏少,业务也局限于与矿山安全相关的工业企业,发展方向单一,面临市场需求危机;此外,该行业高科技企业尚比较缺乏。

8.1.3 产业转型升级的经验

作为江苏省重要的产业基地之一、曾经的煤炭资源大市和交通枢纽城市,徐州是淮海经济区中心城市、长江三角洲区域中心城市、徐州都市圈核心城市、国际性新能源基地,有"中国工程机械之都"和"世界硅都"的美誉。作为江苏省的能源供应基地,在计划经济时代,全省曾有 8 个地级市在徐州取煤,这种极度依靠资源产业的粗放型发展模式使徐州走上了依靠能源产业和重工业发展的道路,但也带来了 34.5 万亩的塌陷土地、307 万 m^2 棚户区及严重的环境污染,对徐州的可持续发展造成了威胁。在经历了多年凤凰涅槃般的蜕变后,徐州市已基本实现从资源型城市到产业型城市的转变,全市经济社会发展态势良好,产业转型升级持续推进,新旧动能转换加速,积累了诸多产业转型与创新的宝贵经验。

1. 理念先导,抢抓好政策叠加的机遇

较为丰富的自然资源是资源型城市发展的初始动力,鉴于自然资源的不可再生性,诸多资源型城市要面临资源枯竭和经济衰退等问题,并伴随着环境污染、人口流失。这就要求资源型城市必须尽早转变发展观念,突破发展瓶颈,实现产业转型升级。自 2012 年以来,徐州就坚定地贯彻江苏省提出的创新驱动战略、"转型升级工程"和"调高、调轻、调优、调强、调绿"的发展理念。2015年,中国共产党第十八届中央委员会第五次全体会议提出的创新、协调、绿色、开放、共享新发展理念进一步为徐州等资源型城市提供了全新的发展思路,为转型升级指明了方向。2017年习近平总书记在江苏考察时强调,要全面把握新发展阶段的新任务和新要求,坚定不移贯彻新发展理念、构建新发展格局,把保护生态环境摆在更加突出的位置,推动经济社会高质量发展(杨明,2021)。徐州市坚定不移地贯彻新发展理念,坚持生态优先、绿色发展,大力实施"生态立区、产业强区、旅游旺区、文明兴区"发展战略。同时,徐州市积极抢抓"一带一路"倡议、长三角一体化战略、淮河生态经济带发展规划、淮海经济区中心城市和商贸物流旅游中心建设以及江苏省"1+3功能区战略"等叠加的政策机遇,开创了资源枯竭型城市产业转型升级、实现高质量发展的新局面。

正因为秉承生态优先、绿色发展的理念,徐州市把生态环境摆在更加突出的位置,在产业转型升级过程中,非常重视生态修复,不断改善城市环境。徐州市采用塌陷地治理、湿地景观改造等方式,使沉陷区变成农田、湖泊、旅游区,打造了九里湖、潘安湖等一批国家级湿地公园,创新提出宕口修复和荒山绿化的徐州方案,森林面积跃居江苏省首位,实现了由"一城煤灰半城土"到"一城青山半城湖"的转变。所有这些措施不仅美化了城市环境,拓宽了生态空间,增加了环境容量,而且改善了城市的投资环境,为产业转型升级提供了优越的环境保障和发展空间。

2. 加大政策扶持力度,吸引生产要素集聚

新发展理念的贯彻需要具体政策的扶持,在推动产业转型升级过程中,2016年7月,中共徐州市委、徐州市人民政府发布了《关于支持现代产业发展若干政策的意见》,并以这一文件为核心,出台了数量众多的相关政策,包括人才政策、企业优惠政策、园区发展政策等,从人才、产业发展基金、资本市场等角度完善对现代产业发展的政策支持,通过明确具体且层次分明的资金扶持和财税优惠政策把对企业的支持落到实处。区一级政策也上承了市委、市政府发布的《关于支持现代产业发展若干政策的意见》,政策内容框架保持基本一致。如:设立科技创新专项资金鼓励企业进行创新活动。另外,各级政府针对当地实际情况,出台了支持相关企业发展的配套政策。所有这些都为徐州的产业转型升级提供了良好的支撑。

从人才政策来看,根据《关于加快建设淮海经济区人才高地的意见》(徐委发〔2018〕8号),徐州实施"彭城英才221重点人才计划",并出台了一系列配套的实施办法,如《徐州市高层次人才"一站式"服务暂行办法》《徐州市高层次人才引进计划实施办法》《徐州市高技能人才培养引进实施办法》等,将政策优惠落到实处。徐州的人才政策主要有以下几个特点:一是奖励资助针对性强。如表8-6所示,针对不同层次人才,均出台了相应补贴资助和奖励政策。同时创新人才引进机制,对各种人才招引机构、平台都有不同额度的补助和奖励。二是资金扶持力度大。设立"彭城英才"投资基金,支持人才企业发展,围绕装备与智能制造、新能源、生物医药与大健康、集成电路与ICT等主导产业,重点支持带技术、带项目、带资金来创业的高层次人才。三是生活服务保障全面。在人才项目审批服务、人才安居、子女入

学、医疗保障、出入境和居留便利等方面提出了更加完善的服务措施。发放"彭城英才卡",凭卡可享受多方面的"绿色通道"待遇。

表8-6 徐州市人才奖励资助政策梳理

	对象	详情
顶尖人才引进计划	A类:诺贝尔奖、中国或发达国家院士等顶尖人才(团队)	项目资助:最高1亿元; 个人奖励:最高5 000万元;核心成员(≤5人)每人最高100万元; 人才补贴:市财政3年内给予顶尖人才每月2万元的特殊人才补贴
领军人才集聚计划	B类:国家"千人计划""万人计划"专家等领军人才(团队)	项目资助:最高3 000万元; 个人奖励:最高300万元;核心成员(≤3人)每人最高100万元
双创人才倍增计划	C类:具有博士以上学位,拥有自主知识产权,有在国内外知名企业、高校、科研单位及相关机构从事研发或管理等专业工作经历,对企业认可的双创人才	个人奖励:最高100万元; 放宽限制:对企业全职引进的金融服务、商贸物流、科教文化等领域年薪超过50万元的人才,可放宽学历、年龄等条件限制
高技能人才培养计划	高技能人才培训载体	补助:50万元/10万元
	新取得紧缺职业(工种)国家高级技师职业资格证书的企业技能人才	补贴:1万元/人
	获得"中华技能大奖""全国技术能手"等国家级奖项的个人或团体	奖励:最高20万元;奖励所在单位10万元
民生事业人才支持计划	教育、卫生、社会工作、农村实用人才、乡土人才、文化艺术等行业人才	—
"名校优生"引进计划	首次在徐参加社会保险并正常缴费6个月以上,企业全职引进或在徐自主创业的博士研究生、硕士研究生、一流大学(学科)及驻徐高校本科生、事业单位全职引进(需办理入编手续)的博士研究生	租房补贴:三年内每月1 000元、600元、400元、1 000元; 生活补贴:三年内每月1 200元、900元、600元、1 200元; 探亲交通补贴:每年1 000元(非徐州籍大学生)

资料来源:根据徐委发〔2018〕8号文件整理

从企业优惠政策来看,根据《关于支持现代产业发展若干政策的意见》(徐委发〔2016〕43号),徐州一方面整合盘活各类财政存量资金、各级财政安排资金,以无偿方式和市场化运作方式支持企业发展,自上而下联动支持,对企业发展无偿支持的方式包括奖励、补助、贴息和风险补偿等;另一方面创新多种资金投入方式,带动社会资本、产业资本、金融资本等各类资金投入。政府前期的少量资金投入会产生放大效应,撬动社会资本、产业资本、金融资本等各类资金共同参与到徐州市产业发展中来(图8.6)。

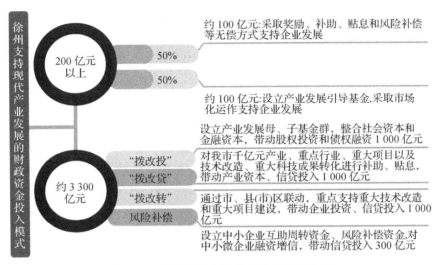

图 8.6 徐州市产业发展的资金支持体系

资料来源:根据徐委发〔2016〕43 号文件整理

正如前所述,产业园区是产业转型升级的重要载体,因此,园区发展政策至关重要。2016 年,徐州市委、市政府颁布了《关于促进全市开发园区转型升级创新发展的实施意见》,构建以开发区为龙头、以特色园区为支撑、以功能性园区为抓手的"全方位、立体式、多领域、高水平"的双向开放平台体系,将开发园区建设成为全市深化改革的先行区、创新驱动的主力军、双向开放的主阵地、转型发展的强引擎、全面振兴的排头兵。徐州市不断打造产业集聚平台,助推产业转型升级;做强科技创新平台,提升创新驱动能力;构筑开放合作平台,拓展双向开放空间(图 8.7)。

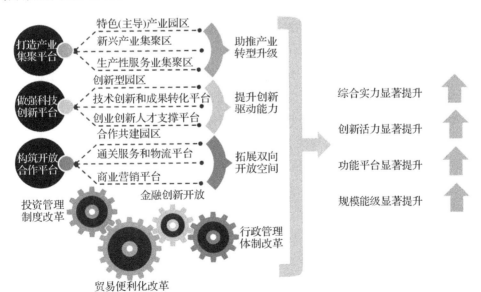

图 8.7 徐州市开发园区转型升级创新发展政策

资料来源:根据徐州市委、市政府 2016 年出台的《关于促进全市开发园区转型升级创新发展的实施意见》整理

3. 坚持共建共享，确保民生，激发民心

与中国其他诸多城市在转型升级过程中遇到的困境类似，徐州市也经历了不小的阵痛。仅2018年8月，徐州发布停产企业就高达337家，包括钢铁、水泥等企业，其中仅钢铁企业就有12家。2018年，项目组在徐州市调研时，当地干部多次提及转型升级的困境，"关停并转"压缩淘汰的产能，许多都是所在区域、系统的纳税大户，忍痛"割肉"不免经历阵痛期，转型期间，一些企业、行业退出繁华便利的中心城区，也令许多家庭、个人在短期内不得不付出痛苦的巨大代价。

在此困境下，徐州市坚持民生优先，不断创新完善民生保障体系，推进教育、医疗、养老等基本公共服务均等化、标准化，每年兴办一批民生实事工程。2018年，完成棚户区改造2 346万 m^2，全市已有60万低收入人口实现脱贫，新增城镇就业13万人、农村劳动力转移5.6万人（程晖，2019），人民生活水平持续提高，多年来徐州市人均可支配收入增幅居全省前列。正是事先预判了阵痛，切实从群众角度考虑了问题，才使得产业转型升级的一系列举措得到人民群众的衷心拥护，各项工作顺利开展并取得喜人的成绩。

4. 以城市转型带动产业转型，以先进产业崛起引领城市转型

城市转型是指城市在各个领域、各个方面发生重大的变化和转折，是一种多领域、多方面、多层次、多视角的综合转型（魏后凯，2017）。城市转型推动着城市产业的转型与发展。资源型城市经济转型的核心是产业转型，产业转型是城市转型的重要组成部分，产业转型升级本身是一个庞大的系统工程，涉及方方面面，不能就产业论产业。多年来，徐州以建设淮海经济区中心城市和创建国家产业转型升级示范区为主抓手，坚定地推进产业、生态、城市"三个转型"齐抓共管，通过全方位转型，为产业转型打好基础。

在城市转型过程中，徐州市首先明确其淮海经济区中心城市地位，全力提升中心城市集聚辐射能级。徐州市积极推进徐连高铁、徐宿淮盐高铁、城市轨道交通、淮海金融服务中心、淮海国际陆港等重大交通和功能性项目的建设，引领资源连片地区和周边老工业城市协同加快发展。徐州重视高端服务业的引进和培育，构建具有鲜明特色的现代服务业体系，完善城市职能，聚力打造淮海经济区经济、商贸物流、金融服务、科教文化"四个中心"，并规划和建设高端养老养生基地，提升城市服务质量。同时依托运河港口，提升双楼保税物流园区能级，主动融入"一带一路"，加快实现至长江沿线重要港口的航线全开通，建成淮海经济区大宗物资集散中转基地，城市集聚辐射能力大大增强。

从生态转型来看，徐州对外积极参与江淮生态大走廊建设，对内积极完成黑臭水体整治，采煤沉陷区治理，提高森林覆盖率，筑牢全域生态安全屏障。2018年，徐州市荣获全球年度唯一联合国人居环境奖。截至2021年底，全市林木覆盖率为31.23%，比上年提高0.69个百分点，森林覆盖率达到27.15%。新建湿地保护小区15个，新增保护湿地面积7.7万亩。空气质量明显改善，市区环境空气质量达到二级以上的天数为289天，优良率为79.2%，提高了8.2个百分点；市区PM2.5浓度为42 $\mu g/m^3$，下降了16%。地表水国考断面达到或优于Ⅲ类水质的比例为70.6%，国、省考以上断面达到或优于Ⅲ类水质的比例为

86.4%，无劣Ⅴ类水断面（佚名，2020）。徐州市生态建设成效显著，生态环境持续优化，为制造业转型升级提供了良好的环境。

反过来，正如前述，产业转型是城市转型的重要组成部分，也是城市转型的最重要的原动力，正如李程骅和黄南（2014）所言，新产业体系正驱动着包括中国城市在内的世界城市体系转型升级。新旧产业在交替迭代中不断达到新的高度，产业创新带来的高级化与知识化也逐步带领城市实现新的层级跨越。徐州市政府牢牢把握实现产业升级和发展先进产业的前进方向，脚踏实地求发展，诚心诚意提质量，将全市干部群众紧密团结起来，共同实现城市高质量发展的美好愿景。牢固树立"工业立市、产业强市"导向，把实体经济的发展放在工作的重中之重，重视科技创新，大力发展先进制造业，推进现代服务业发展，建设区域性产业中心。徐州市正在全力构建"6+4+N"现代工业新体系，打造全国工业转型示范区，坚持一手抓传统产业改造升级，强力推进老工业基地钢铁、焦化、水泥、热电等行业的优化调整（程晖，2019），一手抓战略性新兴产业培育壮大，不仅有效地加快了新旧发展动能有序转换，而且为城市转型提供了坚实的物质基础和良好的环境。

5. 产业转型升级模式多元化，新老并举

资源型城市产业转型多元化模式主要适用于既依赖资源开发又具备其他优势产业的资源型城市，这些城市较为适合综合化发展（张米尔等，2003）。多元化模式一方面可利用原有资源产业延伸前后产业链，另一方面可"另起炉灶"，摆脱资源困境，发展无直接关联的新型产业。徐州选择的就是这种多元化的模式。

徐州在加速新旧动能转换过程中，始终以高质量发展迈向制造业中高端为目标。一方面，大力推动传统产业改造提升，强力推进钢铁、焦化、水泥、热电、建材等传统产业转型升级，推动资源循环利用，延长产业链，提高产业附加值，把传统产业做出特色，使传统产业焕发新的生机。例如依托中联水泥等打造新型智慧绿色建材产业发展基地。另一方面，摒弃在低端跟随发展的理念，加快培育战略性新兴产业，抢占战略制高点，加快发展先进制造业和高新技术产业，培育高端装备与智能制造、新能源、新材料、集成电路、生物医药、现代物流等战略性新兴产业（致公党中央调研组等，2020），引入国际知名企业和相关人才，与世界接轨，培育新动能。尤其是在高端装备与智能制造业内，以"国际化、高端化"为方向，培育"一超多强"的产业结构，建立健全完备且具有竞争力的产业链。在多元化的产业转型升级过程中，徐州市催生了一批"独角兽"企业、"瞪羚"企业、新领军者企业，如吉麦新能源汽车成为淮海经济区首家拥有高速新能源汽车生产资质的企业，（江苏）智能科技有限公司、徐州标格电子科技有限公司、徐州市立宁电子科技有限公司等一批高端项目相继落地，这些都成为带动徐州城市转型的重要引擎。

同时，针对传统的分散的郊县农业，徐州市借助信息化，促进郊县电商产业模式向多元化发展，凸显集聚效应。经过各地不断引导、发展和培育，全市初步形成了农村电商四大特色产业集聚区，分别是睢宁板式家具、新沂皮草及化妆品、铜山玻璃器皿和丰县农副产品。除了"个人+网店"的基本经营模式外，徐州市农村电商还形成了具有特色的三大模式，分别是沙集模式①、李大楼模式②和前八段模式③，走出了一条工业化和信息化融合发展之路，使传统工业重新焕发出生机活力。

在产业转型升级过程中，徐州还开创了资源创新利用带动城市转型的模式。徐州在改变原有煤炭资源利用的基础上，改变和创新利用方式，拓展产业创新的深度，使城市发展焕发活力。徐州市对煤炭资源已实现由粗放式管理模式向精细化管理模式的转变，由相对独立、各自为政的发展模式，向优势互补、产业共生耦合的发展模式转变，煤炭清洁高效利用水平大幅度提升。煤炭资源不断优化配置，也促进了焦化、煤化工与冶金、建材等产业的衔接融合，加大了煤炭资源加工转化深度，延伸了产业链。徐州市也因此获得2016年12月工业和信息化部、财政部联合评选的全国首批"工业领域煤炭清洁高效利用示范市"，全国仅有8个城市获此殊荣。

徐州市还通过对采煤塌陷区进行修复和创新利用，打造新的地标和创意产业园。潘安湖湿地公园位于徐州市贾汪区境内，地理区位优越，交通条件良好。该区域原为百年煤城贾汪区的权台煤矿和旗山煤矿采煤塌陷地，塌陷面积达12.6 km^2，是徐州市最大的采煤塌陷区域，大量的土地塌陷、民房倒塌，生态环境遭到了严重破坏。为改变潘安湖区域生活环境，自2010年以来，贾汪区政府以煤炭塌陷地复垦为契机，实施了集"基本农田整理，采煤塌陷区复垦，生态环境修复，湿地观光旅游"于一体的生态修复工程，湿地总规划面积达52.87 km^2。该区利用采煤塌陷形成的开阔水面，通过对塌陷地进行生态修复、环境综合治理，打造一座集生态湿地、人文景观、游憩、科普功能于一体的综合性景区。潘安湖湿地公园于2011年被国土资源部确立为黄淮海采煤塌陷地土地利用贾汪野外科学观测研究基地，2015年被评为国家生态旅游示范区，2017年9月成为全国首批十大湿地旅游示范基地。从历经风霜的采煤塌陷地成为今天年均接待国内外游客两百万人次的生态湿地公园，潘安湖改造工程在社会、经济和生态方面都交付了完美的答卷，成为贾汪区和徐州市对外交流的亮丽名片。

依托潘安湖湿地公园，即将完成总投资20亿元的权台煤矿遗址创意园项目，该项目以"用好煤资源、深挖煤文化、做透煤文章"为主旨，着力打造集工业历史景观、科技博览、文创

---

① 沙集模式：指沙集的农户自发地使用市场化的电子商务交易平台变身为网商，直接对接市场。在此过程中，网销细胞裂变式复制扩张，带动制造业及其他配套产业发展，各种市场元素不断跟进，塑造出以公司为主体、多物种并存共生的新商业生态。反过来，这个新生态又促进了农户网商的进一步创新乃至农民本身的全面发展，最终形成"农户＋网络＋公司"相互作用、滚动发展的"前店后厂、两头在外"模式，是信息网络时代农民的创业致富新路。

② 李大楼模式：李大楼是徐州市丰县优质果品生产基地，"农产品基地＋网络"的李大楼模式依托本地优势农产品生产基地，在合作社推动下，自建网页并借助第三方电商平台实现网上支付，通过推广"网上淘宝店＋实体自摘园"等商业营销模式，全方位开拓市场，缩短交易流程，降低交易成本，提高销售收益，单位果品溢价0.2元，形成优势农产品规模化发展之路。

③ 前八段模式：徐州市铜山区马坡镇前八段村在20世纪80年代就是全国有名的日用玻璃产业集聚区。近年来，村民通过淘宝网等电商平台开设网店销售产品，电子商务井喷式增长，产能及销售收入占全国同行业的8%。"农村传统工业＋网络"的前八段模式充分利用原有工业基础，走出了一条工业化与信息化融合发展之路，使传统产业迅速走出低谷并焕发生机。

商业、运动休闲于一体的煤矿遗址创意园,建成后将成为徐州"百年煤城"的历史见证和老工业基地转型升级的亮丽名片。在这里,贾汪区还规划建设了 20.6 km² 的徐州潘安湖科教创新区,是徐州"一城一谷一区一院"①的重要组成部分,江苏师范大学科文学院、潘安湖恒盛智谷科技园等争相落户。作为综合型科技园区,恒盛智谷科技园已有 20 多家科技企业入驻,正快速成长为集科技企业孵化基地、中小企业创业创新基地、服务外包基地、总部基地、高端配套及先进制造基地、文化创意等现代服务业于一体的综合型科技园区,成为徐州市转型升级的重要科创新高地(张涛等,2020)。

6. 持续打造技术创新体系,以科技创新驱动制造业迈向中高端

在科技部 1999 年 8 月颁布的《中共中央、国务院关于加强技术创新、发展高科技、实现产业化的决定》中,技术创新是指企业应用创新的知识和新技术、新设备、新工艺,采用新的生产方式和经营管理模式,提高产品质量,开发生产新的产品,提供新的服务,占据市场并实现市场价值。徐州市不断打造和完善以企业为主体、市场为导向、产学研深度融合的技术创新体系,努力实现科技创新与高新技术产业发展深度融合,以科技创新引领产业发展迈向中高端,着力打造区域性产业科技创新中心,加快建设以装备与智能制造、新能源、集成电路与 ICT、生物医药与大健康等四大新兴产业为主导的创新型产业集群,推进先进制造业强市和现代服务业新高地建设。

徐州高标准建设技术创新集聚区,把"一城一谷一区一院"作为重大项目推进建设,其中,徐州产业技术研究院实行"1+N"模式,协同建设高端装备制造、新材料、信息技术、安全科技等方面的产业创新研究院所 17 个、国际技术转移中心 5 个,打造全市重大原创性、前瞻性技术研发"新引擎";江苏淮海科技城集聚科技型企业 2 275 家;徐州科技创新谷引进院士工作团队 4 个,各类创新服务平台 20 个;潘安湖科教创新区着力打造学城融合、产学研一体的综合性科教创新基地。徐州市通过紧抓资源集聚和机制创新,加快实现四大优质创新载体的优势互补和错位发展,为制造业转型升级提供了良好的创新平台。

企业是创新的主体,在推进产业转型升级的过程中,徐州有针对性地培育创新型领军企业,支持企业创新平台建设。早在 2012 年,徐州市就制定出台了《徐州市企业研发机构建设推进方案》,实施了政府引导与企业主导相结合的"千企研发机构提升、新产品新技术推广应用、信息化引领"三大科技进步行动。尤其是围绕徐工集团、中能硅业、江苏宗申等行业的龙头企业,制定个性化培育方案和针对性扶持措施,支持企业创新平台建设,建设重点实验室,推动企业开展核心技术研发,打造研发实力与创新成果一流、产业规模与竞争能力位居行业前列的创新型领军企业。大中型工业企业和规模以上高新技术企业研发机构建有率稳定在 90% 左右。徐工集团 2017 年荣获"国家知识产权示范企业""江苏省高价值专利培育示范中心"称号,获批建设的高端工程机械智能制造国家重点实验室,是江苏省 9 家企业国家重点

---

① "一城一谷一区一院"是江苏淮海科技城、徐州科技创新谷、潘安湖科教创新区、徐州市产业技术研究院的简称。

实验室之一。徐工集团、中能硅业、协鑫硅材料3家企业连续入选2017和2018江苏省自强创新型企业,其中徐工集团名列榜首。2018年,徐工集团被评为国家第一批创新能力示范企业(江苏省仅徐工集团1家)和"全国质量标杆企业"(江苏省仅此1家),徐州卷烟厂、铜山供电公司获评"全国优秀QC小组"。全市推动企业加强产学研合作,引进、共建或自建高水平研发机构,打造了徐州斯尔克纤维科技股份有限公司、江苏贝斯康药业有限公司等一批科技小巨人企业,2018年全市国家科技型中小企业达381家,民营科技型企业达10 454家。

徐州市在完善区域创新体系的过程中,在高校建立"产学研"研究基地,其中,中国矿业大学国家大学科技园通过国家大学科技园绩效考核进入国家大学科技园A级行列,江苏师范大学科技园在2011年已被认定为省级大学科技园,在2021年成为第十一批国家大学科技园之一,徐州工业职业技术学院科技园区亦投入运行。产学研合作联合申请发明专利申请数由2009年的1件提升到2018年344件。

较为完善的创新体系推动了徐州市科技创新能力的不断增强,有力地推动了产业的转型升级。截至2021年末,徐州拥有的省级以上科技创新平台达到214个、省级以上孵化器达到60个、省级以上众创空间达到81个。各类科学研究与技术开发机构中,拥有国有独立科研机构的有13家。全年入库科技型中小企业达到5 699家。全市科技成果获省级科学技术奖18项(公示)。全市专利授权量达到41 895件,其中发明专利授权量4 464件,分别增长53.1%和42.8%。企业专利授权量达到33 195件,增长67.4%。万人发明专利拥有量达到22.81件,比上年增加3.48件。科技进步贡献率预计达到59.0%。随着特色产业园和创新园能级的提升,平台多、资源好、人才强、环境优的创新体系已在徐州逐步建立起来,为推动区域高质量转型发展提供强力支撑。

8.2 徐州市制造业转型升级的环境分析

随着"一带一路"倡议、长三角一体化战略、淮河生态经济带发展规划、江苏省"1+3"功能区①战略的深入实施,徐州市产业发展的各种有利条件持续累积。徐州市在振兴老工业基地和实现资源型城市转型双重任务中取得了显著的进步,但是,徐州市制造业仍然面临内忧外患的处境,外部市场需求疲乏,后起发展中国家的人力成本降低导致的竞争压力急剧增加,内部转型升级压力大,高端人才和熟练技工缺乏,人力成本逐年升高,产品利润空间逐年下降(范蕊,2019)。即使和省内先进地市相比,徐州市产业转型升级也面临很多问题和挑战,如工业经济规模还不够大,产业创新能力还不够强,战略性新兴产业占比有待提高,数字化、智能化还处在起步阶段等。因此,面向未来,徐州市应进一步强化发展优势,直面现存问题和劣

---

① 为了推进江苏区域统筹协调发展,2017年5月,江苏省委、省政府正式提出"1+3"重点功能区战略构想,区域包括扬子江城市群、沿海经济带、江淮生态经济区、徐州淮海经济区中心城市。其中,扬子江城市群侧重集群发展、融合发展,是全省经济发展的"发动机";沿海经济带主攻现代海洋经济,是潜在增长极;江淮生态经济区重在打造生态竞争力;淮海经济区中心城市重在拓展江苏发展纵深。

势,把握机遇,迎接挑战,为继续推动产业转型升级迈向中高端,提升竞争力打好基础。

8.2.1 发展优势

1. 区域经济发展中心优势明显

淮海经济区始于1986年,当时国家在徐州设立了淮海经济区联络处。随后,在1996年,江苏省政府批复徐州市总体规划(1996—2021年),将徐州定位为"东陇海线和淮海经济区的区域性中心城市";2007年,国务院批复徐州市总体规划(2007—2020年),明确徐州为"陇海—兰新经济带东部的中心城市";2015年的《江苏省城镇体系规划(2015—2030年)》中提出徐州都市圈,并且将徐州定位为"全国重要的综合性交通枢纽,长三角区域中心城市,淮海经济区商贸物流中心,徐州都市圈核心城市";2017年,国务院在批复徐州城市总体规划中,确立了徐州作为淮海经济区中心城市的定位;2018年10月,国务院批复《淮河生态经济带发展规划》,首次在国家层面正式明确了徐州、淮北、菏泽、济宁、临沂、连云港、商丘、宿迁、宿州、枣庄10个城市为淮海经济区核心城市。随着中央和江苏省对徐州市功能定位的每一次推进,徐州市越来越被明确为淮海经济区的重中之重,成为江苏构建"一带二轴,三圈一极"中徐州都市圈和沿东陇海城镇轴的交点。近年来,徐州着力打造"淮海经济区中心城市",区域发展龙头作用开始显现。2021年,徐州市GDP达8 117.44亿元,人均GDP达76 915元,工业增加值达2 783.94亿元,一般预算收入达537.31亿元,在淮海经济区全部20个城市①中均位居首位,区域中心的优势开始凸显。

2. 交通体系完善,交通区位明显

徐州具有"五通汇流"(铁路、公路、水运、机场、管道)的物流优势。2011年京沪高铁开通,徐州迎来"高铁时代",融入了长三角和环渤海三小时经济圈。根据铁路总公司2023年发布的国内通达高铁城市排名,徐州高铁通达全国183个城市,数量居全国第4位,仅次于北京、济南和上海,拥有京福、京沪、连霍、济徐等多条高速公路及国道干线。此外,京杭大运河纵贯南北,徐州观音国际机场客货运输繁忙。徐州作为全国重要的交通枢纽,水陆空齐头并进的交通网络为徐州打造淮海经济区中心城市奠定了坚实的交通基础。便利的交通条件,使徐州与淮海经济区及全国城市间的互动性、关联性显著提升,资源配置愈加畅通,要素流动更加频繁,有利于徐州市更便捷、更有效率地集聚科技创新资源,为徐州自身进一步转型、升级提供坚实保障。

3. 创新要素集聚,创新实力增强

从城市化发展路径来看,过去40年一直是人跟着产业走。未来,城市发展逻辑转变为产业资本跟着人才走,人才跟着城市的公共服务和生态环境走。《全球城市史》作者、美国当代首席都市学家、未来学家科特金(2014)说过:"哪里更宜居,知识分子就选择在哪里居住;知识分子选择在哪里居住,最终人类的财富也会在哪里汇聚。"高端人才作为最重要的创新要素,近年

---

① 本书如无特别标明,淮海经济区城市数量均指10个核心城市。

在徐州呈现集聚态势。从猎聘发布的2018年中高端人才净流入率20强城市榜单中可以发现，江苏省4个城市入围，无锡、常州、徐州、苏州分列榜单第12位、13位、18位、20位，徐州固然仍低于常州，但已经高于苏州。这说明徐州对高端人才具有一定的吸引力。不过，遗憾的是，从更新的2020年的数据来看，徐州已经掉出高端人才净流入率20强城市榜单。

徐州是科教名城，高校数量居全国地级市前列、淮海经济区城市首位，在江苏省内仅次于省会南京市。2020年全市拥有12所普通高校，其中本科院校6所，在校学生约23.09万人，占淮海经济区学生总数的三成以上。徐州普通高等学校数量在2008年前基本稳定在7所，自2008年起高校数量逐渐增加至2020年的12所，在校学生数量整体上也在逐年增加，这在一定程度上说明人才结构开始向更高层次的教育倾斜。中国矿业大学的矿业工程学科QS排名进入全球前20强，具有较强的研究基础。中国矿业大学科技园是全省唯一一家国家A类大学科技园。

同时，徐州深化与大院大所合作对接，与清华大学、中国科学院等知名高校院所建立全面战略合作关系，2018年累计签约落地产学研项目105个，联合中国矿大、曲阜师大等13家高校成立了淮海经济区高校技术转移联盟，全市校企联盟总数1850家，技术转移机构30家。徐州还积极开展国际合作，依托国际大学创新联盟淮海科技创新中心，组织开展了德国创新创业大赛和美国创新创业大赛，引进国外先进科技成果6项，建设中美、中德、中英、中法跨境孵化器4家（梁伟等，2019）。目前，徐州利用徐州·硅谷科技交流中心等引才平台，加快集聚顶尖人才团队、高层次创业创新人才和青年拔尖人才，通过实施创新型企业家培育工程，提升企业家综合素质和企业创新能力，推动海内外高端科技创新资源向徐州集聚。

与"一带一路"沿线和淮海经济区核心城市相比，徐州区县也具有较强的创新实力，在2021年全国科技创新区县百强排行榜中，徐州铜山区、邳州市、沛县、新沂市纷纷上榜，无论是在数量还是在排名次序上，均具有较强的优势（表8-7）。

表8-7 2021年全国科技创新区县百强排行榜徐州市及其他淮海经济区上榜区县

排行榜	区县（县级市）	名次
2021年全国科技创新百强县市排行榜	泰安新泰市	31
	徐州邳州市	33
	泰安肥城市	43
	郑州新郑市	44
	郑州巩义市	51
	徐州沛县	54
	宿迁沭阳县	57
	徐州新沂市	69
	商丘永城市	79
	徐州睢宁县	82
	临沂沂水县	95
	郑州市牟县	96

(续表)

排行榜	区县(县级市)	名次
2021年全国科技创新百强区排行榜	徐州市铜山区	49
	临沂市兰山区	59
	宿州市埇桥区	68
	郑州市中原区	79
	济宁市任城区	82
	郑州市二七区	87

数据来源：根据中国中小城市高质量发展指数研究课题组、国信中小城市指数研究院联合发布的《2021年中国中小城市高质量发展指数研究成果》中的全国科技创新百强县、市、区整理所得

2018年10月，赛迪顾问发布《中国先进制造业城市发展指数50强榜单》，徐州位居全国第27位。徐州还是淮海经济区内唯一同时拥有国家级开发区、国家级高新区和国家级大学科技园的城市。2019年，全市省级以上工程技术研究中心等研发机构达312家，大中型工业企业和规模以上高新技术企业研发机构建有率超过90%，徐工集团获批建设高端工程机械智能制造国家重点实验室，徐州医科大学肿瘤生物治疗实验室入选国家工程研究中心，研发能力不断增强。在此基础上，徐州初步构建了"创业苗圃—众创空间—孵化器—加速器—产业园"的创新创业孵化全链条，获批省级以上众创空间85家、科技孵化器48家、科技产业园14家，园区数量和质量均居全省前列、淮海经济区首位（樊海涛，2019）。所有这些为徐州市制造业转型升级迈向中高端提供较为坚实的基础和动力。

4. 装备制造业产业基础较为雄厚

徐州市以工程机械为主的装备制造业是江苏省委、省政府制定出台的《关于加快振兴徐州老工业基地的若干意见》中重点发展的四大产业之一，也是徐州的传统优势产业。经过多年的发展，徐州装备制造业已形成产业基础扎实、特色优势明显、集聚程度较高的发展态势。徐工集团、卡特彼勒等龙头工程机械制造业已成为全国工程机械生产企业最多、综合规模最大、品种覆盖面最广、产业集中度最高的工程机械制造研发基地，基本实现了集约化、柔性化、智能化生产。徐工集团稳居中国工程机械第一位，跻身世界工程机械第六位，获批国家级制造业与互联网融合、工业互联网应用试点示范，目前拥有国家企业技术中心1家、省级示范智能制造车间18家。同时，徐州市政府也积极推进装备制造业发展的整体水平和核心竞争力的提升，提出以智能制造为主攻方向，推进装备制造业的自动化、数字化、网络化和智能化发展。自身雄厚的产业基础和积极的政府扶持政策为徐州市装备制造业的发展提供了良好的发展条件。

5. 战略性新兴产业成长迅速

近几年来，徐州把高新技术产业、战略性新兴产业和"四新经济"①作为主攻方向，着力打

---

① 指"新技术、新产业、新业态、新模式"的经济形态，是在新一代信息技术革命、新工业革命以及制造业与服务业融合发展的背景下，以现代信息技术广泛嵌入和深化应用为基础，以市场需求为根本导向，以技术创新、应用创新、模式创新为内核并相互融合的新型经济形态。

造区域性产业科技创新中心、先进制造业强市和现代服务业新高地。2018年,徐州市高新技术产业产值比上年增长4.1%,占规模以上工业总产值的比重为35.5%。装备与智能制造、新能源、集成电路与ICT、生物医药与大健康等战略性新兴产业产值同比增长5.8%,增速快于传统优势产业19.9个百分点。2019年徐州市委、市政府出台《关于推进四大战略性新兴主导产业发展的工作意见》和相关扶持政策。一系列政策的出台有力地推动了战略性新兴主导产业扩规模、提质态,加快徐州构建新的产业体系,形成有规模有实力的产业集群,增强徐州在国内市场的产业竞争力。政府对战略性新兴产业的大力扶持为其快速成长提供强力支持,为徐州市未来提升城市产业综合竞争力以及构建具有竞争力的现代产业体系奠定了良好的基础。

6. 生态文明建设成绩斐然

近年来,徐州始终秉承树立绿水青山就是金山银山的发展理念,通过调整产业结构和能源结构,加强生态文明建设,推动生态环境发生脱胎换骨的变化。从人民群众的根本利益出发,大力改善生活生态环境,积极实施显山露水、退渔还湖、还绿于民等一系列生态工程。基于城市的山水资源优势,建设山水园林城市。通过实施大规模生态修复,生态环境持续改善,截至2022年上半年,累计治理采煤塌陷地25万亩、工矿废弃地3.4万亩、采石宕口80余处。2015年徐州以总分第一名的成绩被评为首批国家生态园林城市,先后荣获"国家环保模范城市""全国森林城市""全国文明城市""中国最具幸福感城市"等称号。2018年10月1日,联合国人居署将2018年联合国人居奖授予徐州市,这是对徐州市近年来改善人居环境所做努力的充分肯定。城市生态环境的不断优化不仅将进一步倒逼徐州市产业转型发展,而且也为产业转型升级提供了良好的环境,反过来,产业转型升级也将促进生态环境保护,推动产业向高质量发展。

8.2.2 发展劣势

1. 城市中心集聚功能仍待加强

在以往不同尺度的多轮规划中,徐州被定位为淮海经济区的中心城市,集聚功能开始显现,但在淮海经济区10座城市中的"领头羊"号召力不突出,小马拉不动大车①。由于淮海经济区内各城市几乎都是传统产业或资源型城市,都面临着产业结构转型升级的压力与挑战,都需要主动承接更发达地区的产业转移和技术外溢,因此它们和徐州一样,都更倾向于和国内中心城市及省内更发达地区的企业、机构进行对接。虽然徐州是淮海经济区的中心城市,但因为其城市实力不足,服务配套功能不全面,对外来人才的吸引力有限,因此徐州无法像上海、广州等其他区域中心城市那样,通过资源、产业的巨大落差"先进带后进",给区域内其他城市提供辐射,这就使得其区域中心城市功能受限,影响了生产要素的向心集聚。

---

① 2020年徐州市在政府工作报告中提及"淮海经济区"10次之多,且反复强调徐州"中心城市"地位,而另外九座城市中宿州、淮北、济宁、临沂分别被提及4次、3次、2次、1次,其余5座竟一次未曾被提及。

2. 城市综合配套服务虽有改善但仍亟须提升

当前徐州基础设施和公共服务设施建设滞后于城市的快速发展，不利于产业发展。徐州在全国是重要的交通枢纽，淮海经济区也拥有相对优越的交通区位，但徐州与区内其他城市之间的交通联系尚不够便捷（彭明唱等，2019），而且城市内部公共交通通达性也有待提升。在淮海经济区范围内，徐州市辖区的万人拥有公交汽（电）车数量处于中等，但与长三角地区的上海、南京的差距逐年拉大。从2017年到2020年的变化趋势上来看，徐州市辖区的万人拥有公交汽（电）车数量四年来仅略高于宿迁市和淮北市（图8.8）。

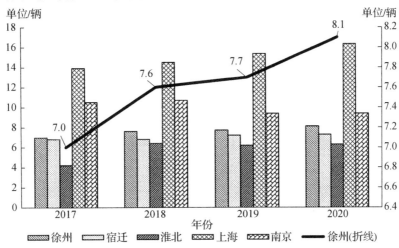

图 8.8 徐州市和部分城市市辖区万人拥有公交汽（电）车数量
注："万人拥有"指户籍人口。
数据来源：历年《中国城市统计年鉴》

2019年9月28日徐州地铁1号线一期工程已正式投入运营。徐州地铁3号线二期工程、4号线、5号线及6号线、S2号线等在建，预计到2027年总规模超过150 km，共120座以上车站。截至2022年10月，徐州地铁已经开通运营3条线路，即徐州地铁1号线、2号线和3号线，总长约63.7 km，共设车站51座，其中换乘站3座，明显超前于淮海经济区的其他城市。但与上海、南京等较早发展轨道交通的长三角地区城市相比，尚显落后。

徐州市教育、卫生、社会保障和社会福利，文化、体育和娱乐等社会性服务业的首位度不高，医生人数、医院床位数的首位度低，这些既制约着城市区域中心服务功能的发挥（彭明唱等，2019），又大大降低了徐州市对人才的吸引力，不利于产业发展。以医疗卫生设施为例，徐州的医疗卫生资源无论是在淮海经济区范围内还是在长三角区域内都不占优势。徐州的每万人口拥有医院数与淮海经济区的宿迁、淮北及长三角地区的上海、南京相比，都排在最末，并且根据统计年鉴相关数据，徐州的万人拥有医疗卫生机构数在2014—2017年间不断下降。另外，医院病床和执业（助理）医师配给也有待增加。徐州的千人拥有医院病床位数低于宿迁、淮北、上海和南京（图8.9），徐州的千人拥有执业（助理）医师数高于淮海经济区的宿迁和淮北，但低于长三角地区的上海和南京（图8.10）。不过，从增长趋势来看，徐州的千人拥有医院病床位数和千人拥有卫生技术人员数在2014—2017年间均在持续增长。

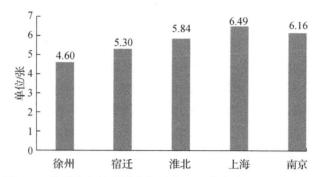

图 8.9　徐州市和部分城市每千人口医院病床位数(2020 年)

数据来源:各市统计年鉴,《中国城市统计年鉴 2020》

注:"每千人口"指常住人口。

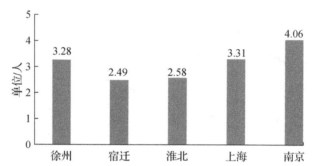

图 8.10　徐州市和部分城市每千人口拥有执业(助理)医师数(2020 年)

数据来源:各市统计年鉴,《中国城市统计年鉴 2020》

注:"每千人口"指常住人口。

尤其需要指出的是,当前生产性服务业与制造业之间的关系从"需求依附"转变为"发展引领"(宣烨等,2018),徐州虽然在大力构建"333"现代服务业体系,但目前徐州市计算机服务和软件业、金融业、房地产业、租赁和商务服务业以及地质勘查业等生产性服务业发展不足,外向服务功能偏弱(彭明唱等,2019),尚无法引领制造业发展,不利于制造业转型升级。

3. 资金不足、人才流失及结构性失业问题严重

资本和人才作为经济增长的核心要素既是资源型城市转型的亟需资源,又是其紧缺资源。在资金方面,资源型城市原有支柱产业日益衰退,新兴产业又有待发展,面临着严峻的生态问题与社会公共问题,政府公共资本难以聚集,影响着城市产业发展与民生建设;同时,城市经济环境与生态环境缺乏吸引力,周边同类城市又积极竞争,导致私人资本汇聚困难,资金短板更加明显(致公党中央调研组等,2020)。徐州同样面临这些共性问题,不利于产业转型升级政策的落地。

尽管徐州市近年来在推动产业转型升级中十分注重"内引外联",但由于前述的城市综合配套服务等城市"软硬吸引力"尚有欠缺,人口净流出城市的面貌至今未能扭转,尤其是对城市功能升级所亟需的高端人才的吸引力有待提高。徐州市内虽然拥有包括中国矿业大学在内的 10 余所高校、超过 20 万人大学生,在淮海经济区范围内普通高等学校和中等职业技

术学校数量占优,但与长三角地区的上海、南京等科教资源发达的城市相比,仍有很大差距。本地人才流失严重,据相关资料,徐州市是江苏省人才流失率最大的一个城市,2007年至2017年间,整个徐州市的人口仅仅增加了2万人,而人口净流出量为170万人。根据2021年的人口统计数据,徐州是江苏省内唯一负增长的城市。从更大的区域范围来看,以徐州市为核心的淮海经济区中的其他几大核心城市均存在人口流出远大于人口流入的问题。人口净流入可以给流入区域带来集聚效应,推动经济发展;相反,人口流出不仅影响城市的经济增长,而且影响中心城市的引领与辐射功能。

同时,徐州市还存在结构性失业问题,具体表现为大量剩余的文化水平低、不能适应新兴产业的劳动力与急需高素质劳动力的岗位不匹配,本地区无可用人才满足产业发展需求。只有加快转变劳动力资源结构,提高劳动力市场整体素质,才能真正解决劳动力与岗位不匹配的根本矛盾,为产业转型提供充裕的人力资源。

4. 整体创新能力有待加强,高新技术产业发展水平仍然偏低

外资的引进和高新技术的引入一直是徐州城市发展的薄弱环节,在一定程度上阻碍了产业转型升级的步伐。虽然2018年徐州先后获得国家科技部、发展改革委批准开展国家创新型城市建设,并取得了一定的成绩,但是,徐州市整体创新能力和高新技术产业发展水平仍然有待提高。

从各项创新指标的区域比较来看,徐州各项创新指标在淮海经济区大多处于领先水准,但基础研究投入相对不足(表8-8)。高新区是产业创新发展的主阵地,但徐州国家级高新区实力仅居中上游,其创新辐射能力亟待提升。

表8-8 2020年淮海经济区各项创新指标

城市	徐州	连云港	宿迁	宿州	淮北	商丘	枣庄	济宁	临沂	菏泽
GDP/亿元	7 319.77	3 277.07	3 262.37	2 044.99	1 119.10	2 925.33	1 733.25	4 494.31	4 805.25	3 483.11
专利申请数/件	35 133	12 184	20 680	—	6 724	6 524	9 600	17 912	—	—
专利授权数/件	27 368	8 058	13 960	4 122	2 925	4 143	6 284	13 300	12 868	7 868
万人发明专利拥有量/件	19.33	8	4.46	4.17	5.5	0.67	6.29	4.15	3.9	3.08
研发人员/人	—	9 520	18 327	3 896	11 074	10 274	9 545	29 370	26 734	10 426
研发经费内部支出/亿元	130.73	73.36	59.57	13.0	20.3	26.63	25.63	66.69	96.85	25.82
研发经费内部支出占GDP的比重/%	1.79	2.24	1.83	0.64	1.82	0.92	1.48	1.48	2.02	0.74
普通高等学校数量/所	12	5	3	4	2	6	3	7	5	4
普通本专科在校学生数/人	239 013	54 005	28 400	44 100	38 708	123 638	42 917	135 433	111 440	68 272

数据来源:淮海经济区各市2021年统计年鉴

从更大的区域中心城市层面来看,徐州在高新技术企业、专利申请和高校数量上,远远落后于郑州、西安、合肥等"一带一路"核心城市(表8-9)。

表8-9　2020年区域中心城市创新指标数据对比

排名指标	淮海经济区	中原城市群	关中平原城市群	皖江城市带
	徐州	郑州	西安	合肥
GDP/亿元	7 139.77	12 003.0	10 020.39	10 045.72
专利申请数/件	35 133	—	68 353	76 651
专利授权数/件	27 368	50 224	45 407	41 054
研发人员/人	—	—	75 632	96 712
研发经费内部支出占GDP的比重/%	1.79	2.31	2.39	3.52
高新技术企业/家	1 022	1 661	2 935	1 478
普通高等学校数量/所	12	65	63	54
普通本专科在校学生数/人	230 913	1 160 303	764 900	586 170

数据来源:各市2021年统计年鉴

从高新技术产业发展演变来看,自2014年以来,徐州市高新技术产业产值和高新技术产业产值占规模以上工业总产值的比重均呈现稳步增长态势,尤其是2018年以来,两者均呈现加速增长的态势(图8.11),但横向比较来看,却明显低于苏中和苏南城市(图8.12)。

图8.11　徐州市高新技术产业情况

数据来源:2014—2020年徐州市国民经济和社会发展统计公报

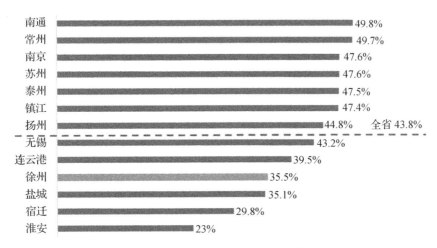

图 8.12　2018 年江苏省各市高新技术产业产值占规模以上工业产值的比重

从高新技术企业培育来看,虽然高新技术企业数量增长迅速,至 2018 年全市增至 572 家,但在全省仅排名第 10 位,占全省总数的 3.15%,低于盐城(898 家,排名第 7 位)。从 2022 年江苏省规模以上高技术制造业统计来看,徐州市仅有 200 家,位于第 10 位,仅高于连云港、宿迁和淮安;从营业收入来看,仅为 440.97 亿元,位于江苏省第 10 位,与镇江基于持平,高新技术企业培育力度有待进一步加强。从高新技术产业发展来看,2018 年徐州高新技术产业产值占规模以上工业产值的比重位居全省第 10 位;高新技术产业投资额占规模以上工业投资额的比重为 19.5%,全省排名第 12 位,低于全省 31.7%的平均水平。从创新平台数量来看,2018 年徐州建有省级以上企业研发机构 312 家,省级以上科技创新平台 232 家,新型研发机构和科技企业孵化器 78 家,分别占全省总数的 5.52%、5.55%和 6.95%,而苏州三类机构和平台数分别占全省总数的 20.63%、19.94%和 18.88%,平台支撑能力存在较大差距。从企业创新成果来看,拥有自主知识产权的核心技术和品牌的企业数量较少,全市高新技术企业自有发明专利占比不足 50%。2017 年,徐州企业专利申请量为 10 178 件,低于淮安(10 820 件)和盐城(24 455 件)。

5. 工业细分行业竞争力差异显著,企业综合竞争力有待提升

经过多年的发展,徐州市已经形成了装备与智能制造、新能源、集成电路与 ICT 技术、生物医药与大健康四大新兴主导产业和多项优势特色产业,但是细分行业竞争力差异显著,且第二产业区位熵在江苏省和淮海经济区中均不占优势,规上工业企业数量偏少,企业综合竞争力不强。

2020 年徐州市第二产业实现增加值 2 931.61 亿元,在淮海经济区中稳居第一,但第二产业区位熵在淮海经济区中低于淮北、济宁等地。徐州市第二产业的增加值和区位熵在省内并不占优势,2020 年第二产业增加值位居全省第六,区位熵在全省排名靠后(图 8.13)。2018 年徐州市规模以上工业企业数量在淮海经济区内低于济宁市、临沂市、菏泽市(图

8.14)。徐州市工业企业中龙头企业数量偏少,企业的综合竞争力有待提升,在《2020 中国企业 500 强》中,徐州市有三家企业上榜,分别是徐工集团(241 位)、维维集团(468 位)、徐矿集团(471 位),在淮海经济区内与济宁市上榜企业数量(四家企业)相当,但是企业排名整体低于济宁市;在"一带一路"经济带沿线,徐州市企业数量与郑州相当,但是低于西安市(6 家),企业整体排名也低于西安市;江苏省范围内,上榜企业数量远低于苏州、南通等城市。

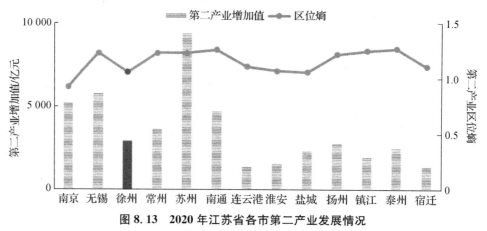

图 8.13　2020 年江苏省各市第二产业发展情况

数据来源:2020 年淮海经济区各市国民经济和社会发展统计公报

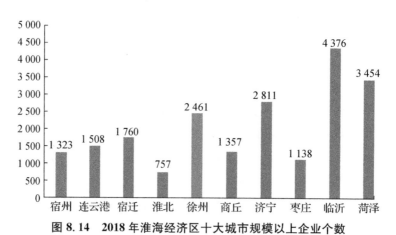

图 8.14　2018 年淮海经济区十大城市规模以上企业个数

数据来源:2019 年各市统计年鉴

正如前述,徐州市传统制造业基础雄厚,资源、劳动密集型工业企业竞争优势明显。此外,医药制造业在江苏省具有较强的行业竞争力,高新技术产业板块也在逐渐扩大。如图 8.15 所示,在行业区位熵的分析中,酒、饮料和精制茶制造业,黑色金属矿采选业,非金属矿采选业,家具制造业,农副食品加工业等行业区位熵较大,但这些产业多以资源密集型和劳动密集型为主。徐州市发展最快的是以专用设备制造业、有色金属冶炼和压延加工业 、电气机械和器材制造业等为主的装备制造业,但其区位熵不高,发展优势不突出。徐州市医药制造业发展势头迅猛,医药制造业的增长率为正,具有一定的区域竞争力和产业规模。以2017年为例,徐州市医药制造业主营业务收入为640.2亿元,在江苏省内仅低于泰州市位居第二。

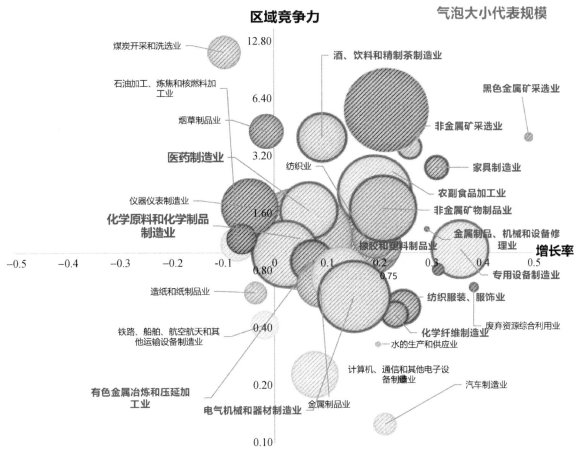

图 8.15　2018 年徐州市工业细分行业竞争力分析

注:图中横轴指徐州市细分行业产值增长率,纵轴指各细分行业占全省的竞争力,是用各产业产值计算的区位熵,具体计算方式为(徐州市该行业产值/徐州市所有工业总产值)/(江苏省该行业产值/江苏省所有工业总产值)。

根据徐州市制造产业偏离份额分析结果(图 8.16),在徐州市制造业行业中,通用设备制造业、化学原料和化学制品制造业、通用设备制造业、电气机械和器材制造业的结构偏量较大,具有结构上的发展优势,对制造业增长的贡献较大。化学原料和化学制品制造业、医药制造业、专用设备制造业、电气机械和器材制造业、仪器仪表制造业等行业竞争力较强,推动制造业发展作用明显,且这些产业大多属于中高技术行业,可见制造业发展中高新技术占比不断增多。

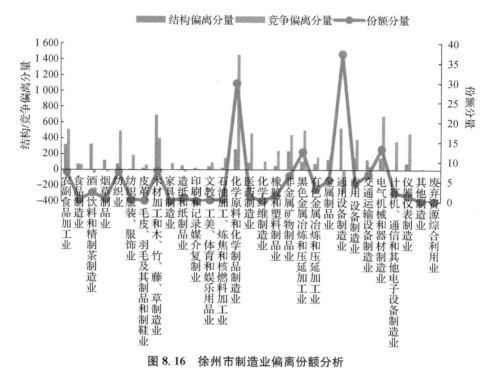

图 8.16 徐州市制造业偏离份额分析

资料来源:根据 2008—2017 年《江苏统计年鉴》和《徐州统计年鉴》数据计算所得

8.2.3 面临的机遇

1. 国家"一带一路"的重要节点城市

2015 年 8 月江苏省政府印发的《关于落实国家"一带一路"战略部署建设沿东陇海线经济带的若干意见》明确指出,徐州是国家"一带一路"建设规划的重要节点城市,是沿东陇海线经济带的核心区域。作为全国城市群空间布局中京沪通道与陇海通道的交会点及"一带一路"重要节点城市,徐州具有"连接南北、承东启西"的辐射引领作用。徐州市北望"京津冀",南接"长江经济带",是三大国家级区域经济板块的地理中心,淮海经济区的核心城市,新丝绸之路经济带东端第一个特大型中心城市,并被国务院列为全国国土规划纲要中重点发展的 28 个中心城市之一。"一带一路"倡议政策的落实无疑会使徐州受益巨大,进一步带动徐州经济的发展,对于城市价值的提升影响深远,徐州应积极采取措施把握机遇、统筹规划、加快产业转型升级。

2. 长三角一体化和淮海经济区高质量协同发展

早在 2010 年,国务院批复的《长江三角洲地区区域规划》就明确提出了徐州是"以工程机械为主的装备制造业基地、能源工业基地、现代农业基地和商贸物流中心、旅游中心,成为淮海经济区的中心城市"。2019 年中央明确提出将长三角区域一体化发展上升为国家战略,这些举措将有利于进一步推动长三角城市群更高质量一体化,给徐州制造业转型升级带来更高的要求和更好的发展机遇。从 1986 年首次构建淮海经济区的初始框架,至 2018 年国务院首次将淮海经济区列入国家战略层面规划,明确了徐州的"淮海经济区中心城市"定位,徐州市也提出"必须聚力提升城市功能品质,在打造现代化中心城市上取得更大突破"的目标。2018年国务院发布《关于淮河生态经济带发展规划的批复》,明确提出"着力提升徐州区域中心城市辐射带动能力,推动淮海经济区协同发展"。同年12月,首届淮海经济区协同发展座谈会召开,苏鲁豫皖10个城市共同签署了《淮海经济区协同发展战略合作框架协议》,并通过了《淮海经济区协同发展宣言》,为推动淮海经济区高质量协同发展提供了重要战略契机。徐州市应充分利用长三角区域一体化发展产生的无形和有形的积极因素,带动周边毗邻地区融合发展,以更大的热情拥抱长三角、融入一体化;同时,以淮海经济区协同发展为契机实现淮海经济区洼地崛起,完善国家区域发展总体布局。

3. 老工业基地振兴和资源枯竭型城市转型带来全面发展契机

2008年后,江苏省委、省政府先后出台两轮支持徐州老工业基地振兴政策;2013年,徐州被列入《全国老工业基地调整改造规划》和《全国资源型城市可持续发展规划》名单,成为江苏省唯一被列入两个规划的城市;贾汪区和鼓楼区分别被列入国家第三批资源枯竭型城市和城区老工业搬迁改造试点。经过此后五年多的努力,2018年和2019年,徐州连续两年被国务院表彰为老工业基地调整改造真抓实干成效明显城市,2019年贾汪区被国务院表彰为资源枯竭地区转型成效突出城市(县、区)。这一系列的行动及成就无不说明徐州市已经在全国老工业城市振兴和资源型城市转型工作的推进中走在了前列,并积累了大量经验。近年来,江苏省委、省政府高度重视徐州老工业基地振兴转型,高起点布局规划,强化政策集成,打造示范试点,突出采煤塌陷地治理,提出要举全省之力支持徐州发展。徐州在新一轮的发展中应进一步积极抢抓和充分利用各类高层次发展机遇,不断放大国家和省支持政策的叠加效应,有力整合各方资源,将政策红利转化为发展红利,将政策优势转化为竞争优势,借资源枯竭型城市的转型带动城市产业的全面发展。

4. 国家首批"无废城市"建设试点城市是促进产业转型升级的重要抓手

作为国家首批"无废城市"①建设试点城市之一,徐州把"无废城市"建设作为推动经济社会全面发展全面进步的"系统性"工程,用更高标准组织推进。践行"两山"理念,坚持标本兼治,推进工矿废弃地生态修复与多元发展。徐州注重从源头上减少生产废弃物,真正治到了"根"上。比如,锚定高新技术产业、战略性新兴产业和"四新经济"主攻方向,做大做强低废无废的战略性新兴产业,重组升级多废高废的钢铁、焦化、水泥、热电等传统行业,持续推进食品、能源、建材、纺织等传统优势产业绿色转型,打造生态修复+绿色发展模式,拓展生态修复资金渠道。开展绿色矿山创建,打造绿色循环产业链,初步建成绿色循环的共生体系。

---

① "无废城市"是以新发展理念为引领,通过推进绿色发展方式和生活方式的形成,加大固体废物源头减量和资源化利用力度,最大限度减少填埋量,将固体废物环境影响降至最低的城市发展模式,也是一种先进的城市管理理念。2018年12月29日,国务院办公厅印发《"无废城市"建设试点工作方案》,2019年4月30日,国家生态环境部公布11个"无废城市"建设试点,徐州市从全国60余个候选城市的竞争中脱颖而出,成为国家首批"无废城市"建设试点城市之一,也是江苏省唯一的试点城市。

对于无废产业建设资金方面的难题,徐州创新"三统筹"融资模式,提出统筹建设内容、统筹还款来源、统筹增信方式,最终获 20 年期、45.5 亿元授信贷款,成为国开行首例"无废城市"贷款项目(王岩等,2022)。

"无废城市"试点建设是彰显老工业基地和资源枯竭型城市转型振兴的"典范性"工程,为徐州市产业转型升级朝向绿色发展提供了宝贵的契机和动力。反过来,推进"无废城市"建设也是贯彻新发展理念的重要举措,是建设生态宜居城市、增强中心城市竞争力的重要支撑,是促进产业转型升级、构建现代产业体系的有力抓手,是增进人民群众福祉、提升社会文明程度的迫切要求(王岩等,2022)。

8.2.4 面临的挑战

产业转型升级绝非一蹴而就的,作为老牌工业城市、资源型城市,徐州转型包袱较为沉重,且面临着激烈的区域竞争,转型升级挑战依旧严峻。

1. 淮海经济区核心城市的竞争以及周边城市群的蚕夺

淮海经济区的 20 个地级市的共同特点是远离省会、资源普遍枯竭、经济普遍落后,徐州的经济实力在淮海经济区范围内处于相对领先的位置,因此,淮海经济区是徐州争取中心地位的合适尺度。但区内各城市间资源禀赋和发展模式比较接近,这使得徐州对淮海经济区的统领能力并不足:一方面,淮海经济区的中心城市争夺战已久,例如济宁也在致力于成为淮海经济区的中心城市,济南合并莱芜,欲联合泰安共建"大省会";另一方面,周边城市对徐州的辐射范围也在不断蚕食,例如郑州将开封纳入郑州都市圈范围,南京将淮安纳入南京都市圈范围,盐城积极融入上海大都市圈,从而导致徐州在淮海经济区的中心地位不断遭到挑战。另外,通过比较选取的"一带一路"节点城市的数据,发现徐州与郑州、西安相比经济发展还有一定的差距,还有较大的提升空间。如何继续贯彻落实新发展理念,发挥中心城市优势,打破地区间壁垒,增强中心城市的辐射作用,实现与周边城市的错位竞争,促进区域整体协调发展是徐州作为区域中心城市面临的重要挑战。

2. 资源型城市产业转型和绿色发展的矛盾

徐州市目前处于工业化和城镇化的加速期,拥有巨大的发展潜力,同时作为老工业基地和资源型城市,转型发展的压力依然较大,高质量发展的任务十分艰巨。对于资源枯竭地区而言,在转型过程中如何克服思维定势和传统路径依赖,推进绿色生态创新发展,补齐生态短板是首要任务。在产业转型的过程中要处理好新旧产业间的关系,既要大力发展高新技术产业和战略性新兴产业壮大新动能,又要加快传统产业转型升级焕发新活力,防止出现大起大落(张娜等,2018);同时也要坚持生态优先和绿色发展,注重城市生态环境的优化,推进生态文明建设,关注主导产业的高质量发展,推动产业体系的全面质量提升和生态化转型。

8.3 徐州市产业转型升级的目标定位和未来制造业体系的构建

徐州市的产业发展基础条件较好,传统制造业基础雄厚,过去十余年,以创建国家老工业城市和资源型城市产业转型升级示范区为引导,推动产业转型升级,打造了具有徐州特色的"6+4+N"现代工业新体系和"333"现代服务业体系。基于前述的环境分析,在新的形势下,徐州市未来产业转型升级的重点,仍要放在战略性新兴产业的突破和传统优势产业的蜕变上,徐州必须以更大魄力淘汰落后产能,谋求产业结构与生产方式的调整、变革和转型,加快抢占经济高质量发展新空间。确定徐州市未来产业进一步转型升级的目标和路径,是提升徐州作为区域性中心城市加快抢占高质量发展新空间的关键。

8.3.1 产业发展定位

运用东南大学王兴平教授团队创立的五维三域定位法,从区域地位、功能配置、产业特点、政策规划、价值形象五个维度梳理徐州市的产业发展定位,从地域、领域、值域三个方面对现有规划和政府决策中的产业定位进行评价(表 8-10)。涉及的规划包括《中共江苏省委、江苏省人民政府关于支持徐州建设淮海经济区中心城市的意见》(苏发〔2017〕20 号)《徐州 2049 空间战略规划研究》《徐州市"十三五"规划纲要》《徐州市参与"一带一路"建设行动计划(2016—2020 年)》《徐州市"十三五"后三年发展目标及"四个中心"建设行动纲要》《江苏徐州产业转型升级示范区建设方案(2019—2025 年)》等。

表 8-10 五维三域定位法梳理结果

产业特点	现有优势	装备与智能制造、新能源、现代农业、生物医药
	产业特色	安全科技、绿色矿业
	未来方向	产业融合、大健康、科技智能、生态绿色、工业互联网
政策规划	上位政策	老工业城市和资源型产业转型升级、淮海经济区协同发展
	上位规划	淮海经济区中心城市、区域性制造强市、智能制造之都、历史文化名城、生态旅游城市
功能配置	生产功能	金融物流、创新服务、宜居宜业
	生活功能	文化旅游、生态宜居、医养结合
价值形象	综合形象	区域中心城市、生态文明城市
	特色形象	示范区、高地、先行区、引领区、枢纽
区域地位	长三角	长三角一体化、1+3 功能区、苏北振兴发展、徐州都市圈
	淮海经济区	淮海经济区中心城市

目前徐州市的相关定位中地域范围涉及全球、"一带一路"沿线、全国和淮海经济区多个层次,中间两个层次的定位较模糊,优势不明显;领域涵盖了现代农业、先进制造业、现代服务业多个产业,优势特色不够突出;值域多体现了徐州市在产业发展中的示范性和集聚性,但对于优势产业的引领和标杆作用不突出。

基于以上分析,徐州市未来产业定位的总体方向,应从重点围绕淮海经济区中心定位转为多层次综合发展,提升定位的视野;从重视优势产业发展转为优势和特色产业相结合发展;从重点关注示范性和集聚性转向同时关注引领和标杆作用,突出开放合作、生态宜居、科创智能等。最终确定徐州市的产业定位为:国际智能制造中心,中国资源型城市绿色发展样板区,淮海经济区产业科技创新中心、现代服务业高地。

1. 国际智能制造中心

以"国际化、智能化、数字化、网络化"为方向,提升徐州市装备制造业发展的整体水平和竞争力,重点发展工程机械、特种车辆、安全产业、机器人、高端数控机床等五大领域,通过产业链协同、专业化整合,培育世界行业巨头和龙头企业集群,进一步巩固提升"中国工程机械之都"地位,将徐州打造成为以工程机械为重点的国家级先进制造业集群及世界级高端装备制造业中心。

2. 中国资源型城市绿色发展样板区

把生态文明、绿色发展作为老工业基地振兴的重要标志,坚持生态优先、绿色发展,深入推进产业、城市、生态、社会"四大转型",全力打造绿色发展样板区。高起点定位城市规划布局、着力拓展绿色发展空间、深入推进产业结构调整、着力夯实绿色发展根基、全面提升城市功能品质、着力筑牢绿色发展载体、持续加强生态环境治理、着力打造绿色发展样板,继续探索具有徐州自身特点的城市绿色发展之路(李晓航等,2019)。进一步深化采煤塌陷区治理,围绕绿色矿业、生态旅游、现代农业发展生态产业链,丰富绿色城市发展内涵,打造中国资源型城市绿色发展样板区。

3. 淮海经济区产业科技创新中心、现代服务业高地

建设全国区域创新体系中具有较大影响力的区域性产业科技创新中心,使徐州成为区域重大科技成果和战略性新兴产业的重要策源地,区域产业科技创新高端人才、高成长性企业和高附加值产业的重要聚合区(卢深,2019)。积极引领和参与淮海经济区协同创新共同体构建,健全政府间联席会议制度,架构行政沟通桥梁,实现区域间利益共享,搭建区域内城市合作共享的信息平台、科技平台和企业间平台,促进产业协调发展,充分发挥中心城市优势,加速人才、资金、信息等要素在全区域内的高效流动。同时,充分放大国家、省服务业综合改革试点效应,以支撑实体经济优化升级为主线,加快推动业态模式创新,全力构建质量提升、服务实体、充满活力、区域领先的现代服务业发展新格局。

8.3.2 制造业体系构建

为了实现前述产业发展定位,徐州市应选择和构建适宜的制造业体系。

产业选择分为优培产业、培育产业与未来产业三种选择导向。优培型产业即对现状产业进行培优选择,基于优势产业识别、政策规划引导两个筛选因素,通过从规模、增长率以及效益等多个评价维度进行综合评分,梳理出重点发展、优化发展、限制发展三类产业选择目录。培育型产业即对战略性新兴产业进行培育选择,基于现状产业延伸、全球发展趋势两个筛选因素,通过成长力、竞争力、龙头企业等评价维度,梳理出优势产业、特色产业两类产业的产业选择目录。未来产业基于城市愿景、城市定位两个筛选因素,通过价值预测与趋势判

断两个评价维度,展望未来徐州市可能发展的产业目录。

基于以上三种类型的产业选择结果,按照产业选择的重要程度,分为支柱产业、潜导产业、未来产业、关联产业,并附有产业发展的负面清单。支柱产业将成为国民经济发展的核心产业,需具备最好的发展优势基础、良好的产业成长力与竞争力及较高的产业关联效应;潜导产业将成为国民经济发展的强大后推力,是新兴产业中的佼佼者,需具备良好的产业成长力与竞争力;未来产业是城市未来有机会发展、可培育发展的产业,并且在很大程度上可能成为实现城市愿景与定位的重要发展动力,可基于当下前沿实验室的最新研究成果以及未来城市定位进行考量;关联产业则是三大类产业的配套产业,支撑城市产业发展。

1. 基于现状的优培产业选择

(1) 徐州市制造业产业发展水平的综合评价与分析

综合前人的研究,本书构建的徐州市制造业综合评价指标体系如表 8-11 所示,包括产业发展规模、产业经济效益、产业科技投入、市场比较优势、产业社会效益和产业能耗六个准则层以及 14 个具体指标。本部分计算所用的数据主要来源于徐州市统计局提供的《徐州统计年鉴 2018》。采用熵值法确定各项指标的客观权重。假设有 m 个行业,n 个评价指标,则 a_{ij} 表示第 i 个对象的第 j 项指标值。具体步骤如下:

① 无量纲化处理:

正向指标(越大越好)

$$x_{ij} = \frac{a_{ij} - \min\{a_{ij}\}}{\max\{a_{ij}\} - \min\{a_{ij}\}} (i=1,2,\cdots,m; j=1,2,\cdots,n) \tag{8.1}$$

逆向指标(越小越好)

$$x_{ij} = \frac{\max\{a_{ij}\} - a_{ij}}{\max\{a_{ij}\} - \min\{a_{ij}\}} (i=1,2,\cdots,m; j=1,2,\cdots,n) \tag{8.2}$$

其中,x_{ij} 表示经过无量纲化处理以后的标准化数值,a_{ij} 是第 i 年第 j 个指标的指标原始值。

② 计算在第 j 项指标下第 i 个指标值在此项指标中所占的比重 p_{ij}:

$$p_{ij} = x_{ij} \Big/ \sum_{i=1}^{m} x_{ij} \tag{8.3}$$

③ 计算第 j 项指标的熵值 e_j:

$$e_j = -1/\ln m \sum_{i=1}^{m} (p_{ij} \ln p_{ij}), e_j \in [0,1] \tag{8.4}$$

④ 计算第 j 项指标的差异性系数 g_j:

$$g_j = 1 - e_j \tag{8.5}$$

⑤ 计算第 j 项指标的权重 w_j:

$$w_j = g_j \Big/ \sum_{i=1}^{n} g_j \tag{8.6}$$

⑥ 计算各评价对象的综合得分 H_j:

$$H_i = \sum_{j=1}^{n} w_j x_{ij} \tag{8.7}$$

表 8-11 徐州市制造业产业发展水平综合评价指标体系

准则层	指标层	指标内容	作用
产业发展规模	销售收入比重	某产业部门的销售收入占全部产业部门销售收入总额的比例	正向
	总资产比重	某产业部门的总资产占全部产业部门总资产总额的比例	正向
	固定资产比重	某产业部门的固定资产占全部产业部门固定资产总额的比例	正向
产业经济效益	销售利润率	某产业部门单位销售收入实现的利润总额占销售总额的比率	正向
产业科技投入	科技经费投入强度	研发经费占销售总额的比重	正向
	企业科技人员人数	规模以上企业科技人员人数	正向
	企业专利申请数量	规模以上企业专利申请数	正向
市场比较优势	职工人数区位熵	某产业部门职工人数占全市全部职工人数的比重与全国相应部门职工人数占全国全部职工人数比重的比值	正向
	市场占有率	某产业部门实现的销售收入占全国(全市)相应部门实现的销售收入的份额	正向
产业社会效益	就业比重	某产业部门的就业人数占总就业人数的比重	正向
	每百万总资产提供的就业机会	某产业部门每百万总资产拥有的从业人员数	正向
产业能耗	综合能源消费量	综合能源消费量(吨标准煤)	负向
	产值单耗	产值单耗(吨标准煤/万元)	负向
	用水量	用水量(万 m³)	负向

根据熵值法计算出的徐州市制造业发展水平指标权重分别为:产业发展规模 A_1 =(0.067,0.067,0.067),产业经济效益 A_2 =(0.077),产业科技投入 A_3 =(0.073,0.066,0.058),市场比较优势 A_4 =(0.072,0.078),产业社会效益 A_5 =(0.068,0.074),产业能耗 A_6 =(0.077,0.078,0.078)。从各指标权重的计算结果来看,各指标对产业发展水平影响作用相当。其中,产业科技投入和产业能耗相关指标对产业发展水平的影响略大,这说明科技经费投入、科创人员的引入等,是推动产业发展水平提升的重要因素。而能耗作为负向因素,对产业用能、用水等是否节约,也是考察产业发展水平的主要因素。

表 8-12 徐州市制造业细分行业发展水平打分

行业	产业发展规模	产业经济效益	产业科技投入	市场比较优势	产业社会效益	产业能耗	总分	排序
木材加工和木、竹、藤、棕、草制品业	56	69	72	185	74	97	91.60	1
专用设备制造业	93	34	76	107	35	99	80.42	2

第8章 城市层面典型案例:徐州市制造业转型升级分析

(续表)

行业	产业发展规模	产业经济效益	产业科技投入	市场比较优势	产业社会效益	产业能耗	总分	排序
纺织业	36	55	46	99	75	97	68.45	3
仪器仪表制造业	31	51	49	122	20	100	64.13	4
农副食品加工业	32	62	47	88	46	98	63.02	5
电气机械和器材制造业	55	46	46	74	34	98	62.45	6
非金属矿物制品业	54	58	38	77	42	86	60.31	7
化学原料和化学制品制造业	74	59	43	79	34	65	59.48	8
煤炭开采和洗选业	69	23	48	81	40	66	58.27	9
计算机、通信和其他电子设备制造业	50	56	50	59	13	100	58.17	10
橡胶和塑料制品业	21	52	41	75	51	99	57.92	11
酒、饮料和精制茶制造业	28	49	36	98	30	93	57.14	12
医药制造业	35	51	44	72	21	97	56.01	13
金属制品业	30	63	27	76	30	99	54.76	14
食品制造业	9	57	42	64	40	99	52.56	15
文教、工美、体育和娱乐用品制造业	7	59	32	67	49	100	52.47	16
纺织服装、服饰业	11	63	20	68	56	100	52.37	17
铁路、船舶、航空航天和其他运输设备制造业	6	49	55	62	29	99	52.32	18
黑色金属冶炼和压延加工业	34	32	56	78	38	61	51.82	19
通用设备制造业	24	62	29	65	26	98	51.63	20
汽车制造业	9	52	56	54	18	99	50.73	21
烟草制品业	20	81	9	101	1	100	50.56	22
皮革、毛皮、羽毛及其制品和制鞋业	5	88	18	64	46	99	50.54	23

(续表)

行业	产业发展规模	产业经济效益	产业科技投入	市场比较优势	产业社会效益	产业能耗	总分	排序
有色金属冶炼和压延加工业	15	57	38	66	20	98	50.37	24
废弃资源综合利用业	1	56	49	67	19	100	50.17	25
家具制造业	3	71	17	62	55	100	49.82	26
石油加工、炼焦和核燃料加工业	28	59	23	84	12	83	48.30	27
化学纤维制造业	6	51	28	81	16	99	48.17	28
其他制造业	1	68	29	59	26	100	47.01	29
印刷和记录媒介复制业	3	56	18	65	30	100	45.68	30
非金属矿采选业	0	71	13	54	23	100	42.67	31
燃气生产和供应业	2	58	15	58	8	100	41.01	32
开采辅助活动	16	100	0	0	46	100	40.72	33
金属制品、机械和设备修理业	1	0	0	99	15	100	40.55	34
造纸和纸制品业	3	62	7	54	19	98	40.45	35
黑色金属矿采选业	2	3	6	64	30	98	38.52	36
水的生产和供应业	3	31	3	59	5	98	36.00	37
电力、热力生产和供应业	37	64	4	56	6	0	22.26	38

数据来源：根据《徐州统计年鉴2018》数据计算

根据排序结果(表8-12)，木材加工和木、竹、藤、棕、草制品业，专用设备制造业，纺织业等10个行业综合打分处于前列。其中前两个行业综合打分远远高于其他行业，体现出徐州在相关行业发展方面具有较大优势。在产业发展规模方面，专用设备制造业、化学原料和化学制品制造业、煤炭开采和洗选业作为支撑徐州制造业发展的传统产业，具有绝对发展优势。从科技投入来看，专用设备制造业，木材加工和木、竹、藤、棕、草制品业，汽车制造业，黑色金属冶炼和压延加工业，铁路、船舶、航空航天和其他运输设备制造业，计算机、通信和其他电子设备制造业，仪器仪表制造业，废弃资源综合利用业，煤炭开采和洗选业，农副食品加工业排在前10位。从节约能耗的角度来看，开采辅助活动、燃气生产和供应业、废弃资源综合利用业、其他制造业、家具制造业等13个行业能耗较大。

（2）优培产业分类

分别从规模、效益、增长率以及创新潜力和生产能耗几个方面对现状细分产业进行量化分析（表8-13）。结合实地和企业调研、国家以及地方政策，将现状产业分为重点发展、优化发展以及限制发展三种类型。

表8-13 基于三（效益、规模、增速）十二（创新、能耗）的现状产业分类和排名

规模	增长率	效益	产业门类（括号内数字分别表示创新排名和能耗排名）
★	★	★	木材加工和木、竹、藤、棕、草制品业(16,28)，农副食品加工业(15,23)，家具制造业(26,6)
●	★	★	纺织服装、服饰业(27,9)，文教、工美、体育和娱乐用品制造业(13,13)
●	●	★	烟草制品业(34,1)，造纸和纸制品业(32,27)，金属制品业(23,18)，通用设备制造业(22,17)，其他制造业(10,4)
★	●	●	黑色金属矿采选业(35,24)，煤炭开采和洗选业(21,34)，非金属矿采选业(30,5)，食品制造业(5,21)，酒、饮料和精制茶制造业(29,30)，纺织业(17,25)，开采辅助行业(37,37)
●	★	●	皮革、毛皮、羽毛及其制品和制鞋业(24,11)，石油加工、炼焦和核燃料加工业(31,32)，化学原料和化学制品制造业(20,33)，化学纤维制造业(19,16)，橡胶和塑料制品业(11,22)
★	●	★	电力、热力生产和供应业(33,36)
★	★	●	医药制造业(12,26)，非金属矿物制品业(18,31)，专用设备制造业(7,15)，电气机械和器材制造业(14,19)，计算机、通信和其他电子设备制造业(4,7)，仪器仪表制造业(9,10)
●	●	●	印刷和记录媒介复制业(25,8)，黑色金属冶炼和压延加工业(8,35)，有色金属冶炼和压延加工业(6,20)，汽车制造业(1,12)，铁路、船舶、航空航天和其他运输设备制造业(2,14)，废弃资源综合利用业(3,3)，燃气生产和供应业(28,2)，水的生产和供应业(36,29)，金属制品、机械和设备修理业(38,38)

注：★表示该产业在该指标上排名靠前，●表示该产业在该指标上排名靠后。

重点发展的产业分为四种类型，包括：传统优势产业，评价标准为规模、增长率和效益三大指标的排名都较靠前或者规模和效益较好，增长率相对稳定的产业，比如木材加工、农副食品加工业、家具制造业等行业；成长型产业，评价标准为增长率和效益排名靠前或增长率和规模排名靠前，比如纺织服装、服饰业，医药制造业等行业；创新潜力型产业，评价标准为科技创新投入排名前10，这些行业在现状的发展中在规模、增长率以及效益方面表现得并不是特别的突出，但相对较好且在某个方面较突出，如计算机、通信和电子设备制造业，食品制造业；绿色潜力型产业，评价标准为相关能耗指标较低，或者本身为节能环保型产业，如废弃资源综合利用业（表8-14）。

表 8-14　基于现状评价的重点发展产业

发展类型			传统产业门类
鼓励发展型产业	重点发展	传统优势产业 (规模★+增长率★+效益★) 或(规模★+效益★)	木材加工和木、竹、藤、棕、草制品业(★★★)
			农副食品加工业(★★★)
			家具制造业(★★★)
			电力、热力生产和供应业(规+效)
		成长型产业 (增长率★+效益★) 或(规模★+增长率★)	纺织服装、服饰业(增+效)
			文教、工美、体育和娱乐用品制造业(增+效)
			医药制造业(规+增)
			非金属矿物制品业(规+增)
			电气机械和器材制造业(规+增)
		创新潜力型产业 (科技创新投入排名前10) (规模★+增长率★或规模★或效益★)	汽车制造业(●●●)
			铁路、船舶、航空航天和其他运输设备制造业(●●●)
			计算机、通信和其他电子设备制造业(规+增)
			食品制造业(规)
			专用设备制造业(规+增)
			仪器仪表制造业(规+增)
			其他制造业(效)
		绿色潜力型产业	废弃资源综合利用业(●●●)

优化发展的产业也分为四种类型(表 8-15),包括:规模优势产业,评价标准为规模单项指标的排名较靠前,比如煤炭开采和洗选业、黑色金属矿采选业等;增长优势产业,评价标准为增长率单项指标的排名较靠前,比如皮革、皮毛、羽毛及其制品和制鞋业,石油加工、炼焦和核燃料加工业等;效益优势产业,评价标准为效益单项指标的排名较靠前,比如烟草制品业、通用设备制造业等;基础民生产业。这些产业在某一方面的表现较为突出,但同时也存在较明显的问题,比如规模大但效益低,需要在后期的产业发展中进行优化和转型发展。

表 8-15　基于现状评价的优化发展产业

鼓励发展型产业	优化发展	规模优势产业 (规模★)	黑色金属矿采选业
			煤炭开采和洗选业
			非金属矿采选业
			酒、饮料和精制茶制造业
			纺织业
			食品制造业

(续表)

鼓励发展型产业	优化发展	增长优势产业（增长率★）	皮革、毛皮、羽毛及其制品和制鞋业
			石油加工、炼焦和核燃料加工业
			化学原料和化学制品制造业
			化学纤维制造业
			橡胶和塑料制品业
		效益优势产业（效益★）	烟草制品业
			造纸和纸制品业
			金属制品业
			通用设备制造业
			其他制造业
		基础民生产业	燃气生产和供应业
			水的生产和供应业

除了鼓励发展型产业之外，对照国家标准中的限制和淘汰型产业目录，将相关产业划入限制发展类，如印刷和记录媒介复制业、黑色金属和有色金属冶炼和压延加工业等产业成为当前负面清单的产业。

通过分析发现，徐州市的现状产业发展基本上形成了围绕传统六大优势产业发展的态势，同时在医药制造和装备制造等传统产业的发展也为战略性新兴产业的发展建立了良好的发展基础，并表现出了强劲的增长态势。

2. 基于龙头企业发展的战略性新兴产业选择

按照国家战略性新兴产业行业目录，根据企查查网站梳理徐州市目前企业注册资本大于 3 000 万元以及相关政策规划文件中提及的行业龙头企业，如表 8-16 所示：

表 8-16 战略性新兴企业梳理

序号	战略性新兴产业类型	企业名称
1	新一代信息技术产业	
1.1	下一代信息网络产业	明匠智能
1.2	电子核心产业	鑫华半导体、协鑫光电、影速光电技术、鲁汶仪器、华兴激光、云意电气
1.3	新兴软件和新型信息技术服务	迅普光电、艺鑫电子、惠顿矿业科技、艾利特电子、友迪光电、昂瑞微电子
1.4	互联网与云计算、大数据服务	奥尼克电气、雏菊大数据、蓝安数据、伯图大数据、徐州卓信大数据、明匠智能、火星智能、佰月新能源
1.5	人工智能	天宝汽车电子、德信中大能源科技、讯普光电
2	高端装备制造产业	
2.1	智能制造装备产业	徐工集团、卡特彼勒（徐州）、徐州利勃海尔、布兰肯（徐州）、华恒机器人、中欧科技

(续表)

序号	战略性新兴产业类型	企业名称
2.2	航空装备产业	阿斯美特、徐州中航国通
2.3	卫星及应用产业	雏菊大数据、蓝安数据、江苏维耀精密机械
2.4	轨道交通装备产业	徐州贝能达交通设备、佰科智能系统、徐州中铁电气、沛县羽辰交通设施
2.5	海洋工程装备产业	徐州淮海电子传感、睢宁振宏船舶工程、徐州思安特安全设备、中春船舶配套（睢宁）
3	新材料产业	
3.1	先进钢铁材料	徐州锦巨达工贸、徐州赛诺过滤科技
3.2	先进有色金属材料	圣戈班（徐州）、徐钢集团、润阳科工贸、江苏铭盛新材料、徐州开元金属材料
3.3	先进石化化工新材料	考伯斯（江苏）、沂州焦化、天裕能源、瑞丰盐业、徐州天空新材料、凯浪新材料、徐州市兴恩新型材料、徐州市途汇新型材料、徐州前途新材料
3.4	先进无机非金属材料	徐州中联水泥、淮海中联水泥、中能硅业、徐州市攀森新型材料、沛县益新新型材料
3.5	高性能纤维及制品和复合材料	考伯斯（江苏）、徐州市攀森新型材料、徐州市友茂新型材料、徐州海洲新型材料
3.6	前沿新材料	考伯斯（江苏）、徐州宏阳新材料科技、圣泰磁业、江苏秦汉新材料、新洁康卫生材料
3.7	新材料相关服务	江苏科微新材料、新沂市灵峰新能源科技、徐州海洲新型材料、徐州海德光伏科技
4	生物产业	
4.1	生物医药产业	江苏万邦生化医药、恩华药业、江苏必康制药、江苏唯正医药、江苏沁宜堂生物制药、徐州申兰医药
4.2	生物医学工程产业	江苏瑞祺生命科学仪器、合意（徐州）生物
4.3	生物农业及相关产业	徐州三农生物、光大绿色环保生物科技（新沂）、正大联合动物制药科技（江苏）、徐州地沃康生物、徐州东菱药业、徐州市惠生堂食品
4.4	生物质能产业	中煤长江智诚牧业、国投福源生物、徐州昊源生物、徐州光禾生物、徐州彩晨环保、江苏斌达生物
4.5	其他生物业	维维集团、江苏博达生物
5	新能源汽车产业	
5.1	新能源汽车整车制造	江苏开沃新能源乘用车、江苏美凌通新能源汽车
5.2	新能源汽车装置、配件制造	江苏德瑞博新能源汽车制造、泓劢新能源科技（邳州）、江苏润普新能源科技、徐州熙泰海仓纳新能源科技、江苏佳悦机车
5.3	新能源汽车相关设施制造	江苏禄爵新能源汽车、恒思新能源科技、徐州艾兴新能源科技、鼎派热能科技

(续表)

序号	战略性新兴产业类型	企业名称
5.4	新能源汽车相关服务	丰县润科新能源科技、绿巨新能源科技、徐州贝彤世峰新能源科技
6	新能源产业	
6.1	核电产业	蒂森克虏伯罗特艾德(徐州)环锻有限公司
6.2	风能产业	罗特艾德回转支承、歌博(徐州)铸造、徐州罗特艾德环段、江苏韵程电力设备、徐州瑞达装备、徐州展泓新能源
6.3	太阳能产业	中能硅业、江苏协鑫硅材料、江苏楚汉新能源、徐州嘉寓光能、徐州新时代能源、江苏广通新能源
6.4	生物质能及其他新能源产业	保利协鑫(徐州)、徐州龙润新能源、江苏久凡新能源、真杰新能源
6.5	智能电网产业	苏变电气、大江控股(徐州)、徐州华润电力、丰县苏新新能源、新沂苏新新能源、中实电气、昂内斯电力、江苏云洋电力、博雅慧聚、徐州环宇电气
7	节能环保产业	
7.1	高效节能产业	江苏久凡新能源、杰罗(徐州)电机、漳泽燃烧控制、江苏惠庆电器、江苏鑫源包装、徐州市正联机电
7.2	先进环保产业	徐州浩通新材料、江苏新春兴、中伟(徐州)新型材料、徐州巨垒新材料
7.3	资源循环利用产业	徐州天虹时代纺织、徐州力源燃控科技、大屯工贸、江苏凌天智能、徐州明光环境设备
8	数字创意产业	
8.1	数字创意技术设备制造	徐州嘉伦电器、东土音响、江苏天宝电子
8.2	数字文化创意活动	盛世天安科技、徐州融沃网络、徐州时代兄弟影视文化、徐州博晟影业、徐州城市云计算
8.3	设计服务	徐州市铜山区广播电视信息网络有限公司、新沂市华媒网络、江苏航康信息
8.4	数字创意与融合服务	溢美旅业、徐州至圣控股、江苏路彩影视、徐州亿蜂信息
9	相关服务业	
9.1	新技术与创新创业服务	沛县天顺文化、江苏通标环保科技、徐州隆翔破产清算服务有限公司、江苏灵工邦
9.2	其他相关服务	江苏汉通航空、华亚航空、江苏莎诃航空、江苏华铭金融

结合徐州市的战略性新兴产业发展现状,目前战略性新兴产业中处于转型发展期的包括高端装备制造业、新能源、新材料和新一代信息技术。按照国家的战兴产业分类目录,这些行业在其内部的二级产业的发展中企业数量较多,且结合自身的产业发展特色形成了千亿级的龙头企业,具有较强的竞争优势,并逐步形成了相对完善的产业链。另外,处于成长

培育期的产业包括生物产业、节能环保产业和数字创意产业,这些产业在其内部的二级产业发展中企业数量较少,龙头企业数量也不多,从产业链的构成来看往往处于产业链的中下游,竞争优势较弱。具体分类如图 8.17 所示:

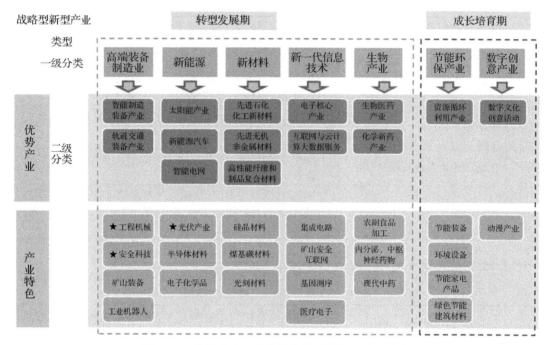

图 8.17　基于龙头企业发展的战略性新兴产业分类

3. 基于城市愿景和定位的未来产业选择

基于徐州市城市愿景和未来定位,未来产业延伸重点大致包括以下几个方面。

量子信息:加强技术验证和安全攻防检测研发,推进量子保密通信的产业化应用。

类脑芯片:建设类脑芯片与片上智能系统研发与转化功能型平台,针对人工智能典型的应用场景建设大数据试验场。

第三代半导体:组织第三代半导体紫外、深紫外发光和激光等领域的研究,掌握具有自主知识产权的核心技术。

下一代人工智能:对照《新一代人工智能发展规划》,培育高端高效智能经济,规划组织新一代人工智能重大科技项目。

窄带物联网:推动窄带物联网的研发商用,将其广泛应用于智能抄表、路灯、井盖、停车、家居、交通、农业等领域。

数字化身份:大力推广企业数字化、城市数字化应用。

无人驾驶:大力发展汽车线控技术,重点突破能源动力技术,不断提高驾驶认知技术水平。

靶向药物:在 RNA 模块、小分子化合物等方面加强研究,找到具有明确治疗机制的靶点,研究具有潜力的新药。

免疫细胞治疗：进一步研发免疫细胞治疗癌症方法。

干细胞治疗：推进针对骨性关节炎、心衰、帕金森病、抗衰老美容、糖尿病、心血管疾病、3D打印、人体器官的体外再生和移植的干细胞治疗方法研究。

基因编辑、基因检测：组织基因编辑、基因检测等基因疗法的先进技术学习研发，有效开展遗传疾病治疗。

4．产业体系构建

综合前述的分析，徐州市未来应形成五大主导产业，分别为高端装备制造业、新能源新材料、新一代信息技术、生物医药产业和公共安全产业。这些主导产业可进一步细分为支柱产业和潜导产业两个层级，高端装备制造业以工程机械为核心，新能源新材料以太阳能产业为核心，新一代信息技术以电子核心产业和矿山安全物联网为核心，生物医药以化学新药和生物制药为核心，公共安全产业以矿山和消防安全为核心，具体内容如表8-17所示：

表8-17 五大主导产业及其细分行业

主导产业名称	高端装备制造业	新能源新材料	新一代信息技术	生物医药产业	公共安全产业
支柱产业	工程机械	太阳能产业	电子核心产业和矿山安全物联网	化学新药和生物制药	矿山安全和消防安全
潜导产业	智能制造装备	新能源汽车	工业物联网	现代中药	危化品安全
	轨道交通装备	智能电网	互联网与云计算	医疗器械	交通安全
	智能家居	新型建材	大数据服务	医用材料	居家安全
		高分子及硅材料			信息安全
		电子新材料			智能安防

结合生产性服务业和生活性服务业以及现代农业的发展构建四大跨行业产业链，分别为智能制造产业链、大健康产业链、大数据产业链和节能环保产业链。新的产业链体系与原产业体系相比，进一步延伸和提升了优势产业，拓展了特色产业，推动了传统产业的转型升级，有利于促进产业的融合发展。

8.3.3 制造业转型升级方向及要点

根据徐州市产业转型升级的环境、基础和定位，未来制造业体系建构主要方向及要点包括以下四个方面：科创智能＋——创新智能转型、重点领域技术创新、突破关键环节、发展高新技术产业；未来前沿＋——聚焦高质量发展、把握前沿热点、符合发展趋势、关注市场容量；生态绿色＋——重视资源约束、关注环境问题、发展绿色产业；互联国际＋——发展工业物联网、促进优势产业国际联合、构建区域产业网络、鼓励大数据发展。

1. 科创智能+

依托徐州产业技术研究院、淮海科技城、徐州创新谷、潘安湖科教区"一院一城一谷一区"四大创新核心区,推动科技企业、国家重点实验室、技术中心、工程中心、众创空间、孵化器、加速器、省级以上创新平台建设,利用"互联网+制造业""人工智能+制造业"等,提升装备制造业价值链地位,扩大市场规模,提升品牌知名度和市场影响力。加强装备与智能制造产业在国家级项目建设、智能车间智能工厂建设、工业互联网平台建设及产业高质量发展。重点支持徐工集团,做大做强产业集群,凸显徐州装备与智能制造区域品牌效应。学习常州"石墨烯"、苏州"纳米材料",扶持科技创新相关"种子产业"。发挥科创的作用,制定"乡村振兴人工智能发展规划"。推广制造业行业机器人的应用范围,重点发展医疗保健机器人、生产作业机器人、生活助理机器人、安全监控机器人、病虫害识别机器人和学习辅助机器人(许和隆等,2019),鼓励人工智能在更多场景使用。

2. 未来前沿+

梳理高新技术企业的专利储备,并由技术贸易促进机构寻找机会购买相关产业专利,设立重点产业的"源创新研究基金",向大学和科研院所投资,获得专利后授权相关产业的企业使用。以产业创新为核心,将知识创新与技术创新要素紧密结合,推动在战略性、先导性产业上实现关键核心技术的重大突破,形成自主可控的现代产业体系。推进军民融合产业、部分核心技术首先运用于军工领域,并把国防军工产业形成的技术优势扩散到民用领域,如航天航空产业、海洋工程产业。发展引领前沿的人工智能产业,如智能机器人和智能应用系统等产业。关注基础制造技术和数字化制造技术,如3D打印技术、工业机器人技术、新材料行业高端隔膜、光刻胶核心技术等。

3. 生态绿色+

徐州市未来产业转型升级需要重点依靠技术和创新构建生态化、低碳化、高附加值的新型经济发展模式,从而建立社会、经济与生态环境协调、友好的产业生态系统,实现产业经济效益、环境效益和社会效益最大化。因此,需要将产业发展、生态保护、人居环境、人文生活等因素全盘考虑进来,融入园区及城市的整体空间规划中(江小国等,2012),明晰自然资源价格体系,通过资源价格、环境成本上涨大力推动企业绿色创新,着力构建低碳循环的新型工业体系。另外,重视资源再生利用、内生循环,建立企业间资源循环利用联合体,这既有助于实现资源节约与环境友好,又为企业自身带来可观的经济效益。从环保托底的碎片化管理到前端提高标准的防控结合,通过政府采购或财政支持,引导产业发展关注生产设备的绿色性,关注节能设备的先进性。大力推进垃圾治理,培育废水污染、废气污染、废渣污染治理企业。将绿色生态与大健康概念进行整合,开发中药产品,打造养生品牌。

4. 互联国际+

建设工业互联网,在物联网、大数据领域重点环节实现突破。发挥徐州信息工业互联网等平台的先行优势,推动信息化和工业化深度融合,实现信息技术对制造业全方位、全角度、全链条的赋能促进。践行"互联网+装备制造",把握"一带一路"建设机遇,借鉴中国制造网、阿里巴巴平台建设经验,打造具有装备制造业产品服务交易、技术成果转化、研发外包中介等功能的综合性国际化B2B平台。开展装备制造业区域协同发展试点工作,实现区域之间的优势互补,打造装备制造业产业链。依托沿东陇海产业带以及沿京沪铁路产业带,以智能化、绿色化、服务化为主攻方向,进一步强化制造业基础能力,提高综合集成水平。发展壮大装备制造主导产业,以"核心技术突破、产业链条打造"为基本路径,依托徐工集团联合区域内龙头企业,以高新技术研发为突破口,充分发挥整机制造及零配件产业完备的优势,不断提高自主创新能力、质量标准和品牌水平,打造世界级工程机械产业集群。在巩固发展中国家市场的基础上,扩大装备制造业在欧美发达国家市场上的份额。推动制造业和服务业数字化发展和信息化发展,充分利用现有电商资源、大数据核心技术及地处长三角制造网络的区位优势,破除行业间数据壁垒。建立互联网+产业发展模式,发展平台经济、共享经济,加强大数据、云计算、物联网、人工智能等新技术的研发应用,支持产学研结合,构建人工智能等新型研发平台。

8.4 徐州市制造业转型升级的对策

8.4.1 全面深化开放型经济,为制造业转型升级营造良好的市场环境

在进一步转型升级的关键时期,徐州市制造业更需要充分利用好国际和国内两个市场,顺利推进制造业的转型升级。政府需要提供良好的开放市场环境,尊重市场规律,稳定健康的市场秩序,确保市场的主体地位,促进市场的公平和良性竞争,及时根据内外市场变化为当地企业制定相关的政策。要简化政府职能,提高市场运转效率,同时履行好政府的公共服务职能,做好监管,以为企业服务为主,管制为辅,为制造业发展创造良好的政策环境(范蕊,2019)。

资源枯竭型城市转型发展不仅需要政府政策的引导,更需要依靠市场动力的支撑,尤其是在当前民营经济发展不充分的情况下,要充分调动民营经济、集体经济,激发市场活力,吸纳转移就业,扩大财政收入。建立健全相关法律法规和市场规范,营造有利于民营企业发展的社会环境和市场环境,适度放宽资金引进政策,全面开放投资环境。鼓励引导银行开发开放各类有助于民营企业、集体企业发展的金融服务和金融通道,解决中小企业的资金问题,降低小微企业的融资成本,为各类企业发展提供强力的支撑,推动企业转型升级(致公党中央调研组等,2020)。鼓励建立多元化投融资渠道,为产业转型、生态修复、社会民生等项目开通绿色通道,特项特办,鼓励探索并采取多种方式吸纳多元化的资本参与各类项目的建设。

8.4.2 加强区域经济合作,拓展制造业转型升级空间

资源型城市产业转型升级,应充分利用国家资源及区域外和境外资源,坚持"引进来""走出去"相结合,积极与区域外优秀企业、模范城市沟通交流,牢牢把握发展机遇,对接适宜

的产业转移,并基于区域合作中获得的资金、技术等推动自身传统产业的升级改造。新中国成立以来,徐州以煤炭资源为发展起点,依靠资源优势逐步发展以重工业为主导的产业体系,外向型经济未得到应有的重视。在当下推动产业继续优化升级的关键时期,要充分发挥"一带一路"重要节点城市的优势,在保持自身工业基础雄厚优势地位的同时,要逐步重视外向型经济对城市发展的带动作用,全方位进行开放合作,一方面引进国内外资金、人才等急需资源,另一方面开拓市场,扩大产业发展空间。对外,应紧随"一带一路"建设步伐,与其他国家和地区开展各项经贸交流合作,实现互利共赢;对内,徐州应加强与郑州、西安、合肥等城市之间的经济合作与交流,以城市间合作为纽带,促进淮海经济区与三大城市群之间的经济联系。力争早日融入全球价值链,拓展市场需求空间,实现传统产业的升级改造和新产业的培育,在开放合作中提升产业的创新能力和全球竞争力,为产业转型升级提供有力支撑。

此外,徐州还应将产业转型升级与空间布局优化相结合,统筹城乡发展,引导高端产业环节向中心集聚,一般制造环节向外围扩散。高端产业集聚区重点发展新产品研发、设计、营销、物流展示等环节,打造国内外具有影响力的先进制造业、高新技术产业、战略性新兴产业的研发基地,推动徐州市制造业迈向价值链中高端。

8.4.3 加大技术创新支持力度,鼓励企业自主创新

在全球新一轮产业革命与科技变革的背景下,城市由"资本竞争"到"创新竞争"是世界各国普遍存在的发展趋势。因此,美国、英国等发达国家加强科技体制顶层设计,将加快高新技术企业培育、集聚全球创新资源作为城市推动科技创新的着力点,抢占未来创新发展的主动权。而在经济新常态下,资源和劳动力等要素对中国产业发展的驱动力减弱,传统产业也随之发展缓慢亟待转型,技术创新成为产业发展的主要支撑(胡美林,2015)。2017年,习近平总书记视察徐州时强调,必须有信心、有耐心、有定力地抓好自主创新。面临新时代的新使命,在城市创新品牌不断建立的背景下,徐州必须牢牢把握科技和产业变革的大趋势,把握产业创新的大方向,加大技术创新支持力度,持续提升整体创新能力。

发达国家长期占据全球价值链中高端环节的主要原因之一就是其先进的技术水平和技术壁垒(范蕊,2019)。徐州市制造业门类较为齐全,装备制造业、新能源等产业在全国均名列前茅,在知识创新领域,虽在淮海经济区占据优势,但却远落后于长三角的南京、合肥等地区,在全球价值链分工体系中未能占据有利地位,且受到发达国家的低端锁定效应影响,仍然处于创新价值链中下游的制造环节。结合国内相关实践发现,推动城市实现产业科技创新的突破口在于企业工程技术型创新。综合考察徐州不同创新领域的区域地位、创新链环节的现实情况(表8-18),并结合产业创新发展趋势发现,现阶段徐州更适合走以技术创新为引领、以知识创新为辅的产业创新发展路径。基于此,将徐州现有的创新创业孵化全链条优化为"基础研究—创业苗圃—众创空间—孵化器—加速器—产业园区(成果转化)—传统产业升级—新兴产业培育"。

表 8-18 徐州市产业创新基本情况

	区域地位	创新链环节	创新领域	创新趋势
技术创新	徐工集团等创新实力全国领先,部分产品打破了国外技术垄断、填补了国内空白	产业科技创新,瞄准中上游环节	装备与智能制造集成电路和ICT	企业自下而上的内生性创新是经济增长的主要驱动力
知识创新	在淮海经济区中基础创新实力层领先地位,但落后于长三角地区的南京、合肥等地区	创新价值链中下游制造环节	生物医药新能源	通过产学研协同联动,形成"成果转化式"的创新路径
创新发展路径	以技术创新为主,以知识创新为辅的发展模式			

数据来源:徐州市产业转型与创新发展策略研究项目组胡钰自绘

为促进徐州制造业转型升级,徐州市政府需要对技术创新给予足够关注,既要加大各类创新奖励额度,增加奖励补贴的创新种类,又要从企业角度提供人性化创新性的奖励方式,有效激发企业创新投入的热情。如以徐工集团为代表的在技术创新领域位居全国领先地位的企业,政府应鼓励其在未来产业科技创新上瞄准中上游环节实现更多更大的突破。

技术创新需要稳定高效的载体和平台,政府需建立健全相关平台建设及其运营的规章制度,保障技术创新的基础环境,提供优质的综合性服务。对于运行良好、成果显著的技术创新平台,政府应给予适当奖励,并组织学习,进行推广,在全市范围形成良好的服务氛围,推动科技创新工作的开展。加强对科技创新的金融支持,引导鼓励各类金融资源关注和投入技术创新领域。

此外,还要鼓励服务供给主体的多元化,积极推动行业协会和中介服务组织在科技创新服务中的作用。鼓励行业协会发挥自身优势,为企业提供信息、技术、管理等各方面的咨询服务。同时,建立政府科技创新相关平台,线上办理各项政府相关手续,简化审批流程,提供人性化专业化服务,提高工作效率,加快成果转化,尽早实现经济效益。

8.4.4 充分挖掘高校和研发机构资源,引进和培养高素质人才

人才是企业发展的根本,也是制造业转型升级的重要支撑。资源型城市因在早期发展中对高层次人才缺乏重视,导致转型发展阶段亟待引进和培养高素质人才。政府应当在人才引进的政策方面提供更多的便利和措施,真正尊重人才,留住人才。一方面,继续加大优秀科技人才的引进力度,在购房、薪资、福利、落户、子女教育等方面加大支持力度;另一方面,需要加强企业和高校院所的合作,建立共生互补创新创业生态系统,支持重点企业、高等院校、科研院所等依托重大科研项目、重大工程建立联合人才引进与培养机制。此外,还可以建立"订单式"的人才培养机制,为徐州制造企业培养对口的科技人才,发挥人力资本对制造业转型升级的推动作用。制造业的转型升级不仅需要高素质的工程师人才,而且需要技

能娴熟的实用型劳动者(范蕊,2019)。现有的人力市场比较欠缺这两方面的人才,这对徐州市制造业的持续发展不利。为此,徐州市政府需要增强对职业教育的重视,建立相应的职业培训系统以提高劳动者的专业和职业素质;同时,以政府为主导,市场需求为目标,建立和完善对下岗人员的再就业培训、再就业对接,实现对人力资源的深度利用,从而在一定程度上降低企业劳动成本,促进企业发展(范蕊,2019)。

在制定具体政策时,要扩大政策受益群体覆盖面,政策优惠除了向 A、B、C 三类高层次人才倾斜外,还应适当向普通的博士、硕士和本科毕业生倾斜,降低落户门槛,因为这部分群体才是徐州产业人才的主力军。此外,政策补贴应充分考虑人才的具体需求,形式应多样化,切忌落入简单刻板的模式。

8.4.5 完善环保法律法规,为制造业转型塑造良好的生态环境

近年来,徐州一直坚定地同步推进产业、生态、城市"三个转型",并且把生态环境摆在更加突出的位置,在未来制造业转型升级的过程中,徐州市需要继续完善相应的环保法规、条例,使对环保的治理管控有法可依。对制造业企业的生产、排放过程要实施严格的管理措施,督促企业清洁生产,塑造良好的生态环境。应设置相应技术壁垒,阻止部分高污染、高排放的企业进入市场,对仍不达标的且属于非主导产业行业的制造业企业坚决予以淘汰。同时,积极引导高污染企业进行转型升级,帮助企业引进或者对接类似企业的技术和管理制度,从而促进其发展升级,"既要金山银山,又要绿水青山"(范蕊,2019)。在"双碳"背景下,政府还应出台相关碳税、价格政策,合理增加污染企业的治理成本,且使之用于补偿徐州的环境保护与治理。此外,还要积极引导企业与社会主动关注生态环境融资平台,探索多主体的融资机制,以项目发展促绿色发展;还要通过生态适宜性、敏感性等分析,构建生态安全格局,为产业转型升级提供良好的生态环境。

8.4.6 完善配套服务设施,为制造业转型升级提供配套支撑

制造业的转型升级离不开现代服务业的支持,徐州市应大力发展现代服务业,改善城市投资环境和生活环境,促进外引内联,以优质的配套服务体系吸引外部生产要素流入,实现制造业与服务业协同发展,对内形成新的经济增长极,对外促使徐州市积极融入全球价值链。

同时,正如前述,不能就产业转型论产业转型,制造业转型升级不仅需要现代服务业的协同发展,还需要城市综合配套服务功能的不断提升。要尽快完善生活型服务设施,包括重点商圈和新零售布局,发展"小而美"社区新零售。完善体育设施,提供更加丰富的业余生活方式。尤其是要加快完善产业园区周边商业配套设施,一方面满足周边居民及产业工人的生活需求,另一方面满足产业活动需求,还应提升城市公共文化服务的质量和水平,推进各类文化资源数字化和共建共享、文化艺术空间、传统文化艺术展示等项目建设。通过以上举措,全面提高徐州公共服务水平,全方位地满足人们的物质和精神文化需求,为制造业转型升级吸引和留住人才,为产业活动提供支撑(科特金,2014)。

8.5 本章小结

回顾多年产业转型升级的历史,徐州市既取得了可喜的进步,又探索出可以借鉴的宝贵经验,但是,面向未来,徐州市制造业转型升级仍在路上。一般来说,产业转型包括产业的技术升级、产业链的延伸以及接替产业的发展,主要表现为由采用传统落后技术到采用高新技术,由产业链的低端向产业链的中高端延伸,由低附加值产品到高附加值产品,由原初产业到替代产业,由粗放式向生态化发展等(王伟,2015)。徐州产业转型升级前传统制造业主要以资源密集型产业为支撑,挖掘开采资源是国民经济的主要支柱,产品以初始加工、粗加工为主,产业链前后延伸不足,产业未能形成集聚发展。因此,其未来制造业升级的重点及趋向应是在资源开发的基础上,着力延伸拓展产业链条,加大对高新技术的引进和自我创新,在"双碳"背景下提升低碳循环技术的水平,将资源密集型产业逐步优化为资本密集型和技术密集型,发展绿色生态低碳的新型经济,完善产业链,并向产业链中高端迈进。同时,在原有资源型产业和重型机械等优势产业的基础上,积极构建、完善技术研发、检验检测、信息服务、现代物流等公共服务平台,重构、突破固有的产业结构,培育生物医药、新能源、互联网与云计算等新兴产业,并形成具有特色的新兴产业链,纵向发展中下游及生产深加工产品,降低专业化生产及运输成本,减少交易费用,加强企业间信息交流,建立上下连接、左右配套、相互支撑的产业集群,最终实现向制造业中高端迈进的目标。为了实现这一目标,徐州市应从营造良好开放的市场环境,加强区域经济合作,拓宽产业转型升级空间,加大创新支持力度,鼓励企业自主创新,充分挖掘资源,引进和培养高素质人才,完善环保法律法规和配套服务设施等方面入手,全方位为制造业转型升级提供支撑。

第 9 章

企业层面典型案例:L 公司转型升级迈向中高端分析

强大的制造业体系的基础是强大的企业,纵观世界制造强国,拥有一批掌握核心技术和关键产品的世界一流企业对其产业生态和行业发展举足轻重。早在 1990 年,波特就指出,国家的竞争力取决于其产业创新与升级的能力,升级是保持竞争优势的唯一道路,停止改善与创新的企业,终将被竞争者取代(Porter,1990)。Giuliani 等学者(2005)的研究也指出,企业升级能力的差异决定了产业发展是走高端道路还是走低端道路,可见制造业提高竞争力的关键因素是企业的自主创新(陈爱贞等,2008)。时任总理李克强在 2015 年政府工作报告中提出,企业是创新的主体,因此整个产业结构迈向中高端需要企业带头引领创新驱动。党的十九大也明确提出迈向制造业中高端的主体是企业,中国制造业迈向中高端最终要落实到企业。

正如本书多处所述,中国制造业总体处在全球价值链中低端,大部分行业大而不强。作为基于半导体技术和新能源需求而融合发展的朝阳产业,太阳能光伏产业是中国政府大力支持的战略性新兴产业之一,也是我国最有可能实现弯道超车迈向中高端的产业,因此,该产业受到国家政策的重点支持和地方政府的高度重视。经过 20 多年的培育和发展,中国的光伏产业成为少有的具有国际竞争优势、实现端到端自主可控、处于全球领先水平的产业,本书所选的案例 L 公司[①]是中国光伏行业的翘楚,也是全球市值最高的光伏企业。探究该企业转型升级迈向中高端的路径不仅对同类企业有较好的借鉴意义,而且对中国其他众多制造业企业,尤其是战略性新兴产业企业也有一定的借鉴意义。因此,本章以太阳能科技公司 L 公司为例,从企业层面分析制造企业如何转型升级迈向中高端。首先剖析 L 公司的发展现状;其次运用 PEST 分析法对我国光伏产业转型升级的宏观环境进行了分析,进而基于波特的五力模型分析了 L 公司其所处的行业竞争环境;再次从内部环境视角,对 L 公司进行资源分析和能力分析,阐述了 L 公司转型升级的基础;最后,深入探讨 L 公司企业转型升级的目标、路径及具体措施(陈昱忻,2021)[②]。

---

① 书中引用了诸多 L 公司公开发行的历年年度报告和历年可转换公司债券上市公告书中的数据和信息,限于篇幅,除了表格和图的来源外,其他引用部分未全部标注引用来源。

② 本章部分内容是在作者指导的硕士研究生陈昱忻 2021 年完成的硕士学位论文《新时期我国光伏企业转型升级战略研究——以 L 公司为例》的基础上修改而成,该论文依托作者负责的江苏省社会科学基金基地项目"江苏制造业迈向中高端发展的对策研究"完成。限于篇幅,经与陈昱忻协商,未全部标注所有引用的部分,特此说明并致谢。

第9章 企业层面典型案例：L公司转型升级迈向中高端分析

9.1 L公司发展现状

9.1.1 L公司基本概况

L公司成立于2000年，以"善用太阳光芒，创造绿能世界"为使命，致力于为全人类创造美好宜居的绿色家园，通过提供高附加值的产品为绿能行业提供一站式绿能解决方案。L公司长期聚焦于科技创新，主营单晶硅片、电池组件、工商业分布式解决方案、绿色能源解决方案、氢能装备五大业务板块。

L公司自成立以来，创新与可持续发展是其核心理念，坚持单晶硅发展路线，不断完善差异化发展理念，抢抓行业发展机遇，紧盯光伏产业发展方向，加快规划产能建设步伐，持续推动技术创新，致力于降低度电成本，不断实现自我迭代，巩固了我国光伏企业的全球优势。短短二十几年，L公司从一家只有80多名员工、几十吨单晶产能的小企业一路成长为全球知名的单晶硅世界龙头企业。公司秉承"产品领先，高效运营，唯实协作，稳健经营"的经营方针，推动了单晶产品市场占有率加速提升，实现了经营业绩的快速增长。根据L公司企业年报，2021年，L公司在中国光伏行业排名第一，每年为全球供应的高效太阳能硅片和组件产品高达30 GW，占据了全球1/4的市场份额，其中，单晶硅片产销全球第一（全球市场占有率为72%）。L公司在中国能源化工制造业排名第七，名列中国财富500强前300，总资产为876.35亿元，营业收入为545.83亿元，品牌价值为402.16亿元，福布斯排名839位，已经成为全球市值最高的光伏企业。

9.1.2 光伏业产业链及L公司现状

1. 光伏业产业链分析

光伏产业链最主要以薄膜技术和晶体硅技术两大技术路线为代表。在我国，光伏行业主要以晶硅产业链为主，主要分为粗硅提纯、硅棒/硅片生产、光伏电池片制作、光伏电池组件制作及应用系统等五大部分。目前的光伏产业链大致包括上游的多晶硅料、硅棒/硅片生产环节，中游的电池、组件制作环节，以及下游的光伏发电系统建设环节等三大环节（图9.1）。在此产业链中，从粗硅提纯到应用系统，行业壁垒越来越低，企业数量也越来越多。进入壁垒最高的是上游的晶体硅生产环节，因此上游企业的盈利能力显著高于下游企业。

在早期，由于面临原材料依赖进口、核心技术和设备缺失、产品主要出口"三头在外"的困境，我国光伏产业发展举步维艰，当时光伏企业位于产业链的低端，收益微薄。近年来，得益于国家的大力支持、鼓励和引导，以及企业自身的自力更生、开拓创新，我国光伏产业链体系日渐完善，产业转型升级步伐加快，设备制造、系统应用领域发展成绩斐然。现在我国已经建立了从上游高纯硅材料制作及硅棒/硅片生产到中游高效太阳能电池片生产及光伏组件封装再到终端光伏发电系统建设及光伏设备运营的垂直一体化体系，基本形成了较为完整的拥有自主知识产权的光伏产业链，而且我国是国际上唯一具备从上游原材料到中游组

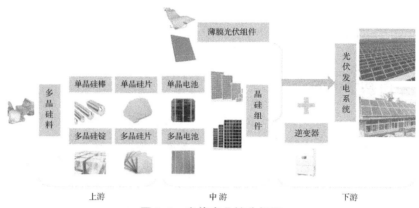

图 9.1　光伏产业链分析图

资料来源:《中国光伏产业发展路线图(2020 年版)》

件再到下游电站投资能力的国家。目前我国光伏企业拥有世界超过半数以上的光伏产业链资源,并处于全球领先水平,为抢占全球市场提供了强大支撑。

根据中国光伏行业协会的统计,2011—2012 年,我国硅料、组件等光伏生产企业开始在全球产业链中崭露头角,并逐渐占据重要席位。2013 年之后,我国国内市场需求的激增,极大地刺激了国内光伏产业链的高速发展。2018—2019 年,尽管国内装机量出现滑坡,但是我国光伏产业链优势依旧明显。2020 年,我国多晶硅、硅片、电池片和组件产能的全球占比分别为 69.0%、93.7%、77.7% 和 69.2%,光伏产品产能和产量均居世界第一,是全球光伏产业发展重要推动力量之一(陈昱忻,2021)。

2. L 公司产业链分布现状

从经营端来看,L 公司的业务范围几乎覆盖了除了多晶硅料外的光伏产业链的全部环节(图 9.1)。L 公司依托全球领先的单晶硅产品制造商,确保公司拥有一流的、可靠的、稳定的核心材料供应。在此基础上,依托从前端硅材料到下游组件的全产业链优势,尤其是以突破性的单晶技术在光伏行业占据引领地位,在产品转型和度电成本优化等领域不断实现突破,持续导入大量领先研发成果,保证了公司产品的高效率、高可靠性和高收益。

目前,L 公司已经建立起以西安为中心,覆盖宁夏、云南、江苏以及马来西亚的生产基地。其中,单晶硅棒、硅片生产基地主要集中于陕西西安,宁夏银川和中宁,云南丽江、华坪、保山、腾冲、曲靖和楚雄,江苏无锡和马来西亚古晋;单晶电池、组件生产基地主要集中于江苏泰州、浙江衢州和嘉兴、安徽合肥和滁州、宁夏银川、陕西西安和咸阳、山西大同和马来西亚古晋。同时,公司于国内外多地开展了光伏电站开发及系统解决方案业务。

此外,L 公司与中国本土的华为、国外的杜邦、新南威尔士大学等国际知名企业、科研机构建立了战略合作关系,确保公司具有一流的技术实力,拥有国内一流的研发中心、全自动生产设备和尖端的检测仪器,汇聚全球技术专家,共同提升光伏终端客户价值。L 公司还拥有全面的质量和产品体系认证,目前主要客户包括国家电投、大唐集团、中国民投、特变电工、北控集团、中广核、华能、华电、中兴能源、招商新能源、锋威等,公司高效单晶产品畅销国内、亚太、欧洲及美洲市场。

9.2 L公司转型升级的外部环境分析

9.2.1 光伏产业发展面临的挑战

凭借资金、技术、成本等优势,我国光伏产业规模不断扩大,国外企业加速退出,光伏产业链各个环节向我国国内集中,并先后涌现出晶科电力有限公司、天合光能股份有限公司、国能日新科技股份有限公司、隆基绿能科技股份有限公司等一批知名光伏企业,基本完成了垂直一体化布局,且几乎已经覆盖了光伏产业链的全部环节,其他国家下游生产线更倾向于从我国进口硅片、电池片等光伏产品用于日常生产。但是,我国光伏产业发展仍然面临着巨大的挑战。

1. 光伏产业链条上、中、下游的衔接不顺畅且存在过度竞争

国内光伏产业链条中的上、中、下游衔接并不十分顺畅,这在一定程度上影响了我国光伏产业的高质量发展进程。随着光伏产业链各环节快速发展,供求市场相对集中,未来价格的上涨、技术的迭代、转换率的提高、新材料的变化都会给我国光伏产业转型升级带来一定的挑战。光伏产业链上游是多晶硅提纯及太阳能晶硅制造环节,太阳能级多晶硅作为光伏产品制造的基础原材料,硅材料产业特征为技术密集、高投入、高能耗等,行业壁垒高,具有一定的垄断性,属于垄断型的市场结构体系。产业链中游是硅片生产环节,太阳能电池片的生产环节基本趋于垄断竞争。产业链下游是光伏内部组件封装等环节,由于技术难度不高,市场准入门槛较低,企业数量较多,竞争强度较为激烈,属于竞争型市场结构,基本趋于完全竞争(表9-1)。

表9-1 光伏产业链各环节市场结构

产业链各环节	企业数量	进入难度	市场结构	竞争程度
硅材料	少	高	寡头垄断	高
硅片	较少	较高	垄断竞争	较高
电池片	较多	较低	垄断竞争	较低
组件	多	低	完全竞争	低

资料来源:耿亚新等(2010)

光伏产业链不同环节进入难度的差异导致不同环节出现不匹配和博弈现象。2020年下半年以来,我国光伏企业进入快速扩张实际产能阶段,而多晶硅料产能建设周期相对较长,匹配下游硅片难度较大,电池片及组件产能的扩张速度较慢,多晶硅料出现阶段性供给不足,导致2021年硅料年末单价相较年初涨幅高达177%。上游硅料价格上涨向下传导引起硅片价格上涨,下游原材料成本大幅上升,明显挤压了电池片、组件行业的利润空间,导致企业间竞争日趋激烈。相较2021年,2022年以来的硅料价格有所下降,但硅料生产与硅片

生产环节仍然存在着价格博弈，上游原料与终端需求之间的博弈仍未停止。尽管产业链不同环节之间需求供给失衡问题能够通过短缺环节的产能释放、过剩流程的产能削减等市场机制获得缓解，但产业链各环节出现的利润分配不均衡，及后续终端装机需求降低，仍然对整个行业的健康发展产生了一定影响。当然，从积极的一面来看，不同环节之间的供需失衡也将倒逼企业不断研发高效的光伏新产品，推动光伏产业链的加速整合和转型升级，提高光伏行业的集中度，并进一步推动光伏度电成本的持续下降。

2. 国内外市场供需不平衡带来潜在的风险

我国虽然拥有世界超过半数以上的光伏产业链资源，但光伏产业在国内和国外市场供需不平衡，抗风险能力差。回顾我国光伏产业发展历程，国内光伏应用市场开局较晚，而国外光伏发电技术成熟，光伏产品应用广泛，产能消纳能力强大，更有政府政策强力加持，光伏产品的需求旺盛，因此，我国光伏产能主要依靠国外市场消纳，但这种不平衡的"生产在国内、应用在国外"的供需现象容易受到国际环境和国外本土政策等因素的影响，后患诸多、挑战众多。多个国家为保护本国光伏产业实施了贸易限制措施，如美国201调查、印度反倾销调查等，而这对我国光伏产业的海外发展产生了一定程度的冲击。

我国光伏产业链结构失衡导致市场倒挂是引发这种现象的主要原因。客观上，中国光伏产业目前的产品主要集中在产业链中游，而我国光伏发电技术相对不成熟，国内市场培育较慢，国内市场需求未大范围开启。此外，我国能源消费结构依然以碳为主，能源效率偏低，以2020年为例，中国煤炭消费量占能源消费总量的56.8%，天然气、水电、核电、风电、太阳能等清洁能源消费量占能源消费总量的24.3%（苏小明，2021），所有这些都导致中国目前光伏产业市场供应大于需求。当然，随着"双碳"战略的实施，作为绿色清洁新能源的光伏太阳能在国内市场需求潜力不可限量。从这个角度来看，培育壮大国内光伏产业市场需求远比提高产能扩张国外市场版图更为重要、更有意义。

3. 储能配套设施亟待完善

太阳能本身具有地域分布不均衡、时间分布间歇的特点，这使其与电力可靠性之间存在矛盾。我国太阳能资源丰富，能源优势明显，但光照资源"西北高，东南低"的地域分布特点与我国用电需求"西北低，东南高"的分布特征刚好相反，这使得经济发达的东南地区在用电紧张月份需要限电停产，而光照资源丰富的西北地区如新疆、甘肃等省份的弃光率水平较高。种种因素促使建设更大范围内的特高压电网被提上日程，以实现远距离安全输送更多的光伏电力至需求端，大幅提升光伏电力的利用率，持续推动光伏新增装机容量进一步扩大。

此外，太阳能具有日夜间歇性、季节间歇性的特点，导致电池片的使用效率产生差异。白天、夏季等光照条件好的时段所产生的电力储存效率低，会产生严重的浪费；而夜晚、冬季等无光或弱光时段却难以生成足够的电力，这导致现阶段光伏发电难以满足全部电力需求。为了缓解这些矛盾，迫切需要成本更低的、以输能和储能为基础支撑的新增电力装机装备。现阶段的各种储能方式中，锂电池储能方便性最高，但每度电储能成本比电价高出一倍，达到0.6—0.8元,导致多发电量与其存储还不如舍弃。因此,如果储能成本能够大幅降低,那么就能更加彻底地解决弃光问题,进而推动光伏在能源消费结构中的占比进一步提升。

4. 区域协调亟待提升

随着光伏产业的发展,依托区域资源优势和产业基础,我国光伏产业已呈现出显著的区域聚集特点,光伏产业基地主要集中在长三角、京津冀、珠三角及中西部地区,已经形成各具特色的区域光伏产业集群,如西部依靠光照与资源优势发展起来的多晶硅和光伏电站集群,华北、华中依靠人才及科研优势发展起来的组件及设备集群,东部依靠资本、技术及配套优势发展起来的光伏全产业链集群等。其中,四川省、江苏省、河北省的光伏产业链最为完整。四川省的光伏产业链涵盖了工业硅、多晶硅、硅片、电池片、组件等,是我国光伏产业链较为完整的产业聚集区。江苏省和河北省主要承担下游组件的生产,广东省深圳市以及浙江省、江西省等地也主要生产下游组件。河南省、内蒙古、宁夏等地则主要生产上游多晶硅原料。简而言之,中国光伏产业地区分布表现为沿海地区和中部地区以下游组件为主,而西北区域借助电力、原材料优势以上游多晶硅原料为主。

由于各地区经济发展和区域文化基础差异,光伏产业的技术研发、制造及市场运营也面临诸多挑战。一方面,是角色定位的挑战。随着区域产业产品同质化越来越严重,产能增速明显大于市场增速,各地区亟待加快技术创新应用,实现从"光伏制造"到"光伏智造"的转型升级。另一方面,是联合协作的挑战。要想加强高位推动,完善协调机制,就必须在摸清我国光伏产业发展方向、地区分布和集聚情况,掌握转型升级中遇到的问题的基础上,鼓励和引导优势企业进行兼并整合,实现我国各地区从"单打独斗"到"兵团作战"。

9.2.2 光伏产业转型升级的PEST分析

PEST是政治(political)、经济(economic)、社会(social)和技术(technological)四个英文字母的首字母缩写,PEST分析是指宏观环境分析,包括对一切影响行业和企业的宏观因素进行分析,但一般都是对政治、经济、社会和技术这四大类影响企业的主要外部环境的因素进行分析。本节结合我国光伏产业自身的行业特点,从政治环境、经济环境、社会环境及技术环境四个方面分别分析其对我国光伏产业发展的主要影响。

1. 政治环境

(1) 中央政府高度重视给光伏产业提供良好的发展机遇

能源是国民经济稳定发展和社会长治久安的重要物质基础,大力发展以光伏发电为代表的可再生能源在我国能源发展过程中占据重要地位,也在贯彻落实"四个革命、一个合作"能源安全新战略的过程中发挥重要作用。2020年9月,习近平主席在第七十五届联合国大会一般性辩论上郑重宣布我国要实现"2030年前碳达峰,2060年前碳中和"的目标,为我国光伏产业转型升级发展指出了鲜明的方向。在2020年12月气候雄心峰会上,习近平总书记提出,到2030年我国非化石能源占比达到25%的战略目标。

2017—2019年,我国新增光伏装机量分别约为53 GW、44 GW、30 GW,为实现到2030

年我国非化石能源占比达到25%,短期预计我国未来新增光伏装机量将超市场预期,这意味着未来几年年新增光伏装机量55—60 GW,甚至会提升至70—90 GW。在此背景下,中国政府针对光伏行业的L公司等跨国大企业,从配套设施建设、人才团队引进和矛盾协调处理等方面提供更为优质服务,并且在税收和信贷政策上都有一定的倾向性。此外,政府还推出了"光伏+扶贫"政策,既为脱贫攻坚工作贡献力量,又为L公司等光伏企业提供广阔的发展机遇。

(2) 地方政府切实支持光伏产业发展

在我国"碳达峰、碳中和"的发展目标下,"低碳"成了地方发展的"必选动作",要促进能源本地化,推动经济增长方式从粗放型转向集约型,避免社会经济"高碳锁定",从而实现经济高质量增长。因此,在地方政府精准招商过程中,作为战略性新兴产业的光伏产业,越来越受到地方政府的高度认可,地方政府采用以商引商、专业招商、资本招商、中介招商等多种形式,加强事前支持、事后激励,精准招引光伏产业作为强链延链补链的龙头项目、税源项目。

同时,地方政府进一步支持当地光伏企业重大项目建设,充分发挥龙头企业、重大项目"产业硬核"集聚效应。面对经济下行压力,地方政府推进光伏重大项目建设,既有利于解决地方就业问题,又有利于提升地方GDP。因此,诸多地方政府将光伏产业作为当地的重点产业来培育,加强联动协作,定向招引上下游产业链项目,建立"原料—电池—组件"的完整产业链。

此外,地方政府牵头并围绕光伏产业链配置各类资源,优先满足企业的融资、用地、用工需要,综合平衡用能、排污等指标,为企业争取土地指标、拓宽融资渠道、搭建银企合作等优惠政策。一方面,鼓励围绕产业发展,多途径、多形式引进高层次人才和紧缺人才,鼓励光伏企业申报人才补贴。另一方面,鼓励光伏企业尽快落户,争取在公益类项目方面给予光伏产业转型升级长期支持和配套政策支撑。

(3) "平价上网"和消纳保障机制

近年来,我国大力发展光伏发电,各地区政府也争相制定当地光伏产业扶持政策推动光伏产业发展。2021年,"平价上网"新政策正式实施,从短期来看,会给习惯得到政府补贴的企业以阵痛;但从长远来看,该政策给企业一个信号,要不断创新,主动降低成本,才能够获得更多的收益。

同时,近年来弃光限电[①]的问题在我国西部地区光伏发展过程中越来越凸显。弃光限电的主要根源在于,西部地区电网配套建设滞后无法满足光伏的大规模集中上网的需求,而

---

① 弃光即放弃光伏所发电力,一般指的是不允许光伏系统并网,因为光伏系统所发电力功率受环境的影响而处于不断变化之中,不是稳定的电源,电网经营单位以此为由拒绝光伏系统的电网接入。限电即限制电力的输出,一般指的是出于安全管理电网的考虑而限制光电或者风电所发电力,比如一个额定功率为100 MW的电站,由于调度的需要,只允许发80 MW的电力,另外20 MW就被抑制住了,不能全力运行。

东、中、西部协同的消纳市场尚未形成,西部地区消纳水平有限,东部地区消费需求较大,但存在输电通道建设滞后、现有电网调峰能力及灵活性不足的问题。为统筹解决东西部地区用电量和发电量的矛盾,加快构建清洁低碳、安全高效的能源体系,促进可再生能源开发利用,2019年5月,国家发展改革委和国家能源局发布了《关于建立健全可再生能源电力消纳保障机制的通知》,加大可再生能源评价考核中的电力消纳责任权重,并将其纳入对地方经济社会发展的考核体系之中,推动形成清洁能源消纳长效机制。所有这些为光伏产业的发展提供了良好的政策支撑,加速光伏企业建设落地。

2. 经济环境

(1)光伏产业自主完整产业链助推经济新增长

中国光伏产业经过多年发展,技术、原料、产业链得到了比较充分的积累,已经形成了"科研-制造-开发-运营"的完整自主产业链;国内企业间沟通协作效率高速提升,形成了互利共赢的良好循环,这些都使我国光伏产业的领先优势不断扩大,并成为新的经济增长点。

"十四五"期间,中国风电、光伏发电新增装机总量较"十三五"有较大发展,在能源转型升级中,光伏已经成为最经济的能源之一。光伏不仅以低廉的发电成本超越其他可再生能源,而且可以减少土地浪费,并为经济社会提供更多就业岗位。根据预测,新能源行业所提供的就业机会是传统能源的1.5—3倍。

此外,依托光伏产业,还可以衍生出更多的"光伏+"应用场景,"光伏+"指太阳能发电与风能发电、现代农业及扶贫项目等相结合。在我国国内大型电站进入高速建设期后,呈现出分布式光伏新趋势,传统光伏产业链可以延伸到"光伏+观光旅游""光伏+精准扶贫""光伏+生态农业"等产业链,盈利空间巨大。未来,分布式光伏还可以推动荒漠化等生态环境修复,形成绿色产业链,实现能源与生态经济的融合发展。

(2)海外贸易壁垒影响光伏产品海外市场

虽然发展可再生能源以应对全球气候变化已经成为国际共识,但在诸多政治经济等因素的影响下,光伏产业领域的贸易争端及贸易保护依然持续存在,影响了中国光伏产品的海外市场。自2011年以来,中国光伏产业面临美国、欧盟等国家和地区"双反"及贸易保障措施的打击,甚至少数国家对我国光伏产品征收较高的关税,直接影响了我国的光伏产品在该国的发展,导致成本增加、价格上升,削弱了竞争优势。

3. 社会文化环境

(1)我国光伏能源优势明显

一方面,光伏能源具有分布广泛、取之不尽、投入成本低、使用年限长、不占土地资源等特点。另一方面,我国太阳能资源丰富,市场潜力巨大,能源优势明显。2007年9月国家发展改革委公布的《可再生能源中长期发展规划》显示,我国三分之二的国土面积年日照小时数都在2 200 h以上,年太阳辐射总量大于每平方米5 000 MJ。其中青海、西藏等众多地区太阳辐射能量较大,尤其是青藏高原地区太阳能资源最为丰富,为我国光伏产业的发展提供了得天独厚的先天条件。

(2) 我国能源需求巨大

作为全球最大的能源生产国和能源消费国,中国面临着能源可持续供应能力不足的严峻问题。从2019年可采储量来看,我国目前石油、天然气和煤炭的储产比分别为17.5年、38.8年和72年(荀玉根,2022),均低于世界平均水平。与此同时,伴随着经济高速发展,我国能源需求和能源消耗总量均逐渐增长。特别是在"碳达峰、碳中和"新要求、"平价上网"新政策以及"能源物联网"新发展的背景下,对可再生能源的需求巨大。因此,大力发展光伏发电是改善我国能源供给结构,促进我国经济社会高质量发展和保障国家能源安全的重要手段。

(3) 推动经济社会负碳发展

随着新时期"双碳"新目标的确立,发展绿色经济已经成为经济转型关键期的必然选择,大力发展绿色能源、持续推动负碳发展已成为全社会共识。在改善能源结构和提高能源效率的新征程上,光伏太阳能应一马当先。分布式光伏产品以其绿色、清洁、安全等特征,逐渐应用于日常生活,走进寻常百姓家。此外,光伏电站项目的大规模建设,有利于构筑荒漠绿色屏障,推动植物、畜牧业开发,真正实现光伏发电和生态修复双重优势互补,促进经济效益、生态效益和社会效益的可持续发展。

4. 技术环境

(1) 多晶硅提纯技术取得突破性进展

技术的持续进步是光伏发电成本下降的最大推力。近年来,在西方国家的改良西门子法[①]多晶硅提纯技术的基础上,我国光伏企业在生产技术方面不断深耕细作、自主创新、自力更生,使得我国光伏产业以核心自主知识产权技术赢得了市场主动权。特别是在多晶硅提纯技术上取得突破性进展,彻底摆脱了我国光伏产业链上游的多晶硅原材料受制于人的局面,为我国光伏产业迈向中高端奠定了坚实的基础。

(2) 硅片厚度持续降低

硅片厚度的降低是减少光伏产品原材料硅消耗的有效技术路径之一。根据中国光伏行业协会和赛迪智库集成电路研究所编制的《中国光伏产业发展路线图(2020年版)》,薄片化一方面有助于降低硅耗和硅片成本,另一方面也会影响碎片率。因此硅片厚度受到光伏产业链下游电池片、组件制造端等限制。随着生产技术改进,光伏产品硅片厚度从最早的 450—500 μm 降低到现在的 168—180 μm,硅片厚度大幅降低,对降低光伏产品成本起到了至关重要的作用。目前,国内骨干光伏企业生产的电池片厚度已经处于国际领先水平 180 μm。截至2022年3月,182 μm 的硅片厚度已经继续朝着 160 μm 调整,甚至个别企业正在调整至 155 μm 厚度,可谓"加速推进"(陆肖肖,2022)。

---

① 改良西门子法多晶硅生产的西门子工艺,其原理就是在 1 100 ℃ 左右的高纯硅芯上用高纯氢还原高纯三氯氢硅,生成多晶硅沉积在硅芯上。改良西门子工艺是在传统的西门子工艺的基础上,同时具备节能、降耗特点,且回收利用生产过程中伴随产生的大量 H_2、HCl、$SiCl_4$ 等副产物以及大量副产热能的配套工艺。世界上绝大部分厂家均采用改良西门子法生产多晶硅。

（3）光伏电池效率持续提升

中国光伏电池效率持续提升带来了光伏成本的下降,而光伏成本下降大大推动了光伏行业高速增长。在实验室效率方面,目前单晶硅电池的效率已经从最早的6%跃升到现在的25%,而多晶硅电池也达到了20.3%。在商业化方面,目前晶体硅电池的效率达到了14%—20%,其中单晶硅电池达到20%,多晶硅达到16%,薄膜太阳电池达到13%。根据经验公式,光伏电池转换效率每提升1%,光伏成本可以下降7%(中商产业研究院,2020)。因此,随着行业技术水平的不断提升、光伏电池组件转换效率的不断提高,光伏发电成本将呈现加速下降趋势(陈冰,2020),而成本的下降,不仅可以进一步加速光伏产业的发展,还可以缓解前述的"弃光限电"问题。

综上所述,我国光伏产业拥有高度重视的政治环境、前景可期的经济环境、绿色共识的社会环境以及自力更生的技术环境,光伏产品应用前景广阔,为我国光伏产业高质量发展迈向中高端提供了良好的环境。

9.2.3 L公司波特五力模型分析

行业竞争环境对企业的生存发展具有最直接的影响,早在20世纪80年代初,波特(2003)就提出了五力模型,他认为行业中存在着决定竞争规模和程度的五种力量,即供应商的讨价还价能力、购买者的议价能力、同行业内现有竞争者的竞争能力、潜在竞争者进入的能力和替代品的替代能力,他认为这五种力量综合影响着产业的吸引力以及现有企业的竞争战略决策。从一定意义上来说,波特五力模型分析是隶属于外部环境分析方法中的一种微观分析方法(Porter,1980)。本节运用此模型对L公司所处的光伏行业环境进行深入分析,探究这五种基本力量对L公司造成的影响。

1. 供应商讨价还价的能力

供应商通过提高生产要素价格影响行业内企业的利润和市场竞争力,甚至可以影响整个行业内部企业的生存状况,供应商的议价能力越强,对生产者的威胁就越大。对于光伏产业链来说,上游硅料占硅片成本的50%—60%,硅料涨价会导致硅片的生产成本增加。

从中短期来看,硅料供应商的议价能力呈现两极分化的趋势。多晶硅作为光伏产品制造的基础原材料,具有产能投资金额大、技术工艺复杂、投产周期长等特点,且具备较高的进入壁垒,行业附加值较高(马文军,2021)。目前,我国光伏企业的共性问题是产业链发展不平衡,集中力量在产业链的中下游环节,但始终受到上游硅料生产企业的限制。从长远来看,随着市场缺口加大、价格不断上涨,上游硅料供应有限,可能会再次迎来"拥硅为王"的时代。而对于L公司这种龙头企业而言,其生产规模较大,手握硅料长单,供应商议价还价能力较弱。当然,面对未来发展的诸多不确定性,依然要警惕因缺乏原材料或原材料价格暴涨而导致的出货量负增长,交付能力下降的风险。

2. 购买者讨价还价的能力

购买者的议价能力是指通过对比不同企业之间的价格来压低想要购买产品的价格,进而在相互竞争的企业中使自己利益更大化。对企业而言,产品差异和购买转换成本等因素与买方的威胁程度密切相关。

就产品差异化而言,目前市面主流产品主要是单晶硅光伏产品和多晶硅光伏产品。在早期,我国历经光伏市场波动和抢装热潮,多晶硅曾以低价和产能优势迅速抢占国内低端市场,而单晶硅以其品质优势主要外销欧美高端市场。但随着单晶硅电池环节 PERC 技术大幅提高了电池转换效率和单晶硅片成本的快速下降,单晶硅的渗透率持续提升,单晶硅光伏产品的市场占有率不断提升,单晶硅逐渐替代了多晶硅。同时,国内外市场对于单晶硅的接受程度也在不断提高。而 L 公司是单晶硅光伏产品制造商龙头企业,议价能力突出。就购买转换成本而言,由于不同品牌之间光伏产品转换受电性能参数、电流的差异大小等影响,会影响电站效率,因此光伏购买转换成本较高。综上分析购买方议价还价能力较弱。

3. 行业内现有竞争对手的威胁

随着我国光伏产业日趋成熟、市场化进程持续加速,市场竞争激烈,买方拥有较高的自由选择度,从而倒逼光伏产业现有企业提供更高的产品质量和更好的服务。

从电池原料角度来看,目前硅基太阳能电池原料易制备、成本优势大,价格不断下降,已经成为近 20 年来光伏电站应用的主导半导体材料,长期占据 90% 以上市场,并且份额越来越高。晶硅电池的理论极限效率为 30%,目前主流的高效电池种类有 PERC、TOPCon、HIT、IBC、HBC 等,其中 PERC、HIT、TOPCon 电池的理论极限效率分别为 24.5%、27.5%、28.7%。截至 2019 年,PERC、HIT、TOPCon 电池的最高研发效率分别为 24.06%、25.11%、25.70%,平均量产效率分别为 22.5%、23.7%、23.5%。PERC 因其成本优势占据 65% 的市场份额,以 PERC 为主力产品的 L 公司是当前兼顾高效和低成本的最佳选择,并且由于光伏产品的自身特点,转换成本较高,难以随意更换设备,因此,L 公司拥有强大的竞争优势,市场竞争力卓著。

4. 潜在进入者的威胁

2014 年 2 月,国家认监委联合国家能源局出台《关于加强光伏产品检测认证的实施意见》(国认证联〔2014〕10 号),标志着我国开始实施光伏产品市场准入制度,随后要加强光伏产品检测认证体系建设,规范光伏制造行业管理,促进光伏产业结构调整和转型升级。

2015 年 6 月,《关于促进先进光伏技术产品应用和产业升级的意见》(国能新能〔2015〕194 号)提出要提高光伏产品市场准入标准,实施"领跑者"计划,推动光伏技术进步和加速产业升级,实现光伏产业持续健康发展。要求光伏组件生产企业在产品说明书中应明确多晶硅、电池片、玻璃、银浆、EVA、背板等关键原辅材料的来源信息,确保进入市场的光伏产品必须是经过检测认证且达标的产品。此外,对于光电转换效率和衰减率两大指标提出了量化标准。

综上,我国光伏产品进入市场的基本要求是产品应通过"国家批准认证机构的认证"。L 公司在光伏行业发展初期就已进入市场,已经成长为技术含量较高的大型企业,而进入光伏产业的资金和技术门槛限制使得很多新进入者难以进一步发展,因此,L公司受到的威胁较小。

当然,随着"双碳"目标的确立,我国不断出台针对清洁能源的政策,光伏产业吸引了越来越多的资本投资,不排除会有资金实力雄厚的企业通过收购、并购行业中现有光伏企业的捷径成为新进入者,甚至在此基础上迅速成为龙头企业,进而成为L公司的潜在威胁者。

5. 替代品的威胁

一般而言,同一行业或不同行业的两家公司如果生产的产品可以相互替代,那么可能会产生相互竞争的行为。在双碳的背景下,中国政府明确支持发展的新能源包含了光伏发电和风力发电,核电和风力发电均是光伏发电主要的替代品威胁。此外,未来不排除会出现超出我们现有认知的科技产品,从技术上颠覆光伏产品,成为光伏产业发展的新威胁。

9.3 L公司转型升级的内部环境分析

9.3.1 L公司资源分析

企业资源分析是指厘清公司具有未来竞争优势的资源,并对所拥有的资源进行识别和评价的过程。本节从L公司所拥有的实物资源、人力资源、财务资源、无形资产等四个方面入手,对其所拥有的资源进行识别和评价,找出具有未来竞争优势的资源,为L公司企业转型升级提供支撑。

1. 实物资源较为雄厚且分布较广

L公司总部位于西安国家民用航天产业基地,整体规模较大,主要从事单晶硅棒、硅片、电池和组件的研发、生产和销售,其中单晶硅棒、硅片生产基地主要集中于陕西西安,宁夏银川和中宁,云南丽江、华坪、保山、腾冲、曲靖和楚雄,江苏无锡和马来西亚古晋;单晶电池、组件生产基地主要集中于江苏泰州、浙江衢州和嘉兴,安徽合肥和滁州,宁夏银川、陕西西安和咸阳,山西大同和马来西亚古晋。L公司在上述地区均拥有雄厚的实物资源,包括房屋及建筑物、光伏电站、机器设备、运输工具、电子设备及其他。

2. 人力资源较为丰富但教育程度有待提高

根据公司年报,2019年L公司有32 873名员工,其中母公司在职员工有1 794名,主要子公司在职员工有31 079名,而到2021年,L公司在全球雇用了49 967名员工,增长趋势明显,其中外籍员工占比7.59%,覆盖了马来西亚、越南、埃及、意大利等国家。表9-2显示了L公司2019年员工专业构成,生产人员有24 416人,占比最高,占总人数的74.27%,这一方面说明L公司人员力量向生产一线下沉,另一方面也显示出L公司自动化生产程度有待进一步提升。技术人员有4 021人,占比第二,占总人数的12.23%,这说明L公司高度重视光伏技术研发和产品性能提升。行政人员有3 733人,占比第三,占总人数的11.36%,这说明L公司管理体系趋于完善成熟,但管理岗位设置较多,机构相对烦冗。

表 9-2　2019 年 L 公司员工专业构成分布表

专业构成类别	生产人员	销售人员	技术人员	财务人员	行政人员
数量/人	24 416	442	4 021	261	3 733

数据来源：L 公司 2019 年企业年报
注：后续表格如无特别说明，原始数据均来自公司历年年报。

但从该年公司员工教育程度来看，公司具有博士学历背景的只有 29 人，仅占总人数的 0.09%，高学历人才极度紧缺，与 L 公司高质量发展转型的客观需要不相适应。公司具有硕士学历背景的也只有 615 人，仅占总数人数的 1.87%，剩余具有本科及大专和大专以下学历背景的有 32 229 人，占总人数的 98.04%，因此 L 公司大多数员工文化层次相对不高，这也表明公司的人力资源后劲不足，特别是高学历的技术人才紧缺。因此，L 公司在未来的发展中应该重视员工职业生涯规划和培训教育，特别是将人才培养前置到各大对口院校，从而提升员工的整体素质。此外，在公司招聘员工时，也要注重对高学历、高素质人才的招募，从而为公司创新发展提供强大的人才储备。

L 公司贯彻"赋能赋权激发活力"的管理策略，实施精细化人才培养模式，股权机制合理，深度绑定员工利益，有效地激发了核心员工的积极性。同时，L 公司持续调整优化薪酬体系，提升员工薪酬与职位价值的匹配度，保证员工薪酬水平的市场竞争力和激励性，建立了核心人员收益分享等激励机制，将核心员工薪酬与企业经营效益挂钩，激发了核心员工的工作积极性。

截至目前，如表 9-3 所示，L 公司已实施两期股权激励计划，第一次授予 489 人，授予数量为 927.2 万股，占当时公司总股本的 1.72%；第二次授予 1 202 人，授予数量为 1 257.7 万股。占当时公司总股本的 0.63%。

表 9-3　L 公司股权激励计划表

内容		第一期股权激励计划（2014.12）				第二期股权激励计划（2016.11）			
授予价格		9.90 元/股				7.06 元/股			
激励人员		主要为中层管理人员及核心技术人员				均为中层管理人员及核心技术人员			
解锁条件	时间	（以 2013 年营业业绩为基准）				（以 2015 年营业业绩为基准）			
		2014 年	2015 年	2016 年	2017 年	2016 年	2017 年	2018 年	2019 年
	营业收入增长	40%	80%	130%	180%	60%	90%	110%	125%
	净利润增长	400%	600%	750%	850%	750%	90%	105%	120%

数据来源：根据 L 公司公告整理

3. 财务资源灵活稳健

L 公司财务资源较好，有息负债较少。在资本市场上，L 公司的融资通道畅通，融资结果理想。从债券融资和股票融资来看，累计超过 100 亿元，主要用于新项目或扩产项目的投资生产。具体来说,除 2012 年首次公开募股(IPO)募资 15.13 亿元外,2014 年和 2015 年,L 公司先后通过非公开发行股份方式分别募集资金 19.2 亿元、29.42 亿元;2017 年,L 公司发行可转换债券募集资金 27.61 亿元;2019 年 4 月,L 公司募集资金 38.28 亿元;2020 年 7 月,L 公司公开发行可转换债券募集资金 50 亿元,这些资金有效提升了公司硅棒、硅片和电池产能。自 2012 年上市以来,L 公司股份融资金额累计超 170 亿元(表 9-4)。

表 9-4 近年来 L 公司上市后的大额融资情况

时间	融资类别	融资金额/亿元	融资用途
2012.04	首次公开募股	15.13	用于年产 500 MW 单晶硅项目
2013.11	长期借款	1.45	
2014.12	短期借款	4.5	产业链向下游拓展,增加组件厂、电站厂
2014.12	短期借款	0.35	
2015.06	股票定向增发	19.2	用于年产 800 MW 单晶硅棒项目、1.2 GW 单晶硅棒项目、年产 2 GW 切片项目、年产 1.15 GW 单晶硅片项目、年产 850 MW 切片项目、年产 1 GW 硅棒项目、补充流动资金
2016.03	公司债券	10	补充流动资金
2016.09	股票定向增发	29.42	用于年产 2 GW 高效单晶 PERC 项目、年产 2 GW 高效单晶光伏组件项目、补充流动资金
2016.12	固定资产借款	1.5	固定资产借款
2017.01	长期借款	3	
2017.03	长期借款	1.1	
2017.11	可转换债券	27.61	年产 5 GW 单晶硅棒项目、年产 5 GW 单晶硅棒和 5 GW 单晶硅片项目
2017.12	短期借款	0.14	原材料采购
2018.08	配股	39	年产 5 GW 高效单晶电池项目、年产 5 GW 高效单晶组件项目
2019.04	配股	38.28	
2020.07	可转换债券	50	单晶硅棒、硅片项目和年产 5 GW 单晶电池项目

数据来源:根据 L 公司 2012—2020 年年报及相关募资公告整理所得

此外,上市以来,L 公司为应对投资生产经营中资金不足的情况,除了向各大银行进行质押担保外,还充分利用自身良好的财务指标,积极向宁夏银行、汇丰银行、浙商银行、广大银行等申请授信额度,灵活多样地保障了资金需求,提高了资金周转率。

4. 无形资产优质

L 公司的无形资产包括土地使用权、专利权、非专利技术、商标权及软件等,其中土地使用权使用期按产权证记载期限,专利权和非专利技术、商标权及软件均按 10 年计算使用寿命。值得一提的是，L公司拥有着享誉全球的品牌优势和品质保证，在供货商和销售商中信誉度较高，在全球单晶硅片及组件领域的品牌影响力持续提升。根据企业年报，L公司是工业和信息化部首批发布的制造业单项冠军示范企业名单中唯一入选的光伏制造企业，其牵头制定的硅片新标准收录至SEMI标准并向全球发布，并获评全球知名研究机构彭博新能源财经（BNEF）发布的"全球一级组件供应商（Tier 1）"以及PV-Tech发布的2020年第一季度组件制造商可融资性PV ModuleTech AAA评级的组件制造商，成为全球唯一获最高评级的组件制造商。凭借良好的品牌和优越的品质，L公司在行业内成功获得了高知名度和良好口碑，并赢得了海内外众多客户的高度认可和信任。

9.3.2 L公司能力分析

1. 财务能力稳健

L公司始终围绕和秉承稳健经营的方针，注重风险控制。在经营规模保持稳定高速的增长过程中，L公司依然保持着稳健经营控制风险的能力、合理水平的资产负债率、良好的偿债能力和稳健的可持续发展能力。2015年前，L公司专注于生产单晶硅片产品，营收占比达到80%以上。2014年下半年，L公司业务单元逐渐延伸至光伏产业链下游，电池组件业务营收占比也在提升。2016年，L公司电池组件营收占比超过硅片业务。2019年，组件业务实现收入145.7亿元，占公司整体营收的44.3%，同时公司盈利能力触底回升，毛利润水平恢复至历史高点。L公司保持着领先的财务健康水平，出货能力稳定增长，盈利水平大幅提升，产能布局稳步推进。

如表9-5所示，在过去的七年里，虽然L公司现金及现金等价物净增加额波动较大，但L公司营业收入、利润总额等绝大多数指标一直保持持续上升的态势，营业利润、利润总额和经营活动产生的现金流量净额仅在2018年略有回调，其他年份也都呈现稳步上升的态势，这表明L公司财务状况良好。

表9-5 L公司2015—2021年财务状况比较

	2015年	2016年	2017年	2018年	2019年	2020年	2021年
利润表摘要							
基本每股收益/元	0.31	0.86	1.81	0.93	1.47	2.27	1.69
营业收入/万元	594 703	1 153 053	1 636 228	2 198 761	3 289 746	5 458 318	8 093 225
营业利润/万元	56 863	176 634	399 561	286 945	629 783	997 116	1 065 597
投资收益/万元	61	5 091	58 161	79 376	23 998	107 750	79 979
利润总额/万元	59 257	179 270	401 769	286 743	624 693	991 191	1 023 236
归属于上市公司股东的净利润/万元	52 033	154 724	356 453	255 796	527 955	855 237	908 588
归属于上市公司股东的扣除非经常性损益的净利润/万元	52 744	150 338	346 458	234 355	509 362	814 309	882 605

(续表)

	2015年	2016年	2017年	2018年	2019年	2020年	2021年
现金流量表摘要							
经营活动产生的现金流量净额/万元	36 456	53 576	124 191	117 327	815 824	1 101 488	1 232 261
现金及现金等价物净增加额/万元	91 848	342 128	217 075	−169 056	989 524	834 492	257 795
资产负债表摘要							
总资产/万元	1 020 871	1 917 240	3 288 370	3 965 924	5 930 397	8 763 483	9 773 488
流动资产/万元	643 949	1 204 200	1 892 740	2 290 089	3 736 652	5 510 121	5 895 215
总负债/万元	455 499	907 879	1 863 956	2 283 448	3 100 916	5 203 677	5 014 801
流动负债/万元	378 130	645 137	1 234 012	1 487 848	2 461 984	4 309 246	4 250 425
存货/万元	153 417	121 342	238 040	428 254	635 614	1 145 242	1 409 803
归属于母公司所有者权益(或股东权益)合计/万元	563 425	1 009 255	1 419 536	1 645 159	2 762 879	3 510 577	4 744 775

(1) L公司偿债能力

本节分别选取偿债能力、盈利能力、运营能力、成长能力四个财务指标,将L公司与主要竞争对手通威股份、阳光电源、中环股份进行对比分析。从公司偿债能力对比分析(表9-6)来看,在流动比率、速动比率、现金比率方面,L公司均排名第一,这说明L公司的短期偿债能力较强,有充足的现金偿还流动负债。在资产负债率方面,L公司最小,这说明L公司债务负担较轻,保障现金储备安全合理,可以维持大规模生产经营,应对偿债风险。在长期资产与长期资金比率方面,L公司比率小于100%,这说明L企业的长期资金完全可以满足企业发展需要,资本结构较好。总体来说,L公司偿债能力较强,处于同行业较高水平,足以应对债务风险,但也要加强资金管理,盘活存量。

表9-6 2019年L公司偿债能力横向对比分析

指标名称	L公司	通威股份	阳光电源	中环股份
流动比率/%	1.52	0.77	1.51	1.04
速动比率/%	1.26	0.63	1.24	0.94
现金比率/%	78.66	15.09	37.22	49.56
资产负债率/%	52.29	61.37	61.63	58.17
长期资产与长期资金比率/%	71.22	149.15	42.41	116.56

数据来源:根据各公司2019年年报整理所得

(2) L公司盈利能力

从公司盈利能力对比分析(表9-7)来看,在销售净利润率方面,L公司遥遥领先于行业其他公司,且高于行业平均水平,这说明L公司销售能力强大,销售成本控制得当,销售盈利能力卓越。在资产报酬率和净资产报酬率方面,L公司和排名第一的通威股份还有不小的差距,目前排列第二,这说明在业内竞争激烈的情形下,L公司为投资者带来了较好的收益,盈利能力处于第一方阵。

表9-7 2019年L公司盈利能力横向对比分析

指标名称	L公司	通威股份	阳光电源	中环股份
销售净利润率/%	16.89	7.14	7.01	7.47
资产报酬率/%	15.68	20.3	6.83	12.55
净资产报酬率/%	32.86	52.56	17.80	30.01

数据来源:根据各公司2019年年报整理所得

从L公司盈利能力纵向对比分析(表9-8)来看,销售净利润率、资产报酬率、净资产报酬率三个指标从2015年开始均出现了快速增长,但受"531"新政的影响,光伏行业利润出现了大幅度下跌,从2019年开始,销售净利润率下降趋势明显,资产报酬率继续保持上升势头,净资产报酬率呈现先升再降的趋势。可见,随着政策退坡和市场化进程,L公司在硅片环节龙头地位凸显,议价能力突出,同时借助硅片环节优势向下游市场拓展。

表9-8 L公司盈利能力纵向对比分析

指标名称	2015年	2016年	2017年	2018年	2019年	2020年	2021年
销售净利润率/%	8.76	13.45	21.69	11.67	16.89	15.94	11.21
资产报酬率/%	13.02	14.00	16.02	13.17	15.68	16.17	16.62
净资产报酬率/%	23.51	26.60	36.98	31.04	32.86	39.80	34.13

总体来说,L公司盈利能力稳健并呈上升趋势,拥有绝对的市场份额,未来发展前景可观,但也受产业环境的影响存在盈利能力下降的风险。

(3) L公司运营能力对比分析

从表9-9可以看出,在应收账款周转率和存货周转率方面,通威股份遥遥领先,L公司和阳光电源、中环股份与其差距很大,指标不是很理想。L公司资产利用率不高,货款结算方式周期较长,国内惯例为按预付、发货、到货、验收、最终验收分批支付,且通常会保留5%—10%的质保金,待质保期结束后才能收回。同时L公司境内产品销售和原辅料、设备等采购合同结算条款普遍以银行承兑汇票为主,银行承兑票据结算方式占比较大,导致付款周期更加长。今后,L公司要对存货的采购、发出、库存等环节进行更加有效的管理。

第9章 企业层面典型案例：L公司转型升级迈向中高端分析

表9-9 2019年L公司运营能力横向对比分析

指标名称	L公司	通威股份	阳光电源	中环股份
应收账款周转率/次	8.04	26.47	2.00	6.53
存货周转率/次	4.40	15.26	3.42	8.33

资料来源：根据各公司2019年年报整理所得

从表9-9可以看出，L公司应收账款周转率在行业平均水平之上，纵向来看，虽有波动，但近年总体呈上升趋势（表9-10）。主要原因在于，公司在行业内择优合作，加强信用管理，以此保证货款的及时回收；同时由于L公司在行业内处于龙头地位，公司的单晶硅片具有较高技术含量，市场欢迎程度高。从L公司存货周转率变化来看，2015年以来，L公司存货周转率呈先上升再下降再微升的波动趋势，这表明L公司为了满足市场需求，提高产品的市场份额，分别在不同时期提高了库存商品数量，引起存货周转率下降。总体来说，L公司受货款结算方式、主动增加库存的影响导致指标上升，但运营效率改善，总体运营能力较强。

表9-10 L公司运营能力纵向对比分析

指标名称	2015年	2016年	2017年	2018年	2019年	2020年	2021年
应收账款周转率/次	5.37	5.75	5.26	5.31	8.04	9.84	10.70
存货周转率/次	3.58	6.09	6.17	5.13	4.4	4.62	5.06

（4）L公司成长能力对比分析

从表9-11可以看出，在主营业务收入增长率、净利润增长率、净资产增长率、总资产增长率方面，L公司均排名第一，并且各项指标处于同行业领先水平。主要原因是虽受装机量限制及光伏补贴退坡影响，但随着行业集中度提高，行业整合加快，新的市场格局已经形成。一方面，国内光伏电站终端市场规模快速增长；另一方面，海外新兴市场崛起迅猛，硅片和组件的市场价格与需求也将逐渐复苏。在此背景下，再加之L公司拉晶工艺和硅片切割方面的技术优势发挥了明显作用，成本控制效果显著，盈利超预期高增长，因此，L公司整体成长能力较强，能迅速回调。

表9-11 2019年L公司成长能力横向对比分析

指标名称	L公司	通威股份	阳光电源	中环股份
主营业务收入增长率/%	49.62	36.39	25.41	22.76
净利润增长率/%	116.52	32.07	11.53	59.85
净资产增长率/%	68.17	18.79	12.32	30.68
总资产增长率/%	49.53	21.66	23.40	15.04

数据来源：根据各公司2019年年报整理所得

从表9-12可以看出,L公司从2015年开始处于快速增长期,主要原因是自2015年开始,L公司为了加速提升单晶市场占有率,推广单晶产品价值,公司开始向下游单晶电池、组件环节延伸,业务结构出现较大变化,从而显示出强劲的发展空间和成长能力。

总体来说,L公司除了在2017年、2018年和2021年各指标增长率略有波动外,尤其是利润出现负增长,其他年份都保持极高的增长速度。即使是在被称作是光伏行业"寒冬"的2018年,在大多数光伏公司破产重组的情况下,L公司主营业务收入、净资产和总资产仍然保持两位数以上的增长率,之后净利润增长率触底反弹,迅速从2018年的-27.69%攀升到2019年116.52%,同时总资产、净资产规模逐渐增加,显示出强大的成长能力和核心竞争力。

表9-12 L公司成长能力纵向对比分析

指标名称	2015年	2016年	2017年	2018年	2019年	2020年	2021年
主营业务收入增长率/%	61.60	93.89	41.90	34.38	49.62	65.92	48.27
净利润增长率/%	74.39	197.86	128.84	-27.69	116.52	56.55	4.30
净资产增长率/%	73.29	78.53	41.12	18.12	68.17	25.81	33.68
总资产增长率/%	58.29	87.80	71.52	20.60	49.53	47.77	11.53

2. 生产能力强大

在加工工艺和流程方面,L公司围绕行业关键技术开展了多个研发项目并将研发和工艺改进成果按计划逐步导入生产。一方面,在硅片生产方面,L公司依托在拉晶工艺、硅片切割等方面的领先优势,率先实现了用金刚线切割技术替代传统砂浆切割技术,并推动了切割设备与金刚石切割线的国产化替代,使得切片环节成本快速下降,生产效率大幅提升。另一方面,在电池组件生产方面,L公司在行业内较早布局并实现单晶PERC高效电池产能规模化,组件产品基于大尺寸硅片、双面、半片等技术,不断提升产品性能。

在生产能力方面,L公司近年来硅片和组件生产能力大幅提升,生产量比上年均保持较高的增量。主要原因是:一方面,受益于单晶产品旺盛的市场需求,公司出货量快速增长;另一方面,L公司不断扩大产能(表9-13)。报告期内L公司组件销量、市场占有率、品牌影响力均位列全球首位,其内外销组件出货总量远超第二名10 GW以上。

表9-13 L公司近年来生产情况表

主要产品	2017年生产量	2017年生产量比上年增减	2018年生产量	2018年生产量比上年增减	2019年生产量	2019年生产量比上年增减
硅片	220 680.61万片	55.12%	364 247.08万片	65.06%	647 746.28万片	77.83%
组件	4 530.83 MW	107.89%	7 275.63 MW	60.58%	8 906.36 MW	24.11%

在生产计划方面,L公司运用了大量的人工智能技术建设数字化车间,目的是实现光伏产品设计、生产制造、经营决策、售后服务、质量追溯等各环节的协同运作,实现产品全生命周期的安全可控。随着全球市场竞争的日益激烈,客户对生产信息可控的要求越来越高,甚至精确到每一个细微的生产环节和原材料的来源。因此,L公司除了建设光伏组件数字化车间外,近年来在人工智能技术研发和应用方面投入力度也不断增大,如在生产资源运用方面,运用人工智能技术,将供应商提供的原材料信息进行最优匹配,计算哪些组合最适合客户的需求,并安排生产,大大提高了效率。

在产品质量管控方面,L公司作为光伏行业龙头企业,一直以高标准进行管理,高度重视产品质量。在光伏行业内,普遍认为"隐裂率"低于2%就算是"零隐裂",L公司率先在行业内提出了真正的"零隐裂"概念,即隐裂率必须等于零。为了避免运输过程中的隐裂,L公司反复进行了运输测试。装车之前,检测保证组件是零隐裂,然后在实况线路上来回进行运输试验,最后拆包测试,找出在包装、运输过程中容易造成隐裂的环节,并集中力量去解决,这体现出L公司对每一个细节的严格把控和不断追求。

但在劳动力方面,L公司生产线自动化程度还比较低,就组装太阳能光伏组件而言,虽然80%的岗位由自动化设备进行装配,但除检验、返修、入库等岗位需要人工外,其他岗位仍需设备辅助人工完成工作。近年来,由于需求过旺,L公司的生产线基本是满负荷运转生产,一方面,一线生产人员工作劳动强度大,从而导致人员流动性极大,生产线上人员严重不足。具体来说,一线生产人员基本是24 h轮班,连续工作12 h,并保持长期站立状态,这导致生产人员没有休息日,整天疲于奔命,身心俱疲。另一方面,工资待遇不高,公司管理简单粗暴,生产线上动不动就罚款,致使生产人员精神高度紧张,产能及产品质量都受到了影响。

3. 研发能力领先

众所周知,降低度电成本就是未来技术发展方向。L公司作为全球最大的集研发、生产、销售、服务于一体的单晶光伏产品制造企业,在太阳能玻璃和半导体生产研发方面深耕多年,特别是在太阳能电池及组件的生产开发上具有技术上的领先优势。多年来,L公司立足于研发,持续加大研发投入,高度重视降低度电成本,推进产品和服务升级。通过技术创新驱动、降低生产成本等方式,持续提升市场竞争力。

L公司秉承科技驱动生产力的原则,大力引进和优化配置人才。截至2021年,公司积极引进人才、合理配置资源,组建规模高达1 000余人的专业研发团队,建立硅材料研发中心、中央研究院和产品管理中心,拥有1个国家级企业技术中心和8个省级企业技术中心,与多家大学和实验室等科研院所建立了战略合作关系,加强技术交流,深化产学研合作,构建了竞争力极强的研发体系。

如表9-14所示,从2012年上市到2021年,L公司研发支出占比始终大概保持在5%—7%之间,研发支出的金额一直保持较高的增长速度,并一直处于行业领先地位。尤其是2021年,公司研发投入高达43.94亿元,较2020年同比增长69.52%。高额的投入带来了高额的回报,L公司已在单晶生长工艺及品质控制技术、单晶硅片切割能力、单晶电池高效化、组件技术产业化应用研究、降本增效及智能制造等方面均形成了较强的技术积累,迭代技术和新产品储备充足,自主创新能力不断增强。

表9-14　L公司近年来研发支出情况

	2012年	2013年	2014年	2015年	2016年	2017年	2018年	2019年	2020年	2021年
研发支出合计/亿元	0.84	1.56	2.54	2.99	5.63	11.08	12.31	16.77	25.92	43.94
研发支出总额占营收总额的比例/%	4.9	6.84	6.9	5.03	4.88	6.77	5.6	5.1	4.75	5.43

在不断强化和完善技术创新研发体系的背景下,L公司研发能力显示出强劲的势头。特别值得一提的是,公司单晶PERC电池转换效率最高水平达到24.06%,打破了行业此前认为的PERC电池24%的效率瓶颈,经第三方权威认证测试机构TÜV莱茵测试,公司组件转换效率已达到22.38%,电池组件转换效率持续刷新世界纪录。

L公司在持续引领行业技术发展的同时,还高度重视研发成果的产业转化,持续降低度电成本,始终保持着公司的竞争优势。2019年企业年报显示,L公司推出了M6硅片和Hi-MO4组件新品,进一步提高了产品功率,引领和推动产业链综合成本和度电成本持续下降,不断满足市场对高效产品的需求。同时,公司密切关注技术及其应用趋势,各环节新技术和新产品储备充足。新业务BIPV完成了基础研发和产品定型,拟推出产品并实现量产,为公司拓展新领域打下了基础。

L公司还是工业和信息化部首批发布的制造业单项冠军示范企业名单中唯一入选的光伏制造企业,目前行业中广泛应用的主流拉晶技术RCZ技术和金刚线切片工艺由公司在全球率先规模化导入量产,并打通了国内金刚线产业链,大大培育且促进了国土金刚线产业链发展;电池组件方面,公司单晶电池、组件产品转换效率多次刷新世界纪录,公司还主动向行业公开领先的单晶低衰减技术——LIR(光致再生)技术,为解决全球单晶产品初始光衰的问题做出了巨大贡献,大力推动了行业共同成长。

4. 营销能力突出

2013年之前单晶硅不被市场看好,主要原因为单晶硅的生产成本高,价格高于多晶硅。2013年,L公司实现生产技术上的突破,开创了金刚线和直拉单晶硅技术。从2014年开始,L公司采用金刚线切割片替代砂浆切片,金刚线切割使得生产的良品率提高,从而降低了生产成本。技术的提升叠加营销的推广,使得单晶硅片的市场份额大幅提升。国内单晶硅市场份额已由2014年的5%增长至2019年的65%,全球单晶硅片占硅片市场份额已由2014年的17%增长至2019年的45%。

L公司还善于根据全球不同地区的客户需求进行技术规划和产品规划,以产品组合策略匹配市场细分及市场组合策略,构建产品管理和产品质量体系。2019年,公司积极落实全球化战略,灵活调整销售组织架构,促使组件产品市场占有率快速提升。2021年,L公司组件销量、市场占有率、品牌影响力均位列全球首位。

5. 企业文化激发活力

企业文化是指在企业各职能业务活动中所体现出来的组织文化,包括企业的价值观、信念和公司氛围等(李姊航,2019)。L公司是一家从事清洁能源、肩负改变世界生态使命的企业,拥有着一套完整的价值体系,始终以"善用太阳光芒,创造绿能世界"为公司使命,以"全球最具价值的太阳能科技公司"为公司愿景,并以"融和、共好"作为企业社会责任指导理念。L公司积极为全人类创造绿色宜居家园的同时,还积极承担对客户、员工、股东等其他利益相关方的责任。

L公司秉承着"可靠、增值、愉悦"的企业文化核心价值观,倡导"快乐工作,简单生活",营造简单化的人际关系与平等的工作氛围,尊重员工的想法与意愿,激发创新活力,创造出了温馨、舒适的工作环境和氛围,让员工能发自内心地真正热爱工作,通过工作给所有"奋斗者"带来成就感,塑造出一种源自内心的力量,产生真正的快乐和愉悦。

随着品牌价值持续提升,外部影响不断扩大,L公司还积极参与社会公益事业,积极响应国家脱贫攻坚号召,以促进"可持续发展"为扶贫理念,坚持"输血"式扶贫与"造血"式扶贫并举,充分发挥自身产业优势,建立了以光伏电站扶贫为主,教育扶贫、消费扶贫、社区可持续发展等多举措为辅的精准扶贫模式,帮助贫困地区群众实现脱贫致富。

9.4 L公司企业转型升级的目标和路径

9.4.1 L公司企业转型升级的目标

在L公司快速发展过程中,机遇与挑战并存,L公司必须通过不断的转型升级,以实现高质量发展稳居产业中高端,成为全球最大的太阳能科技巨头的目标。L公司正在从以往专注于光伏产品的发展拓展到向"光伏+"能源利用模式转变,通过不断的科技创新,不断引领我国光伏产业提升产品功率、降低度电成本,更好地把太阳能转化为每个人日常使用的能源,继续拓宽深化光伏应用的推广进程,持续引领和推进节能减排,为全人类创造美好宜居的绿色家园。

9.4.2 产品升级

技术的进步在未来一段时间内将继续加快,行业之间进行整合的趋势越来越明显。光伏的发展迈进由粗放式向精细化转变的全新阶段,由之前的拼规模、拼速度、拼价格向拼质量、拼技术、拼效益方向转变。L公司从以下两个方面进行产品升级:

首先是产品功能升级。L公司在生产光伏产品的同时,始终践行着为客户提供最佳的解决方案的承诺。2020年7月,L公司首款装配式建筑光伏一体化BIPV产品正式上线。作为一种全新的分布式发电应用形式,建筑光伏一体化BIPV产品是针对工商业分布式光伏的新一代产品。在国家大力推动新基建建设的背景下,BIPV产品能有效降低建筑能耗、提升环境友好性,应用形式多样,应用空间广阔,是推动新基建和绿色建筑落地的有效措施,也是国家大力发展新能源的应用方式。因此,后续也会出台针对 BIPV 产品的支持政策,在补贴和并网方面给予大力支持。

其次是产品品质升级。积极开展品质隐患排查整改,妥善处理客户投诉并分析原因,做好复盘、充分验证并后续改善。同时,除保持出色的产品品质外,还要保持长期的稳定性,通过达到客户"免检",提升产品周转速度,节约检验、分拣的时间成本。现阶段,L 公司进一步加大对新技术、新工艺、新设备的投入,致力于突破成套设备和关键零部件核心技术,坚持提升光伏产品关键零部件、生产规模及配套的引领水平,积极向大数据中心、5G 基站、电动汽车、轨道交通等高端、高附加值产品应用领域拓展。面向未来,L 公司可以通过开发新产品或改进已有产品,提高产品附加值,持续迈向中高端,保持其在市场竞争中的有利地位。

9.4.3 流程升级

L 公司近年来陆续启动 ERP、MES 等生产、研发、业务、职能需求单元的信息化项目上线和智能制造项目。其中,"高效单晶 PERC 光伏组件数字化车间"项目获得工业和信息化部 2017 智能制造综合标准化与新模式应用项目立项,成为陕西省唯一入选的民营企业,也是光伏行业第一批获得智能制造立项支持的企业。未来 L 公司将进一步加快新一代信息技术与光伏制造技术融合发展,推动制造过程向智能制造高端领域升级,打造新的竞争优势。

具体而言,一是要进一步加强生产流程监测,对生产运营、原材料储备、销售订单等情况实施动态化监测、精细化管理。进一步联合生产、质量、物控、资源、计划等部门,重点围绕内部运营和客户对产品的反馈,健全工作流程,建立跨部门协作工作机制,深入做好流程优化和管理变革。二是要建立完善创新沟通机制,定期开展针对流程升级的技术分享交流会,通过"线上+线下"等形式相互分享和借鉴技术创新成果。进一步推动企业内部的信息化建设,建设数字化营销服务管理平台,实现优化流程、管理过程、整合数据、提升效率的战略目标,引领中国光伏行业智能化发展。

9.4.4 链条升级

近年来,L 公司致力于打造创新链、产业链、资本链、人才链融合互动的创新生态系统。一是积极开展绿色供应链管理工作,从供应链上的高耗能、高排放环节入手,加强绿色采购和绿色供应商管理,带动上游企业通过改进生产工艺、优化用能机构等方式进行低碳转型,不断减少供应链的碳足迹。二是建立"原料—电池—组件"的完整产业链,聚力产业链核心环节,加大项目补链、科技强链和技改延链力度。三是逐步完善以多个生产基地为核心的产业集群,有效缩短物流成本和运输周期,大幅度提升供应效率。四是进一步发挥 L 公司龙头带动作用,推动光伏产业链条补齐、建强、延伸,打造具有垂直整合能力的品牌企业,发挥 L 公司现有优势和重大项目裂变发展优势。同时依托 L 公司龙头企业建设产业合作平台和行业协会,与同行业企业通过联合投资、权益融资等方式组建新主体、投资新项目,进一步通过股权换资金、市场换项目、技术换投资等方式与其他光伏领军企业进行高位嫁接,激活优质企业间资本、技术、品牌等的合作潜能。此外,注重和加强与中小企业的产业配套协作。未来L公司进一步将数字化系统贯穿于整个供应链,并打通上下游,通过与供应商实现系统信息共享与协同,构建由光伏行业领导的供应链生态圈。

9.5 L公司转型升级的措施

L公司在发展过程中,为更好地适应市场,走向产业发展的中高端,制定了一系列有效的转型升级措施。

9.5.1 持续深化应用研究,拓宽延伸基础研究

应用研究的主要目的是进行技术升级、研发以及创新,从而降低生产成本,减少生产材料的浪费,提高能源的使用效率。光伏制造业是科技创新驱动的产业,应用研究创新是目前L企业转型升级最重要的"推动器"。目前,我国光伏企业生存的关键得益于应用研究的深耕细作,这使得我国光伏成本大幅降低,光伏产品价格削减,从而提高了净利润率。

从中短期来看,作为"全球最具价值的太阳能科技公司",L公司高度重视应用型研发,一直致力于以产品创新改变行业,以技术创新改变世界能源格局。无论是研发费用投入还是科研团队建设都是光伏行业的翘楚。对科研高度的重视,提高了L公司自身的科技创新能力,也为L公司的转型升级提供了强大的技术后盾。

从长远来看,基础研究才是技术创新的源头,基础研究是技术进步和经济发展的"排头兵"。新技术、新工艺、新流程以及新产品都是以新知识为基础的,而新知识的储备来源于基础研究。目前,我国研发、引进应用型技术容易,但基础性、系统性技术研究能力与发达国家差距还很大。因此,从长远来看,中短期的"光伏盛世"并不代表长远的"胜券在握",如不加强基础研究,最终L公司可能只是一家劳动密集型企业。作为全球光伏行业领导品牌,L公司应提高自身企业格局,勇于承担更多的行业担当和社会责任,除了加强电池转化效率、光伏发电配套技术等核心技术的应用研究外,还要扩展延伸对光伏产业的基础研究,加强光伏领域基础研究以及共性技术和颠覆性技术创新,加强原始创新和集成创新,将研发费用延伸至基础研究领域,打造基础研究的技术平台和管理平台,打通从基础研究到成果孵化、产业化的全创新链,并通过对相关研发产品专利的前瞻性和全面性布局,巩固技术领先成果和优势,同时跳出光伏产业看光伏产业,敢闯技术"无人区",进一步迈向光伏产业的中高端。

9.5.2 不断提升品牌质量,打造全链式服务

产品品质是企业基业长青的基础,质量是企业的生命,不断提升产品质量,是确保市场竞争优势的核心,更是促进企业转型升级的重要目标(徐颖,2020)。一直以来,L公司坚持"品牌源于质量,质量成就品牌"的理念开展质量管理提升工作,并结合自身的实际情况和多

年来的质量管理实践经验,深化使用"6S 精益管理"考评等管理模式,开展"品牌质量年"专题活动,进一步强化全员品牌意识、提升质量管理水平。在生产经营过程中 L 公司始终贯彻全过程质量管理模式,对管理过程的每个环节进行细分,确保提供足够的资源,对产品的生产过程进行持续测量、分析和改进,将顾客的要求和期望转化成顾客的满意,并不断提高检测人员的综合素质、业务能力,严把产品质量的"出口关"。

L 公司始终以客户为中心,不断改善产品质量和服务质量,加速实现 L 公司从"产品"到"产品+服务"的战略转型,不仅关注产品本身的质量,而且还要保证后续服务的可靠性。建立"产品+服务"的业务形态,推动向高端、高科技领域延伸,推动维修养护、备品备件、设备远程监控等服务网络建设,推动面向用户提供定向开发、实时补货、工程成套管理等应用服务的发展,打通产业链各环节增值通道。L 公司同时发展"产品+内容+生态"全链式服务,增加研发设计、供应链管理、融资租赁等非制造环节服务供给,立足光伏产品全生命周期拓展服务链条,凭借更加贴近市场、机制灵活等优势创新业态模式,有针对性地引进咨询策划、高端培训、工业设计等服务机构,丰富法务、财务、营销服务等服务业态,进一步提升光伏产品附加值和整体效益。同时,还要利用自身优势探索与供应商开展互联工厂模式,并将部分资源转移到新的领域,不断适应变化的竞争环境需求。

L 公司在不断提升产品质量的同时,为客户提供了良好的售前、售后服务,完善客户投诉处理流程,快速响应客户需求,提升服务质量。优质的产品和服务,也进一步提升了 L 公司的核心竞争力。

9.5.3 进军上游硅料环节,推动全链条转型升级

从前文分析我们可以看出,虽然我国光伏产业发展前景可期,且我国光伏产业链的多个环节均走在世界前列,但产业链上游高纯度晶硅材料是我国光伏产业的短板,一旦上游硅料价格出现波动,后续硅片、电池片、组件价格也会水涨船高,影响我国光伏产业的国际竞争力。面对光伏产业链价格战日趋激烈的走势,为提早应对未来产业链上游硅料价格上扬、供货不足的不确定风险,L 公司除了通过签订合作协议、参股供应商旗下两家硅料子公司,以及建立长期多晶硅料供需关系等方式与供应商通威股份"深度捆绑"外,在可行的情况下,未来 L 公司还可依托雄厚的财务能力,收购合适的上市硅料企业的 100% 股权,从而快速进入光伏产业链上游的硅料环节,持续完善产业链布局,以满足超量硅片生产的硅材料需求,具备更强的抗风险能力,推动光伏产业全链条升级,提升其在全球价值链中的地位。

9.5.4 推广创新型环境管理方式,全面贯彻绿色发展

L 公司持续推广应用创新型环境管理方式,不断完善全生命周期的绿色价值,在自身做好企业节能减排和环境保护的同时,通过供应链协同生产杠杆效应,以点带面,带动上下游不断提高资源能源的利用效率,改善环境绩效,从而实现绿色发展。一方面,与供应商联合进行包装物流的绿色迭代,设计可循环的包装方案,从减量包装、绿色物流技术创新和应用、

循环利用等多方面推动包装的绿色化发展,先后联合供应商改变玻璃包装实现铁托盘循环、玻璃无纸化。此外,践行硅片托盘减材、硅片电池包装减材循环、木材和纸张减量的原则。另一方面,在 L 公司供应链管理中心的倡导下,包装减材循环项目在逐步开始实施,升级技术验证、仓储保管、物流装车等多项工作正逐步开展。未来 L 公司包装循环将继续研究制定全新的绿色创新方案,从而不断实现包装的材质替代,并减少用量;对供应商采用环境标准进行引导和筛选,促进包装循环的减排量在未来成倍数增长,将绿色减碳行动与生态环境和L 公司全产业链的可持续发展有机结合,进一步提升运营效率,让价值回归生态。此外,在交通领域和产品运输等方面,L 公司大力倡导绿色交通,进一步降低能耗、提高效能,推动供应链向绿色化发展和升级,助力我国 2030 年前实现碳达峰目标。

9.5.5 借势加快数字化改造,加速企业转型升级

2021 年是"十四五"开局之年,在"十四五"规划和中央经济工作会议中,"新基建"已经上升到国家长期战略,在低碳发展和能源转型的大背景下,光伏能源被认为是新基建建设的"推动器""催化剂"。对 L 公司来说,要紧抓时代发展的新机遇,探索"光伏+新基建"的应用场景。

一方面,要推进数字化转型。打通数字化通道,全面管控现场生产信息,将 L 公司建设成为数字化工厂,鼓励 5G+工业互联网联合创新应用,推动新一代信息技术在公司研发设计、生产制造、运营管理中集成应用。加快装备智能化升级改造,引导企业加快"机器换人"的步伐,着力提升数控装备、加工中心、工业机器人应用水平。加速企业"上云用云",顺应"物联网+""两化融合"趋势,加快制造业服务化升级步伐,以生产提"智"带动产品提质,进一步以效能提升为导向,数据应用为驱动,形成涵盖数据挖掘利用、技术创新、流程优化、组织变革的系统解决方案,有效推进企业创新转型,实现降本增效。

另一方面,要针对光伏行业的生产与运营特点,推进智能车间建设。瞄准光伏太阳能重点领域,全力打造智能制造标杆,加大智能车间、工业机器人的投入,引进一批具备提供智能化改造整体解决方案的服务平台。同时,要关注生产性服务发展。支持利用存量资产发展生产性服务业,鼓励工业企业盘活闲置厂房和土地资源,规划建设服务业集聚区,发展工业设计、科技研发、文化创意、货运物流等生产性服务业,推动制造业和服务业深度融合、互动发展。

以 L 公司下属的一个全资子公司为例,该公司以信息化建设为基础,利用物联网、大数据等先进技术,以组件工厂为试点,构建信息化、自动化、智能化、精益化和可视化的智能工厂,打通业务全价值链,实现数据驱动全价值的卓越运营。在企业层对研发设计、供应链、制造、物流、营销全价值链进行统一管控,将 ERP 与 PLM、CRM、APS、SRM、EAM、OA 等系统进行集成,建立统一的顶层智能化管理平台。在执行层、控制层、智能装备层以 MES 系统为核心通过工业网络实现从生产管理到底层设备连接,满足管理及监控生产过程、采集现场生产数据的业务要求,建立精益智能工厂。通过智能技术和大数据,优化供应链端到端流

程,使数字化供应链体系更安全、敏捷、可持续。具体到应用场景,在计划领域,使用APS系统极大地优化了排产效率;在财务方面,通过将区块链技术嵌入对账、开票、合同业务等,在数据安全上实现了信息安全、唯一、防篡改;在物流领域,实现场内外物流拉通、车位预约、卸货管理等应用的结合,实现了厂内无纸化和物流数字化软硬件的全覆盖,物流成本大幅度降低;在生产制造领域,实现了原料、成品、自动检测、自动包装等应用的结合,大幅度提高了产能。

9.5.6 健全员工培养体系,提升人力资源整体水平

员工的水平是企业管理和生产水平的体现,L公司在为员工提供有竞争力的薪酬福利待遇的同时,注重员工发展,完善具有针对性的员工培训体系,充分调动了企业人力资源的积极性。先后健全多层次人才培养体系,加强企业重点人才工作评优激励,推动人才政策精准滴灌。挖掘领军人才附着的创新资源,制定重点产业人才库,靶向招引一批顶尖人才和团队,加强与金融机构、投资机构的对接合作,充分利用资本机构掌握的金融资源、项目信息和专业人才。

为适应公司转型升级的需要,L公司进行了多方位、多层次的培训,提升了全员能力,构建了高层管理者、中层管理者和基层管理员工系统培训体系。向国际优秀企业对标,提升高层管理者战略前瞻性和业务创新能力,促进业务管理革新,实现管理队伍在战略层面的高价值输出;针对中层管理者引入系统性管理培训课程,强化赋能过程和结果管理,注重最新管理理念,规范管理方法,实现"干中学,学中干"的良性循环;关注基层员工的培养体系的持续优化,强调体系化、标准化、工具化的实用型培养体系搭建,增强基层管理的规范性与有效性,定期从外部聘请老师做培训,不断提升一线员工的主动性、创造性。此外,L公司还注重培养经销商员工的服务意识,通过提高对经销商销售管理的要求,完善经销商员工培训体系,提高经销商的市场竞争力。

9.6 本章小结

随着全球能源短缺、气候变暖以及环境污染等问题的日益突出,积极推进新能源战略、加快新能源推广应用成为全世界关注的焦点,太阳能是目前已知可利用的、清洁安全且能够满足人类未来需求的最佳选择。目前我国拥有世界超过半数以上的光伏产业链资源,而L公司又是该行业的龙头,本章以L公司为例,在分析了L公司发展现状的基础上,结合新时期的"双碳"目标和各种政策叠加的背景,综合运用PEST分析方法、波特的五力模型分析L公司转型升级面临的挑战及其内外环境,深入探讨了L公司企业转型升级的目标,总结了L公司转型升级的三种路径,即:产品升级、流程升级和链条升级,并在此基础上进一步梳理了L公司转型升级的具体措施,主要包括持续深化应用研究,拓展延伸基础研究;不断提升品牌质量,打造全链式服务;进军上游硅料环节,推动全链条转型升级;推广创新型环境管理方

式,全面贯彻绿色发展;借势加快数字改造,加速企业转型升级;注重员工培养体系,提升人力资源整体水平等五个方面。虽然目前光伏产业发展一路高歌猛进,L公司目前已经在全球市场上处于领先地位,但是,面对新一轮的技术革命,以及去补贴化、新技术迭代和海外贸易壁垒等诸多新因素,L公司的创新和转型升级之路仍将继续。因此,上述措施,一些是L公司已经运用并取得良好效果的,一些是针对新问题新挑战需要在未来不断改进实施的(陈昱忻,2021)。

第 10 章
中国制造业迈向中高端的对策

前述的中国制造业演变历史表明,政策是推动制造业转型升级的重要推力。当前我国制造业面临着高端被封锁、低端有竞争的困境,如何从大变强,亟待官、产、学、研、用协同合作。来自中央和地方政府的政策激励、投资引导和监管执法是产业转型升级迈向中高端的重要保障,同时,具有产业远见卓识和创新能力的制造业企业更是推动制造业迈向中高端的重要内生动力。因此,本章分别从国家、省域、城市三个视角及政府和企业两个主体出发,逐步以国家层面的产业统筹布局为基础依托,以省域官、产、学、研平台建设为发展契机,以城市优势产业集群培育为重要抓手,以企业技术创新为内核动力,探索全球价值链背景下中国制造业迈向中高端发展的对策,以便为实现制造业强国的战略目标和构建以国内大循环为主体、国内国际双循环相互促进的新发展格局奠定坚实基础(肖剑桥等,2021)。

10.1 政府推进中国制造业迈向中高端的对策

10.1.1 全国统筹布局

1. 加快产业政策转型,推进经济制度创新

推进产业政策转型并不意味着要彻底抛弃现有的产业政策,而是针对不同属性的行业分别制定差异化的产业政策,以更加适应当下制造业迈向中高端发展的需要。应该继续发挥好选择性产业政策的作用,主动扶持战略性产业和新兴产业。同时,对标产业高质量发展的需求,加速现有产业政策向普惠性政策、重点支持关键领域的功能性政策和竞争性政策靠拢,政策重心由扶持企业、选择产业转向鼓励创新和培育市场转变(涂圣伟,2018),不断强化市场的创新动力,激发市场发展动能,防止再次陷入"拔苗助长""越俎代庖"的困境。

同时,要加快推进经济制度创新,为全面提升企业技术革新保驾护航。技术革新的实现要以全面的经济制度创新为前提,经济制度创新能为其他各个方面的创新提供良好的环境。一旦经济制度创新没有跟上企业技术革新速度,无法适应日新月异的市场供求变化,企业技术革新也会受羁绊。经济制度创新要以鼓励创新、维护专利、反对抄袭为目标(刘晶等,2016)。要以工业互联网、大数据等平台为支撑,不断优化大众创业、万众创新,提升企业的创新动力。对于实现突破性技术变革的企业和个人进行充分的奖励,同时健全相关专利保护法,保护企业和个人的合法权益不受侵害(刘晶等,2016)。推进经济制度创新,加强制度

保障,加快推进制造业迈向中高端的体制机制改革,主要以深化要素市场化配置改革、健全科技创新体系和完善市场监管体制为抓手,完善行业监督体系,健全行业准入机制,加强对企业的事前、事中、事后监督,真正调动企业的积极性和创造性。

2. 优化企业营商环境,提升招商引资质量

良好的营商环境是制造业健康发展的基础和保障,也是提高制造业国际合作参与度和提升国际竞争力的重要保障。自2019年10月国务院颁布《优化营商环境条例》以来,中国已持续出台推进市场化、法治化、国际化、便利化营商环境建设的相关政策措施,并取得一定的成效,但与美欧等营商环境世界排名较高的国家或地区相比,还存在明显差距,尤其是市场机制尚不成熟,法制保障仍需完善,市场主体在纳税、获得信贷、跨境贸易和办理破产等方面均有待提高(李万超等,2022)。因此,未来应持续深化"放管服"改革,增强资源配套能力,对标国际通用标准,降低制度业交易成本,创造良好的政策环境和营商环境,为制造业迈向中高端发展创造良好的市场环境。

政府可以从保障市场公平竞争、为企业减税降费和深化跨境贸易便利化等方面着手。一方面,要深化国企改革,提高国企市场竞争力和经济效益;另一方面,要推进促进民营企业健康发展的相关政策的落实,确保政策落实到企业。要进一步消除民营企业"身份歧视",放开市场准入(涂圣伟,2018),让投资者充分体会到权利平等、机会平等、规则平等,解决企业办事难、办事慢、办事贵的难题。为持续优化创新导向的营商环境,可以借鉴国家级经济技术开发区的发展经验,设立工作专班,着力打造科技企业成长最优的创新生态。减税降费有助于减轻企业负担、激发市场主体活力,进而促进制造业转型升级。未来要继续完善税费优惠政策,对现行减税降费、退税缓税等措施不断优化。同时,在确保产业安全的前提下,放宽外资机构市场准入要求,对高精尖外资企业适当给予税收减免优惠和土地租赁优惠支持,降低其投资成本,逐步提升招商引资质量。

3. 加强国际产能合作,鼓励对外直接投资

中国政府除了要积极引进外资并提升外资质量外,还要把握有利时机,推进国际产能合作,鼓励有实力的中国企业走出国门,开辟新的海外市场。要不断完善税收、财政补贴、融资、人力资源等支持政策鼓励有实力的企业对外投资,还要从国家层面组织展览、品牌推介和文化交流等活动,疏通国际关系,为企业在国际市场寻求合作伙伴提供平台,鼓励制造业企业更加积极主动融入全球价值链中。此外,要通过降低关税、推动数字贸易等方式推动贸易便利化,加强国际贸易合作,助力企业与国外各领域的制造业企业建立合作关系。制造业企业自身也要厘清自身存在的优势和劣势,明晰国外制造业在一些前沿领域的研究与进展,以便整合相关资源,取长补短。

基于本书第5章的实证检验结论,不同动机的对外直接投资对于制造业升级在产值、资产以及技术结构高级化等方面都有显著的积极影响。在"一带一路"倡议的持续推进中,通过深化经济合作体系,将国内过剩产能和优势产能适当转移,借此获得更大的市场收益,降低沉没成本,进一步优化国内制造业结构,也可拉动转入地的经济发展,实现共赢。因此,要

继续深化"一带一路"建设,积极主动构建区域产业链体系,连接区域内具有不同经济发展水平以及不同资源禀赋的国家,通过产能合作、扩大对外投资,实现区域内资源互补,扩大产品市场。为了充分发挥对外直接投资对我国制造业转型升级带来的积极影响,政府在制定相关政策时,还要对不同动机的对外直接投资进行分类引导,以更好发挥其促进制造业转型升级的积极作用,推动中国制造业向全球价值链中高端攀升。

4. 引导产业优化布局,充分发挥集聚效应

曲玥和赵鑫(2022)等学者通过梳理中国制造业区域梯次升级及演进路径,发现科学合理地布局制造业,有利于实现区域间比较优势的充分发挥,促进生产要素自由流通,增强经济发展的内生动力。中国国土面积辽阔,各地资源本底条件、社会经济条件和历史积淀存在很大的区域差异,制造业空间分布也存在显著的区域差异,因此,中国制造业目前主要集中分布于长三角、珠三角、京津冀等几个基础好、配套完善、接近国际市场的城市群,同时也广泛分布在各级大中小城市(叶振宇,2023)。从国际层面来看,制造业同时面临发达国家制造业回流、中国本土制造业及发达国家制造业向成本更低的东南亚等国家转移的挑战;在国内,也出现了资源密集型和劳动密集型制造业大量从沿海向内陆城市转移扩散的趋势。面对"双转移"的新趋势,亟待构建新的大国制造业布局体系,引导制造业合理布局。既要加快战略性新兴产业布局,又要加快传统产业转型升级,更要加快布局新领域新赛道,积极对接区域重大战略和区域协调发展战略,巩固关系国家安全和国民经济命脉的重要行业领域的控制地位。从空间布局优化来看,要着力构建纵横结合、多点支撑的制造业布局体系,形成更有韧性、更为安全的产业体系;要依托经济带和城市群、都市圈等重点区域,推进以扩大内需为导向的跨区域产业联动发展,打破行政分割,深化产业对接协作,促进城市群和都市圈内各城市产业体系的加速融合(叶振宇,2023)。

产业转移是制造业优化空间布局的重要动力。首先,要建立差异化的促进产业转移的政策,加快东部沿海地区资源密集型产业和劳动密集型产业向中西部地区转移,为东部地区制造业转型升级、发展中高端制造业"腾笼换鸟",鼓励转移出去的产业在中西部地区作为重点发展的产业,把中西部地区作为国家资源加工和基础制造区进行扶持,促进中西部地区从资源输出型经济向资源加工型经济转型。其次,要尽力完善制造业转移的要素激励机制和利益协调机制,中央在加大财政转移支付的同时,要给予土地、能源、税收等方面的政策支持。最后,正如前所述,促进国际经济合作,实现制造业在更大空间范围内的优化布局(安虎森等,2018)。

促进制造业区域集聚化和园区化是优化制造业布局、促进制造业向中高端迈进的重要抓手。产业集聚能够实现区域内规模效应,有助于区域内产业协同发展。当然过度的产业集聚会导致市场资源高度集中,区域内大小企业产生恶性竞争,大企业垄断资源,中小企业降低投资研发意愿。许钊等(2022)认为空间经济聚集对产业升级的影响具有地域异质性和时间异质性,产业集聚的早期阶段就会形成聚集效应,从而推动制造业转型升级。制造业集群的形成是基于市场逻辑和政府逻辑共同的作用,是政府、行业协会和集群企业等协同演化

和升级集聚的结果。因此,政府作为引导产业发展的关键决策者,需在特定时点制定集群升级所需的引导性产业政策。在不断完善集群要素构成后,政府应积极发挥行业协会职能,利用其所构建的规范性制度逻辑缓解政府逻辑与集群升级制度需求间的冲突(宋铁波等,2023)。本书第5章的实证分析发现,中、高技术制造业集聚程度低于制造业整体集聚水平,政府应根据不同地区不同集群的发展特性做好统筹协调工作,推进中、高技术制造业在适宜的地域范围内集聚,建设具有国际竞争优势的产业集群,同时要避免类似经济开发区过度开发而带来的资源浪费和产业过度集中。

10.1.2 省域优化整合

1. 明晰特色产业定位,强化区域资源共享

对于省级政府而言,应立足自身特色,找准定位,发展壮大优势产业,这样不仅能够避免与其他区域盲目的同质化竞争,而且可以举全省之力重点打造具有国际竞争优势的特色产业。同时,省级政府还应引导辖区内各个城市明确其功能定位,在此基础上明确其产业定位,实现资源共享、错位发展,进而全方位提升产业整体质量和综合实力。以江苏省为例,江苏省各个城市的制造业发展都各有特色,比如南京市依托南京都市圈,形成了汽车、钢铁、电子信息制造业和石化新材料四大支柱产业;苏州的工业和科技在全省具有引领作用,特别是高新技术制造业发展远远领先于江苏省其他城市;无锡市则依托物联网产业的优势,不断推进新一代信息技术产业跨界融合发展,打造世界级物联网产业集群,推动制造业数字化转型;南通的海上物流产业提升达到新的高度,港口吞吐量也在继续做大;徐州装备制造业正在兴起。所以,江苏省制造业迈向中高端发展要因地制宜地考虑江苏省内部各个区域的发展特色与优势,整合内部区域资源。比如,苏南地区土地以及劳动力成本的上涨,使其价值链低端加工制造的业务逐渐丧失竞争力,成本远高于苏北、苏中等地区,江苏省制造业可以考虑向省内的苏北地区和省外外包业务,向周边劳动力成本低廉的地区转移劳动密集型生产环节,保留设计研发等环节,逐步形成区域价值链。此外,也要加强与周边省市资源的融合共享。江苏省制造业的基础雄厚,而上海国际化程度较高,浙江互联网网络构建较好,安徽的创业创新氛围较强,劳动力资源丰富,三省一市要注重发挥各个地区的优势,充分整合资源,明确各自的功能定位,实现错位协同发展,促进资源共享,在实现长三角一体化发展的过程中推进制造业迈向中高端。

2. 加强官、产、学、研、用合作平台建设,推进科研成果转化

官、产、学、研、用平台的搭建有助于打通信息壁垒,高效整合资源,实现科研成果共享,推进知识转化落地,提出科技投入产出效率。政府应充分利用信息化带来的便利,积极引导和促进业界、高校、研究所等各方主体有效对接,通过线上/线下相结合、虚实相结合的方式,搭建合作共赢的服务平台。例如可以采用大数据处理技术、机器学习算法、云计算技术等构建包括科学研究、技术创新、科技成果孵化转化、特色产业化生产基地的多层次、多领域的科技创新服务平台。制造业企业可以通过该平台收集、整合附近高校以及

全国各地著名高校和科研院所的研究成果,还可以更方便地获取专家、人才等资源,同时也便于制造业企业直接在产学研平台上发布公司存在的技术瓶颈,让高校和科研机构实现产学研对接,真正实现需求有匹配、难题有对接,为制造业企业技术难题攻克提供科研团队和后备人才资源,并且可以降低制造业企业研发成本。这样有利于在高校和科研机构内营造一种"产学研"合作的机制,既可以使高校及研究所的科研成果转化为可以应用和推广的技术,又可以让学生在实践中得到学习,包括设备、技术等工科知识,还可学习供应链、财务、管理等经管方面知识,激发大学生学习知识的热情和创造力。官、产、学、研、用平台的建设还可以大大提高科研成果产出和转化的效率,并可以节省很多不必要的支出,对多方来说都可以从中获益,实现共赢。

以江苏省为例,正如前述第 7 章所述,江苏省制造业企业不乏优秀人才,也不乏优秀的科研院所及其拥有的科研成果,但缺乏企业间、产业间及校企间的有效交流平台。江苏省政府围绕创新成果有效转化这一核心问题,搭建高效的校企合作交流平台,突破高校人才与企业交流的"瓶颈",充分利用不同高校与地区的优势,多方位、多方面地深化校企合作,取得了丰硕的成果。以 2023 年 9 月江苏省科技厅主办的第二届江苏产学研合作对接大会为例,作为一个连接多个主体的平台;大会以"推动科技成果转化、赋能产业创新发展"为主题,邀请了 140 家左右国内外知名高校院所、300 多名国际国内高层次专家参会,大会促成 142 家大院大所大学与 850 多家企业的 1 000 多项技术创新需求开展对接洽谈,并实现了 30 项标志性的重大科技合作项目现场签约,投资总额达 206 亿元(苍微,2023)。其他省份也可以借鉴江苏这一做法,打造更多优质的合作平台,凝聚科技创新合力,推进科研成果尽快转化落地,破解企业发展难题,助力制造业迈向中高端。

3. 创新人才培养机制,促进劳动力结构高级化

郝凤霞等(2021)学者研究指出,劳动力数量、质量和技能水平对区域制造业转型升级存在显著的正向影响,能够通过转型升级路径促进制造业升级,但对中高技术制造业转移升级的正向影响大于对高技术制造业,这在一定程度上表明中国高技术制造业人才不足、高知型劳动力存在"脱实向虚"的问题。同时,中国的中低端技术制造业占比仍然较大,对劳动力数量需求依然较高。虽然中国的高等教育规模不断扩大,高校毕业生的数量也在快速增长,但是目前我国的教育体系和人才培养方式却远远落后于实际的生产和市场的需要。一方面,大学毕业生人数连年增长,2021 年全国普通高校毕业生达到了 909 万人,但大学生就业难的现象却愈演愈烈,"史上最难就业季"等现象层出不穷;另一方面,随着人口老龄化程度的不断加剧,从 2012 年起适龄劳动力数量逐年减少,企业"招工难""用工荒"等问题也日趋严重。已有文献研究结果显示,人力资本质量会对制造业结构高级化产生积极影响,但同时也会对制造业结构合理化产生消极影响,其主要原因就在于高等教育的人才培养模式与市场需求相脱节(刘成坤,2021)。

为此,各地政府必须根据自身人才供求现状和制造业发展面临的具体问题,创新人才发展的体制和机制。具体而言,一方面,要通过外部引进、内部挖掘,提高劳动力的有效供应,

这对于推动区域制造业,特别是经济落后地区的制造业升级,实现国内产业的梯度转移具有十分重要的意义;另一方面,要通过大力推动创新人才培养方式、深化校企合作,引导高校面向市场需求,培育创新型、技能型、实用型、复合型人才。尤其是在面对人口红利逐步消失和高科技产业发展速度放缓的困境时,亟须加快对高技术人才的引进、培养和配置,把"人口红利"转化为"人才红利",从根本上解决"腾笼换鸟""好鸟难求"的窘境。同时,还要重视"薪酬—职位—能力"的协调,完善劳动力的技能分配机制,减少和避免垄断造成的劳动力的不合理分配,促进人才的市场化、合理化流动(郝凤霞等,2021),为制造业迈向中高端提供充足的、高质量的人力资源。以教育大省江苏省为例,江苏省委十四届四次全会提出,要把深化科技体制改革和人才发展体制机制改革作为新征程上江苏全面深化改革的"一号工程",并出台了诸多具体的对策措施,如仅 2018 年江苏省就出台了《"江苏省高层次创新创业人才引进计划"改革实施办法》和《江苏省"333 高层次人才培养工程"改革实施办法》等,并与时俱进地不断更新江苏人才补助政策细则,这些政策为江苏省广招高端人才、促进劳动力结构的高级化提供了制度保障。

4. 优化数字发展环境,搭建信息互通平台

随着以物联网、云计算和大数据为标志的第三次信息化浪潮席卷全球,人们可以利用新兴技术进行智能决策、智能管理及智能制造等方面的工作。各地政府要与时俱进改变固化的思维模式,深入贯彻落实数字中国的决策部署,将互联网思维融入日常工作中,因势利导,因地制宜地积极推进核心技术、产业生态、数字经济、数字社会和数字政府建设。具体而言,政府要着力加强统筹协调,构建符合产业数字化、数字产业化背景的新发展格局,着力加强统筹协调,注重顶层设计,加快 5G 布局和互联网协议第六版规模部署和应用,建设新一代信息基础设施,推进信息领域核心技术突破,构建产业创新生态体系并制定相应的标准和规范,以发展智能制造为重点推动数字经济与实体经济融合发展,同时要加强数字治理,推动信息化向基层延伸。以江苏省为例,在顶层设计方面,江苏省在 2020 年出台了《关于深入推进数字经济发展的意见》《江苏省区块链产业发展行动计划》;在标准制定方面,同一年,江苏省出台了《江苏省"互联网＋先进制造业"特色产业基地建设标准和管理细则》(盛媛媛,2022),所有这些都为推动区域智能制造快速发展提供了方向和支撑。

政府还要利用智能化和网络化带来的便利,引导构建制造业网络信息交流和交换平台,并以最快的速度为企业提供所需的信息,降低企业信息搜寻的成本,提升决策效率。同时,政府要不遗余力地通过展会、论坛、交流会等方式搭建平台,即所谓的"政府搭台,企业唱戏"。仅在 2021 年,江苏省就成功地举办了世界智能制造大会、世界物联网博览会、中国(南京)国际软博会、中国(徐州)第五届人工智能大会暨数字经济高峰论坛、江苏互联网大会、江苏省网络安全发展大会等(盛媛媛,2022),为数字江苏和制造业数字化注入了新鲜血液和强大动力,助力江苏省制造业迈向中高端。

10.1.3 城市重点培育

1. 鼓励传统产业转型,适控新兴产业门槛

在制造业迈向中高端的过程中,各地政府要因地制宜,既要努力识别、传承与发展现有产业领域中所具有且能够被延续的优势(邓少军等,2013),又要适时淘汰落后产业,更要结合现代产业发展的趋势与要求,积极培育新的增长点。当前钢铁、水泥、平板玻璃、煤化工等传统行业产能过剩严重,而且在很多新兴产业中同样也存在产能过剩。针对传统产业和新兴产业,地方政府要实行差异化、有针对性的政策。对市场前景较好的传统产业,要鼓励其积极传承和创新;对产能过剩的传统产业,要通过监督和管理手段,对规定的生产标准以下的小、散且产能落后的企业实行"关停并转",责令退出市场;对单纯产能过剩的企业,应通过市场化手段,如兼并重组、整合生产线等方式化解过剩产能,推动企业转型升级,提高生产率和行业竞争力,同时,应通过财政和政策支持鼓励过剩产能向外转移。在当前鼓励发展新兴产业的大环境下,市场上并不缺乏想要和可以创新的企业和个人,但是由于以往对新兴产业进入市场审核过于宽松和不规范,导致鱼龙混杂,降低了新兴产业产品的质量,甚至也助长了一些想要浑水摸鱼的山寨企业的出现,从而引发了部分新兴产业出现产能过剩现象(刘晶等,2016)。对于这类新兴产业,地方政府一方面要严控进入门槛,另一方面要引导已有的相关企业通过整合,形成规模效应,开辟更广阔的国内和国际市场。

战略性新兴产业是以重大前沿技术突破和重大发展需求为基础的产业,对经济社会发展具有重大引领带动作用,不仅代表了科技创新的方向,而且代表了未来的产业发展方向。地方政府要抓住国家鼓励战略性产业发展的机遇,充分挖掘本地产业发展的潜在优势,在节能环保、新一代信息技术、生物、高端装备制造、新能源、新材料和新能源汽车等战略性新兴产业中选择适宜的产业,重点培育,并设置适当的进入门槛。对于那些拥有特定资源优势的城市而言,要适度发展水电、核电、风力、太阳能、沼气、地热等可再生资源。对于那些已经拥有在国际上具有一定影响力的新兴产业的城市而言,要善于抓住机遇,把优势产业建成具有国际竞争优势的中高端制造业。

2. 培育优势产业集群,打造国际知名品牌

根据现有文献的研究结论和国内外实践经验,产业集群可发挥集聚效应,包括外部规模经济效应与创新效应,这是因为产业聚集是促进产业专业化分工、降低创新成本、优化生产要素配置的有效手段。通过产业集聚,企业可以显著提高合作效率,进一步细化优化生产链,稳定产业链上中下游合作,从而降低产品生产成本与交易成本。同时,产业集聚还可以加速企业创新。一个城市要想提升综合竞争力,就必须依托优势显著的产业集群和一批有较大影响力的龙头企业。尽管诸多城市都已经打造了聚集若干产业集群的产业园区,但不少产业园区仍然处于早期发展阶段,集聚优势和区域合作竞争优势均尚未得到充分体现。因此,各个城市政府应根据现有的产业集聚的基础、前述的省域层面的特色产业定位及新的时代背景下产业演变的机遇,培育和壮大优势产业集群。尤其是对于那些已经具备较好的制造业集群基础的城市,要进一步完善产业集群政策的制定和实施,重点强化以产业链为纽带的产业集群建设,积极引导和推动相关产业向产业园区集中,充分发挥规模经济效应,重点培育在自主创新、品牌品质、节能减排、服务体系建设方面优势明显的世界级制造业产业基地和产业集群。

建设世界一流的产业基地和产业集群离不开具有全球影响力的龙头企业,制造业迈向中高端同样需要一批拥有自主知识产权、自主品牌及强大的国际竞争力的龙头企业加持。龙头企业的形成离不开市场导向与政府推进的综合作用。政府要通过专项资金支援、税收优惠等多种方式关注具有"独角兽"和"瞪羚"潜力的企业。各个城市要支持和促进有条件的优势企业通过联合重组、并购等多种方式,在全球范围内进行资源、价值链的整合,提高企业的市场竞争力和占有率,敦促企业提升产品质量,实现品牌战略。尤其是针对在重点行业领域已经深耕并具有显著竞争优势的头部企业,政府要做好一对一保姆式的服务,助力其提升国际竞争力,使之成为国际知名、具有话语权、占据价值链高端的领头企业。

3. 推动要素质量变革,鼓励企业自主创新

宋晓玲等(2022)学者基于中国省域面板数据研究发现,创新人员流动和创新资本流动均对制造业高级化、合理化有显著积极作用。因此,加强人力、资金等要素质量变革,加速要素流动是产业质量变革、效率变革、动力变革的根本支撑。建立符合现代产业体系发展要求的高质量要素供给体系,可以从以下三个方面着手:一是发挥人力资本积累效应。城市行业主管部门要进一步加大在教育、健康等方面的公共预算投入力度,加强通用和专用型人才的人力资本积累,提升劳动力素质和再就业能力;同时,完善劳动力等要素管理制度,促使人力资本按劳动生产率的高低在部门、行业、地区之间进行合理有序的分配。二是提高财政供给质量和精准性。聚焦实体经济中的薄弱环节和关键领域,大力扶持普惠金融、小微企业融资,增强金融服务实体经济能力,推动金融与实体经济协调发展(涂圣伟,2018)。三是挖掘技术空间溢出效应。在进口发达国家产品的过程中,要不断学习和吸收发达国家的先进技术,提升技术和设计能力,增强对相关产业的专门知识和技能的理解,进而获取技术外溢效应,增强企业的竞争优势,为企业的转型升级创造条件。

著名的 A-U 模型表明,技术自主创新是促进工业结构向高级化、合理化方向发展的重要动力(Abernathy et al.,1978)。因此,地方政府要树立从追赶和模仿导向的产业技术创新体系转变到以自主创新为主的创新体系的理念,巩固科技基础,聚焦技术创新,吸引全球创新资源,进行前沿创新积累,提升科技自主创新能力,促进创新链和产业链共同发展。企业是自主创新的主体,因此,政府要充分激发企业在创新决策和研发投入等方面的动力,鼓励企业攻克关键核心技术,并协助企业顺利进行科技成果转化。据官方统计,目前国际上共有126项需要解决的重点技术问题,各城市尤其是制造业基础强大、要素质量高的城市可以利用此突破点,整合资源,助力企业和高校科研院所合作,对标国际先进水平,持续攻坚,解决制约产业高质量发展的"卡脖子"技术难题。以江苏省苏州市为例,为进一步攻克"卡脖子"技术难题,苏州以龙头企业为主体,探索开展联合攻关形成创新合力,目前已建设培育创新

联合体50家,实现全市产业创新集群16个细分领域全覆盖,获批市级以上人才项目29个、承担市级以上科技项目80个,有效推动了当地制造业迈向中高端。

4. 完善人才激励和培养机制,加大重点领域科技投入

在制造业发展必需的要素中,人才的重要性和紧迫性越发凸显。首先,各地政府要因地制宜地出台和实施相应的人才引进和激励机制,扩宽人才引进渠道,并用优质的服务和优厚的待遇,吸引、留住和培养优秀人才,帮助制造业企业吸引优秀人才,用好人才,为做大做强制造业提供支撑。以南京市为例,2021年南京市发布了"紫金山英才计划",该计划由14个项目组成,计划在"十四五"期间重点集聚100个顶尖人才(团队),培育1 000名创新型企业家,引进3 000名高层次创新创业人才,对不同层次的人才均有丰厚的资助。据澎湃新闻2021年3月26日文章《南京实施"紫金山英才计划",五年欲引百个顶尖团队》报道,目前,相关计划已经成功吸引8名诺贝尔奖、1名图灵奖得主、132名国内外院士等人才。2023年,南京还出台了《以加快打造高水平人才集聚平台为总牵引全面推进新时代人才强市建设行动方案(2023—2025年)》(简称"人才强市25条")和"重点产业人才7策"等人才新政(张安琪等,2023),从引才用才、配套机制、生活服务等方面,为产业人才集聚提供支撑。这为解决南京市主导产业、卡脖子技术、国家重大科创平台等科技领域急需的问题提供了重要的保障。其次,政府要建立科学合理的人才评价制度,树立正确的用人导向,激发人才创新、创业、安居乐业的积极性。除了向外吸引人才,向内挖掘和培养人才也同样重要。要鼓励产教结合、政企联合,以高校为基础,以企业为主体,培育高端人才,定期轮岗交流,支持高端智能制造和战略性新兴产业长足发展。各高校和科研机构也要根据企业的需求定向培养学生,其过程近似于"订单式"培养人才。

同时,要充分重视科技投入对制造业创新的积极调控作用,加大对重点领域科技创新的投入。一方面,加大对高端创新企业的财政科技投入,同时也应注重对传统制造行业优势企业的扶持,弥补其研发资金缺口,激发其创新活力,为制造业转型升级提供持久动力;另一方面,完善财政科技投入激励和监督机制,通过事前申报、事中跟进、事后评估等方式加强对企业创新补贴资金使用情况的监督,确保政府补助能够真正用于企业研发活动(宋晓玲等,2022),提升科技投入的效果,为制造业转型升级迈向中高端提供科技支撑。

10.2 企业推进中国制造业迈向中高端的对策

10.2.1 明晰企业定位,把握产业转型方向

1. 准确把握企业定位,打造核心竞争优势

在制造业转型升级迈向中高端的过程中,制造企业应明确其定位和核心竞争力,并以此为发展前提。根据本书实证部分的研究结论,产业内因素对制造业转型升级具有非常重要的影响。在这些因素中,技术创新、人才资源、生产设备投入等因素均对制造业企业的转型

升级产生重要影响。相关文献和历史资料显示,改革开放以来,中国制造业广泛参与了国际垂直分工的生产过程,但被锁定于全球价值链的低端,制造业企业向全球价值链的中高端迈进受到很多因素的制约。即使是在中国制造业大省江苏省,其制造业企业的生产技术和管理水平虽然高于中国大部分省份,但由于历史问题和上升空间有限,江苏省制造企业在攀升全球价值链中高端的道路上举步维艰。随着江苏省制造业外在竞争压力的逐年增大,企业的雇佣成本逐年增加,高新技术研发成本庞大,高技术人才缺乏,这些都将导致江苏省制造业企业的转型方向和核心竞争力不明确。而且,由于企业的同质化问题,很多社会资源和土地资源被浪费。在这样的背景下,制造业企业迈向全球价值链中高端的首要任务是进一步明确企业自身定位及核心竞争力(杨丹虹,2019)。企业要通过充分的市场调研,了解消费群体和新的消费需求,系统研判其所处行业新的发展态势和竞争格局,客观分析自身的资源配置与核心能力,挖掘自身优势,在此基础上制定适宜的差异化策略,确立适当超前的定位和核心竞争优势。

2. 制定企业战略规划,保障企业长足发展

企业要想获得长足的发展,必须明确目前在国际贸易及国内贸易中的地位和未来的发展趋势,在前述明确定位的基础上,明确企业的发展方向和资源配置模式,制定下一步产品革新计划,并在此基础上制定详细的战略规划(杨丹虹,2019)及具体实施路径。传统的制造业企业在面临转型升级瓶颈时必须着眼于未来及长期发展规划,在产品设计、改进、升级中不断积累经验,由被动创新转向主动创新。只有当企业完成了生产技术的巨大进步,实现了产品的颠覆性创新时,企业才有可能突破瓶颈,摆脱中国制造业企业长期被困在低端的困境(杨丹虹,2019)。对于那些处于新兴产业中的企业而言,战略制定更加重要。既要结合国家或地区的经济发展战略,又要充分考虑该行业的发展前景和潜力,还要结合技术发展趋势、市场需求以及同业竞争者,在综合分析和评估的基础上,高瞻远瞩,确定企业发展方向和保障措施,这样才能尽早占据价值链中高端。

3. 积极嵌入全球价值链,推进企业转型升级

在企业转型升级的过程中,无论采用哪种路径,都需要企业在嵌入全球价值链的过程中,在汲取领头企业尤其是跨国公司技术、管理知识的基础上,逐渐提高创新水平和增强创新能力,陆续实现转型升级,由全球价值链的低端代工者变成价值链的"链主"(Birnik et al.,2010;刘志彪,2011)。在此过程中,中小型企业与大型企业拥有各自独特的竞争优势,应该采用不同的嵌入模式。中小型企业要强化自身的独立性和产品的稀缺性,注重提升产品品质和特色,积极主动嵌入全球价值链的中高端,通过价值链分工,引入发达国家先进的发展模式、商业理念、组织流程,促进企业转型升级。而拥有更多资本积累和更强大生产和运营能力的大型企业,则应自主构建全球价值链,并在国际上逐步掌握一定的话语权。要以自主控制的核心技术控制全球价值链,抢占研发、设计、营销、服务等高附加值生产环节,并逐步吸纳和带动国内中小型企业的集聚,形成先进制造业集群,为制造业转型升级,迈向全球价值链中高端提供支持(范蕊,2019)。

10.2.2 优化资源配置,实施智能制造战略

1. 持续加强技术设计研发,突破制造关键环节

黄茂兴等(2009)探究了产业结构升级、技术选择与经济增长的内在联系,发现随着经济的不断增长,生产规模达到一定程度后,选择适宜的技术和合理的资本可以促进产业结构升级,并据此提出了推动产业结构升级、提高劳动生产率、加快经济发展的关键技术选择。当前,我国仍处于工业化快速发展阶段,制造业仍是拉动内需的主要力量,制造业转型升级的重点是打破加工制造中"卡脖子"的关键技术环节。面对我国加工制造业的"低端锁定"困局,企业必须以加大设计研发投入和制度创新为着力点,增强研发投入的资金,持续推进生产管理制度的迭代升级和生产工艺的创新,加强对研发、设计、品牌等薄弱环节的支持和投入,加速技术创新、系统集成、品牌营销等方面的发展,推动加工制造业从产业链最底层的低技术生产、加工、装配环节延伸至高科技密集型的研发设计、品牌营销环节,提高产业专业化分工水平(刘晶等,2016)。同时企业应加强对环保的重视,运用环境规制倒逼对洁净生产技术和高新技术的研发,进而推动生产技术更新升级。

2. 健全现代化智能供应链,加强产品供应保障

在智能制造时代,打造强大、智慧、安全的现代化智能供应链,是支撑制造业发展的关键因素,也是企业运营的重要保障,更是推进制造业转型升级迈向中高端的有效途径。除了从国家层面加强全球供应链战略设计并健全完善的物流服务体系外,规模较大、实力较强的制造业企业应针对供应链发展中存在的核心问题与短板进行系统设计与规划,不断完善和优化供应链体系,使之从传统职能管理转向流程协同管理,从线式链式结构转向网状非线性式结构,从简单粗放管理转向精准用户驱动管理,从单一组织内部管理转向跨组织、跨平台、跨体系协同管理,从纵向一体化转向平台生态化,不断增强对供应链上下游资源的整合能力,使之加快成为全球供应链的"链主"企业。而对于大多数传统中小型加工制造企业而言,在设计研发环节发力相对而言比较困难,但可以充分发挥其在供应链体系中的配套作用,朝着专、精、特、细的方向发展。同时,还要努力提升供应链智慧化水平,进行集中采购、智慧物流、互联网金融一体化的供应链管理与服务;加强制造业企业产品销售预测能力以及仓库库存预测,确保供应链稳定安全,保障产品供应。最终形成以"链主"企业为主导、中小企业相配套、高校科研机构与金融机构相协同的共生共赢的产业生态,构建组合式、协同化、敏捷型的区域供应链合作与创新网络,从而促进资源优化配置,优化企业内部的业务流程,降低物流成本,提高经营效率,增强制造业整体的竞争优势(魏际刚等,2020)

3. 加强 5G 技术创新驱动,加快推进智能生产

制造业在转型升级过程中,非常重要的一点就是要加快将传统的过剩产能向新兴产业转移和过渡,使制造业整体朝向智能化、绿色化和高附加值化方向发展。制造业企业要尽快抓住信息化和智能化契机,将传统制造业与信息化智能化深度结合,这将大大提高生产效率,推动制造业转型和升级。实现智能制造的主要思路就是将智能贯穿于整个产业链,在数

字化、信息化、网络化、自动化的基础上,以赛博物理系统为支撑,以人、机(智能制造装备)和资源等为核心,深度融合人工智能技术与企业生产运行管理,形成高度自动化、柔性化和智能化的新型制造模式。该模式基于智能制造所特有的"动态感知、实时分析、自主决策、精准执行"运行逻辑,将数字化、信息化、智能化手段深入企业管理、车间运作、物流配送、质量管控、售后维护等各个环节中,最终形成一个高度集中、复杂有序的系统工程。企业在推进智能生产的过程中,要做好整体规划,制定由点到线再到面和体的智能制造推进的分步实施路线(曾龙飞等,2021)。

智能制造的发展离不开5G网络技术的研发和运用。因此,要加强5G技术创新,前瞻布局6G,提高网络运行速度,保证其线路安全稳定,推动通信公司和制造业企业合作,开发更多的应用场景,打造无人自动化生产线、"智能车间"和"智能制造工厂"。制造业企业实现了智能生产,"中国制造"才能向"中国创造"和"中国智造"转变(王岳平,2008),中国的制造业才能真正迈向中高端。

10.2.3 延伸产业链条,提升产业融合层次

1. 推动传统产业技术改造,促进工业化和信息化深度融合

工业化和信息化深度融合是新时期制造业数字化、网络化、智能化发展的必由之路,也是数字时代推动制造业迈向中高端的重要途径。对不同类型的制造业企业,要采用差异化的政策。对于传统产业的企业,既要采取一系列切实有效的措施,利用新一代信息通信技术推动企业进行技术改造,加快其转型升级,又要支持和鼓励不同企业间的兼并重组,实现企业间的优势互补,在市场竞争中优胜劣汰。同时,要逐渐将一批新兴产业培育发展为主导产业,不断推动现代制造业与移动互联网、大数据、物联网等新型高科技技术融合(刘晶等,2016)。根据工业和信息化部印发的《"十四五"信息化和工业化深度融合发展规划》,到"十四五"末,企业经营管理数字化普及率要达到80%,企业形态加速向扁平化、平台化、生态化转变;数字化研发设计工具普及率达到85%,平台化设计得到规模化推广;关键工序数控化率达到68%,网络化、智能化、个性化生产方式在重点领域得到深度应用。对此,制造业企业要抓住两化融合的契机,进一步深化工业化与信息化的融合程度,加大对网络化、智能化、数字化等技术的开发利用,破解行业关键技术问题,争取实现弯道超车,抢占制造业中高端。

2. 推进"制造+服务"转型,促进制造业与服务业深度融合

先进制造业和现代服务业深度融合发展,既是顺应新一轮科技革命和产业变革的主动选择,又是重塑产业链竞争新优势、建设现代化产业体系、加快构建新发展格局的有效路径(佚名,2023)。现代服务业中的生产性服务业渗透到制造业的各个环节,依托并服务于制造业,对制造业迈向中高端起着举足轻重的作用。盛丰(2014)研究发现生产性服务业集聚式发展可以通过规模经济、竞争机制、学习效应、合作效应和专业化效应机制降低制造业生产与交易成本,进而助推制造业转型升级。目前,中国的生产性服务业的占比和专业化程度仍有待提高,为了促进制造业和服务业深度融合,政府应通过合理规划与科学布局形成生产性

服务业之间、制造业与生产性服务业之间分工明确、职能清晰、功能互补的生产性服务业集群;不断改善服务业发展的制度环境,开展简政放权,打造更加公平的市场准入门槛,并逐步将信贷资源配置、专利申请与技术转让等方面的政府职能转移至生产性服务机构;制定标准化的生产性服务行业规范与业务标准,提升生产性服务业集群的聚合质量;对高端服务业企业进行直接的创新补贴,实施优惠的税收政策,或者以政府采购、土地政策等方式进行激励(朱彦,2022)。对于服务业企业而言,要瞄准市场需求,加大投入,改变传统固定的思维模式,优化业务流程,提高为制造业服务的业务水平,使其更具有专业性;还要拓展融合面,在各个环节与制造业融合。王岳平(2008)研究发现,为了调整信息化和知识背景下的产业结构,必须推进信息经济和知识经济从第三产业向第二产业的研发、设计、经营、管理及其他方面渗透,如在产品研发阶段,为制造业企业提供市场调研数据;在产品生产阶段,为其提供专业科学技术咨询服务;在产品销售阶段,保障广告、营销、物流、售后服务,从而全方位地融入全球服务创新链,助力制造业迈向全球价值链中高端。

江苏早在2019年就开始组织开展两业深度融合试点工作,先后出台了《江苏省先进制造业与现代服务业深度融合试点工作的通知》《加快推动制造服务业高质量发展的实施方案》《生产性服务业十年倍增计划实施方案》等政策性文件,遴选两批总计247家企业、21个产业集群和43个集聚区域作为全省两业深度融合试点单位;张家港市、常州天宁经济开发区2个区域和徐工机械、双良节能系统、波司登羽绒服装、康缘医药商业、中天科技等6家企业先后入选全国两业融合发展试点单位。例如波司登羽绒服装有限公司探索"现货式敏捷制造"新模式,自主研发服装智能制造GIMS系统,实现了柔性的生产流程,打造了一个服装行业的工业互联网平台,大大提高了企业对市场的快速响应和制造执行能力(佚名,2023),有力促进了制造业转型升级。

3. 利用数字经济驱动,促进制造业与"互联网+"深度融合

依托数字经济发展红利推动制造业的转型升级,是实现产业向全球价值链中高端迈进的必然选择,也是实现产业高级化和产业链现代化的重要战略方向(陈晓峰,2022;贾建锋等,2022)。黄赜琳等(2022)基于中国地级市数据研究发现,数字经济是推动传统产业转型升级的重要驱动力,能够有效促进制造业升级,尤其是对国有企业、工业机器人投入强度较高行业、资本密集型行业、互联网用户规模较大地区与中部地区制造业企业具有更强的升级效应。中国制造业要实现向全球价值链营销服务环节的升级,企业就需要与互联网深度融合,打造精准化营销的制造业发展模式。可以利用大数据等技术,打造制造业工业互联网平台。通过这个平台,可以了解顾客的个性化服务需求,可以预估产品销售数量,预测仓库库存以及掌握供应链相关情况,从而坚固供应链的防线。此外,该平台还可以对企业实行智能化管理,促进国内甚至国际制造业企业更好地交流与深度合作。工业和信息化部自2018年开始推出工业互联网(工业智能化)试点示范项目,围绕工厂类、载体类、园区类、网络类、平台类、安全类等六大方向,发掘和推广在提质、降本、增效、绿色、安全方面发挥重要作用的优质项目。这些示范项目为企业节省了生产和运营成本,提高了效率,提升了产品输出的质量

和客户满意度,助力现代制造业迈向中高端。

值得一提的是,中国当前制造业运用数字技术的层次比较低,未来中国数字经济发展既要保持和挖掘在数字基础设施建设方面的优势,又要下决心去突破一些"卡脖子"的关键核心技术。这需要国家在顶层设计上进一步加强体制机制研究,进一步优化市场环境,让那些愿意啃硬骨头的企业获得发展的空间和机会(张二震等,2022)。

10.2.4 加强科技投入和技术创新,提升产品竞争优势

1. 加大科研投入力度,提升自主研发水平

伴随着我国传统的资源禀赋比较优势的逐渐减弱和制造业企业在全球价值链中高端环节竞争的日益激烈,加大产业研发投入、促进企业技术创新成为我国制造业企业获取新竞争优势、攀升全球价值链中高端进而参与全球经济治理的关键路径。尤其是对于具有一定国际影响力的各行业的龙头企业,如华为、徐工集团、海尔等知名企业,更要立足长远,持续加大研发经费投入,促进基础科学研究和新兴应用科学研究,加强人才培养和科技创新,不断推出具有自主知识产权的产品,逐步形成技术垄断,抢占全球价值链主导地位,引领产业发展方向。随着时代的变化与消费者的需求升级和多元化,企业还要据此精准预测产品需求及其未来产品定位,并优化资源分配,开发个性化的定制产品,以满足客户的多元化需求。对于那些从事组装、加工制造等代工形式的制造业企业也应逐渐加大科研投入,加快产业的生产工艺改进和技术升级,顺势淘汰落后产能(张磊等,2019),逐渐改变其在全球价值链中低端的地位,促进中国制造从低成本的竞争优势向更加适应市场需求的高质量、多元化转变,最终实现迈向制造业中高端的目标。

2. 加强关键技术创新,促进企业生产提质增效

余典范等(2011)利用投入产出法研究了技术对产业结构的经济影响,认为实现我国工业产业变革的关键是通过优化产业关联改善产业发展水平,高度关联的产业技术创新是增强产业关联效应的有效途径。余子鹏和刘勇(2011)研究发现要素存量和效率对我国产业结构升级有明显的影响,展示了我国产业结构发展的内在潜力,提出了我国产业结构未来可持续发展路径。2017年8月,时任总理李克强在主持召开推动制造强国建设、持续推进经济结构转型升级座谈会时指出,促进制造业提质升级要依靠创新发展。因此,企业在关键技术上实现创新和突破,加强技术创新和产品研发,提高产品附加值和竞争力,进而提质增效是制造业迈向中高端的关键所在。首先,企业必须要有明确的科技创新战略和定位。企业要在充分掌握本行业国内国际发展趋势的基础上,明确本企业的创新战略和具体定位。正如前所述,国际上有超过100多项亟待解决的技术难题,对于那些科技实力雄厚的企业,要从中选择适宜的项目,有的放矢,尽早占据价值链中高端。其次,企业要多方筹集资金,加大研发投入,并制定内部的创新激励机制。企业要不断从分配、奖励、晋升等多方面探索奖励机制,激发员工创新积极性。最后,要高度重视知识产权,合理布局知识产权。在制造业迈向中高端的过程中,特别是对于科技创新型企业,既要充分挖掘自身潜力,创造更多的知识产权,又

要注重知识产权的运用和运营,通过知识产权运营、联盟等必要的合作形式,充分发挥知识产权的最大价值。华为作为全球领先的通信技术公司,非常重视创新和知识产权的保护,连续5年在中国申请的专利数量排名第一,从2019年到2021年的三年中,华为从全球专利许可中获得约12亿美元的收入。通过收取专利费用,华为不仅获得大量收益,而且可以保护自己的知识产权,促进技术创新,同时还可推动行业的不断升级。

3. 充分利用企业资源,提升产品出口竞争优势

制造业企业要充分合理利用各方面资源,提升产品的国际竞争优势,才能够实现出口规模的提升,有机会改变国际分工的地位。徐华亮(2021)基于"社会—共生—技术"逻辑探讨了中国制造业高质量发展响应过程,并从价值链升级视角对供需变化态势进行了分析,研究发现推进制造业高质量发展是我国实现建设制造强国战略的选择,要通过产业基础的高度化和产业链的现代化提高制造业的竞争优势。在数字经济时代,制造业企业应适时调整生产方式和生产模式,充分利用数字技术带来的生产效率,形成需求信息、研发设计、智能制造、销售服务等过程的资源整合优势,促进"中国制造"转型升级为"中国智造"。企业要不断激发更大的创新动力,不断推动出口产品质量升级,打造中国制造业国际竞争新优势(谢靖等,2022)。在从低附加值产品的生产和出口向高附加值和高技术产品的生产和出口的过程中,制造业企业要因时、因地、因事制宜,合理而充分利用现有资源,从产品设计、原材料采购、生产过程、质量控制等方面提高产品质量,并在此基础上调整原有贸易模式。对于那些产品已经具有国际竞争优势的高新技术企业而言,要整合资源,着力于新兴的高新技术产品的生产和出口,提升其在生产过程中技术方面的比较优势,并不断提高其产品出口竞争优势。对于大量尚处于全球价值链中低端的企业而言,要深挖比较优势,依靠科技不断改造创新,依托本土庞大的市场规模优势,逐渐提高产品质量和竞争优势,积极拓展销售渠道,逐渐扩大国际市场。

10.2.5 创新经营理念,打造优质企业形象

1. 塑造良好企业文化,加快企业转型升级

企业文化在某种程度上决定着企业发展的兴衰,它是企业综合实力、核心竞争力以及可持续发展能力的重要组成部分(王竹泉等,2010)。企业文化通常表现为企业价值观、信念、仪式、符号、处事方式等组成的特有的文化,在不同维度上影响着企业管理(刘刚等,2022)。企业文化不仅会激发员工提高自我发展与企业发展的心理愿景,而且能增强全体员工的共识。良好的企业文化可以极大地增强企业的吸引力和凝聚力,有助于提升企业的核心竞争力,而企业核心竞争力的形成反过来又会进一步促进企业文化,两者相互促进。企业的精神魅力主要体现在企业文化对员工的微妙影响上。制造业企业要想进行可持续的经营,必须有优秀的企业文化,让员工可以感受到有压力但不压抑的工作环境,有任务但不死板的工作内容(杨丹虹,2019)。

囿于固有的商业模式,传统制造业的生存和发展相对落后,对企业文化重视程度不够。

在制造业转型升级迈向中高端的背景下,企业要与时俱进更新和培育既有创新又有传承的企业文化,吸引优秀人才加盟企业并留在企业,助力企业转型升级。具体包括两个方面:一是明确企业的价值观,提升企业的社会责任感。正如 9.4 节所言,企业要明确自己的使命、目标和社会责任,并通过文化宣传等,引导员工形成企业发展远景下的理念和价值观,并通过提供优质的产品和服务、支持公益事业等提升企业的社会形象、员工的社会责任感和荣誉感。二是以员工为本,创造良好的工作氛围。员工是企业文化的核心,因此,企业要注重员工的培养和发展,要给员工提供良好的培训机会,制定合理的晋升机制,建立完善的绩效评估体系等,鼓励员工为企业创造更大的价值。企业还应通过学习和培训、集体团建等活动营造良好的工作氛围,打造良好的沟通平台,提供舒适的工作环境。

2. 培养和引进高端人才,提升企业人力资本水平

人力资本的累积是提升一个国家制造业技术水平、管理能力和市场营销手段的重要保证。2016 年公布的《全球制造业竞争力指数》显示,在全球各大跨国公司 CEO 评选的四大主要推动因素中,人才、成本竞争力、生产力和供应商网络排名前四。而在这些影响因素中,人才是最主要的推动力量。刘成坤(2021)基于中国制造业细分行业数据研究发现人力资本数量和质量对制造业升级存在显著的正向空间溢出影响。制造业迈向中高端既需要掌握高端技术的技术研发人才,又需要熟练掌握操作技术和信息技术的复合型人才,还需要深谙市场营销、企业管理,甚至了解技术的高级复合型管理人才。

为了加快制造业转型升级迈向中高端,需要在制造业领域开展多层次的复合型人才培养,特别是针对当前存在的制造业劳动生产率较低的问题,应将更多注意力转向持续提高劳动者技术水平、熟练水平和提高劳动组织、管理有效性上(徐华亮,2021)。要围绕制造业重点领域和战略性新兴产业,从产业链各个环节入手,加强产教融合,培养创新型、复合型人才,打造一流科技领军人才和创新团队。本书前述的实证分析结果表明,人力资本的投入程度对于制造业企业转型升级具有较为明显的促进作用。为进一步强化研发投入驱动全球价值链攀升,还应加大投入,提高制造业人力资本的整体水平,以人才红利的释放弥补人口红利的消失(张磊等,2019),为我国制造业研发创新、迈向全球价值链中高端提供根本动力。

要充分弘扬企业家精神,发挥企业管理者的引领作用。企业家是一个企业的支柱,是企业保持长足生存发展的关键所在,在产业结构迈向中高端过程中,一个企业能否在充满机遇和挑战的转型升级中站住脚跟,同时快速占领市场,考验的是企业家们做出怎样的投资和发展计划(刘晶等,2016),如何推动组织结构及人力资源与企业转型需求的动态匹配(邓少军等,2013),并引导营造"传承与创新"的组织氛围。作为企业领头人的企业家,必须先于市场完成其观念革新,而观念的革新不能完全依靠产学研一体化的建设,更加快捷有效的方式是去不同的地方、不同的企业进行调研和学习,使企业家对于当前经济形势和未来的发展走势有一个深刻的认识和体会(刘晶等,2016),并在此基础上做出企业发展战略决策。企业家还要善于通过战略引领和价值观引导,推动企业形成集体共享的特定认识氛围及组织认同,使员工能够根据企业需要、自身兴趣及能力条件在竞争性任务中进行合理的选择与适应(邓少

军等,2013),从而提高企业的生产效率和创新水平。对政府相关主管部门来说,要营造市场公平和公正的竞争环境,让真正有才能的企业家和真正有活力、有前景的企业生存下来(刘晶等,2016)。对于国有企业的高管,可以通过选聘、考核与激励等方面的创新,尽可能将那些具备创新观念、具有开放合作意识、能够有效整合市场化力量的管理者配置到合适的领导岗位(邓少军等,2013),并发挥引领作用。

3. 借助"单项冠军[①]"和"隐形冠军",打造知名制造品牌

品牌是产品质量、技术、信誉和文化的集中体现,品牌建设也是一个国家经济发展综合实力的体现,要实现制造业迈向全球价值链中高端,离不开享誉全球的知名制造业品牌。中国制造业长期处于全球价值链中低端的一个重要原因就是虽然制造业品牌众多,但呈现"低、小、散、弱"的状况,缺乏一批能够主导全球市场的知名品牌。除了前述的从政府层面培育龙头企业和品牌外,作为企业,在现有的产业升级环境下,要充分借助中国培育制造业单项冠军、打造"中国制造"强品牌的契机,扎实提高产品品牌的知名度。首先,要认识到品牌蕴含的巨大价值,牢固树立打造品牌的理念,提升打造品牌的积极性,加快企业品牌建设步伐,努力建设更多中国知名品牌。要制定相关具体的措施,加大人才支持力度,分阶段逐步付诸实施。其次,商品的品质是打造品牌的基础,因此要加大研发投入,弘扬工匠精神,不断提升产品质量,在产品研发和生产、市场的拓展和竞争上不断积累,并通过在某一个具体产品或业务上反复打磨形成绝对的质量竞争优势(熊梦,2021)。再次,在打造具体品牌时,既要依托市场,使品牌文化元素容易被市场接受,又要挖掘自身的优势,打造具有鲜明特色和文化底蕴的品牌。最后,要围绕产品进行必要的宣传和推介,不断与时俱进利用信息技术创新商业模式,做好营销传播。通过以上品牌提升措施,补齐我国制造业发展的短板,推动"中国制造"从全球产业链的中低端向中高端迈进,最终达到实现中国经济高质量发展的目标。

10.3 本章小结

21世纪以来,随着全球制造业生产方式的深刻变化,制造业强国纷纷调整和制定制造业转型升级规划,中国也于2015年开始实施《中国制造2025》,推动制造业迈向中高端,加快

---

① 单项冠军是指长期专注于某些特定细分产品市场,生产技术或工艺国际领先单项产品市场,占有率位居全球或全国前列的企业。为了推动制造业的高质量发展,2016年工业和信息化部发布了《制造业单项冠军企业培育提升专项行动实施方案》,并与中国工业经济联合会组织了"制造业单项冠军"遴选等一系列工作。单项冠军的申报要具备以下条件:坚持专业化的发展,要求长期专注并深耕于产品链某一环节或某一产品领域。单项产品销售收入占企业主营业务收入的比重在70%以上,从事相关业务领域时间达10年以上,属于新产品的应达三年及以上;市场份额全球领先,申报产品市场占有率位居全球前三,申报两个产品的,两个产品市场占有率均需位居全球前三;创新能力强,生产技术、工艺国际领先;质量效益高,产品质量精良,关键性能指标处于国际同类产品领先水平(熊梦,2021)。截至2022年8月,我国已经遴选出848家制造业单项冠军企业,相关企业展现出创新能力强、质量效益优、产业带动作用大等特征,已经有39家单项冠军企业成为中国制造业500强企业。

从制造大国向制造强国转变。未来如何推动中国制造业迈向全球价值链中高端,实现中国经济的高质量发展,这亟待各级政府制定和实施强有力的引导和支持政策,更需要企业直面挑战,充分利用好产业政策,积极发挥主体作用。本章分别从政府和企业两个主体的定位出发提出相应的对策。从政府视角来看,中央政府要做好统筹布局、优化环境;省域政府要明确各个城市制造业定位,打造合作共赢平台并积极创新人才培养模式;城市政府要加大科技投入,鼓励自主创新,培育优势产业集群,并对传统和新兴产业采用差异化的政策。从企业视角来看,要明晰定位,把握产业转型升级的方向,抓住信息化浪潮实施智能制造,提升产业融合层次,加大科技投入,提升产品的竞争优势,创新经营理念,打造优质企业形象。

参考文献

Abernathy W J, Utterback J M, 1978. Patterns of industrial innovation [J]. Technology review, 80(7):40-47.

Acemoglu D, Antràs P, Helpman E, 2007. Contracts and technology adoption[J]. American Economic Review, 97(3): 916-943.

Albukhitan S,2020. Developing digital transformation strategy for manufacturing[J]. Procedia Computer Science,170:664-671.

Azmeh S, Nadvi K, 2014. Asian firms and the restructuring of global value chains[J]. International Business Review,23(4): 708-717.

Baquero Forero Maria del Pilar, 2013. Mobile communication networks and Internet technologies as drivers of technical efficiency improvement[J]. Information Economics and Policy, 25(3): 126-141.

Barrientos S, Gereffi G, Rossi A, 2011. Economic and social upgrading in global production networks: A new paradigm for a changing world. International Labour Review, 150(3/4): 319-340.

Birnik A, Birnik A K, Sheth J,2010. The branding challenges of Asian manufacturing firms[J]. Business Horizons, 53(5): 523-532.

Carluccio R, Cuñat A, Fadinger H, et al, 2019. Offshoring and skill-upgrading in French manufacturing[J]. Journal of International Economics, 118:138-159.

Cheong T S, Wu Y R,2014. The impacts of structural transformation and industrial upgrading on regional inequality in China[J]. China Economic Review,31:339-350.

De Marchi V, Di Maria E, Golini R, et al, 2020. Nurturing international business research through global value chains literature: A review and discussion of future research opportunities[J]. International Business Review,29(5):101708.

Dixon P B, Rimmer M T, 2022. Winners and losers in global supply chain trade: Embedding GSC in CGE[J]. Economic Modelling,106,105670:1-20.

Dizioli A, Hunt B, Maliszewski W S,2016. Spillovers from the maturing of China's Economy[C]. IMF Working Papers.

Fernandez S, Bamber P, Gereffi G, 2011. The offshore services value chain: Upgrading trajectories in developing countries[J]. International Journal of Technological

Learning, Innovation and Development, 4(1):206-234.

Folorunsho M A, 2023. Business climate and global value chains: Insights from Africa[J]. Transnational Corporations Review:1-26.

Forero M, 2013. Mobile communication networks and internet technologies as drivers of technical efficiency improvement[J]. Information Economics and Policy, 25(3): 126-141.

Gao Q A, Cheng C M, Sun G L, 2023. Big data application, factor allocation, and green innovation in Chinese manufacturing enterprises[J]. Technological Forecasting and Social Change,192,122567:1-9.

Gereffi G, Humphrey J, Kaplinsky R, et al, 2001. Introduction: globalisation, value chains and development[J]. IDS Bulletin, 32(3), 1-8.

Gereffi G, Humphrey J, Sturgeon T, 2005. The governance of global value chains[J]. Review of International Political Economy, 12(1):78-104.

Gereffi G,1999. International trade and industrial upgrading in the apparel commodity chain[J]. Journal of International Economics, 48:37-70.

Gereffi G, Lee J, 2016. Economic and social upgrading in global value chains and industrial clusters: Why governance matters[J]. Journal of Business Ethics, 133(1): 25-38.

Giuliani E, Pietrobelli C, Rabellotti R, 2005. Upgrading in global value chains: Lessons from Latin American clusters[J]. World Development,33(4): 549-573.

Herrigel G, Wittke V, Voskamp U, 2013. The process of Chinese manufacturing upgrading: Transitioning from unilateral to recursive mutual learning relations[J]. Global Strategy Journal, 3(1):109-125.

Hirschman A O,1958. The Strategy of Economic development[M]. New Haven: Yale University Press.

Hummels D, Ishii J, Yi K M,2001. The nature and growth of vertical specialization in world trade[J]. Journal of International Economics,54(1):75-96.

Humphrey J, Schmitz H, 2002. How does insertion in global value chains affect upgrading in industrial clusters? [J]. Regional Studies, 36(9):1017-1027.

Kong Q X, Shen C R, Sun W, et al, 2021. KIBS import technological complexity and manufacturing value chain upgrading from a financial constraint perspective[J]. Finance Research Letters, 41, 101843:1-9.

Koopman R, Powers W, Wang Z, et al, 2010. Give credit where credit is due: Tracing value added in global production chains [R]. National Bureau of Economic Research.

Koopman R, Wang Z, Wei S J, 2012. Tracing value-added and double counting in gross exports[J]. American Economic Review, 104(2): 459 – 494.

Krugman P, 1991. Increasing returns and economic geography[J]. Journal of Political Economy, 99(3): 483 – 499.

Krugman P R, Obstfeld M, 2005. International economics: Theory and policy[M]. Boston: Addison Wesley Publishing Company.

LICHTENBERG F, POTTELSBERGHE B V, 2001. Does foreign direct investment transfer technology across borders?. Review of Economics and Statistics, 83: 490 – 497.

Li F Y, Lin Z Y, Huang L X, et al, 2022. Environmental regulation and global value chain division position: Analysis based on global transnational data[J]. Energy Policy, 168, 113101: 1 – 13.

Lin X J, Liu B Q, Han J X, et al, 2018. Industrial upgrading based on global innovation chains: A case study of Huawei technologies Co., Ltd. Shenzhen[J]. International Journal of Innovation Studies, 2(3): 81 – 90.

Liu Y D, Tang T F, Ranran A, et al, 2023. Has digital technology promoted the restructuring of global value chains? Evidence from China[J]. Economic Analysis and Policy: 1 – 21.

Li X, Hui E CM, Lang W, et al, 2020. Transition from factor-driven to innovation-driven urbanization in China: A study of manufacturing industry automation in Dongguan City[J]. China Economic Review, 59, 101382: 1 – 21.

Li X, Zhou W, Hou J N, 2021. Research on the impact of OFDI on the home country's global value chain upgrading[J]. International Review of Financial Analysis, 77, 101862: 1 – 10.

Li Y Q, Ma H M, Xiong J E, et al, 2022. Manufacturing structure, transformation path, and performance evolution: An industrial network perspective[J]. Socio-Economic Planning Sciences, 82, Part A, 101230: 1 – 13.

Lopez-Gonzalez J, Kowalski P, Achard P, 2015. Trade, global value chains and wage-income inequality[R]. OECD Trade Policy Working Papers, No. 182, Paris: OECD Publishing.

Lopez-Gonzalez J, Kowalski P, Achard P, 2015. Trade, global value chains and wage-income inequality[R]. OECD Trade Policy Working Papers, No. 182, Paris: OECD Publishing.

Meijers H, 2014. Does the Internet generate economic growth, international trade, or both? [J]. International Economics and Economic Policy, 11(1): 137 – 163.

Nicolas F, 2008. China and foreign investors. The end of a beautiful friendship? [R]

The Institute Fran? ais des Relations Internationales(Ifri).

Paunov C, Rollo V, 2016. Has the Internet fostered inclusive innovation in the developing world?[J]. World Development, 78: 587-609.

Pham H S T, Petersen B, 2021. The bargaining power, value capture, and export performance of Vietnamese manufacturers in global value chains[J]. International Business Review, 30(6), 101829: 1-13.

Poon T S C, 2004. Beyond the global production networks: A case of further upgrading of Taiwan's information technology industry[J]. International Journal of Technology & Globalisation, 1(1): 130-144.

Porter M E, 1980. Competitive strategy: techniques for analyzing industries and competitors: with a new introduct[M]. Free Press.

Porter M E, 1990. The competitive advantage of nations[M]. New York: Free Press.

Salmani B, Pourebrahim F, Saremi M, 2013. The effect of the Internet on international trade in services: Developing countries' case study[C]//7th International Conference on e-Commerce in Developing Countries: with focus on e-Security. IEEE: 1-9.

Schmuck R, 2021. Global supply chain quality integration strategies and the case of the Boeing 787 dream linerdevelopment[J]. Procedia Manufacturing, 54: 88-94.

Sáez S, Grover A, 2010. Uncovering developing countries' performance in trade in services[R]. Washington: World Bank: 1-5.

StarkK F, Bamber P, Gereffi G, 2011. The offshore services value chain: Upgrading trajectories in developing countries[J]. International Journal of Technological Learning, Innovation and Development, 4(1): 206-234.

Sturgeon T J, 2001. How do we define value chains and production networks?[J]. IDS Bulletin, 32(3): 9-18.

UNIDO, 2002. Industry Development Report 2002—2003: Competing through Innovation and Learning[R]. Vienna: 107-116.

Van Pottelsberghede La Potterie B, Lichtenberg F, 2001. Does foreign direct investment transfer technology across borders?[J]. Review of Economics and Statistics, 83(3): 490-497.

Wang Z, Wei S, Zhu K, 2013. Quantifying international production sharing at the bilateral and sector levels[J]. NBER, Working Paper, No. 19677.

Yuan K H, Cui J Y, Zhang H P, et al, 2023. Do cleaner production standards upgrade the global value chain position of manufacturing enterprises[J]? Empirical evidence from China[J]. Energy Economics, 107185: 1-14.

Zhang C Y, Duan Z H, Liu X, 2023. The determinants of hidden champion enterprises: Evidence from China[J]. Finance Research Letters, 58, Part D, 104659:1-9.

Zhang H W, Wang X Y, Tang J, et al, 2022. The impact of international rare earth trade competition on global value chain upgrading from the industrial chain perspective[J]. Ecological Economics, 198, 107472:1-16.

Zhang X Y, Ming X G, Bao Y G, et al, 2022. Industrial internet platform (IIP) enabled smart product Lifecycle-Service System (SPLSS) for manufacturing model transformation: From an industrial practice survey [J]. Advanced Engineering Informatics, 52, 101633:1-17.

Zhou J, Li P G, Zhou Y H, et al, 2018. Toward new-generation intelligent manufacturing[J]. Engineering, 4(1):11-20.

安虎森,孙久文,吴殿廷,等,2018.区域经济学[M].北京:高等教育出版社:76-79.

波士顿咨询公司(BCG),2018.波士顿咨询公司全球制造业转移的经济学分析[EB/OL].华尔街见闻,07-20.

蔡晓丹,2018.生产性服务贸易对我国制造业自主创新的影响研究[D].福州:福州大学.

蔡跃洲,张钧南,2015.信息通信技术对中国经济增长的替代效应与渗透效应[J].经济研究,50(12):100-114.

苍微,2023.江苏举办第二届产学研合作对接大会[N].中国日报网,09-11.

柴斌锋,杨高举,2011.高技术产业全球价值链与国内价值链的互动:基于非竞争型投入占用产出模型的分析[J].科学学研究,29(4):533-540,493.

陈爱贞,刘志彪,2008.FDI制约本土设备企业自主创新的分析:基于产业链与价值链双重视角[J].财贸经济(1):121-126.

陈冰,2020.在中国,有多少方式"来电"?[N].新民周刊,08-22.

陈开军,赵春明,2014.贸易开放对我国人力资本积累的影响:动态面板数据模型的经验研究[J].国际贸易问题(3):86-95.

陈柳钦,2009.有关全球价值链理论的研究综述[J].重庆工商大学学报(社会科学版),26(06):55-65.

陈实,2015.江苏推进制造业向中高端迈进[J].政策瞭望(5):55.

陈晓峰,2022.数字经济发展对我国制造业升级的影响:基于省际面板数据的经验考察[J].南通大学学报(社会科学版),38(3):128-140.

陈旭,2020.生产性服务业集聚与全球价值链地位攀升[J].首都经济贸易大学学报,22(1):69-79.

陈昱忻,2021.新时期我国光伏企业转型升级战略研究:以L公司为例[D].南京:东南大学.

程晖,2019.徐州:争当老工业城市资源型城市转型"双典范"[N].中国经济导报,07-25.

程中华,2016.产业集聚与制造业"新型化"发展[D].南京:东南大学.

代中强,梁俊伟,孙琪,2015.知识产权保护、经济发展与服务贸易出口技术复杂度[J].财贸经济(7):109-122.

戴翔,刘梦,2018a.人才何以成为红利:源于价值链攀升的证据[J].中国工业经济(4):98-116.

戴翔,徐柳,张为付,2018b."走出去"如何影响中国制造业攀升全球价值链?[J].西安交通大学学报(社会科学版),38(2):11-20.

戴翔,郑岚,2015.制度质量如何影响中国攀升全球价值链[J].国际贸易问题,132(12):51-63.

邓宏图,徐宝亮,邹洋,2018.中国工业化的经济逻辑:从重工业优先到比较优势战略[J].经济研究,53(11):17-31.

邓少军,芮明杰,2013.高层管理者认知与企业双元能力构建:基于浙江金信公司战略转型的案例研究[J].中国工业经济(11):135-147.

邓洲,于畅,2019.新中国70年工业经济的结构变迁[J].China Economist,14(4):14-39.

丁建筑,2020.中国对外直接投资对制造业升级的影响:基于投资动机视角[D].南京:东南大学.

丁雪,张骁,2017."互联网+"背景下我国传统制造业转型的微观策略及路径:价值链视角[J].学海(3):86-90.

杜鹏,2012.中国制造业产业升级研究:后发大国的视角[D].武汉:武汉大学.

段丽娜,2012.中国生产性服务贸易发展与产业结构优化的耦合研究[D].沈阳:辽宁大学.

段思琦,2017.每卖出一台苹果手机中国能赚多少?[N].人民日报,11-13.

樊海涛,2019.工业经济跨越发展 产业体系逐步完善[N].徐州日报,09-25.

樊慧玲,2016.新型工业化背景下中国传统产业转型升级的路径选择[J].吉林工商学院学报,32(2):5-7.

范蕊,2019.全球价值链分工视角下江苏省制造业转型升级的路径与对策研究[D].南京:东南大学.

房裕,2015.中国对外直接投资的产业升级效应研究[D].兰州:兰州大学.

冯伟,李嘉佳,2018.中国制造业价值链攀升的影响因素研究:理论假说与实证分析[J].产业经济评论(3):5-14.

付奇,2022.更"新"更"绿",制造业驰骋数字化赛道[N].新华日报,06-21.

付奇,王梦然,2022a.供给侧持续改革,推动制造业转型[N].新华日报,06-14(3).

付奇,王梦然,2022b.我省出台制造业"智改数转"三年行动计划[N].新华日报,01-05(2).

傅为忠,储刘平,2020.长三角一体化视角下制造业高质量发展评价研究:基于改进的CRITIC熵权法组合权重的TOPSIS评价模型[J].工业技术经济,39(9):145-152.

耿亚新,周新生,2010.太阳能光伏产业的理论及发展路径[J].中国软科学(4):19-28,134.

耿晔强,白力芳,2019.人力资本结构高级化、研发强度与制造业全球价值链升级[J].世界经济研究(8):88-102,136.

龚仰军,应勤俭,1999.产业结构与产业政策[M].上海:立信会计出版社.

郭朝先,2019.当前中国工业发展问题与未来高质量发展对策[J].北京工业大学学报(社会科学版),19(2):50-59.

郭佳俊,赵玉阁,梁晶,2019.全球价值链分工下江苏的国际竞争力研究分析:以江苏制造业为例[J].中国商论(21):105-107.

郭家堂,骆品亮,2016.互联网对中国全要素生产率有促进作用吗?[J].管理世界(10):34-49.

郭克莎,1990.略论产业结构高度化的内容[J].中国工业经济研究(3):80-63.

郭克莎,田潇潇,2021.加快构建新发展格局与制造业转型升级路径[J].中国工业经济(11):44-58.

郭巍,林汉川,付子墨,2011.我国先进制造业评价指标体系的构建[J].科技进步与对策,28(12):125-129.

郭旭红,武力,2018.新中国产业结构演变述论(1949—2016)[J].中国经济史研究(1):133-142.

韩红星,李思晨,2020.中国经验:从中国制造到中国智造:改革开放以来中国制造业政策范式变迁[J].华南理工大学学报(社会科学版),22(6):105-116.

韩剑,冯帆,姜晓运,2018.互联网发展与全球价值链嵌入:基于GVC指数的跨国经验研究[J].南开经济研究(4):21-35,52.

郝凤霞,江文楗,楼永,2021.劳动力流动与地区制造业升级:基于转移升级和转型升级角度[J].产经评论,12(6):90-109.

何德旭,王国红,2010.外资银行进入中国市场的竞争效应研究[J].财经问题研究(6):62-69.

何冬梅,刘鹏,2020.人口老龄化、制造业转型升级与经济高质量发展:基于中介效应模型[J].经济与管理研究,41(1):3-20.

洪金霞,2022."互联网+"对制造业全球价值链升级的影响研究[D].南京:东南大学.

洪银兴,2017.参与全球经济治理:攀升全球价值链中高端[J].南京大学学报(哲学·人文科学·社会科学),54(4):13-23,157.

洪银兴,郑江淮,等,2020.创新驱动产业迈向全球价值链中高端[M].北京:高等教育出版社.

洪银兴,2018.中国经济转型升级 往哪转?如何升?[J].商讯(14):88-91.

胡美林,2015.新常态下内陆资源型城市传统产业转型升级研究[J].区域经济评论,(06):68-72. DOI:10.14017/j.cnki.2095-5766.2015.0144.

胡美林,2015.新常态下内陆资源型城市传统产业转型升级研究[J].区域经济评论(6):68-72.

胡昭玲,宋佳,2013.基于出口价格的中国国际分工地位研究[J].国际贸易问题(3):15-25.

胡昭玲,张玉,2016.制度质量、研发创新与价值链分工地位:基于中国制造业面板数据的经验研究[J].经济问题探索,(06):21-27.

黄光灿,王珏,马莉莉,2018.中国制造业全球价值链分工地位核算研究[J].统计与信息论坛,33(12):20-29.

黄茂兴,李军军,2009.技术选择、产业结构升级与经济增长[J].经济研究,44(7):143-151.

黄琼,李娜娜,2019.制造业全球价值链地位攀升影响因素分析:基于发达国家与发展中国家的比较[J].华东经济管理,33(1):100-106.

黄群慧,2018.改革开放40年中国的产业发展与工业化进程[J].中国工业经济(9):5-23.

黄群慧,2016.论中国工业的供给侧结构性改革[J].中国工业经济(9):5-23.

黄群慧,余泳泽,张松林,2019.互联网发展与制造业生产率提升:内在机制与中国经验[J].中国工业经济(8):5-23.

黄赜琳,秦淑悦,张雨朦,2022.数字经济如何驱动制造业升级[J].经济管理,44(4):80-97.

黄郑亮,2019.越南制造业在全球价值链的位置研究[J].东南亚研究(5):86-108,156.

霍忻,2016.中国对外直接投资逆向技术溢出的产业结构升级效应研究[D].北京:首都经济贸易大学.

纪峰,2017.供给侧结构性改革视角下传统制造业现状与转型对策研究[J].经济体制改革(3):196-200.

季良玉,2018.技术创新对中国制造业产业结构升级的影响:基于融资约束的调节作用[J].技术经济,37(11):30-36.

贾建锋,赵若男,刘伟鹏,2022.数字经济下制造业国有企业转型升级的组态研究[J].研究与发展管理,34(2):13-26.

简新华,2005.论中国的重新重工业化[J].中国经济问题(5):16-26.

江静,刘志彪,2009.生产性服务发展与制造业在全球价值链中的升级:以长三角地区为例[J].南方经济(11):36-44.

江苏省工业和信息化厅,2021a.积蓄新动能 江苏建设制造业高质量发展示范区[N].中国电子报,12-17(6).

江苏省工业和信息化厅,2021b.江苏:以新发展理念指引制造业高质量发展走在前列[N].中国电子报,05-28(2).

江小国,方大春,2012.服务外包园区竞争力评价体系的构建与提升路径[J].经济纵横(06):26-29.

姜奇平,2015."互联网+"与中国经济的未来形态[J].人民论坛·学术前沿(10):52-63.

金碚,吕铁,邓洲,2011.中国工业结构转型升级:进展、问题与趋势[J].中国工业经济(2):5-15.

荆文君,孙宝文,2019.数字经济促进经济高质量发展:一个理论分析框架[J].经济学家(2):66-73.

鞠雪楠,赵宣凯,孙宝文,2020.跨境电商平台克服了哪些贸易成本?:来自"敦煌网"数据的经验证据[J].经济研究,55(02):181-196.

孔琳,2018.中国制造业向中高端迈进的技术创新特征与路径选择[J].改革与战略,34(3):95-98.

兰筱琳,黄茂兴,2018.工业4.0背景下中国制造业转型升级的现实条件与发展策略[J].中国矿业大学学报:社会科学版,20(5):47-59.

蓝庆新,2020.数字经济是推动世界经济发展的重要动力[J].人民论坛·学术前沿(8):80-85.

李程骅,黄南,2014.新产业体系驱动中国城市转型的机制与路径[J].天津社会科学,5(2):80-87.

李海舰,田跃新,李文杰,2014.互联网思维与传统企业再造[J].中国工业经济(10):135-146.

李浩,黄繁华,2021.互联网发展对FDI的影响及机制研究[J].国际经贸探索,37(9):68-83.

李宏艳,2008.FDI对中国垂直专业化地位的影响[J].当代财经(6):92-97.

李金城,周眯眯,2017.互联网能否提升一国制造业出口复杂度[J].国际经贸探索,33(4):24-38.

李磊,刘常青,徐长生,2019.劳动力技能提升对中国制造业升级的影响:结构升级还是创新升级?[J].经济科学(4):57-68.

李廉水,程中华,刘军,2015.中国制造业"新型化"及其评价研究[J].中国工业经济(2):63-75.

李廉水,2018.中国制造业40年:回溯与展望[J].江海学刊(5):107-114,238.

李强,郑江淮,2013.基于产品内分工的我国制造业价值链攀升:理论假设与实证分析[J].财贸经济(9):95-102.

李万超,薛舒婷,2022.政府职能视角下我国营商环境优化路径研究:基于世界排名领先国家对比分析[J].金融发展评论(7):1-16.

李雯轩,李晓华,2022.全球数字化转型的历程、趋势及中国的推进路径[J].经济学家,2022(5):36-47.

李晓航,魏宁,2019.为城市可持续发展创造新经验新典范[N].徐州日报,06-12.

李晓华,沈继楼,2021.中国共产党领导下的百年工业化:历程,经验与展望[J].当代财经(12):3-14.

李晓钟,2014.FDI对我国产业结构转型升级的影响[J].社会科学家(9):6-12.

李业锦,刘潇忆,王嘉宁,等,2022.科技创新对产业转型升级的影响:以我国首批产业转型升级示范区为例[J].城市发展研究(9):108-117.

李永友,严岑,2018.服务业"营改增"能带动制造业升级吗?[J]经济研究,53(4):18-31.

李雨蒙,2019.中国制造70年崛起历程[J].企业观察家(11):40-41.

李玉梅,王园园,胡可可,2020.外商投资撤资回流的趋向与对策[J].国际贸易(6):63-71.

李裕桃,2020.江苏制造业转型升级之路[J].唯实(6):35-37.

李云鹏,2016.中国生产性服务进口贸易对制造业升级影响的研究:基于制造业投入服务化的视角[D].大连:东北财经大学.

李姊航,2019.辽源市星辰袜业公司发展战略研究[D].长春:吉林大学.

梁华峰,2011.澳门与香港、拉斯维加斯的服务产业内部结构变动比较研究[J].软科学,25(6):108-112.

梁瑞,2014.中国境外直接投资:安全与对策:以矿业投资为例[J].河南社会科学,22(5):13-18.

梁树广,2014.产业结构升级影响因素作用机理研究[J].商业研究(7):26-33.

梁伟,谢德明,张鲁洋,等,2019.徐州创新型城市改革发展研究[J].江苏科技信息,23:10-14.

梁中云,2017.对外直接投资对母国全球价值链地位的影响研究:以中国制造业为例[D].济南:山东大学.

林桂军,何武,2015.中国装备制造业在全球价值链的地位及升级趋势[J].国际贸易问题(4):3-15.

刘斌,魏倩,吕越,等,2016.制造业服务化与价值链升级[J].经济研究,51(3):151-162.

刘成坤,2021.人力资本对制造业结构升级的空间效应[J].技术经济与管理研究(12):108-112.

刘川,2015.珠三角现代服务业与先进制造业融合发展趋势研究[J].统计与决策(2):138-140.

刘大卫,2018.改革开放40年中国制造业的荣衰变迁及其未来崛起之路[J].云南社会科学(3):1-6.

刘刚,唐寅,殷建瓴,中国企业文化研究现状与展望:基于"十三五"时期发表论文的梳理[J].北京交通大学学报,21(3):92-101.

刘会政,韩琪,2021.外商直接投资对中国企业嵌入全球价值链稳定性的影响研究[J].国际商务(对外经济贸易大学学报)(3):97-111.

刘惠,2014.生产性服务贸易对中国四类制造业国际竞争力的影响研究[D].西安:陕西师范大学.

刘戒骄,孙琴,2021.中国工业化百年回顾与展望:中国共产党的工业化战略[J].中国经济学人(英文版),16(5):2-31.

刘晶,顾世杰,奚家亮,2016.推动中国产业结构迈向中高端研究综述[J].环球市场信息导报(44):26-32.

刘军,程中华,李廉水,2015.中国制造业发展:现状、困境与趋势[J].阅江学刊,7(4):15-21.

刘琳,2015.中国参与全球价值链的测度与分析:基于附加值贸易的考察[J].世界经济研究(6):71-83,128.

刘明,张雅亭,2019.中国制造业产能过剩的测度与分析[J].中国发展,19(5):8-16.

刘修岩,吴燕,2013.出口专业化、出口多样化与地区经济增长:来自中国省级面板数据的实证研究[J].管理世界(8):30-40,187.

刘迎秋,1999.经济增长格局变动与启动内需[J].经济研究参考(10):37-48.

刘迎秋,2012.我国从大国走向强国的战略思路[J].国家行政学院学报(4):45-50.

刘志彪,2000a.产业升级的发展效应及其动因分析[J].南京师大学报(社会科学版)(2):3-10.

刘志彪,2008.生产者服务业及其集聚:攀升全球价值链的关键要素与实现机制[J].中国经济问题(1):3-12.

刘志彪,2011.从后发到先发:关于实施创新驱动战略的理论思考[J].产业经济研究,(4):1-7.

刘志彪,2013.双重追赶战略下的均衡中国与经济变革:十八大后中国经济的战略取向[J].江海学刊(2):5-12.

刘志彪,2015.从全球价值链转向全球创新链:新常态下中国产业发展新动力[J].学术月刊,47(2):5-14.

刘志彪,2020b.全球产业链集群战略:中国应对全球供应链重组的政策举措和行动[J].经济研究参考(10):5-10.

刘志彪,陈柳,2020a.疫情冲击对全球产业链的影响、重组与中国的应对策略[J].南京社会科学(5):15-21.

刘志彪,姚志勇,吴乐珍,2020b.巩固中国在全球产业链重组过程中的分工地位研究[J].经济学家(11):51-57.

刘志彪,张杰,2009.从融入全球价值链到构建国家价值链:中国产业升级的战略思考[J].学术月刊,41(9):59-68.

卢深,2019.徐州市淮海地区中心城市功能提升研究[J].中外建筑,(09):85-89.

陆甦颖,王晓磊,2010.我国制造业参与国际产品内分工影响因素的实证分析[J].国际贸易问题(12):97-101.

陆肖肖,2022.光伏板块连涨四周,硅片价格居高不下,光伏企业将厚度"加速减薄"光伏周评榜[N].华夏时报,2022-03-12(能源).

陆雄文,2013.管理学大辞典[M].上海:上海辞书出版社.

吕越,陈泳昌,2021.互联网发展与全球价值链嵌入[J].经济研究,20(01):31-52.

罗伟,吕越,2019.外商直接投资对中国参与全球价值链分工的影响[J].世界经济,42(5):49-73.

马述忠,张洪胜,王笑笑,2017.融资约束与全球价值链地位提升:来自中国加工贸易企业的理论与证据[J].中国社会科学,206(1):83-107.

马文军,2021.硅烷流化床法生产粒状多晶硅[J].化工管理(30):167-168.

马香品,2020.数字经济时代的居民消费变革:趋势、特征、机理与模式[J].财经科学(1):120-132.

马妍妍,2017.生产性服务贸易对制造业国际竞争力的影响研究[D].北京:首都经济贸易大学.

马野青,张梦,巫强,2017.什么决定了中国制造业在全球价值链中的地位?:基于贸易增加值的视角[J].南京社会科学(3):25-38.

孟萍莉,2017.中国生产性服务贸易对制造业升级的影响研究[D].北京:首都经济贸易大学.

潘素昆,袁然,2014.不同投资动机OFDI促进产业升级的理论与实证研究[J].经济学家(9):69-76.

潘为华,潘红玉,陈亮,等,2019.中国制造业转型升级发展的评价指标体系及综合指数[J].科学决策(9):28-48.

潘颖,刘辉煌,2010.中国对外直接投资与产业结构升级关系的实证研究[J].统计与决策(2):102-104.

裴长洪,2006.吸收外商直接投资与产业结构优化升级:"十一五"时期利用外资政策目标的思考[J].中国工业经济(1):33-39.

彭明唱,李雁,2019.新时代推进徐州区域中心城市高质量发展的对策研究[J].上海城市管理,28(02):45-50.

彭澎,李佳熠,2018.OFDI与双边国家价值链地位的提升:基于"一带一路"沿线国家的实证研究[J].产业经济研究(6):75-88.

乔尔·科特金,2014.全球城市史[M].王旭等,译.北京:社会科学文献出版社.

秦佳,2015.中等收入陷阱:争鸣与探索[J].财经理论研究(1):1-7.

邱斌,陆清华,2020.对外直接投资对中国全球价值链分工地位的影响研究:来自中国企业的证据[J].东南大学学报(哲学社会科学版),22(5):43-55,155.

邱志珊,2016.中国出口产品技术含量升级分析:与发达国家的比较[J].云南民族大学学报(哲学社会科学版),33(4):139-143.

曲玥,赵鑫,2022.中国制造业区域梯次升级及演进路径分析:基于区域产业集聚水平变动及其对全要素生产率的影响[J].产业经济评论(2):37-58.

全毅,孙鹏,2015.国民收入倍增计划的实施背景与社会转型[J].福建论坛(人文社会科学版),(06):52-61.

任松筠,黄伟,稳中有进,2015.五年跨越两个大台阶[N].新华日报,11-14.

沈坤荣,王东新,2011.外商直接投资的环境效应测度:基于省际面板数据的实证研究[J].审计与经济研究,26(2):89-95.

盛朝迅,2020.中美比较视角下我国制造业发展存在的问题及对策[J].湖北大学学报(哲学社会科学版),47(3):153-162.

盛丰,2014.生产性服务业集聚与制造业升级:机制与经验:来自230个城市数据的空间计量分析[J].产业经济研究(2):32-39,110.

盛媛媛,2022.《2021数字江苏建设发展报告》发布[N].扬子晚报,01-29.

施炳展,2016.互联网与国际贸易:基于双边双向网址链接数据的经验分析[J].经济研究,51(5):172-187.

施振荣,2014.微笑曲线:缔造永续企业的王道[M].上海:复旦大学出版社.

时慧娜,魏后凯,吴利学,2010.地区产业发展综合成本评价与改进政策:以北京市高端制造业为例的研究[J].经济管理,32(6):29-38.

宋铁波,杨书燕,吴小节,2023.制度逻辑视角下制造业集群演化与升级机制[J].科学学研究,41(4):623-633.

宋晓玲,李金叶,2022.政府创新偏好、创新要素流动与制造业升级[J].科技进步与对策(19):39-48.

苏汝劼,李玲,2021.制造业对外直接投资的逆向技术溢出效应:基于技术差距的影响分析[J].宏观经济研究,126(7):66-78.

苏小明,2021.推动数字经济与青海清洁能源深度融合发展[J].通信企业管理(12):6-9.

唐德森,2014.产业优化升级视角下的经济持续增长动力研究[J].云南社会科学(4):63-66.

唐卫红,2015.新常态下中国服务贸易竞争力的提升对策[J].商业经济研究(25):

36-37.

田双,2020.全球价值链嵌入与中国制造业转型升级:基于技术因素的视角[D].济南:山东大学.

童有好,2015."互联网+制造业服务化"融合发展研究[J].经济纵横(10):62-67.

童有好,2015.我国互联网+制造业发展的难点与对策[J].中州学刊(8):30-34.

涂圣伟,2018.我国产业高质量发展面临的突出问题与实现路径[J].中国发展观察(14):13-17.

汪文正,2021.中国对外投资量质齐升[N].人民日报海外版,(006):10-26.

王国红,何德旭,2010.外资银行进入中国市场的竞争效应研究[J].财经问题研究(7):62-69.

王海杰,吴颖.基于区域价值链的欠发达地区产业升级路径研究[J].经济体制改革,2014(4):38-42.

王杰,段瑞珍,孙学敏,2019.对外直接投资与中国企业的全球价值链升级[J].西安交通大学学报(社会科学版),39(2):43-50.

王可,李连燕,2018."互联网+"对中国制造业发展影响的实证研究[J].数量经济技术经济研究,35(6):3-20.

王岚,2013.全球价值链分工背景下的附加值贸易:框架、测度和应用[J].经济评论(3):150-160.

王岚,2014.融入全球价值链对中国制造业国际分工地位的影响[J].统计研究,31(5):17-23.

王利娟,2017.我国东西部地区制造业产业集聚的差异研究[D].成都:四川师范大学.

王群,2022.我国制造业增加值占全球比重提高至近30%[N].工人日报,06-15(1).

王伟,2015.资源型城市区域创新系统与产业转型升级研究[D].安徽师范大学.

王喜文,2015.工业4.0、互联网+、中国制造2025中国制造业转型升级的未来方向[J].国家治理(23):12-19.

王晓娣,2018.基于"互联网+"的制造业升级模式研究[D].大连:大连理工大学.

王兴平,2018.优化城市产业空间供给 提升城市实体经济发展质量[J].唯实(4):53-56.

王岩,张涛,程凯,2022.共建"无废城市" 共享美丽徐州[N].新华日报,06-23.

王一鸣,2020.从长期大势把握当前形势 统筹短期应对和中长期发展[J].山东经济战略研究,(09):31-34.

王园园,2019.外商直接投资与中国制造业全球价值链升级[D].北京:对外经济贸易大学.

王岳平,2008.促进我国产业结构优化升级的着力点[J].宏观经济研究(11):50-55.

王舟,2017.制造业产业升级的影响因素及实证研究[D].西安:西安理工大学.

王竹泉,隋敏,2010.控制结构+企业文化:内部控制要素新二元论[J].会计研究(3):28-35,96.

魏后凯,2006.现代区域经济学[M].北京:经济管理出版社.

魏后凯,2017.论中国城市转型战略[J].城市与区域规划研究,9(02):45-63.

魏际刚,刘伟华,2020.构建强大、智慧、安全的制造业供应链体系[J].发展研究(4):20-23.

吴崇伯,1988.论东盟国家的产业升级[J].亚太经济(1):26-30.

吴福象,汪丽娟,2021.解码中国OFDI:历史轨迹、发展潜力与布局优化:基于国内国际双循环视角[J].经济学家(4):70-79.

吴琴,2020.生产性服务贸易对中国制造业转型升级的影响研究[D].南京:东南大学.

吴思栩,孙斌栋,张婷麟,2022.互联网对中国城市内部就业分布的动态影响[J].地理学报,77(6):1446-1460.

吴亚非,李科,2009.基于SPSS的主成分分析法在评价体系中的应用[J].当代经济(3):166-168.

伍华佳,苏东水,2007.开放经济条件下中国产业结构的演化研究[M].上海:上海财经大学出版社.

武力,温锐,2006.1949年以来中国工业化的"轻、重"之辨[J].经济研究,41(9):39-49.

习近平,2020.习近平谈治国理政:第3卷[M].北京:外文出版社.

夏梁,赵凌云,2012."以市场换技术"方针的历史演变[J].当代中国史研究,19(2):27-36,124-125.

夏友富,何宁,2018.推动我国装备制造业迈向全球价值链中高端的机制、路径与对策[J].经济纵横(4):56-62.

小岛清,1987.对外贸易论[M].周宝廉,译.天津:南开大学出版社:10-120.

肖剑桥,宋宪萍,2021.嵌入全球价值链对中国制造业升级影响的多重维度分析[J].创新,15(5):80-92.

谢靖,王少红,2022.数字经济与制造业企业出口产品质量升级[J].武汉大学学报(哲学社会科学版),75(1):101-113.

谢荣辉,2017.环境规制、引致创新与中国工业绿色生产率提升[J].产业经济研究(2):38-48.

熊彼特,2012.经济发展理论[M].北京:中国画报出版社.

熊梦,2021.培育制造业单项冠军打造"中国制造"强品牌[J].中国工业化和信息化(4):33-40.

徐洪芳,2017.加快技术改造 助推转型升级:2016年江苏制造业技术改造情况分析[J].统计科学与实践(8):13-16.

徐华亮,2021.中国制造业高质量发展研究:理论逻辑、变化态势、政策导向:基于价值链升级视角[J].经济学家(11):52-61.

徐小换,2016.嵌入全球价值链的江苏制造业转型升级研究[D].南京:中共江苏省委党校.

许和隆,吴标兵,张学浪,等,2019.以人工智能助推乡村振兴[R].江苏省社科联决策参考.

许南,李建军,2012.产品内分工、产业转移与中国产业结构升级[J].管理世界(1):182-183.

许钊,高煜,霍治方,2022.区域经济一体化、生产性服务业集聚与制造业转型升级[J].中国科技论坛(1):122-130.

宣烨,胡曦,2018.生产性服务业与制造业关系的演变:从"需求依附"走向"发展引领"[J].南京财经大学学报(6):93-98.

宣烨,2017.加快江苏制造业的服务化转型[N].唯实,07-15.

荀玉根,2022.能源安全:守护现代经济的血脉[N].华夏时报,04-06(评论).

闫云凤,2015.中日韩在全球价值链中的地位和作用:基于贸易增加值的测度与比较[J].世界经济研究,(01):74-80,128.

杨丹虹,2019.江苏省制造业迈向高端的影响因素及对策研究:基于全球价值链分工视角[D].南京:东南大学.

杨高举,黄先海,2013.内部动力与后发国分工地位升级:来自中国高技术产业的证据[J].中国社会科学(2):25-45,204.

杨蕙馨,2022.我国制造业迈向全球价值链中高端的陷阱规避与路径演进[J].贵州省党校学报(1):58-65.

杨明,2021.资源枯竭城市转型的"贾汪样板"[J].唯实(4):56-58.

杨舒,2022.如何看研发经费投入持续增长:专家解读《二〇二一年全国科技经费投入统计公报》[N].光明日报,09-02(10).

叶振宇,2023.明晰优化重大生产力布局重点方向[J].中国中小企业(8):68-69.

佚名,2020.徐州:以严格执法监管 促环境质量改善[J].中国环境监察,(05):42-43.

佚名,2023.江苏积极推动先进制造业和现代服务业深度融合[J].中国产经(6):26-31.

尹伟华,2016.中国制造业产品全球价值链的分解分析:基于世界投入产出表视角[J].世界经济研究(1):66-75,136.

于津平,邓娟,2014.垂直专业化、出口技术含量与全球价值链分工地位[J].世界经济与政治论坛(2):44-62.

余典范,干春晖,郑若谷,2011.中国产业结构的关联特征分析:基于投入产出结构分解技术的实证研究[J].中国工业经济(11):5-15.

余东华,田双,2019.嵌入全球价值链对中国制造业转型升级的影响机理[J].改革(3):50-60.

余振,顾浩,2016.全球价值链下区域分工地位与产业升级对策研究:以东北三省为例[J].地理科学,36(09):1371-1377.

余子鹏,刘勇,2011.我国产业结构调整与要素效率关系分析[J].经济学家(8):19-26.

曾龙飞,熊曦耀,巢昜轩,2021.国防科研生产领域智能制造推进的方法策略研究[J].航空科学技术,32(1):94-99.

詹晓宁,欧阳永福,2018.数字经济下全球投资的新趋势与中国利用外资的新战略[J].管理世界,34(3):78-86.

张安琪,祝东秀,2023.两项人才新政,到底"新"在哪?[N].南京日报,09-20.

张二震,戴翔,2022.数字赋能中国全球价值链攀升:何以可能与何以可为[J].阅江学刊,14(1):109-118,174-175.

张二震,徐康宁,蔡跃洲,等,2022.数字经济与中国高质量发展(笔谈)[J].阅江学刊(5):80-104.

张二震,2014.中国外贸转型:加工贸易、"微笑曲线"及产业选择[J].当代经济研究(7):14-18.

张红霞,王悦,2019.生产性服务贸易发展与中国制造业全球价值链地位提升:基于15个细分行业的异质性检验[J].产业经济评论(山东),18(2):37-59.

张杰,刘志彪,2007.需求因素与全球价值链形成:兼论发展中国家的"结构封锁型"障碍与突破[J].财贸研究,18(6):1-10.

张捷,2014.全球分工格局与产业结构的新变化:兼论发展中国家的"结构封锁型"障碍与突破[M].北京:经济科学出版社.

张景波,2018.交通基础设施建设对产业结构转型的影响研究[J].云南财经大学学报,34(11):35-46.

张静晓,李慧,2012.城市创新发展的"资源-结构-功能"分析[J].城市发展研究,18(8):141-143.

张磊,刘长庚,2019.研发创新驱动产业迈向全球价值链中高端:来自中国制造产业的经验证据[J].产业组织评论,13(4):44-64.

张米尔,孔令伟,2003.资源型城市产业转型的模式选择[J].西安交通大学学报(社会科学版),23(1):29-31,39.

张娜,张玉雷,2018.推动徐州高质量发展的"路数"和"招数"[N].中国经济时报,03-21.

张鹏杨,唐宜红,2018.FDI如何提高我国出口企业国内附加值?:基于全球价值链升级的视角[J].数量经济技术经济研究,35(7):79-96.

张其仔,2008.比较优势的演化与中国产业升级路径的选择[J].中国工业经济(9):58-68.

张其仔,李蕾,2017.制造业转型升级与地区经济增长[J].经济与管理研究,38(2):

97-111.

张琴,2010.国际产业转移与产业结构优化研究:基于浙江省的实证分析[J].国际贸易问题(2):60-67.

张琴,赵丙奇,郑旭,2015.科技服务业集聚与制造业升级:机理与实证检验[J].管理世界(11):178-179.

张少军,刘志彪,2013.产业升级与区域协调发展:从全球价值链走向国内价值链[J].经济管理,35(8):30-40.

张涛,李维维,李路,等.2020.贾汪:书写转型新答卷,绿色发展再起航[N].新华日报,12-27.

张晓芹,王宇,2018.基于《中国制造2025》的新型制造业综合评价:以佛山市制造业为例[J].科技管理研究,38(3):100-106.

张学良,2012.中国交通基础设施促进了区域经济增长吗:兼论交通基础设施的空间溢出效应[J].中国社会科学(3):60-77,206.

张艳萍,凌丹,刘慧岭,2022.数字经济是否促进中国制造业全球价值链升级[J].科学学研究,(1):57-68.

张洋洋,2022.高铁开通对制造业升级的影响研究:基于中国地级及以上城市的实证分析[D].南京:东南大学.

张玉,胡昭玲,2016.制度质量、研发创新与价值链分工地位:基于中国制造业面板数据的经验研究[J].经济问题探索(6):21-27.

张志醒,刘东升,2018.生产服务化与制造业转型升级[J].现代经济探讨(1):59-68.

张志元,李兆友,2013.我国制造业发展模式转型方式、目标取向及预期收益[J].管理现代化,(6):25-27.

赵宾宾,2018.OFDI对高端制造产品出口多样化影响的研究:基于金砖五国的经验总结[D].沈阳:辽宁大学.

赵贺,2001.发达国家高污染产业转移及我国的对策[J].中州学刊(5):30-31.

赵景峰,杨承佳,2019.生产性服务进口对中国制造业升级的影响研究[J].经济纵横(3):102-113.

赵伟,古广东,何元庆,2006.外向FDI与中国技术进步:机理分析与尝试性实证[J].管理世界(7):53-60.

赵振,2015."互联网+"跨界经营:创造性破坏视角[J].中国工业经济(10):146-160.

郑丽楠,马子红,李昂,2020.OFDI与制造业价值链地位提升:基于"一带一路"沿线国家面板数据的研究[J].科学决策(5):62-80.

郑琼洁,王高凤,2022.人工智能对中国制造业价值链攀升的影响研究[J].现代经济探讨(5):68-75.

郑依玲,2018.产能合作对我国产业升级影响研究[D].福州大学.

致公党中央调研组,朱道林,2020. 资源枯竭型地区经济转型升级发展研究[J]. 中国发展,20(2):1-5.

中国宏观经济研究院产业经济与技术经济研究所课题组,黄汉权,2017. 产业迈向中高端:瓶颈、路径与对策(总报告)[J]. 经济研究参考(63):38-58.

中国经济时报制造业调查组,2016. 中国制造业大调查:迈向中高端[M]. 北京:中信出版集团股份有限公司.

中商产业研究院,2020.《2020—2025年中国光伏行业市场前景及投资机会研究报告》[R].

钟慧中,2013. 中国贸易型对外直接投资的方式选择:基于交易治理与集聚理论的研究[J]. 国际贸易问题(2):132-142.

钟祖昌,余佩璇,肖宵,等,2022. 高技术产品出口贸易网络构建对一国或地区全球价值链分工位置的影响研究:基于社会网络分析的视角[J]. 管理评论,34(3):127-140.

周林,杨云龙,刘伟,1987. 用产业政策推进发展与改革:关于设计现阶段我国产业政策的研究报告[J]. 经济研究,22(3):16-24.

周茂,陆毅,符大海,2016. 贸易自由化与中国产业升级:事实与机制[J]. 世界经济,39(10):78-102.

周楠,张虎,张卫东,2020. 制造业与服务业协调发展对制造业升级的影响:基于门限回归模型的分析[J]. 经济问题探索(6):155-166.

周升起,兰珍先,付华,2014. 中国制造业在全球价值链国际分工地位再考察:基于Koopman等的"GVC地位指数"[J]. 国际贸易问题(2):3-12.

周思思,孙涛,2021. 国家高新区促进驻地城市制造业转型升级了吗?:兼及地本政策和制度的效应评估[J]. 制度经济学研究(3):78-100.

周骁,2018. 生产性服务贸易对中国制造业价值链影响研究[D]. 昆明:云南师范大学.

周玉芳,2013. 中国制造业国际竞争力研究[D]. 大连:东北财经大学.

周振华,1989. 产业结构合理化的政策思想:非均衡协调[J]. 财经研究,15(4):3-9.

朱彦,2022. 生产性服务业集聚促进制造业结构升级的机理及规律:基于成本视角的实证分析[J]. 深圳大学学报(人文社会科学版),39(2):65-73.

朱英明,佘之祥,方创琳,2019. 借鉴发达国家经验建设江苏智能制造生态体系[J]. 群众(2):39-40.

宗芳宇,路江涌,武常岐,2012. 双边投资协定、制度环境和企业对外直接投资区位选择[J]. 经济研究,47(5):71-82,146.

后记与致谢

从 21 世纪初开始，制造业转型升级就得到学界高度关注，自 2015 年开始，制造业迈向中高端开始成为学界和政府关注的热门话题。本书起源于 2018 年本人有幸获批的、依托东南大学经济管理学院前院长徐康宁教授负责的"江苏区域经济发展研究基地"和江苏省社会科学基金基地项目"江苏制造业迈向中高端发展的对策研究"（18JD007），在此感谢省哲学社会科学办公室和基地的负责人徐康宁教授提供给本人从事这项有很强现实意义的研究机会。在随后的多年中，项目组成员及我的多位研究生共同参与了该项目的调研和研究，多位研究生依托该项目，在本人指导下选择部分项目内容，完成了各自硕士学位论文的撰写。基本在同一时期，本人和本人指导的研究生还有幸参与了项目组成员东南大学建筑学院王兴平教授负责的多项城市或园区产业规划类研究项目，包括安池铜城市群产业发展专题研究、徐州市产业转型与创新发展策略研究、南京滨江经济开发区产业升级与产业空间优化研究、滨江经济开发区"十四五"发展规划纲要、南京江宁滨江开发区新材料产业园产业规划、关于将中阿（联酋）产能合作示范园作为经济特区试点的探索研究、内蒙古阿尔山口岸"十四五"发展规划等项目；本人和本人指导的研究生还有幸参与了东南大学建筑学院杨俊宴教授主持的济南市大涧沟区域生态规划与绿色城市设计之产业发展规划专题及重庆市万州高铁北站片区城市设计之产业发展规划专题研究，参与这些项目不仅使项目组成员在实地调研和周期性研讨中获得丰富的第一手资料，而且使我们加深了对制造业转型升级的理解，正是依托这么多研究项目的支撑，才使得与本书相关的调研、资料收集、图书和资料购买等科研活动可以顺利开展，借此机会感谢王兴平和杨俊宴两位教授的大力支持。本书主要内容是在江苏省社会科学基金基地项目和本人参与的诸多产业规划项目的基础上，经过多年的调研、分析、研讨和数次写作及修改而完成的。

在本书即将付梓出版之际，谨向那些给予无私帮助的前辈、东南大学经济管理学院的领导和同事、承接产业调研和访谈的徐州市自然资源规划局、发改委、高新区管委会等众多政府部门，南京市滨江产业园管委会和众多企业，东南大学出版社、我的研究生们和我的家人表示真挚的谢意，没有他们的付出，就没有本书的顺利完成。

感谢参与"江苏制造业迈向中高端发展的对策研究"项目申请的项目组成员，他们是东南大学的王兴平教授、冯伟教授，本人指导的硕士生李浩、刘玲希、郭英杰、程鹏、范蕊、杨丹虹和跟随本人做本科毕业设计的张蒙同学。本书的数据收集、文献整理、模型构建等工作得到了东南大学经济管理学院我的多位硕士研究生的大力支持和无私奉献，尤其是直接参与项目并依托项目、在本人指导下完成各自硕士学位论文的多位同学，他们分别是：参与撰写第3章内容的洪金霞同学，参与撰写第4章内容的吴琴同学，参与撰写第5章内容的丁建筑同学，参与7.5节部分内容撰写的杨丹虹同学，参与第9章内容撰写的陈昱忻同学。跟随本人做本科毕业设计的张俊华同学参与了7.2和7.3节部分内容的撰写。在最后整理书稿阶段，我的硕士研究生张洋洋同学参与了第10章的资料整理工作，胡琦同学参与了第8章的资料整理和数据更新，及其他诸多章节的数据更新、文字校对和文献整理等工作，陈刘颖同学参与了后期的文献整理等工作，谢轶雯同学参与了文字校对工作。还需要说明的是，第8章徐州案例分析资料和观点来自本人和部分研究生参与的规划研究课题《徐州市产业转型与创新发展策略研究》，在此一并感谢主持和参与这个项目的老师和同学们，他们是东南大学建筑学院的王兴平教授，胡畔博士，博士生石钰同学，硕士张帆同学、张蒙同学，经济管理学院的博士生孙煜同学、张清风同学和本人的硕士研究生程鹏同学、张洋洋同学、胡琦同学。对以上所有直接和间接参与本书工作的老师和同学们表示诚挚的谢意！本书全文框架及具体的章节构思均由本人完成，前述的第3、第4、第5、第7、第9章的部分内容和其他五个章节所有内容的撰写、研究生参与撰写章节的框架构建、初稿和终稿的修改和完善及全书统稿校对等工作均由本人完成。

在写作本书的过程中，本人参考和借鉴了众多前人的研究成果，如南京理工大学的朱英明教授等，东南大学的王兴平教授及其他200余位专家和学者的论文或专著，他们的智慧为本书的顺利写作奠定了良好的基础，本人尽可能标注出所有引用的文献。但由于本书撰写时间较长，几经易稿，对于那些可能尚未一一列名的作者以及其他未曾谋面但通过云端会议或者线上资源使本书受益匪浅的专家学者一并表示诚挚的谢意。

感谢我所在的东南大学经济管理学院尤其是国贸系的前辈们和仍在共同奋斗的诸多同仁们，他们对学术的热情，在相关领域的论著、会议研讨及与他们的日常学术和生活交流都给予我诸多的启发和激励，限于篇幅，在此不一一列出他们的名字。

本书的顺利出版受中央高校建设一流大学（学科）和特色发展引导专项资金的资助，感谢专项基金的负责人，东南大学经济管理学院袁健红书记在经费上给予的大力支持。本书的顺利出版还离不开东南大学社科处和东南大学出版社，尤其感谢东南大学出版社夏莉莉编辑的耐心、细致和高效的工作，也一并感谢帮助本书出版的东南大学出版社的所有工作人员。

最后，我要由衷地感谢大家庭中所有的老、中、幼三代家人们的大力支持，在最后集中精力整理和修改书稿的日子里，孩子们在本该需要陪伴的日子里时常要忍受妈妈不在家的短暂分离，父亲为了让我安心整理书稿，不辞辛苦，在本该颐养天年的年纪主动帮我承担了很多家务活并接送孩子，哥哥姐姐们也不时前来相助，队友承担了大部分晚间和周末的育儿任务，他们的大力支持是这本拙作顺利完成的重要的后勤保障！

正如在本书文献综述中所言，"制造业迈向中高端"这一概念的提出，迄今已经近十年，诸多学者对其进行探究，但依然尚未得到统一的界定。当前工业4.0时代已经来临，中国智造 2025 正在实施,面对充满不确定性的国际环境,面对依然处于制造业中低端的困境,如何在新时代尽快抓住智能化、数字化和绿色化的契机,利用信息化技术促进制造业转型升级,推进中国制造业更高更强,向中高端迈进,进而促进中国经济高质量发展,这是一个值得长期深入关注的话题。虽然本人阅读和参考了大量现有文献,也进行了较为广泛的实地调研和思考,但本书仅仅算是抛砖引玉,囿于学识、能力和时间,书中可能会有疏漏、偏颇、失误甚至错误之处,真诚欢迎专家们的批评指正。很多深层次老问题和新问题值得继续深入探索,也仍待继续探索,至少包括两个方面:第一,未来应借助更多的数据和鲜活的案例,采用定量和定性相结合的方式进一步精准研判目前制造业发展所处的阶段及其与中高端发展的差距,以便为制造业迈向中高端提供更加精准的对策建议。第二,中央政府和地方政府均出台了诸多引导制造业转型升级的政策,这些产业政策对推动制造业转型升级迈向中高端具有重要的推动作用,但这种推动作用存在巨大的区域差异和行业差异,其实际效果还有待从区域及行业异质性的视角进一步探究。因此,未来应探究如何构建适宜的产业政策效果评价模型,定量分析现有产业政策对制造业迈向中高端的影响和成效,这将有助于客观评价现有制造业发展政策(供给政策、环境政策、需求政策等等)的有效程度及不足之处,以便为优化未来的产业政策提供更有效的支撑,切实推进中国制造业迈向中高端。

管驰明

2023 年 6 月于东南大学四牌楼图书馆